U0576112

上海社区教育实验

（2022—2023）

上海市教育科学研究院职业技术教育研究所
上海市社区教育实验项目管理办公室 编 著

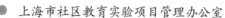

浙江工商大学 出版社
ZHEJIANG GONGSHANG UNIVERSITY PRESS
·杭州·

图书在版编目（CIP）数据

上海社区教育实验．2022—2023 / 上海市教育科学研究院职业技术教育研究所，上海市社区教育实验项目管理办公室编著．— 杭州：浙江工商大学出版社，2024.6
ISBN 978-7-5178-6041-9

Ⅰ．①上… Ⅱ．①上… ②上… Ⅲ．①社区教育－教育事业－上海－ 2022—2023 Ⅳ．① G527.51

中国国家版本馆 CIP 数据核字（2024）第 102882 号

上海社区教育实验（2022—2023）
SHANGHAI SHEQU JIAOYU SHIYAN（2022—2023）
上海市教育科学研究院职业技术教育研究所
上海市社区教育实验项目管理办公室　编著

策划编辑	任晓燕
责任编辑	刘志远　金芳萍
责任校对	都青青
封面设计	蔡思婕
责任印制	祝希茜
出版发行	浙江工商大学出版社
	（杭州市教工路 198 号　邮政编码 310012）
	（E-mail：zjgsupress@163.com）
	（网址：http://www.zjgsupress.com）
	电话：0571-88904980，88831806（传真）
排　版	杭州彩地电脑图文有限公司
印　刷	杭州宏雅印刷有限公司
开　本	710 mm×1000 mm　1/16
印　张	28.5
字　数	452 千
版 印 次	2024 年 6 月第 1 版　2024 年 6 月第 1 次印刷
书　号	ISBN 978-7-5178-6041-9
定　价	128.00 元

版权所有　侵权必究
如发现印装质量问题，影响阅读，请和营销发行中心联系调换
联系电话　0571-88904970

本书编著委员会

主　　编：闫鹏涛

副主编：孙桂芳　　顾晓波　　国卉男

2022 年 10 月，中国共产党第二十次全国代表大会胜利召开，科学谋划了未来 5 年乃至更长时期党和国家事业发展的目标任务和大政方针。党的二十大报告首次将"实施科教兴国战略，强化现代化建设人才支撑"作为一个单独部分作出全面而系统的部署，围绕"加快建设教育强国、科技强国、人才强国"，提出了"推进教育数字化，建设全民终身学习的学习型社会、学习型大国"。上海市各级社区教育机构按照中央和上海市委、市政府部署，通过社区教育实验项目，认真探索在社区教育中贯彻落实党的二十大精神的路径与方案，取得了诸多新成效与新经验。本书收录了 2022—2023 年度上海市社区教育实验项目，比较全面地展现了该轮实验项目的新面貌和新探索。

一、关注服务能级提升，革新社区教育机构办学模式

三级终身教育办学网络，是上海市开展终身教育的基础。上海市教育委员会一直将基层终身教育机构内涵建设作为终身教育工作重点，自 2021 年伊始开展了上海市街镇社区（老年）学校优质校评选工作。以此为契机，各级社区教育机构结合社区教育实验项目，进一步明确区域终身教育机构的职能定位，建构起多主体参与、定位清晰、功能完备的终身教育治理体系，巩固和完善了"政府统筹、教育主管、社区负责、社会支持、群众参与"的管理体制和"经费统筹、成本分担、资源共享、合作共建"的运行机制，实现全方位、多层次、多渠道共同推进学习型社会建设与终身教育的发展格局。

杨浦区学习型社会建设与终身教育促进委员会办公室以社区学校内涵提升督导工作为重要抓手，助推社区教育形成纵横格局，"纵"即立体化

课程体系建设，着力打造学习资源的广泛性；"横"则旨在扩大学员覆盖面，重点关注学习对象的广泛性，以此深化内涵建设，拓宽外延辐射，形成具有可操作性的特色办学路径。虹口区社区学院基于机构设置特色，围绕打造全区社区教育"15 分钟学习圈"，积极创新学院管理模式，向改革要效益。崇明区教育局、崇明区社区学院按照学校管理、发展的要求，创建了由主考核指标《崇明区成人中等文化技术学校学年度考核方案》和主题性子指标《崇明区社区教育课程与课堂教学改革专题考核方案》组成的崇明区成人学校立体化考核体系，促进了崇明区社区教育高质量发展。

二、聚焦数字化转型，创新终身教育数字学习平台

随着教育数字化的大力推进，上海陆续建立了"上海市老年教育信息化管理平台""上海市老年教育慕课平台""上海社区教育学习地图"等一系列终身教育平台，市民可以通过多平台、多途径参与社区教育线上学习。但相较教育数字化战略实施需求，这些平台数据互通程度较弱，线上课程的组织化、规范化管理不能很好地满足市民的多元化学习需求。为了更好地集成资源，整合并优化线上学习流程，更好服务每个学员的学习需求，本轮社区教育实验项目对社区教育数字管理平台、学习平台建设进行了探索。

上海市老年教育信息中心联合上海学习网，从大数据管理的角度出发，推进构建"老年教育数据枢纽"，以"归集""规范""引导"为核心，针对老年教育各种办学形式的现状和问题进行诊断分析，为老年教育机构办学和管理提供参考和支持，推进老年教育治理能力提升。徐汇区社区学院推动建设了徐汇区终身教育"云校"，不断拓宽线上终身教育的空间，将之培育成更为丰富的资源平台和更为普遍的学习途径，推动徐汇区区域"云"端终身教育服务的发展，让线上终身教育成为区域终身教育的一种新形态。长宁区社区学院依托"学在数字长宁"的数字资源优势，着力发挥云视课堂"一对多、无中心、可移动、云服务、大数据"的互联网＋特点，建设了"学习 e 小时"专题，从而为楼宇白领人群提供泛在可及的学习路径和学习资源。

三、立足内涵建设，培育线上线下融合的学习模式

基于网络空间的线上学习，因其跨越时空限制的独特优势，一直被社

区教育视为扩大资源辐射力和学习者覆盖面的重要手段,被社区教育办学主体视为扩大社区教育资源供给的一种重要形式。2022—2023 年,社区教育机构积极开展各种形式的线上教学实验,充分证明线上模式能够成为市民参与终身学习的重要途径与方式。上海市教育委员会在终身教育年度工作要点中提出"推动线上学习与线下学习的融合,有效利用和开发线上线下教学资源",有力推动了本轮社区教育实验项目对不同课程的混合教学模式开展有益探索。

此外,城乡社区教育机构在这方面都对混合教学模式进行了积极探索。在市区,以虹口区社区学院、徐汇区华泾镇社区(老年)学校为代表,从社区教育的特性和育人功能出发,基于实践经验总结推广混合教学模式的新策略,包括教师精准定位,增强定制化服务意识;做好教学培训与教学设计,搭建高效直播课堂;强调教学交互,及时反馈评价;等等。宝山区社区学院、奉贤区社区学院在实验中积极探索以多元手段构建郊区居民多维学习空间,提出要借助区域的终身学习网、微信公众号、小程序等平台,培训提升教师的在线课程开发技能和在线教学技能,持续推动社区教育线上线下教学工作提质增效,不断提高社区居民的知晓率和参与率。

四、面向智慧助老,建设老年教育智慧学习场景

2021 年 4 月,上海市教育委员会颁布《关于推进本市老年教育数字化发展的意见》,明确提出"实施'双百双千'计划,深化和推进数字赋能老年教育,开拓老年人智慧学习应用场景""到 2025 年,建设 100 个老年智慧学习场景""打造数字化学习新范式",助力老年人跨越数字鸿沟,创造包容、普惠、友好的老年数字生活新图景。2022—2023 年,上海市依托各级各类老年教育机构累计建成 50 个老年智慧学习场景,社区教育实验项目在其中发挥了重要作用。

以黄浦区社区学院《老年教育智慧学习场景建设的实验》、静安区天目西路街道社区学校《"添睦智慧阅读"学习场景建设的实验》、长宁区终身教育指导服务中心《打造"互联网+生活"老年智慧学习场景的实验》等为代表,对上海市老年教育智慧学习场景进行了经验总结,明确了建设的现状与瓶颈,并指出老年教育智慧学习场景建设的重要意义:立足新型老年人学习空间,打造智慧学习环境,适应信息化条件下的教学需求,推

动老年教育线下学习与线上学习的有机融合，实现有效支持个性化、适应性学习的数字化学习支持服务，在智慧学习场景中，信息技术、学习资源、学习主体充分融合，为老年人提供"泛在"的智慧学习时空。

五、坚持特色品牌培育，探索融入城乡社区治理

上海市人民政府办公厅印发的《关于进一步深化学习型城市建设的意见》，明确要求"结合'市民修身行动'，打造'全民终身学习活动周'等群众性学习品牌，不断扩大公众参与面，凝聚社会共识。加强典型做法与优秀案例的交流与宣传，展示上海学习型社会建设成效，不断提高市民的满意度和获得感"。2022—2023 年，社区教育实验项目在继续探索地方文化传承、民间技艺传承、市民素养提升等特色品牌的同时，着重对融入城乡社区治理进行了探索。

新场镇社区学校《党建引领下，社区教育助推新南村乡创中心建设的实验》、奉贤区社区学院《赋能"新乡贤"，助力学习型乡村建设的实验》、金山区廊下镇社区学校《建设村居学堂，助力美丽乡村的实验》等，围绕"生态宜居、乡风文明、治理有效、生活富裕"乡村振兴总体要求，积极探索社区教育在乡村振兴道路上的示范和引领作用，助力乡村振兴。古美路街道社区学校《读书活动助推儿童友好社区持续发展的实验》、中山成人中等文化技术学校《社区教育参与社区矫正，助力社区治理的实验》、青浦区社区学院《"双减"背景下提升社区教育功能，助力社会治理的实验》等，面向重点社会问题，整合各方资源，形成多方合力，持续提升服务水平，助力建设友好、稳定、充满活力的社区。

如今，建设教育强国已经是全党全社会的共同任务。上海市社区教育实验项目要紧紧围绕"推进教育数字化，建设全民终身学习的学习型社会、学习型大国"的目标，坚定信心、久久为功，为早日实现教育强国目标而共同努力。

上海市社区教育实验项目管理办公室

2024 年 5 月

目 录

第三篇　师资队伍建设篇

第四篇　智慧学习篇

第五篇　社区治理篇

第一篇　办学能力提升篇

BANXUE NENGLI TISHENG PIAN

1 "以督导促提升，探索社区学校 特色办学新路径"的实验

杨浦区学习型社会建设与终身教育促进委员会办公室

一、实验背景

（一）基于党的十九届四中全会精神的贯彻与落实

以党的十九届四中全会加快推进治理体系和治理能力现代化的重要精神为指导，紧紧围绕《加快推进教育现代化实施方案（2018—2022年）》《中国教育现代化2035》加快构建终身学习制度体系、建立全民终身学习的制度环境的工作要求，构建富有纵深层次且多样多元涵盖更广文化内涵的社区教育格局，进一步满足人民对教育的美好期待，更好地满足人民日益增长的美好生活需要，这也是开展本实验的重要依据。

（二）基于"十四五"规划的学习与解读

本实验以《上海市面向2020年加快推进教育现代化实施方案》为依据，基于"人民城市人民建，人民城市为人民"重要理念，聚焦杨浦教育改革发展"三合一"顶层设计规划，建设人人皆学、处处能学、时时可学的学习环境，保障并促进杨浦市民的终身发展、全面发展、公平发展、优质发展。同时对社区教育工作的纵横格局建设提出了更高的要求，即以学习者为中心，聚焦满足不同人群个性、多元的学习需求，打造良好的终身教育生态体系，并将之转化为杨浦特色经验成果。

（三）基于现有社区教育的实践与创新

杨浦区学习办多年来始终关注全方位人群，着眼社区教育、老年教育、家庭教育和企业教育的全覆盖发展。社区教育作为打造终身教育体系的重

要组成部分，通过开展各个层面、面向各类人群的学习活动，提升市民的文化素养、培训市民的生存技能、增强市民的人文涵养，从而营造和谐的社会氛围，以学习作为媒介，积极主动融入和谐社区治理工作。

二、实验目标

该实验项目旨在进一步规范办学形式、创新办学机制、分层课程设置、帮助学员成长，通过不断提升社区教育的办学内涵，深入拓展社区教育的人员横向覆盖，进一步打造社区教育内容纵向的提升，打造出12所办学规范、形式多元、特色彰显的居民家门口的优质学校。

三、实验步骤

（一）第一阶段：前期筹备（2020年11—12月）

1. 成立实验项目领导小组；

2. 设计实验项目方案。

（二）第二阶段：前实验阶段（2021年1—9月）

1. 设计督导方案；

2. 制订督导细则；

3. 召开多方听证会；

4. 启动内涵督导。

（三）第三阶段：后实验阶段（2021年10月—2022年4月）

1. 通过督导前期走访，了解各社区学校纵横拓展本校办学内涵的工作进程；

2. 形成《杨浦区学习办街道社区学校提升办学内涵指导意见》和《杨浦区学习办街道社区学校办学评价标准》；

3. 设计实施内涵提升精品课程；

4. 分析研究内涵提升工作案例。

（四）第四阶段：总结提炼（2022年5—11月）

1. 评选明星学员，储备明星工作室后备人才；

2. 撰写实验终期报告；

3. 汇编内涵提升工作案例；

4.汇编内涵提升精品课程。

（五）成果应用与特色孵化（2023年1月—2025年12月）

立足实验研究成果，后续将继续加强对实验成果的实践与应用，进一步优化内涵提升办学督导工作方案及评价体系。

四、实验内容

本实验项目以社区学校内涵提升督导工作为重要抓手，旨在助推社区教育形成纵横格局，"纵"即立体化课程体系建设，着力打造学习资源之"泛"；"横"则旨在扩大学员覆盖面，重点关注学习对象之"泛"，以此深化内涵建设，拓宽外延辐射，形成具有可操作性的特色办学路径。

（一）调研分析创设督导机制，引导学校办学内涵提升

首先，成立了"社区学校内涵提升"督导工作组，加强区学习办对社区学校的教学管理指导，自上而下地进行顶层设计，自下而上地了解办学现状，使社区学校提升办学内涵成为常态，形成分阶段有重点的常态化管理机制。通过设计调查问卷，充分了解12所社区学校办学现状和发展特色，全面摸排各街道社区学校存在的问题与困惑。其次，通过实地调研，进一步做好社区教育课程体系的纵向架构，并立体化设置课程，进一步拓宽学员的覆盖面，积极营造浓厚的社区学习氛围，为学习型社区建设不断添砖加瓦。

（二）立足督导助推课程建设，拓宽社区学校外延辐射

以督导工作为抓手，立体化设置课程和学员多元发展为重点，使得社区学校的课程满足不同居民的不同学习需求，吸引更多的居民加入社区教育。另外，立足灵活多元的办学理念，拓宽学员的发展渠道，增加各类学员成长、展示、引领的机会。社区学校多元、灵活、立体的办学理念，纵向提升了课程设置的含金量，横向拓宽了社区学校人员的覆盖面，以纵横交织的形式拓宽了社区教育的内涵和外延。

1.探索课程分层设置，提升课程品质，推动社区学校办学内容纵向深入

习近平总书记说"绿水青山就是金山银山"，杨浦社区教育也想为市民打造精神文化学习方面的"金山银山"，而本课题的实践正是为了打造社区教育学习的"绿水青山"。本实验初步构建了以居民学习点课程为根基，社区学校课程为主干，睦邻学堂课程为分枝的树型课程架构，而高校智慧

学堂课程更让这棵大树枝繁叶茂。同时，随着督导工作的深入推进，社区教育不断拓展外延，各街道社区学校也相继推出了数字化课程，依托杨浦区滨江人文市民学校，打造了人文行走体验课程，也让杨浦社区教育的发展更为健康。

通过调研督导，进一步梳理了辖区内 12 所街镇社区学校立体课程建设的实际情况，开设了涵盖文体、养生、家庭教育、技能、体验、学科及科普等多类型学习体验课程，具体如下。

（1）居民学习点课程

该课程旨在面向社区居民创设家门口娱乐、交流、学习的平台，成为社区居民的学习乐园。各街道社区学校根据社区居民实际需求，积极挖掘社区内的专家资源，周边学校、企事业单位等学习资源，开设了文体、养生、家庭教育、技能、体验、学科、科普等七大类课程，其课程内容主要以文体类、养生类及技能类为主，平均每个街道居民点课程达 39 门，切实满足了社区居民精神文化需求，营造了全民学习的良好氛围。

（2）社区学校课程

社区学校课程可以进一步满足社区居民提升精神文化内涵与学习的需求，助推学习型社区创建工作不断深入，切实加强社区教育内涵品质。目前辖区街道开设的社区学校课程近 300 门，既有适合老年群体并有较强实用性的课程，如"智能手机学习""摄影沙龙""太极养生"等，也有针对年轻白领阶层提升个人文化艺术修养的课程，如"瑜伽""成人街舞""工笔花鸟""插花艺术"等文体类课程，更有以弘扬传承优秀传统文化、非遗文化等为目标的中华戏剧课程，如"蛋雕""绵拳"等非遗特色课程。由此，社区教育课程架构不断丰富立体，呈现出多元化多层次的特征，满足了不同年龄阶层及不同文化层次的社区居民学习需求，社区教育品质得到不断提升。

（3）睦邻学堂课程

该课程区别于居民学习点课程及社区学校课程，主要开设在各街道睦邻中心内，以短期系列课程为主，如：健康养生类"老少皆宜的保健运动之'五禽戏'""情志调养，助力'好睡眠'""明眸亮眼之四类眼疾征兆"；家庭教育类"秒懂孩子心思，助力考出好成绩""青春期'教养'有术，助您做好'家庭网管'"；文体类"民族舞""数码摄影教程""山水画""普法知识讲座";等等。街道社区通过线上线下多途径发布课程预告，居民根据自身需求自主报名参与，更加凸显居民学习的主动性与积极性，可以说是依据社区居民群体的不同要求量身定制开设的课程。以兴趣需求为基础的讲座、培训类短期课程，使社区居民能够学有所获，满足社区居民日益增长的精神文化需求。

（4）高校智慧学堂

高校智慧学堂，是将"高校资源"融入社区教育中，以此大力提升社区教育的质量和水平。项目组秉持"联动、融合"的理念，自上而下地进行优质的顶层设计，自下而上地满足居民的学习需求，打通高校课堂与社区教室之间的通道。我们的院士、教师、学生骨干可以走进社区；社区居民也有机会迈进大学课堂；居民还可以在家进行线上云学习。多样、精彩的"社校联动"举措使得高校成为社区教育的"高质量资源库"，满足了社区居民不断追求更为精进的优质学习需要，使社区教育进一步从书画唱跳、保健养生向思政类、经济类、科技类课程纵向深入。

（5）数字化课程

数字化课程教育，作为社区教育横向覆盖全民的重要学习模式之一，依托市级线上数字化学习平台及学习资源，社区居民可以利用碎片化学习时间灵活自主地学习，切实满足市民对于精神文化的进一步学习需求。以市级数字化课程为引领，杨浦区学习办与辖区各社区学校携手积极探索形成具有区域特色、多元共享的区本数字化课程体系。我们在实践活动中总结优势、提炼特色，找到适合数字化课程发展的路径，最终形成具有杨浦特色、能够给更多的市民带来共享体验的"人文行走"区本数字化课程，完成了线上平台相关课程教学活动录制，并积极探索线上学习的考核评价机制，不断完善数字化课程体系。

（6）滨江人文市民学校

滨江人文市民学校作为目前杨浦区社区学校的补充，采用 "12＋1"模式，即在目前已有的12所街道社区学校之外，在杨浦滨江新建"滨江人文市民学校"作为专项补充，依托滨江丰富的人文、历史、艺术资源，开展各类滨江专题学习活动，将资源进行最大化开发利用，普惠居民。滨江人文市民学校与目前12所街道社区学校互为呼应，同时还可以与杨浦滨江岸线上的老厂房、8个党群服务站合作，推出滨江文化系列课程及丰富的滨江体验活动。与此同时，我们以城市百年"红色元素"为脉络，从本区"三个百年"的54个行走点里面首轮选取12个点，试点开发"人文行走——杨浦百年篇"特色课程，挑选12个"红色印记"鲜明的学习点，充分挖掘学习点红色历史知识，并以此作为市民重要人文知识的补充和积累，再通过"行走"的创新学习模式，使市民徜徉在具有浓厚人文情怀的红色学习之旅中，学有所思、学有所悟、学有所得。

2. 形成学员发展路径，助推多元发展，拓宽学习需求度与覆盖面

通过督导工作的有效推进，在"杨浦社区教育之树"的滋养下，社区学员犹如"小树苗"，根据自身不同的学历层次、文化背景，选择适合自己的学习内容与模式，从而汲取养分茁壮成长。以"明星工作室"的形式将自身成功的经验复制给更多的"小树"，形成多元发展的成长路径，逐渐连成大片茂密的树林，坚实地打造出杨浦特色社区教育的"绿水青山"。

（1）驱动学员发展，种下希望之树

各街道学校积极探索学员多元发展路径，以多样化多品类的学习课程，满足学员多元化、个性化发展所需，并每年做好学习需求与满意度调查，动态调整优化学习内容，提供优质教育服务，提升学员学习内驱力，推动学员自身发展。三年来学员人数不断增长，从面向老年群体、亲子家庭、未成年人，逐步覆盖年轻白领阶层以及具有较高学历的专家级学员人群，不断实现学员覆盖面横向拓宽，营造了全民学习的良好氛围，以种好每一棵"小树苗"为目标夯实根基。

（2）推选学习明星，引领茁壮成长

"学习明星"作为辖区内学员中的骨干力量，由各社区学校根据学员发展实际、学习成效定期开展评优活动推选产生，以在辖区范围内分享学习经验，助力辖区学员发展为目标，通过组建学习小组等形式，充分发挥学习明星的骨干作用，探索并形成个体引领群体共同发展的学习路径。同时，每年的评选活动，也将推陈出新，不断涌现出新的"学习明星"，营造积极向上和谐互助的良好教育生态，让棵棵"小树"都能茁壮成长，长成参天大树。

（3）组建明星工作室，牵手连树成林

组建明星工作室，探索开拓高层次、数字化学习路径，进而开展学员间分层带教指导，以此扩大学员覆盖面，满足更多市民的多元学习需求。

以街道推选的学习明星为工作室组长，区域内各街道选派的骨干学员为组员，以点带面将本街道的特色课程、学习方法与成果在区域范围内进行推广、分享与经验交流。定期开展学习研讨，推动特色课程的全新构架，使之能够满足更多学员不同的学习需求，切实提升区域内学员对社区教育各类课程的满意度，形成积极向上、互帮共助的良好氛围，全面提升杨浦区社区教育办学质量，并逐步向外延伸扩大区域成果的辐射力。大树牵小树，逐渐连成杨浦社区教育生态"绿色树林"。

（三）深化督导引领特色发展，开展社区教育特色创评

一是制订"社区学校内涵提升"评价指标，并以此为依据深化专项督导，保障社区学校办学质量达标，发挥各街道社区学校明星工作室作用，积极开展特色学校创评工作。同时，开展相关工作案例征集，并在区域范围内搭建互动交流的平台，共同分享优秀学校工作经验与成果，全面提升杨浦区社区教育办学质量。杨浦区学习办邀请督导专家、领导及各街道社区学校校长召开"杨浦区学习办街道社区学校内涵提升督导工作专题研讨会"，围绕首创的"社区学校办学督导模式"，围绕实现学习办对12所社区学校直接、深入的监管和督学制度，进一步对初期拟定的"督导方案""评价指标"和"实施计划"进行讨论交流，听取专家特别是基层校长们的意见和建议，确保此项工作的实效性和达成度，并最终形成了《拓展社区学校办学路径引领社区教育内涵发展——杨浦区街道社区学校办学督导工作方案》，出台了《杨浦区学习办街道社区学校提升办学内涵指导意见》和《杨浦区学习办街道社区学校办学内涵提升评价标准》。

二是深化办学督导对各社区学校办学特色方向和路径的指导与引领作用，为杨浦区"十四五"社区教育最终目标的实现奠定基础。杨浦区学习办通过开展"实践中促规范 规范中找优势 优势中寻特色——杨浦区社区（老年）学校'督导促优质'优质校创建实务培训"，进一步帮助各街道社区学校梳理自身优质校创建的重点、撰写自评报告、解读指标内容、把握迎检环节。进一步明确目标、积极探索，自上而下形成合力，共同将学习办创新的督导模式落到实处、推到深处，切实提升12所社区学校的办学内涵，彰显12个社区学校鲜明的特色。真正实现服务市民高品质生活，助推社区高效能治理，以先进办学理念为导向，以促进社会融合为动力，以创新内涵发展为核心，以强化信息技术为载体，积极推进街镇社区（老年）学校优质校创建。

五、实验的主要成效

（一）出台标准规范办学 深化督导提升内涵

杨浦区学习办聘请有关专家对督导工作前期筹备进行专项研讨，听取意见并开展论证，并最终形成了《杨浦区学习办街道社区学校提升办学内涵指导意见》和《杨浦区学习办街道社区学校办学内涵提升评价标准2020版》两个规范学校办学的指导性文件，以文件和量化的形式使得社区学校规范教学管理、提升内涵。

（二）经验互享拓宽外延 优化架构促进优质

本实验组积极开展杨浦区社区学校内涵提升和社区治理案例征集活动，汇编《杨浦社区教育特色——我们这样实践》案例集，开展案例交流研讨，在区域范围内进行经验互享、资源互助，引领各街道社区学校纵向完善课程架构，横向覆盖拓宽学员参与面，综合提升办学品质，促进社区学校内涵建设优质发展。

（三）成立区明星工作室 引领发展储备人才

根据各街道社区学校"学习明星"评价标准，开展评优活动，并整理汇编明星学员学习成果，以互助学习小组带动辖区学员共同发展。出台《杨浦区社区教育明星工作室章程》，规范明星工作室组织架构，明确工作室负责人评选标准及学员推荐要求。组建了杨浦区社区教育明星工作室，定期开展学习研讨，对街道的个别经验在区域范围内进行分享交流，以点及面凝聚共识，引领各街道社区学校共谋发展，并做好后备人才培养及储备工作，初步探索形成了从某一课程学员到街道明星再到区域引领者不断向上全面发展的学员发展特色路径。

2 深化村民学堂星级发展模式推进社区学校教育品质发展的实验

奉贤区青村成人中等文化技术学校

一、实验背景

目前，社区教育面临着社区居民多样化的学习需求和社区教育者数量与能力不足之间的矛盾，社区教育健全的网络和社区教育内容、方式单一的矛盾，顶层设计和基层百姓需求不匹配的矛盾。为了有效缓解上述三对矛盾，作为社区教育基层的主阵地——社区学校，我们秉承社区教育"人人都是教育者，人人都是学习者"的理念，充分利用"村民学堂"这个社区教育最前沿的阵地，大力推行"村民学堂"星级达标创建工作，大力挖掘村（居）民身上的教育和学习元素，通过星级创建工作的常态化开展，不断吸引广大村民走进社区、走进学校、走进学堂，激发村民们互相学习、自主学习的热情，有效地推进了青村地区全民学习、终身学习的学习型社会建设，激活了村（居）民接受教育和主动学习的动力。

二、实验目标

1. 培育一批村居品质教育活动；
2. 开发一批课程；
3. 汇编一批典型案例；
4. 升级一批"村民学堂"。

三、实验方法

一是问卷调查法。以青村镇"村民学堂"内涵建设为重点，进行定点、定量问卷，发放问卷 2000 份，回收 1942 份，以此了解"村民学堂"的教学现状和村（居）民的学习需求。

二是访谈法。进行实地访谈，主要访谈内容包括"村民学堂"的教育干部在开展工作时遇到的困惑，需要镇社区学校给予哪种支持，有哪些教育上的创新想法以及各"村民学堂"的特色教育等。

三是典型引领法。树立新时代"村民学堂"典型示范，学习总结、交流经验，评选表彰"村民学堂"先进集体和先进个人。通过召开现场会、交流会，树立典型，推广先进经验。

四、实验内容

"村民学堂"星级达标建设工作是推进农村学习型社会建设的创举，也是推动社会治理、促进农村和谐，引导农民管理向新市民管理转变的创新举措。

（一）界定教育品质

教育品质的评价涵盖对教育水平高低和教育效果优劣的评价。"村民学堂"星级发展模式提升了社区学校教育品质的发展，主要包括以下六个方面：品质师资队伍、品质课程建设、品质教育活动、品质资源建设、品质辐射影响和品质学员发展。

（二）完善"村民学堂"星级达标建设的指标

"村民学堂"星级达标建设要助力推动社区学校教育品质化的发展，要不断调整"村民学堂"星级达标建设的工作思路和工作内容。原有的考核指标已经跟不上"村民学堂"发展的步伐，因此将原来的 7 个一级指标、20 个二级指标升级到现在的 10 个一级指标、31 个二级指标，这些新的考核指标细化了教育分类，增添了新内容，明确了"村民学堂"星级建设的标准，更好地指导了"村民学堂"星级建设的方向。

（三）规范"村民学堂"星级达标建设的内容

1. 建立保障机制

一是政策保障。镇政府出台相关文件，制订相关配套措施，落实"村民学堂"星级达标建设规划。二是组织保障。镇政府创建"村民学堂"星级达标建设领导小组和工作小组。领导小组负责制订配套政策，督促村（居）民学校各项活动和学堂的常规管理工作。工作小组定期召开"村民学堂"

星级达标建设会议，探讨具体工作的实施。三是经费保障。足额安排社区教育经费，由专项经费为村（居）民学习活动提供资金保障。

2. 注重队伍建设

"村民学堂"的高质量发展离不开高素质教师队伍和管理队伍的建设，教师和管理者有了新成长，才能夯实"村民学堂"的根基。村居教育活动的开展，离不开一支"懂教育、爱教育、乐奉献"的教育干部队伍，因此建设一支品德高尚、热爱村民教育、投身村（居）民学校教学点建设的高素质教育干部队伍是村居教育的必然要求。这支年轻的教育干部队伍，有工作的动力和激情，有创新的意识，在星级开放活动和星级达标建设中，他们精心设计、广泛发动、认真组织，使"村民学堂"星级达标建设成为青村镇村居百姓终身学习的一道"精神午餐"。

3. 规范教育活动

（1）积极开展各类人群教育活动。抓好村（居）民、老年人、党员、未成年人、新型农民、外来务工人员等的教育工作，同时积极组织"全民终身学习活动周""科普宣传周""法治宣传周""平安大讲堂""党史巡回展演"等主题学习活动。（2）构建学习型团队。积极培育学习型团队，加强对学习型团队的管理与指导。（3）加强宅基睦邻"四堂间"的学堂平台建设，积极开展时事宣讲、平安宣讲、生态文明教育、文艺下乡、手工制作等活动。

4. 培育特色品牌

特色品牌的发掘和创建是社区教育品质发展与内涵提升的重要抓手，同时也是重要的社区教育特色成果。作为社区教育最前沿的教育阵地——村民学堂，要从挖掘本土文化特色、提炼工作精华和深度开发着手，在提炼社区教育精髓等方面创建特色品牌。

5. 完善工作制度

村居社区教育工作起步时间不长，资源不足，是目前农村社区教育发展的瓶颈，需要得到区镇各类教育机构的扶持。青村镇通过"村民学堂"星级达标建设活动联系人工作机制，建立了"六个一"的工作制度，即联系人每年为联系的村居完成一份特色工作计划、建立一门特色培训课程、开展一次贤文化主题学习活动、指导一次开放展示活动、试点一批宅基学堂、提炼一份特色工作总结。通过开放活动，不断探索，不断总结，充分发挥学校、村居互惠互利的教育互动作用，推动了农村社区教育的有序规范科学发展。

五、实验过程

（一）准备阶段：2020 年 12 月—2021 年 3 月

1. 开展深入调查

对全镇 33 个行政村（居）进行实地调查，同时进行问卷和采访。了解"村民学堂"的教育现状和星级，了解村民的教育服务需求，采访教学点负责人，听取他们的建议和意见，调查对象较为全面、广泛、有代表性，能比较真实地反映青村地区"村民学堂"的实际，以便更好地开展"村民学堂"的教育服务和星级达标升级工作。

2. 健全组织网络

为了切实加强对"村民学堂"的服务指导，保证社区教育工作的全方位展开，青村镇成立了由镇政府牵头，居村委教育干部、社区学校领导为成员的"村民学堂"星级达标建设工作小组，具体负责"村民学堂"星级创建和"村民学堂"活动的组织、协调、指导工作。有效统筹区域内各种教育学习资源，并建立了青村、钱桥、光明三个"村民学堂"活动研讨组，完善了社区教育服务指导网络，创造性地推进了青村地区"村民学堂"星级达标建设的社区教育模式。

（二）实施阶段（具体开展的工作）：2021 年 4 月—2022 年 8 月

1. 注重队伍建设，夯实学堂根基

要想夯实"村民学堂"的根基，就要积极为专职教师搭建各类学习平台，鼓励专职教师到社区学院挂职锻炼，加入奉贤区社区教育名师工作室，进一步拓宽他们的学习视野，助力"村民学堂"新发展。同时，学校通过多方联动，组建了由 40 多位专职、兼职教师和 120 位社区教育志愿者构成的教师队伍，为"村民学堂"教学的开展提供了强有力的支持。除此之外，学校积极配合青村镇教育管理办公室，每年做好"村民学堂"教育干部队伍能力提升培训活动，为满足社区居民的教育学习需求，打下了较好的队伍基础。

2. 提升社区教育内涵，开展学习活动

（1）整合资源提升"村民学堂"品质

青村成人中等文化技术学校（以下简称"青村成校"）积极发挥牵头带动作用，推进"村民学堂"教学点、睦邻"四堂间"学习点、宅基学堂、终身学习体验基地、人文行走路线等教育阵地建设，借助多级网络保障社区教育向村（居）民延伸。同时，依托数字化学习、实验项目、体验基地、课程配送等项目推进，继续加强对"村民学堂"教学点教育活动的指导，鼓励各教学点积极参与市级、区级各项评估活动，以此提升教学点的规范化建设水平。

（2）专题教育提升民众人文素养

2021年青村成校开展两轮"平安青村"宣讲活动，共计87场，3000多人参与；2022年开展一轮"平安青村"宣讲活动，共计33场，1500多人参与。活动深入全镇各村（居）。同时，结合建党百年契机，"村民学堂"组织开展"奋斗百年路 启航新征程"党史宣教巡回展演活动20场，受教育村（居）民达1300多人次。这些专题教育让全体村（居）民及时了解社会新动态，树立健康生活新理念，转变观念和认识，极大地提升了全体村（居）民的人文素养。

（3）问需于民彰显社区教育活力

为了让村（居）民在学习活动中寻找学习增长点，提高学习兴趣及学习的主动性和积极性，并在学习活动中获得知识和乐趣，33个村（居）学堂教学点采取线上线下相结合的教学模式，更好地满足了村（居）民的学习需求。同时，村居学习团队建设常抓不懈，青村镇现有133个学习团队，其中9个为精品学习团队，学习内容包罗万象，学习成果极为显著。2年来，全镇共有33个老年远程收视点，各村居开展"乐学大讲堂"收视活动达200多次，村（居）民学得津津有味；全镇33家社区家长学校教学点开展丰富多彩的未成年人活动不少于130次；70家宅基睦邻"四堂间"作为农村老人"快乐学习、快乐养老、快乐议事、快乐就餐"的新阵地，各项工作扎实开展。各村还结合本村老年人的兴趣和需求设置特色课程，比如李窑村的"四堂间"，特别开设了英语口语课。翻开老人们的英语笔记本，上面记着密密麻麻的笔记，还能看到不少诙谐风趣的谐音翻译，学习英语成了李窑村"四堂间"里的新风尚。

（4）以评促建激发全民学习热情

2年来，青村成校重点围绕全民终身学习活动周，组织村（居）民和老年学员积极参与奉贤区和上海市学习活动周各类活动和赛事。广泛发动2021年、2022年上海市民终身学习数字阅读活动，努力营造村（居）民"好读书、读好书"的阅读氛围。组织村（居）民学员积极参加全民终身学习活动周等各类比赛，很多学员获奖。同时，青村镇还开展了"优秀学习型居村""优秀志愿者""优秀志愿服务队""优秀居村治理案例""优秀开创型居村干部""优秀学习型乡贤"等评选。这些比赛和评选活动极大地激发了全体村民的学习热情，形成"愿学、乐学、善学"的良好风气。

3. 提升课程品质，筑牢学习防线

"村民学堂"对筑牢学习防线，促进教学有效性提升，积极打造优质课程起着重要作用。为此，青村成校除了线下聘请优质的志愿者教师进行授课，打造优质课程外，还开设 8 门线上精品社区教育课程和 10 门线下课程供村居学员观看学习，线上线下相互融合，提升"村民学堂"的课程品质。课程资源的优化能有效促进社区教育目标的实现，加强社区教育资源的整合，丰富社区教育的内容，拓展社区教育的功能，为更好地打造高品质的社区学校及构建学习型社会服务。

4. 发展教育科研，引领深度实践

社区教育实验项目和论文是推进社区教育工作、提升社区教育品质的重要载体。多年来，青村成校在"村民学堂"建设中一直坚持科研引领，深度实践，做强做优。青村成校先后承担了"挖掘社区学校功能，激活村居教育活力""发挥社区教育作用，助推'美丽乡村'建设""创新社区教育载体，探索市郊村（居）民特色化学习形式的实验""传承非遗文化打莲湘，打造社区教育特色品牌的实验""市郊新农村老年人社区教育服务的实验""培育村（居）民生态文明素养的机制路径探索的实验""提升农村老年教育教学有效性的策略研究"等实验项目并发表相关论文。有了这些实验项目实践，学校在开展"村民学堂"星级达标建设工作时更具理论支撑，同时提升了社区学校的内涵建设和品质发展。

（三）总结阶段：2022 年 9—10 月

分析总结近两年来实验得到的各项资料，深入挖掘实验过程中的优点和特色，发现实验探索过程中存在的不足，制订下一步工作策略。同时对各类资料进行整理和加工，将实验探索过程中的成功经验加以推广，对实验探索过程中的不足进行多方位思考，提出相应的改正意见，探索出符合青村镇"村民学堂"星级达标建设的发展模式，丰富社区学校教育内容和形式，提升社区学校的品质。

六、实验效果

（一）品质教育活动，助力"村民学堂"星级达标建设

经过几年的精心培育，青村镇有一批村居品质教育活动已在奉贤区小有名气。如湾张村以锦绣黄桃为主要农产品，以桃文化为主旋律，打造"桃文化"学堂，努力发掘村骨干，挖掘特色文化和乡村记忆，深入开展"桃文化"建设，建设和谐美丽的黄桃之村。金王村的钩针特色品牌是奉贤区的非物质文化遗产。起初，传承人何菊芳带领身边的村民学习钩针，在她的指导下很多村民都能钩出自己的作品，随着学习的人越来越多，立体钩针的名声越来越大。为弘扬传统手工艺，传承和发展非遗文化，金王村成立了"蕙心俏妞工艺坊"，开办了"立体钩针非遗学校"，吸引了青村镇众多钩针爱好者前来学习。现在"蕙心俏妞工艺坊"已有400多名学员，形成覆盖钱桥社区、光明社区的超大学习圈，经常活跃在镇、区、市级交流展示活动中，赢得了广泛的赞誉。岳和村推出"亲子农耕游"特色品牌，传承学习农耕文化，在内涵建设中反映乡村特征、江南特色和本村特点，彰显乡村特色、乡村元素、乡村风貌、乡村文化、乡村情怀的各类学习成果，突出"一村一品""一村一景"，推进乡村振兴战略实施，逐步建成美丽乡村田园综合体，发展休闲旅游农业，将岳和村打造成为绿色的生态田园、宜居的幸福家园和村民的创业乐园。现在的湾张村、金王村"村民学堂"已升级至五星级学堂，岳和村"村民学堂"已升级至三星级学堂。

（二）品质课程逐步完善，典型案例不断涌现

经过2年的摸索实践，"村民学堂"星级达标建设已形成具有青村特色、奉贤特点的社区教育品牌项目。课程建设取得丰硕成果，已经开发了15门品质课程，主要分为以下四大类：一是以舞蹈、书画、乐器、戏曲等为主的艺术类课程；二是以手工制作为主的操作类课程；三是以时事、法律法规等为主的通识类课程；四是以养生保健为主的养生类课程。各类学习型村居、学习型乡贤、学习型干部、学习型百姓、学习型团队中涌现出许多优秀学员，极大地丰富了社区学校的内涵建设，推动了品质发展。

（三）整合品质资源，推进深入学习

依托数字化学习、体验基地、课程配送等项目推进，继续加强对"村民学堂"教学点教育活动的指导，鼓励各教学点积极参与市级、区级各项

评建活动，以此提升教学点的规范化建设。青村镇确立了吴房村、青溪老街、钱忠村雉趣园、陶宅村乡土文化教育基地等多条人文行走路线，同时与欣盈花卉基地、恒润数字科技体验基地、中版书房（奉贤店）等签署合作共建协议，给村（居）民提供就近、便捷、快乐的学习机会。青村成校还利用上海科普教育促进中心课程配送资源，为辖区内村（居）民学员提供线上线下的公益服务，在"敬老月"期间还推出"送戏到家""智慧助老""书法国画展"等系列活动。

（四）推进评建工作，升级助力发展

青村镇在"村民学堂"星级达标建设工作中始终坚持以评促建，以建促评，评建结合，进一步做优做强"村民学堂"。目前，青村镇已建成五星级"村民学堂"6个，四星级"村民学堂"5个，三星级"村民学堂"13个，二星级"村民学堂"4个，一星级"村民学堂"1个，合格"村民学堂"4个。2022年，青村镇"村民学堂"星级达标建设项目成为上海市终身学习品牌项目。

3 市区联动，完善"汇 e 学"徐汇终身教育云校学习管理体系的实验

徐汇区社区学院

一、实验背景

随着教育信息化的大力推进，各级各类社区教育教学管理平台、教学资源建设平台应运而生。就徐汇区而言，每学期需进行课程申报、资料填写、学员招募、报名管理等一系列教务操作，区级及以上社区教育管理平台就有"徐汇终身学习网课程管理平台""上海市老年教育信息化管理平台""上海市老年教育慕课平台""上海社区教育学习地图填报平台"等。市民们可以在电脑端和手机端，通过官网、小程序、"随申办"App 等各种途径，浏览、报名、参与上述各种平台提供的线上学习。多平台、多途径的学习模式在满足了"时时可学、处处能学、人人皆学"的终身学习需求的同时，也为社区教育线上教学管理带来了一些亟待梳理、优化和整合的问题。

首先，多平台数据互通程度较弱。具体表现为：各平台都要求填报教学教务管理数据，但数据上报却没有相对统一的规范，导致各办学机构在教务管理过程中出现了大量的重复劳动。

其次，线上线下数据统计准确性差异较大。目前的教务管理平台能通过课程开设门类、教师信息、组班数量、学习人数填报收集到较为准确的线下面授类课程的数据，但对于线上开设的课程却难以实现准确统计，往往仅有招募人数和参与学习人数的要求，对于实际完成学习的人数、平均学习时长等能体现学习成效的数据却没有统计，导致线上学习参与数据很难准确体现。

最后，轻视线上课程的组织化、规范化管理。例如，线上班级管理明

显弱于线下班级管理，甚至形同虚设。绝大部分线上课程是"无组织"化的学习，即使有相应的组班，在开班以后也忽略学习过程，缺少学习互助，没有成果认定，导致线上学习中途放弃率偏高。

如何集成各平台的优质学习资源？如何有效整合并优化管理流程？如何关注每个学员的学习进程？这些问题都成为探索线上学习管理不可回避的重要议题。

二、实验目标

基于目前社区教育线上课程学习和管理存在的主要问题，本实验项目以"汇 e 学"云校学习管理过程中涉及的课程认证和学习认证为实验对象，探索"汇 e 学"云校线上学习管理体系，促进社区教育课程管理和学习管理的组织化和规范化。本实验设定了如下目标：

第一，规范"云班"管理流程。规范"汇 e 学"云校"云班"管理流程，实现市区数据对接，实现组班流程规范化、日常考勤可视化、教学记录自动化。

第二，打造学习管理体系。建立涵盖线上课程甄选、设计开发、技术支持、"云班"管理等线上线下融合互补的课程学习管理体系，为各级学习资源对接、学习管理互认提供参考方案。

第三，畅通资源共享路径。以对接市、区级老年教育慕课学习平台和上海市老年教育信息化管理平台为契机，探索市、区两级老年人学习资源共享路径，实现老年教育资源的区域升级。

三、实验进展

（一）发挥优势，组建研发管理和科研于一体的团队

项目于 2022 年初经上海市社区教育实验项目管理办公室审批后正式立项。徐汇区社区学院成立项目组，由徐汇区社区学院院长担任项目组长，徐汇区社区教育部牵头，组建了以上海市老年教育信息中心、上海市老年教育慕课平台管理方、徐汇区试点社区学校为主要成员的项目团队，负责平台功能研发和试点的项目实施，稳步推进实验。

徐汇区社区学院在 2013 年承接建设上海市老年教育信息中心，重点推

动建设了上海市老年教育信息化管理平台，经过 3 期开发，完成了公共数据库、教务管理、兼职教师共享、统计、数据可视化、情报搜集等 6 个子系统的建设。该平台为实验项目提供坚实的基础，也为跨平台对接社区教育教学管理数据，形成统一集成、归纳、保存、更新和共享提供了强有力的保障。

（二）扩展功能，构建规范有序的线上教学管理体系

2020 年秋季学期，"汇 e 学"云校成立。徐汇区社区学院全力提升"光启 e 学堂"的学习品质和服务能力，将之培育成市民终身学习的更丰富的资源平台和更普遍的学习途径，推动徐汇区"云"端终身教育服务的发展，逐步将之建设成为徐汇区终身教育"云校"。三年来，"汇 e 学"云校不断拓宽线上终身教育的空间和拓展线上终身教育的资源容量，让线上终身教育成为区域终身教育的一种新形态。

在满足市民学习需求的同时，"汇 e 学"云校也率先将研究和实践的焦点瞄准线上学习过程管理、有组织的线上学习和线上学习成果认定等方向，从而构建规范有序的线上教学管理体系。

2020 年秋季学期以来，《徐汇区社区学院关于依托"光启 e 学堂"拓展区域"云端"终身教育服务的工作方案》《关于组建徐汇区"光启 e 学堂"云班学习的通知》《徐汇终身教育"汇 e 学"云校课程管理办法》等规范教学管理的文件相继被制订出来。

2022 年秋，徐汇区社区学院在厘清各平台功能和管理规则的基础上，梳理出教务管理和学习管理"双认证"的线上课程学习管理流程（详见图 1-1 "汇 e 学"云校线上课程学习管理构架图），并于 2023 年秋季学期向全区社区教育管理机构推广实行。

（三）共享对接，实现多平台、跨平台数据整合管理

2021 年春季学期，"汇 e 学"云校正式统一线上教学平台，平台由徐汇区社区学院负责开发、运营与维护。"汇 e 学"云校课程采用统一平台播放、分级内容审核的方式进行管理，在平台分设总校、分校两类账号。总校主体为"光启 e 学堂"，由徐汇区社区学院运营、维护。分校主体为区老年大学、街道社区（老年）学校，由学校常务副校长负责，进行独立运营，徐汇区社区学院提供必要的技术指导和培训。其他办学主体提出申请，经领导小组审核、批准后，可增设分校，平台为其开设独立账号，由其负责人独立运营。

2022年春季学期，"汇 e 学"云校组班管理数据与上海市老年教育信息化管理平台数据对接，在该平台的徐汇专版上，"汇 e 学"云校线上课程与线下课程一样，可由教务管理人员在网上完成课程录入—组班管理—学员招募—开班。

2023年秋季学期，"汇 e 学"云校学习管理数据与上海老年教育慕课平台数据对接，"汇 e 学"云校课程也有了学习辅导、学习反馈、学习认证等过程跟进、陪伴、辅导和认定，以激励学员全程参与线上学习。

四、实验成效

徐汇区社区教育结合线上线下融合教学新趋势，满足学员多元化、个性化学习需求，开设了"汇 e 学"徐汇终身教育云校（以下简称"汇 e 学"云校）。截至2023年秋季，"汇 e 学"云校已为市民开设课程427门，讲座406个，共计6080节次。

（一）形成了"汇 e 学"云校线上课程学习管理构架

项目推进过程中，徐汇区社区学院进一步明确了完整的线上课程管理和学习流程，有效转变了过去线上课程学习"弱组织、弱管理、弱认定"的"三弱"状态。"汇 e 学"云校的线上课程也可以同各社区教育办学机构开设的线下实体课程一样，不仅有规范的课程资源和优质教师保障，还能保证学员们根据选定的课程进入"云班"与志同道合的同学们一起学习、分享收获。在完成"汇 e 学"云校的"云课"各学习环节以后，还能获得相应的学习认证。

目前"汇 e 学"云校线上课程已形成学习管理构架（详见图1-1），完善了线上课程学习管理流程。

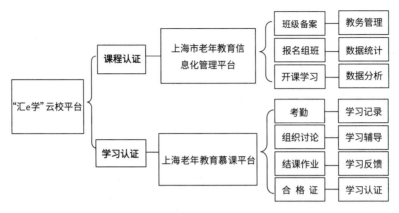

图 1-1　"汇 e 学"云校线上课程学习管理构架图

（二）完善了"汇 e 学"云校平台线上课程的课程认证功能

项目推进期间，徐汇区社区学院对"汇 e 学"云校平台课程认证功能进行了完善和拓展，实现"汇 e 学"云校管理平台与上海市老年教育信息化管理平台的数据对接。目前徐汇区线上和线下课程组班管理均能通畅对接市级教务平台。过去很多社区教育课程统计数据仅针对线下课程，而现在徐汇区社区教育已将线上课程纳入课程相关统计，填补了过去无法做到的线上课程精准组班和学习管理的空白。线上课程全面实现备案、组班、开课学习功能。

（三）实现了"汇 e 学"云校平台线上课程的学习认证

目前"汇 e 学"云校平台能实现考勤、统计观看时长、直播互动等学习记录。项目组将持续开发课程辅导、结课作业等相关学习功能，完善学习认证功能。同时，项目组和上海市老年教育慕课平台对接，探讨双平台学习认定的科学性和标准的差异化问题，完成双平台学习互认，并通过试点课程验证其科学性。"汇 e 学"云校平台的学习过程对接到市级老年教育慕课平台，学员完成学习以后，能获得市级学习证书，可以给予学员更多认定和激励。

（四）出台了《徐汇终身教育"汇 e 学"云校课程管理办法》

2021—2022 年经过多次讨论、修改和完善，《徐汇终身教育"汇 e 学"云校课程管理办法》出台，针对线上课程从平台、内容、班级、版权等方面进行规范管理。其在网上班级管理中强调："各分校开设的'云班'必须在老年教育信息化管理平台进行开班登记，且实名报名人数不得少于 20

人。鼓励各分校为'云班'增加若干次线下教学以保证有效教学，但线下教学环节不作为独立班级进行统计和考核。鼓励各分校共享资源，积极利用既有资源组织班级进行教学。"目前徐汇区终身教育"汇e学"云校课程管理有据可依，并纳入各社区教育办学单位年终绩效考核。

五、思考与展望

（一）探索学习过程认定对课程资源建设和升级的促进

在项目实践过程中我们发现，过去社区学校教师仅作为教务员承担课程信息登记、学员信息梳理等工作，几乎不参与课程建设。在"汇e学"云校平台引入学习认证功能后，教师会承担一部分学习组织功能，他们可以组织学员讨论、参与学习辅导，甚至可以参与课程维护、题库建设和课程的二次开发。

（二）探索完整学习过程管理对社区教师辅导能力的提升

本项目解决了过去线上课程"组班开课"和"学习认定"分离的问题，社区教师在参与"汇e学"云校"云班"管理的过程中，可以实现从班主任到课程辅导（助教），再到课程开发者（内容策划者），甚至课程教师（教师孵化）的转化，可以深度参与课程实施和课程管理，提升社区教育教师管理、教学、辅导、策划等专项能力，助推社区教育工作者队伍建设。

（三）探索优质线上课程对社区专职教师教学能力的助推

2023年暑期，老年教育慕课徐汇专区社区教育教师研修系列课程上线，所选三门课程是"汇e学"云校历年来积累的优质线上课程资源。徐汇区社区学院甄选了有助于教师人文素养提升、适用于工作和生活的课程，以教师研修为目标对课程加以改造和提升，转换成社区教育教师培训资源，丰富了现有的师训课程内容，也能以优质线上课程为例，组织教师讨论和学习。市区联动、资源互通的模式助力专职教师教学成长。

4 独立法人设置前提下，虹口社区教育工作模式的实验

上海市虹口区社区学院

一、实验背景

（一）社会背景

2008 年 9 月 1 日，上海市虹口区社区学院（挂上海市虹口区老干部大学、上海市虹口区老年大学牌子）正式成立，这是一所以专业技术岗位为主体的事业单位。学院以促进全民终身学习、建设学习型城区为目标，以"立足社区，服务社区，提高居民思想道德素质、科学文化素质、健康素质和职业技能"为办院宗旨。学院充分发挥终身教育在弘扬社会主义核心价值观、推动社会治理体系建设、传承中华优秀传统文化、形成科学文明生活方式、服务人的全面发展等方面的作用，整合区域内各类终身教育资源，构建覆盖全区域、面向市民的终身学习平台，落实社区教育、老年教育、技能培训、学生社区实践指导等终身教育工作。

（二）项目背景

2008 年，虹口区成立社区学院（非法人单位），与虹口区业余大学为一套班子，两块牌子共同运行。虹口区业余大学成立社区教育办公室，2020 年有 9 名教师专职从事社区教育工作。2020 年末，根据虹口区委、区教育局对本区教育体系结构调整安排，经上海市政府批准，虹口区业余大学撤销，承担的成人学历教育与社区（老年）教育功能拆分。2021 年虹口区成立"新"虹口区社区学院，为独立事业单位法人，隶属于虹口区教育局管理，事业编 70 人。原业余大学的 63 名教职工随功能分流，分别转入新成立的社区学院

和其他教育事业单位。学院成立后，虹口社区教育进行了全面改革与升级。

二、概念界定

模式：主体行为的一般方式，是理论和实践之间的中介环节，具有一般性、简单性、重复性、结构性、稳定性、可操作性的特征。模式在实际运用中必须结合具体情况，实现一般性和特殊性的衔接并根据实际情况的变化随时调整要素与结构。

虹口社区教育工作模式：全民学习、终身学习、促进人的发展是虹口发展的必然趋势，社区教育则是实现这一必然趋势的重要途径。虹口社区教育工作的有效开展有其内在的规律与特点。

三、实验目标

新成立的虹口区社区学院与各区业余大学、开放大学分校、社区学院以及虹口区原业余大学在办学性质、教育定位、组织结构、教育功能等方面均有较大不同，虹口区社区学院教育功能更加集中，具有更加深入开展社区（老年）教育的条件，承担更多的教育责任和社会责任。

虹口区社区学院成立后的三大转变从根本上完成了社区学院组织结构的转型，提升了本区社区教育的团队力量，也促使学院"攥指成拳"从构建社区教育管理新模式的研究实践着手解答以下几个问题：

其一，如何完成社区学院教育服务功能的升级；

其二，如何回应办好社区教育的现实需求；

其三，如何推动区域终身教育发展，助力居民人文素养提升。

四、实验内容

（一）找准定位，确定学院管理模式

设计全区开展社区教育工作的管理模式和思路，落实虹口区社区教育工作计划，统筹各类社区学校的工作，指导社区学校开展各类教育培训活动及学习型组织、学习型团队等创建工作。发挥虹口区社区学院在区域社区教育中业务指导和课堂教学的龙头作用，除了发挥上海市学习型社会建设服务指导中心办公室（简称"上海市学指中心办公室"）、区社区学院、街道社区学校和居民教学点的四级社区教育网络体系作用外，发掘本区其

他类型的社区教育资源。接受市教委终身教育处和市学指中心办公室的指导，调研兄弟区社区教育以及各街道社区学校工作推进情况，根据调研结果优化学院管理，调整学院管理组织架构和部门分工，明确员工岗位职责。

（二）且行且试，探索学院工作模式

打破原有的虹口区社区教育工作思路，研究线上线下相结合，项目管理和教学实践、教学示范和课堂教学、教学研究和师资培训、虚拟教室和资源平台相结合的虹口区社区学院工作模式，探索社区学院在课程开发、教育示范、业务指导、课堂教学和理论研究方面的工作模式创新。根据学院在全区社区教育中的功能定位开展工作，且行且试，明晰新成立的社区学院各部门所承担的职责和任务，细化到部门成员所承担的职责和任务，保证学院功能定位的实现。开展具体工作时，部门与部门之间既各自有分工，又互相有协作。提升人力资源效能，部门主任互为 AB 角，保证各项工作持续稳定开展。

（三）加强培训，打造高素质教师队伍

紧扣 2020 年上海市教育委员会印发的《上海市社区教育教师专业能力指南》要求开展教师培养工作。夯实教师专业发展体系，推动教师终身学习和自主发展，开展社区教育教师培训模式研究，建立教师培养长效机制，完善区域社区教师培训方案，为教师各项专业能力的提升提供指导与服务。设计教师晋升和评价机制。转入社区学院的大部分教师职称要从高教系列转至普教社区教育系列，学院将梳理内部评审要求、排位原则，构建职称晋升体系，为转评和晋升职称的教师提供指导，帮助教师评聘高一级技术职称。研究教师培养路径，构建教师梯队，对青年教师、骨干教师、学术带头人分层级培养，帮助教师们梯度成长。重视教师的"接地气"培养，将 8 个街道社区学校作为社区学院教师培训基地，安排教师下沉到街道社区学校轮岗学习，开展课堂教学、教育科研和项目管理工作。

五、实验方法

（一）文献研究法

通过图书文献、中国期刊全文数据库、互联网等途径收集有关社区学院管理模式、教师培养等方面的资料，并对这些资料进行整理、归纳、分析，从而对社区学院管理模式、工作方法、队伍培养方面有一个宏观的把握和

理解，进而为开展研究奠定基础。

（二）访谈法

为促进社区学院发展，项目组将对社区教育领导部门、各区县社区学院、本区街道社区学校、社区教育专家、社区教育工作者、社区教育学习者进行访谈。通过与他们深入交流，征求他们对虹口区社区学院发展现状、办学职能、办学特色、管理机制、教师队伍培养的意见建议，为研究提供全面直接的资料。

（三）问卷调查法

根据研究内容，编制关于社区学院发展、教师队伍培养、绩效考核等方面的调查问题。此研究方法主要在虹口区社区学院教职工、各街道社区学校校长、社区学院学员中发放调查问卷，根据调查问卷结果改进学院工作。

六、实验成效

（一）围绕打造全区社区教育"15分钟学习圈"建立学院管理模式

1. 整合各类社区教育资源，建设具有街道文化特色的社区教育"15分钟学习圈"

虹口区社区学院为8个街道的社区教育学习圈搭建纵向和横向的沟通桥梁，并将街道社区学校作为推进社区学院教育学习圈的工作触角和抓手。虹口区社区学院根据8个街道的社区教育学习圈建设形成学院管理模式。虹口区8个街道有各自的行政管理特点和街道文化特色，学院在开展全区社区教育工作时，结合各街道自有的文化特色场所和社区教育特色项目，打造各街道社区教育的"15分钟学习圈"，分别为："北外滩滨江学习圈""川北红色文化学习圈""凉城阅读学习圈""嘉兴老街新城学习圈""江湾古镇学习圈""欧阳品质生活学习圈""广中环保节能学习圈""曲阳科技学习圈"。社区教育"15分钟学习圈"将区社区教育三级网络（区社区学院、街道社区学校和居村委学习点）、市民驿站、"三类"学习点、市民终身教育体验基地及其他一切可以利用的社区居民、白领身边的场所作为学习点，统一整合资源开展活动。

2. 建立多级协同、沟通工作机制，推进"15分钟学习圈"工作开展

一是召开学促委成员单位会议，推进全区社区教育工作。2022年因为

特殊情况，以材料汇编的形式向各学促委成员单位下发 2022 年社区教育工作文件。2023 年 4 月召开学促委成员单位联络员会议，因联络员变动较大，本次会议向新老联络员介绍本区终身教育重点工作、讲解学习型城区监测指标、强调学促委工作机制等。建立联络员工作微信群，收集学促委成员单位材料。

二是组织外出学习交流，拓宽工作视野。组织区社区学院、各街道社区学校、区终身教育体验基地、"三类"学习点等单位的部分管理人员和一线教师到金山区第二老年大学、金山区水库村、松江开放大学、中国联通上海分公司调研学习，了解其他兄弟学校岗位设置、教职工队伍建设及管理模式，调研社区教育、老年大学建设、智慧场景信息化建设等工作，拓展大家的工作思路。

三是组织区级层面的业务调研。在各街道社区学校、区终身教育体验基地、"三类"学习点发放问卷，对社区学校教师教学能力发展现状、虹口社区居民学习需求、虹口社区学院社区教育现状、虹口区社区（老年）教育专兼职教师队伍培训现状等进行调研，形成《社区学校教师教学能力发展现状研究报告》《虹口社区居民学习需求调研报告》《虹口区社区教育运行机制探索报告》，这些报告为社区学院进一步推进工作提供依据。

3. 推行"柔性"沟通机制，掌握"15 分钟学习圈"情况

有研究显示，人们沟通中的信息只有 7% 是通过语言传递的，38% 是通过语气语调传递的，55% 是通过身体语言进行传递的。因此，面对面交流更有助于我们培养良好的人际关系，更有助于深入沟通。虽然当下网络通信发达，但面对面沟通效果远高于文字和通话，面对面交流后，工作推进的难题才会"浮"出来，共享的资源才会"现"出来。社区教育面对大量与社区学院没有约束关系、上下级关系、利益关系的工作对象，针对这一现实情况，近 2 年学院开展分层调研沟通，分别走访区、街道相关人员，推行"柔性"调研沟通的工作机制。

（二）以加强"15 分钟学习圈"内涵建设为目标优化学院工作模式

1. 优化学院内部管理机制提升学习圈服务能力

学院做好职能部门和业务指导部门的内设机构顶层设计，细化员工岗位职责。设置社区教育各类专项经费，推动人才培养、项目研究、服务指导、

资源建设和队伍培训等社区教育专项工作。

（1）建立"一个中心"。学院在机构设置的过程中，探索建立以社区学院为核心的区社区（老年）教育教师发展中心（以下简称"中心"），挂靠学院人力资源部，从区级层面规范区社区教育专兼职教师的培训、管理。

（2）实行"二级管理"。保障机制中充分推行部门二级管理，强化部门负责人的工作职能，将大型活动落实到具体部门，使学院领导班子从具体管理事务中脱离出来，把精力更多地集中到研究学校的发展战略、对外沟通宣传上来。

（3）管理机制"随时可调"。学院管理机制具备可调性，即根据学院工作实际及时调整内部管理机制，保证内部管理结构发生变化时，相应管理机制的类型及作用效果也会变化。协调工作的原则是：效能优先，保证由最合适的部门、最合适的人员从事相关工作。

2. 探索工作模式创新，深化学习圈内涵建设

探索社区学院在课程开发、教育示范、业务指导、课堂教学和理论研究方面的工作模式创新。学院积极推进社区教育数字化转型，凝心聚力抓教学工作，聚焦"AI 政务、AI 医疗、AI 健康、AI 生活、AI 文化"五个主题，协同各街道社区学校共同推进本区社区教育数字化建设。学院开发数字化生活模拟应用场景——"老张的智慧生活"，将老年人打车、就医、购物、云视听等数字化资源课程融合移动学习等多种学习形态，构建虚拟与现实融合的互动体验式学习场景。学院利用 VR 技术建设实景虚拟空间，如线上音乐会、线上绘画展、线上艺术节、线上非遗作品展示、线上终身教育活动周开幕式等，让市民足不出户就能身临其境参与互动式体验活动。虚拟现实技术的使用创新了社区教育开展形式，扩大了社区教育服务范围。

（1）丰富社区教育教学形式，打造立体学习空间

学院充分利用社区内社会各领域专业人士、网络课程资源等来丰富社区教育课程的内容，使技能培训与公民教育、政策法规宣传与家庭生活指导、文体娱乐与社区服务结合在一起，从而真正发挥社区教育提高居民整体素质和生活质量的作用。在教学活动开展时充分考虑居民学习的便利性，多平台、多维度地创设学习内容的输送渠道，让虹口社区教育的学习资源成为居民人人可学、随时可学的内容。促进线上、线下融合教学模式的发展，多门课程在开设传统线下课程时加大线上课程的建设与推广，让居民足不

出户满足学习需求。

（2）根据居民需求开发课程，打造虹口社区教育品牌课程

学院尽量做好社区教育全范围覆盖的人群服务，建设各类社区教育课程满足不同人群的多样化需求。除了开设受到各类人群普遍欢迎的非遗课程、高雅文化、音乐、绘画课程外，社区还针对青少年开展益智类课程、编程课程、体育课程，针对白领人群开设育儿课程、读书活动、心理辅导课程，针对老年居民开设垃圾分类、关节保健、诗歌阅读欣赏等课程。

（3）创新开展活动，打造"学习圈"品牌

激励各个"学习圈"发展自己的品牌，社区学院探索"学习圈"评价模式，从"学习圈"文化建设、社会融合、队伍建设、教育教学、特色品牌等维度进行考评，纵向衡量"学习圈"的发展程度，横向比较各"学习圈"的学习成效。支持街道"学习圈"建立自己的"名师工作室"提升教学质量，社区学院帮助促成各"学习圈"的信息交流和资源共享，组织各"学习圈"的经验分享活动。通过创新开展活动，打造"学习圈"品牌，丰富社区居民生活，给居民提供更好的学习体验。学院通过工作机制中的联席会议、微信公众号推送、科研课题申报等多种形式挖掘"15分钟学习圈"典型案例，形成经验并推广。

（三）加强教师队伍建设保障"学习圈"师资水平

1. 解决教师职称评审的后顾之忧

新成立独立法人的社区学院后，学院在教师队伍建设上首先要解决的就是高校系列职称教师转入普教系列职称后的职称复评及全体教师转入普教系列后的培训学分认定工作。转制后，7名需复评职称的教师中6名已经在2022年完成复评（另外1名教师因休产假在2023年复评）。2023年，3名青年教师参加中级职称正常评审。

2. 打造"双能手"的青年教师队伍

社区学院把打造一支高素质、专业化、创新型的教育人才队伍作为深入推进教育综合改革、全力实现教育强区建设的关键举措和核心指标，积极开展干部、教师人才队伍建设实践探索，全面营造"人人渴望成才、人人努力成才、人人皆可成才、人人尽展其才"的良好氛围。重视培养青年教师，帮助他们成为教育教学科研、项目管理方面的"双能手"。全院38名教职员工中，对35岁以下的10名教师，学院采用"一上""一下"的青年教师

培养模式："一上"是指借助市学指办、市老年教育小组办和区教育局的资源，"一下"是指深入 8 个街道社区教育"学习圈"。

七、今后展望

一是进一步研究社区教育管理机制，形成"学习圈"的协同工作机制和激励机制，常规性走访学习点，加强联动，做好管理。

二是进一步研究社区教育"学习圈"资源整合。一方面促成单一街道"学习圈"内外资源的交换与外部资源的引入，另一方面促成各街道社区教育"学习圈"资源的互换。挖掘、协调、调配辖区内学校、企业、社会机构的资源和区内其他资源，合理安排使用。

三是深化社区教育内涵建设，丰富社区教育资源，注重数字化转型，挖掘社区教育"学习圈"内社区学院、各社区学校、"三类"学习点、终身教育体验基地的课程资源，打造社区教育课程及社区教育品牌，做好社区教育成果培育工作。

四是进一步研究扩大社区教育"学习圈"的覆盖面，提升"学习圈"的服务效能。各"学习圈"加大开展社区教育的宣传力度，利用社交媒体、海报、宣传册等多种形式宣传社区教育服务，提高市民的关注度和参与度。各"学习圈"开展交流合作，推广成功的服务经验，提升各"学习圈"的服务品质。

5　构建区域化成人学校考核体系，促进崇明社区教育高质量发展的实验

崇明区教育局、崇明区社区学院

一、实验背景

（一）国家、市级层面：构建考核体系是新时代社区教育高质量发展的时代要求

为贯彻落实党的十九大会议精神，《上海市教育发展"十四五"规划》中明确规定，"实现上海教育更加包容、更具活力、更大开放、更高品质发展，高质量教育体系总体建成"。"十四五"期间上海终身教育的发展目标是"率先建成以城市学习力为驱动的更高水平、更高质量的学习型社会"。《上海市教育委员会关于开展本市街镇社区（老年）学校优质校创建工作的通知》中，对全面有序做好优质校建设评估工作进行了部署，新时代对提升社区学校内涵建设水平、促进社区教育高质量发展提出了新的要求，而构建考核体系是促进社区教育高质量发展的有效抓手。

（二）区级层面：构建考核体系是对社区教育高质量发展的自我要求

崇明社区教育于 2008 年起步，在十余年的发展中经历了规模扩张与硬件布局阶段。在以提高质量、提升内涵为核心的新时代，崇明区社区教育存在诸多问题，主要有：一是供需矛盾。市民对社区教育高质量、多样化、个性化发展的需求与不平衡、不充分的社区教育资源供给之间的矛盾，崇明区目前存在专兼职教师教学质量不高，数量不足，课程资源建设薄弱等问题。二是品牌的缺失。自 2004 年崇明区拉开生态建岛的帷幕，十余年来，

主要面向在校学生的崇明生态教育成为在全市乃至全国具有一定影响力和辐射力的教育品牌，但具有影响力的社区教育品牌缺失。三是积极性不够。学校有效评价机制和教师准入成长评价等机制未与评先评优、职称评聘、薪酬分配等精准挂钩，一定程度上影响了学校教师的积极性。

（三）校级层面：构建考核体系是成校改制后问题频现的现实要求

自 2020 年开始，崇明区对 18 个乡镇社区学校进行改制，合并成有独立建制的 6 所成人中等文化技术学校（简称"成人学校"）。在独立建制和学校合并过程中，带来了一系列的问题，主要体现在：一是条线工作紊乱不清；二是办学功能逐步弱化；三是校校之间差距拉大。面对上述工作及改革中出现的问题，崇明区迫切需要梳理各项工作及其要求，面向各成人学校及下辖校区分别制订科学、合理、适用的标准，为其尽快步入正轨及多元创新发展指明方向。

二、实验目标

（一）通过实验，助力解决成人学校改制中出现的问题

针对改制中出现的条线工作不清、部分社区学校办学功能弱化、校与校之间差距拉大等问题，创建工作指导手册式的考核体系，针对成人学校和下辖社区学校分别制订相关适用标准。

（二）通过实验，助力解决社区教育发展中存在的问题

针对目前存在的供需矛盾、品牌缺失、积极性不够等问题，创建"主考核指标"和"主题性子考核指标"相结合的考核体系，突出发展中的痛点、弱点、难点，突出地域特色，注重多元评价，并与绩效结合，促进社区教育高质量发展。

（三）通过实验，构建途径形成可供借鉴和参考的经验

构建区域化成人学校考核体系的过程、方法，可以给其他地区的社区教育考核体系构建提供参考。

三、实验内容

（一）构建立体化成人学校考核体系

多方参与考核创建，纵向形成教育局、社区学院、6 所成人学校三级网络，横向形成以官方代表、考核指标制订专家、校长及一线教师为主的团队。以问题为导向，确定考核内容，多方位评价、激励成人学校，构建"主考核指标"和"主题性子考核指标"相结合的立体化成人学校考核体系。

（二）修订并优化成人学校考核体系

考核体系初建之后，选择 2 所成人学校及下辖校区作为考核试点单位，进行年度考核和主题考核。督促试点单位以外的学校以及下辖校区围绕考核方案进行学校管理和内涵建设，听取反馈，在实践中对考核指标体系进行修改与完善，最终形成崇明区成人学校考核体系（试行版）。

四、实验过程

（一）项目启动与准备阶段（2021 年 10 月—2022 年 12 月）

1. 建立工作小组，制订工作方案（2021 年 10 月—2022 年 3 月）

（1）成立工作小组（2021 年 10—12 月）。建立由教育局成职科社区（老年）教育工作负责人、社区学院院长及业务负责人、市级和区级考核体系制订专家、成人学校教务主任、一线骨干教师、成职教育学会社区教育专家组成的"行政＋专家＋业务"考核体系创建工作小组。组建工作小组交流群，对工作中出现的问题进行实时交流研讨。

（2）制订考核工作方案（2022 年 1—3 月）。由成职科科长牵头，和社区学院共同制订工作方案，并邀请市级和区级考核体系制订专家、成人学校教导主任、一线骨干教师对方案进行研讨商榷，最终形成了《2022 年崇明区成人中等文化技术学校考核体系构建工作方案》。

2. 梳理痛点难点，确定考核要素（2022 年 4—12 月）

（1）梳理工作痛点难点（2022 年 4—5 月）。在崇明区教育局指导下，社区学院牵头 6 所成人学校校长、一线骨干教师及成职教育学会社区教育专家，进行了充分的调查研究，对全区社区教育发展及成人学校改制过程中出现的痛点、难点进行梳理、汇总。

（2）搜集各类研究成果（2022 年 6 月）。了解全国各市社区学校考核体系及中小学考核体系建设情况，搜集与崇明区情况类似的关于社区学校考核体系的研究成果，如《嘉定区街镇成人学校（社区学校）考核指标》《宁波市高标准乡镇（街道）成人学校评估指标体系（试行稿）》《宜兴市2011年度成人学校管理考核评估办法》《通州区乡镇成人文化技术学校考核评价指标责任分解》《2020学年崇明区中小学考核方案》等。

（3）初步确定考核要素（2022年7—8月）。按照社区教育、成人学校管理与发展的内容、目标、要求等，结合工作的痛点、难点，借鉴已有的考核体系，初步确定考核各项要素。

（4）考核要素初步引领（2022年9—12月）。针对考核要素中出现的制度建设、教师发展、教学管理、课程建设与推广、涉农培训、学习团队、特色办学、科研成果等重要要素问题，与成人学校负责人、一线教师进行研讨，合理规范考核要素。经过研讨商榷的考核要素再经社区学院整理解说，面向成人学校进行工作指导的尝试，初步形成适度引领、稳步推进的积极局面。

（二）项目实施推进阶段（2023年1—10月）

1.进行特征分析，形成考核体系（2023年1—2月）

（1）确定主考核指标（2023年1月）。按市、区对成人学校各项工作的要求及成人学校的实际情况，即按需要考核的程度对考核要素进行分档，具体分为"必须考核、应该考核、可以考核、不要考核"来进行评估，按少而精与适用原则根据不同权重选择考核要素，以业务工作为主，促进社区教育内涵发展的成人学校主考核指标，形成《崇明区成人中等文化技术学校学年度考核方案（初稿）》。

（2）确定子考核指标（2023年2月）。在主考核指标中选出能够凸显社区教育特色、促进社区教育区域化创新发展的相关考核要素，然后进行细化，形成主题性子考核指标《崇明区社区教育课程与课堂教学改革专题考核方案（初稿）》。综上，由"主考核指标"和"主题性子考核指标"组成的成人学校考核体系初步完成。

2.进行考核试点，完成指标修订（2023年3—10月）

（1）指导成人学校工作（2023年3—10月）。根据成人学校考核体系的指标要素，指导成人学校及下辖校区尽快走出改革阵痛期，发挥主体作用，明确工作任务和内容，在内涵建设基础上不断深化和提高，促进学校形成自我规划、自我反思、自我完善、自我发展的常态机制。

（2）考核体系初步修订（2023年3—6月）。选择2所成人学校及下辖校区作为考核试点单位，进行年度考核和主题考核。按照考核结果和2所成人学校及下辖校区的反馈，结合领导、专家的意见建议对考核体系进行初步修订，使考核指标更加理想和完善。

（3）考核体系二次修订（2023年7—10月）。面向6所成人学校及下辖校区全面推进考核指标，根据成校反馈、教育局要求、专家意见建议对考核体系进行二次修订。

（三）项目总结阶段（2023年11—12月）

汇总项目实施过程中各阶段的资料，并进行分析、归纳和综合，撰写结项报告，在总结的基础上，提出整改措施，完善项目实施。

五、实验成效

（一）立体化成人学校考核体系成形

按照学校管理、发展的要求，结合梳理出的痛点、难点，借鉴已有的资料，在确定考核各项要素的基础上，创建了由主考核指标《崇明区成人中等文化技术学校学年度考核方案（初稿）》和主题性子指标《崇明区社区教育课程与课堂教学改革专题考核方案（初稿）》组成的崇明区成人学校立体化考核体系。

（二）成人学校稳步开展各条线工作

按照社区学院整理的工作指导手册上的指标要素，6所成人学校及下辖校区推进各项工作。经过近1年的时间，各成人学校条线工作基本理清，社区教育在教学培训、教师队伍建设、课程开发、科学研究等基础较为薄弱的方面取得显著的成效，初步形成以全员—骨干—名优为主线的教师培训体系，创建社区教育名师孵化室，多部门联动开发优质课程资源，在论文评比、实验项目评比等科研活动中取得优良成果。

（三）考核指标初步具有借鉴辐射效应

目前崇明立体化的成人学校考核体系在上海市已经有了一定的知晓度，其工作指导手册式和问题解决式的模式对上海市社区教育工作推进中遇到的共性问题有实际的指导作用，已经有兄弟区在参考借鉴。

六、特色创新

（一）基于现状、突出实效

该套考核体系是以全区社区教育在发展中遇到的共性问题为导向，创建了工作指导手册式、与绩效挂钩的考核体系，旨在理顺条线工作、激发教师活力。由于考核体系在创建过程中兼顾实用性和科学性，目前在促进区域社区教育高质量发展上有较强的指导作用和较显著的成效。

（二）勇于探索、善于创新

目前全市乃至全国成人学校考核指标都较少，规范的更少。崇明社区教育在这方面迈出了第一步。在指标体系创建过程中把关系到成人学校和社区教育内涵发展的关键要素选出来形成项目化的考核指标，在考核体系立体化方面进行了创新。

七、进一步思考

初步成形的成人学校考核体系能否真正意义上推动成人学校在管理、发展上有质的突破，能否长期有效解决工作中的痛点、难点、堵点，其科学性、规范性、合理性、预见性仍有待进一步提升和验证。

6 培育"学习 e 小时"高质量教育服务项目的实验

长宁区社区学院

一、实验背景

（一）长宁区域发展战略对社区教育提出了新要求

楼宇作为经济发展的"主阵地"以及服务企业和人才的"主战场"，优化楼宇营商环境、全力推进更加富有品质的社区美好生活圈建设，是进一步利用禀赋资源，使更多优秀人才近悦远来的关键举措与重要环节；是使人才优势更"开放"、经济新产业与生活新方式更"智慧"、人文环境品质更"宜居"、基本公共服务更普惠均衡的关键举措与重要环节。教育高质量发展是整体社会高质量发展的题中应有之义，为社区教育指明了前进方向、提供了根本遵循，促使长宁区社区教育加大区域教育资源整合与共享力度，围绕举旗帜、聚民心、育新人、兴文化、展形象的使命任务，积极探索党建引领下现代公共文化服务体系建设工作，聚焦楼宇营商环境的优化，用高质量的社区教育助推区域高品质营商。特别是以赋能楼宇学习阵地为导向、以区域优势资源为抓手、以常态化建设为依托，为楼宇、园区的在职人员提供高质量教育培训服务，已成为新时代长宁区社区教育发展的重要命题。

（二）在职人群对优质特色教育资源产生了新需求

随着科学技术的快速发展、知识更新速度的加快以及终身学习的渐进式发展，在职人群愈发迫切地希望通过教育提升自身经济实力，突破传统学校教育在学习年限、学习内容方面的严格限制，从而有计划、有目的、有意愿地在工作场所开展学习活动，"工作场所学习"成为在职人群学习的新特征。"十三五"期间，上海市大力推进百万在岗人员学力提升工程，"十四五"期间在职人员继续教育模式的探索持续深入，政府多部门统筹推进、各级各类继续教育机构供给丰富、各行业和企业需求对接精准的在职人群教育体系基本形成。但囿于学习时间、场域及学习资源获取途径的限制，切实解决在职人群工作场所学习的难题，不断提升在职人群的获得感，要求社区教育盘活区域资源、优化课程设置、革新教学方式、组建学习群体、调整教学时间，以满足在职人群对优质特色教育资源的新需求。

（三）城市数字化转型使多元学习方式成为新趋势

上海城市数字化转型工作有序推进，长宁区作为上海市首批教育数字化转型实验区，以"整体性转变、全方位赋能、革命性重塑"为要求，努力实现"深刻改变教育教学模式，高质量、深层次、全方位地推进教育数字化转型工作"。同时，数字化也在赋能教育综合改革、赋能社区教育实践、促进学习方式的现代化转型。"学在数字长宁"经历搭建数字化学习平台、拓展数字化学习空间、开设"云视课堂"、推出"学习云"的发展与完善，现已成为长宁区最具示范效应的特色品牌，同时也是数字化全方位赋能长宁区社区教育的重要抓手，并为社区教育在线学习以及优质在线社区教育的支持服务奠定了实践基础。同时，"线下学习"作为一种传统的学习方式，在群体学习氛围的营造、师生教学互动的进行以及实际操作的进行等方面仍有着不可替代的优势。因此，"线下"体验真听真做真感受，"线上"学习多想多看多思考，二者相结合的多元化学习方式逐渐成为一种新趋势。

二、实验目标

本实验旨在实现以下三个主要目标：

一是明确在职人群学习时间、学习内容、学习方式等方面的需求与偏好。通过调研在职人群在学习时间、学习意愿、学习资源获取等方面的情况，把握在职人群学习特点，为后续活动方案设计与课程菜单建设提供依据，为优化在职人群学习体验、切实增强在职人群获得感提供必要条件。

二是深化在职人群学习支持服务的内涵，培育"学习 e 小时"高质量教育服务项目。通过提供优质体验课程，培育专业化师资队伍，探索在职人群学习服务新模式，提供高质量教育资源，从而立足在职人群学习需求，充分利用午间时间，以"e"时代的多元化学习方式开展"e"小时的工作场所学习，培育具有长宁特色的"学习 e 小时"高质量教育服务项目，并加以提炼总结，在区域及全市范围内起到示范引领作用。

三是形成在职人群学习支持服务的长效工作机制。通过需求调研、课程开发、队伍建设、模式探索，促进"学习 e 小时"项目做好"特色化"、做优"规范化"、做实"多元化"、做强"智能化"，让在职人群通过"学习 e 小时"项目，享受近在"楼门口"的美好生活，享受可看、可听、可体验的优质教育服务。

三、实验内容

（一）开展针对在职人群的学习需求调研

积极对接长宁区各街道（镇）党群服务中心，各楼宇、园区中的企业，对长宁区各楼宇、园区在职人群学习需求开展充分、全面的调研，系统了解在职人群的学习时长、学习时段安排、学习方式偏好、学习内容倾向等方面的信息，并以此作为后续课程开发、建设工作的基础，尤其关注不同楼宇、园区在职人群学习需求的差异性。通过调研把握长宁区各楼宇、园区在职人群学习需求与长宁区既有优势资源之间的匹配性与错位现象，为进一步建设在职人群学习资源、打造午间楼宇非遗课堂提供有针对性的参考。

（二）针对在职人群学习需求开发在职人群学习支持服务项目

根据在职人群学习需求调研结果，基于区域内终身教育资源基础，开发在职人群学习支持服务项目。在体验课程的内容方面筛选与在职人群需求匹配度高并且适合午间学习的课程；在体验与学习形式方面探索与在职人群相匹配、与非遗项目特点相契合、与数字化转型相适应的活动形式，最终形成体验课程菜单，供各楼宇、园区根据自身特点进行"拼盘式"或"套餐式"的体验课程点选。同时，依托"学在数字长宁"的数字资源优势，着力发挥云视课堂"一对多、无中心、可移动、云服务、大数据"的"互联网＋"特点，建设"学习 e 小时"专题，从而为楼宇在职人群提供泛在可及的学习路径和学习资源。

（三）组建专业化的在职人群学习支持服务队伍

专业化的在职人群学习支持服务队伍是做好楼宇课堂建设与在职人群学习服务的关键力量。项目组将建设以非遗传承人为骨干的教师队伍，由各街道（镇）党群服务中心、长宁区社区学院及各街镇社区学校组成的工作队伍以及由各楼宇、园区志愿者组成的志愿者队伍，并定期组织相关方面的能力提升与培训工作，以确保在职人群学习支持服务团队具有较高的理论水平、技能水平，逐步形成一支专业化学习支持服务队伍。

（四）推进"学习 e 小时"项目落地实施

聚焦在职人群工作场所学习需求，深入楼宇实施"学习 e 小时"高质量教育服务项目。依据楼宇、园区的课程点选结果进行统筹安排，准备体验课程所需的体验材料包与其他必备的教学辅助材料，将优质体验课程送进楼宇，将"好点子"切实转化为"好服务"，并将其打造为在职人群学习支持服务的"金钥匙"。最后，就学习感受与学习效果等方面内容对参与学习的在职人员进行访谈，分析项目成效并总结项目实施中的问题与不足，优化项目推进实施方案。

四、实验步骤

表 1-1　"学习 e 小时"高质量教育服务项目实验步骤

实验阶段	时间	内容
第一阶段 准备阶段	2021 年 11 月— 2022 年 2 月	1. 队伍组建 成立项目组，确定实验方案。组建教师队伍、工作队伍及志愿者队伍，确定人员职责分工。 2. 资源梳理 着眼于区域优质终身教育资源，梳理区域内的教师、课程、在线学习资源建设等情况，建立午间楼宇非遗课堂的课程资源库。
第二阶段 调研阶段	2022 年 3—8 月	1. 需求调研 （1）对楼宇、园区在职人员的学习需求开展调查并采集相应的数据。 （2）基于调查数据与资料，分析在职人员在学习内容、学习方式、学习时间等方面的偏好与需求。 2. 课程开发 根据白领学习需求调研结果，进行课程资源筛选、新课程的建设以及师资培育等工作，进一步优化完善课程菜单。

续表

实验阶段	时间	内容	
第三阶段 实施阶段	2022年9月— 2023年6月	线下	1. 课程统筹 向全区各街镇的楼宇、园区公布课程菜单，根据"拼盘式"及"套餐式"的课程点选结果进行课程统筹，确定活动日程表。 2. 活动推进 根据活动日程，将课程送进楼宇。 3. 人员培训 在活动推进的同时定期面向教师队伍、工作队伍与志愿者队伍开展培训工作。
		线上	1. 资源建设 依托终身学习云视课堂同步建设在线学习资源，在"学在数字长宁"平台搭建"学习e小时"专题。 2. 平台维护 定期对在线学习平台进行维护，对在线学习资源进行及时更新。
第四阶段 总结阶段	2023年7—11月	1. 成效监测 面向活动参与者开展满意度反馈与学习成效监测。 2. 模式总结 总结建设经验，形成多元主体参与的联动服务模式以及在职人群工作场所学习的多元化学习模式。	

五、实验进程

（一）协调各方，组建支持服务队伍

2021年11月—2022年2月，工作组着力完成实验准备工作。为更好地为相关在职人群提供需求摸排、体验活动输送、学习支持服务等支持活动，项目组着力面向长宁区社区学院、各街镇党群服务中心、各街镇楼宇园区遴选一批工作人员及志愿者，组建学习支持服务队伍。学习支持服务队伍主要包括领导小组、工作组、教师组、志愿组及技术组。

（二）完成调研，明确白领学习需求

2022年3—8月，工作组开始推进并完成需求调研与课程开发工作。需求调研方面，工作组设计了白领工作场所学习需求调查问卷。根据团队前期工作方案，相关活动的输送以"拼盘式"或"套餐式"的体验课程点选

开展，即楼宇、园区可根据需要选择不同主题的体验活动或同一主题系列活动进行体验。因此，项目团队结合白领工作场所学习需求的调研结果，设计完成了"学习 e 小时"体验活动菜单。

（三）上门服务，输送学习活动进楼宇

2022 年 9 月以来，工作组在前期搭班子、组队伍、盘资源、明需求、建菜单、定方案的基础上，大力推进项目落地实施。为此，项目组加强区社区学院、街镇党群服务中心、楼宇园区白领之间的联系，充分发挥党群服务中心的枢纽作用，在党群服务中心面向楼宇白领统计学习需求与意向的基础上，定向为楼宇、园区的白领输送线下体验活动。"学习 e 小时"项目自启动以来已向长宁区 10 个街镇及临空经济园区的楼宇、园区输送线下学习体验活动 37 场，服务白领 700 余人。

（四）拓展路径，建设线上学习专题

项目组充分发挥"学在数字长宁"的品牌优势，整合长宁区数字化学习资源，搭建"学习 e 小时"在线学习专题，建设白领在线学习的"e 空间"。根据白领对于艺术修养、信息素养、法律常识、形象管理等方面的学习需求，项目组将"学习 e 小时"在线学习专题分为"白领党课""非遗云课堂""楼宇 e 课堂"以及"乐学空间"几大主题。线上学习、体验参与人数达 5100 余人次，系列活动受到了楼宇、园区白领们的一致好评。

（五）工作总结，建立白领学习场所支持服务长效工作机制

在项目总结阶段，项目组针对本次实验的准备、调研、实施三个阶段进行全面总结与复盘，对于本次实验过程中的工作经验与模式进行进一步逻辑化处理与重构，探索多元主体参与的联动服务模式以及在职人群工作场所学习的多元化学习模式。

六、实验成果

（一）明确了区域在职人群的学习需求

项目团队积极对接各街镇党群服务中心，从学习主题、学习方式、学习时长等方面，面向广大白领进行需求调研，进而以更有针对性、适切性的支持服务助力白领工作场所学习。

学习主题：问卷调查结果显示（见图 1-2），时尚旅游与文化、书画摄影与手工艺、烹饪养生与保健是在职人群最感兴趣的三大学习主题。

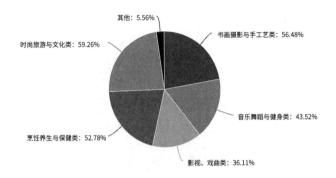

图 1-2　在职人群工作场所学习主题倾向

学习目的：在职人群在选择学习活动时，往往会考虑活动是否满足自身的兴趣爱好（81.48%）、能否达到陶冶性情提高素养的目的（72.22%）、能否扩大社交圈（38.89%）以及能否获得教育子女方面的知识（31.48%）等，见图 1-3。

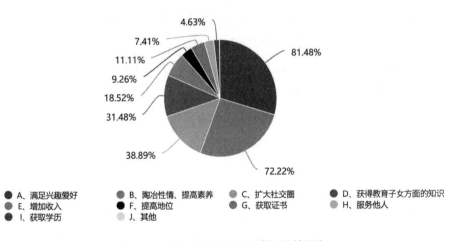

图 1-3　在职人群工作场所学习目的倾向

学习方式：体验式学习以其沉浸体验、互动参与的特点，获得了70.37%的白领的青睐，在线学习也以其灵活、多样、丰富、便捷的特点吸引了38.89%的白领，见图 1-4。

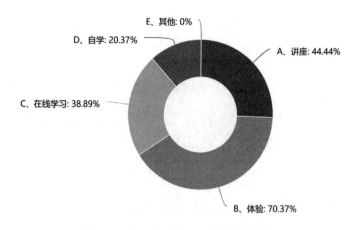

图 1-4　在职人群工作场所学习方式倾向

通过需求调研，工作组进一步将活动菜单建设的重点聚焦到了以艺术类、手工类、时尚类、养生类为主的体验学习活动上，进一步掌握了白领的学习需求。

（二）推出了有针对性的特色体验活动

在项目推进过程中，项目组基于活动反馈与点选频次，有针对性地对学习活动菜单进行了调整，增加了包括音乐艺术、亲子课堂等主题在内的体验活动，最终制订出符合白领学习需求、深受广大白领群体喜爱的活动菜单，共包括手工面塑、海派撕纸、西郊农民画、创意纸藤编织、江南传统文人香事、昆曲、艾灸、陈式太极拳、苏绣、传统戏曲服饰制作、零基础学声乐、养心茶道、亲子教育之玩出专注力等 13 门学习与体验结合的特色体验活动。

（三）形成了线上线下两大学习服务支持模块

线下体验活动具有直观性、参与性、互动性、体验性等特点，便于在职人群充分利用闲暇时间在工作场所进行学习。线上体验活动可以突破学习的时空限制，更具灵活性，便于在职人群充分利用碎片化时间进行学习。项目组在实验推进过程中，逐步建设形成了线上线下两大学习服务支持模块。

线上智慧空间建设：建设白领党课、非遗云课堂、楼宇 e 课堂、乐学空间等学习模块，遴选数十个优质课程资源，打造智慧学习空间，进一步突破了学习的时空限制，助力白领随时随地乐享乐学。

线下体验活动输送：形成了活动点选、活动开展、成效反馈、改进优化的闭环工作思路，将优质体验活动送进楼宇，送到白领身边，让白领享受到办公室门口的特色学习支持服务。

（四）建立了服务项目开展的长效工作机制

在推进"学习 e 小时"服务项目的过程中，工作组通过学习需求调研、线上学习空间的搭建以及线下活动的输送，逐步建立了以多元协同为保障、以需求为抓手、以楼宇为场所、以专业队伍为支撑的线上线下并行的工作场所学习支持服务机制。

七、实验总结与今后设想

（一）进一步加强需求调研与资源整合，精准提供学习支持服务

一方面，工作组将面向区域内在职人群进行进一步需求调研，根据本轮实验的开展情况修正需求调研问卷，结合更多样的需求调研形式，更系统、深入挖掘白领的学习需求。另一方面，在职人群工作场所学习需求对高质量终身教育资源提出了更高要求，项目组将进一步深入挖掘区域内优质终身教育学习资源，形成动态性资源更新建设机制，在将区域内新建设的好课程纳入在职人群工作场所学习课程资源库的同时，结合需求调研结果及区域内教师队伍建设情况，有针对性地开发新课程，为白领提供更优质、更适切、更精准的工作场所学习支持服务。

（二）进一步完善服务机制，提升学习支持服务能级

针对长宁区区域发展战略对社区教育的新要求、在职人群对优质教育资源的新需求以及多元学习方式的新趋势，需要进一步思考项目的优化实施：一是如何进一步完善服务机制，全流程优化活动宣传、菜单建设、资源点选方式、活动推进与实施、成效监测与反馈等环节，如何更好地满足不同群体的多样化学习需求，提高"学习 e 小时"项目的影响力等。二是如何扩大学习支持服务的领域和范围，面向更大范围的群体提供有针对性的学习支持服务，面向服务群体提供更灵活、更有针对性的服务，进而提升学习支持服务能级。

（三）促进成果转化，提高"学习 e 小时"项目的影响力

"学习 e 小时"高质量教育服务项目是多主体联动服务在职人群工作场所学习需求的有益实践。在实验项目开展过程中，对于协作机制、课程建设、团队建设、平台建设等方面都开展了诸多探索，对于经验和模式的总结值得进一步挖掘和深化，以此在创新中不断拓展、不断提高发展质量与服务质量、不断扩大发展的成果。

7 以普陀尚学中心为载体的市民社区学习坊创新实践的实验

上海市普陀区社区学院

一、实验背景

"市民社区学习坊"作为新型的社区教育新模式，是指以文化传承为导向，以优质社区教育资源的集聚与辐射为核心，以为社区居民提供适需性的学习服务为目的，开展教书育人、组织学习活动的场所。本实验将以普陀区社区学院尚学中心为载体，以"好学、乐学、博学，崇尚、时尚、高尚"为价值理念，以"全民尚学，能者为师"为目标，依托上海科普驿站专家库、上海图书馆、上海学习网、喜马拉雅、阿基米德、昕明工作室、普陀社区教育讲师团等优质教育资源，集教育服务、信息咨询、展示交流、党建宣教、便民公益等功能于一体，免费向广大市民提供优质社区教育资源，致力于打造市民学习和文化滋养的"普陀市民社区学习坊"。

（一）落实上海市终身教育发展目标的需要

上海提出，到2025年要构建服务全民的终身学习体系，率先建成以城市学习力为驱动的更高水平、更高质量的学习型社会，形成普惠多元、泛在可选的终身学习环境，服务"人民城市人民建，人民城市为人民"的城市发展理念，坚持人民至上，以学习者为中心，优化终身教育资源配置，提高终身教育发展质量，促进每一个市民全面而有个性地发展，推动终身学习助力城市能级提升。

（二）贯通区域教育改革和发展核心理念的需要

《上海市普陀区教育发展"十四五"规划》指出，"为每一个学生学以成人、人生出彩提供适合的教育"的核心理念要有机渗透到区域教育发展和教育教学实践中，突出高质量发展、突出以人为本、突出区域协同，集"个性化、网络化、数字化、智能化、终身化"为特征的区域现代化教育体系的建设，为普陀学子获得更高品质的学习生活和终身发展创造条件，让百万普陀百姓感受到普陀教育的高度和温度。

（三）提升社区学院教育服务能级的需要

激发社会活力，建立健全社会力量参与机制，建立覆盖全区不同人群、不同区域的学习资源配置体系，加强与上海市学习型社会建设服务指导中心办公室、上海市教育科学研究院、高等院校等合作，整合公共文化资源，推进资源共建共享。丰富学习内容，完善社区教育课程体系，大力推进市民文化素养教育。创新社区教育载体，以"市民社区学习坊"的建设为契机，不断提升终身学习体验。完善师资和志愿者队伍库建设，促进优质教师资源共享。扩大社区教育服务规模，广泛开展面向市民的各类教育服务，通过社区学习与交流等活动，增强社区归属感和认同感。

二、实验目标

（一）通过实验，建立三支以知识分享为目标的市民社区学习坊讲师达人队伍

市民社区学习坊的知识分享重在专家的指导和社区达人的深度参与，学习坊要做能者之师和尚学之生的"连接器"。通过实验，本项目将在"上海市社区教育专家库""普陀区社区教育讲师团"和"普陀区社区能者达人志愿者"三支队伍的建设路径上探索实践，力求形成管理者、服务者、陪伴者三者和谐共生的伙伴学习共同体。

（二）通过实验，营造一个以普惠友好为特征的市民社区学习坊教育环境

市民社区学习坊的价值在于为社区居民营造一个普惠多元、泛在可选的终身学习环境。通过实验，本项目将在"营造浓郁的终身学习氛围的文化环境""营造泛在友好的终身学习数字化环境"和"营造终身教育生态环境"三个领域持续建设，逐步梳理出市民社区学习坊共建、共享、共治教育环境的建设思路。

（三）通过实验，形成一套灵活融通的市民社区学习坊建设运行机制

市民社区学习坊的建设是否成功，取决于项目运行机制是否得到创新。通过实验，本项目将在"形成教育达人的培育机制""形成品牌活动的推广机制"和"形成项目运行的激励机制"三个方面总结经验，努力营造"全民尚学，能者为师"的激励氛围，逐步形成通过活动项目聚合人气、通过平台辐射成果、通过文化凝聚力量的运行机制。

三、实验内容

（一）以三支讲师达人队伍的建立为载体，开展市民社区学习坊伙伴学习共同体建设的有效途径研究

1. 建立上海市社区教育专家库

依托"上海科普驿站专家库""普陀区社区教育专家指导团"和市兄弟区县社区学院专家资源，建立"上海市社区教育专家库"，指导和参与普陀市民社区学习坊的建设，发挥专业引领、保驾护航的重要作用。

2. 建立普陀区社区教育讲师团

建立一支以普陀区业余大学教师为核心面向社区居民、开展市民终身学习、宣传和研究的社区教育讲师团队伍，担负社区居民学习教育的组织、管理和教学等工作。讲师团旨在挖掘、研究并设计推出一系列内容丰富、形式多样、简单易懂的讲座及精品课程，免费向社区居民开放，实现优质社区教育资源普惠共享。同时探索建立一条以"讲座—微课—课程—名师"为脉络的促进业余大学教师持续参与社区教育的发展路径，有序推动师资队伍转型。

3. 建立普陀区社区能者达人志愿者队伍

优化院校一体战略，实现以社区学院为龙头、10 所社区学校为基础、242 个居村委学习点构建的社区教育三级网络之间的功能对接，集聚全区达人资源，建立普陀区社区能者达人志愿者队伍，使优质社区教育惠及普陀社区居民。

（二）以三种普惠友好学习场景的营造为导向，开展市民社区学习坊共建共享共治教育环境的建设思路研究

1. 营造具有浓郁终身学习氛围的文化环境

不断加大宣传力度，利用各种新媒体、新平台，推动终身学习理念的有效普及。深入结合"普陀区市民终身学习活动周"和"普陀区市民读书节"等大型活动，不断营造具有浓郁终身学习氛围的文化环境。

2 营造泛在友好的终身学习数字化环境

丰富各类学习资源，创新终身教育载体，打造线上线下融合的学习模式，构建以学习者为中心、以数字技术为动力的终身教育新生态，提升市民数字生存和发展的能力。

3. 营造终身教育生态环境

进一步激发社会力量参与终身教育的活力和积极性，形成学院主导、社区多元主体参与的发展格局，实现终身教育的共建、共享、共治。

（三）以促进终身学习的机制创新为目标，开展市民社区学习坊激励制度的研究

1. 创新教育达人的培育机制

不断拓展专家、讲师、社区达人、活动管理者等人力资源招募渠道，激励更多的团队领袖参与到项目建设中来。

2. 创新品牌活动的推广机制

注重特色培育，多方位打造普陀社区教育品牌特色，用系统化的思考、信息化的手段和专业化的力量持续提升社区教育活动的传播力和影响力。

3. 创新项目运行的激励机制

充分发挥社区学院的统筹协调作用，不断扩大"尚学中心"作为区域优质教育资源的集聚辐射效果，逐步形成活动引领、专家指导、学习者参与的良性循环的运行机制。

四、实验方法

（一）文献查阅法

通过中国知网等文献数据库，查找关键词"社区学习坊"相关研究的资料，对市民参与社区学习坊学习的要素、特点等方面进行借鉴参考。

（二）问卷调查法

设计问卷并对市民的学习需求、心理需求进行调研，总结归纳市民在"社区学习坊"学习方面的切实需求和学习心理方面的特点。

（三）行动研究法

以实践为导向，以解决社区教育领域的实际问题为目标，项目组成员与社区教育工作者密切合作，筛选出具有重要实践意义的问题作为研究主题，针对反映出来的问题，在实际研究中不断地探索和创新，推动"市民社区学习坊"项目的发展。

五、实验过程

（一）立项阶段（2022 年 1—2 月）

通过调研与文献收集，了解项目背景以及市级层面关于"十四五"期间建设市民社区学习坊的规划精神，结合普陀区实际，借鉴区内外做法和经验，积极构思实践活动方案，组织完成项目申报工作。

（二）项目启动阶段（2022 年 3—4 月）

根据上海市社区教育实验项目管理办公室的统一部署，结合本实验项目的区域实际，完成项目组的队伍建设与任务分工。同时，修改完善实验项目的实施方案，并接受专家指导。

（三）项目推进阶段（2022 年 5 月—2023 年 4 月）

依据实验方案着力开展实验，进一步推进市民社区学习坊的建设和运作。

1. 以尚学中心为市民学习坊的创建基地，做好硬件的补充和完善工作，与上海图书馆、上海学习网、喜马拉雅、阿基米德、昕明工作室合作，营造具有浓郁终身学习氛围的文化环境和数字化环境，为社区居民就近学习、开展活动创造温馨的环境。

2. 以"普陀雅韵大讲堂""尚学小课堂"和"易学云学堂"为平台，开展丰富多彩的学习活动，不断招募人才，逐步形成"上海市社区教育专家库""普陀区社区教育讲师团"和"普陀区社区能者达人志愿者"等三支队伍，为市民社区学习坊的稳定运行提供人力资源支撑。

3. 以项目运行的需求为导向，对涉及市民社区学习坊有序运行的激励制度开展针对性的研究。不断拓展专家、讲师、社区达人、活动管理者等人力资源招募渠道，激励更多的团队领袖参与到项目建设中来，同时在项目品牌特色的打造以及激励项目运行的良性机制方面开展深入研究。

（四）中期评估阶段（2023 年 5—6 月）

总结实验项目的前期工作情况，撰写中期评估报告，接受市项目办检查指导。

（五）后续推进阶段（2023 年 7—9 月）

根据中期评估的专家指导意见，项目组召开中期工作推进会，及时修订实验项目的推进策略，进一步推进市民社区学习坊的建设，促进学习环境和工作机制的持续优化，总结相关案例，探索队伍培育、环境营造和机制创新的有效路径，力求达成项目目标。

（六）结项论证阶段（2023 年 10—11 月）

结合实验项目的整体推进工作进程，及时梳理工作资料，分析成果成效，撰写结项论证报告，申请结项并接受市项目办的检查。

六、实验成效

通过本项目的实验，"普陀市民社区学习坊"的建设发挥了一定的平台型教育辐射功能，在提升社区学院教育服务能级及满足普陀区居民对美好生活向往的需要方面产生了积极的推动作用，取得了令人较为满意的成果。

（一）建立了三支讲师达人师资队伍

建立了"上海市社区教育专家库"，吸纳市级讲师 42 人；建立了"普陀区社区教育讲师团"，培育普陀区业余大学讲师团讲师 36 人；建立了"普陀区社区能者达人志愿者队伍"，招募社区达人志愿者 34 人。

（二）打造了三个优质知识分享的平台

形成了三个优质的数智融合的知识分享平台：一是以"普陀雅韵大讲堂"为平台，已面向社区居民举办了线上线下各类优质讲座 36 场；二是以"尚学小课堂"志愿者课程为平台，面向社区居民推出了线上线下优质短课程 126 课时；三是以"易学云学堂"为平台，面向社区居民开设了线上精品直播课程 60 课时。

（三）形成了三套社区学习坊的管理制度

一是"普陀市民社区学习坊"管理制度。专家、达人经费投入 5 万元，加强人员、物资等资源的有序调配，激励讲师达人团队融入伙伴学习场景；

二是"普陀区社区教育精品微课程建设"的经费投入制度。2022年投入20万元专项经费开发社区教育微课29节，2023年投入36万元专项经费开发社区教育微课65节，逐步形成"讲座—微课—课程—名师"的进阶之路，激励业余大学教师积极参与社区教育工作；三是"终身学习品牌活动粉丝群"的运营管理制度。突出制度创新，逐步形成"社区居民听众群""体验活动铁粉群"和"社区学校志愿者群"三大在线社群。

七、反思与展望

（一）实验反思

1. 三支队伍的数量和质量的深入拓展尚存在难度

"上海市社区教育专家库"还需要进一步拓展渠道，吸引更高层次的专家加入；"普陀区社区教育讲师团"讲师数量的拓展和参与积极性有待提升；"普陀区社区能者达人志愿者队伍"的招募渠道和机制有待进一步优化。

2. 终身学习氛围的营造尚需进一步加强

由于2022年新冠疫情的限制，线下不能开展活动，在一定程度上弱化了社区学习坊的宣传。尚学中心数字化环境的完善也趋于停滞，数字化学习资源的更新受到了一定程度的影响，给终身学习氛围的营造带来了不利的影响。

3. 市民社区学习坊激励机制建设尚需持续创新

要持续创新教育达人的培育机制，激励更多的团队领袖参与到项目建设中来；创新品牌活动的推广机制，不断提升社区教育活动的传播力和影响力；创新项目运行的激励机制，逐步形成活动引领、专家指导、学习者参与的良性循环的运行机制。

（二）实验展望

1. 以知识分享为目标，进一步提升市民社区学习坊讲师达人队伍质量

针对市民社区学习坊三支队伍存在的拓展难等问题，要加强研究，找出对策，进一步拓展"上海市社区教育专家库"高质量专家的引进渠道，进一步激发"普陀区社区教育讲师团"讲师的积极性，进一步优化"普陀区社区能者达人志愿者队伍"的招募机制，以知识分享为目标，促进专家和社区达人的深度参与，使得社区学习坊真正成为能者之师和尚学之生的

"连接器"。

2. 以普惠友好为特征，进一步营造共建共享的市民社区学习坊教育环境

针对市民社区学习坊教育环境建设存在不够完善的问题，要立足实际，因地制宜，进一步加大市民社区学习坊的宣传力度，进一步充实终身学习数字化资源，进一步疏通社区各单位的沟通联络渠道，以普惠友好为特征，逐步梳理出市民社区学习坊共建共享教育环境的建设思路。

3. 以灵活融通为核心，进一步优化市民社区学习坊建设的运行机制

针对市民社区学习坊激励机制建设尚需持续创新的问题，要勇于创新，敢于探索，进一步创新教育达人的培育机制，进一步创新品牌活动的推广机制，进一步创新项目运行的激励机制，以灵活融通为核心，逐步形成通过活动项目聚合人气、通过平台辐射成果、通过文化凝聚力量的运行机制。

第二篇 课程开发与教学改革篇

KECHENG KAIFA YU JIAOXUE GAIGE PIAN

1 社区教育特色课程数字学习资源建设与应用的实验

上海市徐汇区华泾镇社区（老年）学校

一、实验背景

（一）社会背景

2021 年 7 月，教育部等六部门发布了《教育部等六部门关于推进教育新型基础设施建设构建高质量教育支撑体系的指导意见》。该文件指出，数字学习资源已成为现代教育公共服务的基础组成要素，国家教育新型基础设施建设计划明确提出要将数字学习资源作为重点任务之一。近年来，社区教育的数字学习资源在各级政府和教育部门的持续支持下，数字学习资源的供给体系已初具规模，但仍面临着资源共建共享机制尚未形成、资源建设质量与技术应用水平有待提升等现实挑战。

（二）现实需求

首先，在各级各类社区（老年）学校一座难求的情况下，为了满足更多人的学习需求，以数字学习资源为基础的线上学习是实现教育公平，实现"人人可学"愿景的有效做法。其次，社区老年群体中有很大一部分群体不愿被数字时代抛弃，他们追求技术进步，紧跟时代步伐，畅享互联网技术赋能老年教育的福利。数字学习资源很大程度上满足了老年群体的多样化求知需求，可以让老年人根据自身条件和学习习惯有选择地接触数字学习资源并获得知识，在实现自我发展的同时，消解退休后社会活动骤然减少的苦闷。

（三）存在问题

当前社区教育数字学习资源内容丰富，数量庞大，但是实际应用中发挥的作用依然欠佳，学习对象关注度也不够高，远没有达到建设者预想的效果。通过剖析影响社区居民有效利用数字学习资源的原因发现，社区教育数字学习资源的学习对象主要是社区中老年人，他们习惯于传统线下教学模式，而数字学习资源的使用，要求他们必须掌握智能手机或计算机的使用，这无疑对他们的学习能力提出了挑战，而学习过程又无人指导，导致他们缺乏学习的动力。

二、实验目的

（一）建设数字学习资源，加强特色课程建设

以区域文化和学校特色课程为依托，建设一批在社区教育领域具有可推广性、特色鲜明的数字学习资源，做到"人无我有，人有我优"，以数字学习资源推进特色课程的建设和推广。

（二）建立数字学习平台，推广数字学习资源

以学校特色课程的数字学习资源为主，充分整合各类学习资源，利用学校"华泾学苑"公众号延伸出一个集特色课程资源、教与学活动和多元互动于一体的开放共享、动态发展的特色课程数字学习资源管理与应用的支持平台，服务更多的学习点，扩大特色课程的覆盖面。同时整合丰富的数字学习资源满足社区居民多样化的学习需求，提升居民文化素养。挖掘多种应用场景，扩大学习人群，提高社区教育的覆盖面和参与率。

（三）探索形成数字学习资源建设与应用的经验

该实验旨在以网络平台、手机等智能终端设备为媒介，探索基于公众号和小程序等数字学习平台开展数字学习的方式，探索建立数字资源的应用和推广机制，形成基层学校建设数字学习资源、开展数字学习的独特模式。

三、实验内容

一是根据课程特点及学员的学习需求，通过自筹自建、合作共建、版权引进等方式，建设特色课程的数字学习资源，并结合学校的实际情况，探索社区教育中建设数字资源的有效途径。

二是从特色课程出发，探索社区教育中数字学习资源与线下教学结合的教学方法，摆脱数字学习资源与线下教学脱节的困境。探索混合式、探

究式、合作式、体验式等新型教学方式。

三是运用各类新媒体平台，如微信公众号、微信小程序等，以及传统媒体的传播方式，将数字学习资源送进校园、园区、社区，提升数字学习资源传播范围，分析并总结数字学习资源在不同媒介平台推广时的策略。

四是建立数字学习资源的管理和激励机制，增强学员的学习体验，探索数字学习资源建设可持续发展的路径。

四、实验方法

（一）调查法

通过问卷调查和研讨访谈，掌握不同性别、不同年龄层次、不同学历层次的社区居民对特色课程数字学习资源的需求。

（二）行动研究法

通过实验研究，梳理社区教育特色学习资源建设的途径方法，归纳总结其中的特点和差异性，开发并整合更多具有特色的、优质的、受社区居民欢迎的数字学习资源；探索数字学习资源的应用及推广路径，推动资源的深度开发利用。

（三）个案研究法

通过追踪个别学员参与数字化学习后的变化和反馈，探讨社区教育特色数字学习课程资源建设和应用的成效。

五、实验过程

（一）开展调查，了解居民数字学习的现状与需求

为有针对性地开展数字学习资源的开发建设及推广应用，课题组开展了华泾镇社区居民数字学习的现状与需求问卷调查。本次实验调查主要聚焦三个问题：一是社区学校学员目前的数字学习现状与需求；二是学员对目前社区供给的数字学习资源的满意度及使用率；三是社区居民（非学员）目前的数字学习现状与需求。此次调查对象主要以华泾社区学校的学员为主，也随机向周边社区居民进行了问卷推送，共发放问卷 432 份，回收有效问卷 358 份，应用 SPSS、Excel 等软件对数据进行了分析。

（二）整合资源，建立数字资源"宝库"

在数字学习资源的开发整合方面，学校一方面抓"建资源"，主要通过三条途径：一是自建资源。对本校的优质特色校本课程进行梳理，建立信息化教研组，将课堂教学内容进行提炼，突出重点和难点，按照微课制作要求，把特色课程逐一拍摄制作成系列"微课程"。二是购买资源。根据学习需求调查的结果，学校通过购买资源的方式，增加了银发 e 学堂、家长学校课程，用于满足老年人学习智能手机与软件使用的需求及家长们获得家庭教育方法指导的需求。三是共享资源。即：本校与兄弟学校建立联盟，共享优质数字资源；另一方面，抓"汇资源"，学校将国家数字化学习资源中心、上海学习网、上海市老年人学习网、汇 e 学等各级各类学习网站和学校微信公众平台进行深度融合，将它们整合在本校"华泾学苑"公众号上，市民们点击"阅读原文"就可以直接跳转到各类网站页面，进行学习。通过数字学习平台汇总整合，建立了一所课程资源丰富、获取途径便捷的一站式"云校"，最大化地利用社区教育资源，为居民提供丰富优质的数字学习资源。

（三）优化平台，搭建数字学习云校

1. 以公众号为载体建设云校

数字化资源开发的一条重要途径是利用好新媒体的平台，目前比较有影响力的平台是微信公众号与微信小程序。2014 年 6 月，我校的官方微信公众号"华泾学苑"正式上线，成为学校宣传报道、招生宣传、对外交流、沟通互动、在线学习的重要平台。之后又根据发展需要，不断优化升级，目前，"华泾学苑"官方微信平台涵盖微学习、微互动及云课堂三个模块，其中微学习模块提供了近 200 节系列微课，可供市民随时、多次、系统地学习。

2. 以微信小程序实现智慧学习

2019 年，学校以珠心算课程为试点，进行了特色课程小程序开发制作的有益尝试。该款学习小程序，包括"学一学""玩一玩""练一练"三个部分，让老年学员在玩中学，内容有微课资源、分级习题库、线上比赛、排行榜和积分激励等，学练结合、动静结合，让线上学习也能充满趣味性。这款融学习与益智游戏为一体的小程序，充分考虑老年人的生理及心理特点，界面友好，使用方便，深受老年人喜爱。目前，小程序的注册人数 803 人，云班学员 178 人。

（四）推广应用，拓展数字资源应用场景

数字化学习的出现无疑推动了教育模式的变革。通过教育数字化，我们的学习将融合物理空间、社会空间和数字空间，构建以学习者为中心的教育教学场景，本项目组积极探索混合式、合作式、体验式、探究式等灵活弹性的教学组织方式，支持学习者随时随地因需学习，形成高质量、个性化终身学习服务体系。

1.线上课程嵌入线下教学，让课堂教学更加高效

传统的线下教学以教师授课为主，往往是教师的"一言堂"，教学的辅助手段比较单一。有了数字学习资源后，教师们在线下授课时，可以在课堂上或课后辅以微课教学，能够帮助学员掌握教学重点难点。由于微课能够反复观看，可用于课前预习和课后巩固，尤其符合老年人学习特点，提升了线下教学效率。

2.线上课程植入"生活盒子"，让学习场所近在身边

2014年，上海在全国率先提出"15分钟社区生活圈"理念，即人们在慢行一刻钟的可达范围内，可以满足"衣、食、住、行"等日常需求。满足这些需求，需要配置相应的基本服务功能和公共活动空间，徐汇区称之为"生活盒子"。目前，华泾镇已建成5个生活盒子，为完善盒子的功能，方便居民就近学习，解决师资短缺的难题，项目组结合上海市老年数字教育进社区行动，积极推进数字学习资源落地"生活盒子"。

3.线上课程纳入师资培训，让培训形式更加灵活

在社区教育师资队伍建设中，师资培训是绕不开的重要一环。如何让培训更有效果，形式更灵活，让参与培训的人数不受时间和空间的限制，项目组尝试把线上课程与师资培训相结合，做到培训的内容更丰富，形式更灵活。学校在开展全国珠心算师资培训工作中，采用线上培训方式，将所有珠心算微课视频分享给培训人员，极大降低了培训成本，也避免了参训人员在路途上的奔波。参与此次培训的人员从最初报名的30人增加到100余人，提升了培训的成效。

4.线上课程送入学生课堂，让课后服务更加精彩

随着国家"双减"政策的落地，中小学生的课后服务让各个学校的校长们一筹莫展，苦于没有丰富的素质教育类的课程和教师，虽然社区学校可以提供一些师资和课程的援助，但也是"僧多粥少"。为解决这一矛盾，

项目组把中小学生喜爱的布艺、编织、十字绣、草木染等课程资源打包送给学校，并为学校培训了助教，配备了材料包，方便学生开展线上学习。这样的做法既丰富了学校的课后服务内容，也建立了课程配送的新模式。如以"微课＋助教"方式配送的"娃娃学编织"活动，受到市民们的广泛好评，记者在"徐汇教育"公众号上进行了宣传报道。

5. 线上课程融入日常生活，让学习成为生活方式

随着人们生活节奏的加快和科学技术的发展，碎片化学习越来越受到人们的青睐。碎片化学习是指在自然情境中，学习者根据自我学习需求，利用各种学习媒体、零散时间和分布式的空间，进行零碎知识内容的学习方式。以时长 5—10 分钟的微课为主的数字学习资源，帮助人们实现碎片化学习。本校珠心算、书法、布艺等班级的老年学员们已经把数字学习当成一种生活方式，空闲之余就会打开手机跟着学习。珠心算班和布艺班把学习与春游结合，在公园开展学习，引来众多路人围观。在他们看来，手机不仅是通信工具、娱乐工具，更是学习工具。

6. 线上课程汇入市级平台，让校本课程走出学校

为了扩大本校自建特色课程数字学习资源的受众面，分享校本课程建设成果，项目组将所有线上课程资源汇入上海市学习网"老年慕课"平台，既充实了市级学习平台的课程资源，又推广了学校特色课程。此外，还借助《徐汇报》、徐汇社区学院"汇 e 学"、上海徐汇、徐汇华泾等公众号平台，大力宣传学校数字学习资源和学习路径。"老年珠心算"课程数字资源还被纳入国家老年教育慕课平台，供全国各地的老年人学习使用。学校在优酷注册了账户，把自建的课程资源传到优酷平台，大大提高了课程的使用率。这些举措让校本课程走出学校，成为更多学习者的选择，提高了数字学习资源的知晓率和使用率。

（五）建立机制，保障数字学习渠道畅通

要想持续开展数字学习，引导社区居民逐步适应并离不开数字学习，还需要机制保障。为此，我校在实验过程中，根据发现的问题和总结的经验，制订了《华泾镇居民数字学习激励保障制度》。制度明确规定镇政府每年投入专款，用于社区学校开发新建数字学习资源；各机构需支持并配合数字资源的推广应用；开展数字学习激励，在社区、企业、学校等范围内评选社区数字学习达人。

六、实验成果

（一）开发了一批特色课程数字学习资源

本校经过多年的课程建设和积累，培育了"珠心算""手工布艺""创意编织""生活化妆"等特色课程25门，并自建了一系列特有的、优质的数字学习资源。让数字资源体系化、课程化，优化了课程资源供给侧服务。80%以上的自建数字课程资源获得各级各类奖项："黄道婆文化"和"手工编织微课"分获全国视频课程大赛一等奖和三等奖；"智学珠心算"微课先后获得全国"互联网＋社区教育"品牌项目、全国社区教育"能者为师"系列特色课程，还入选全国"智慧助老"第三批优质课程资源推介名单及上海市智慧助老品牌项目。

（二）建设了一所数字学习资源集约的"云校"

项目组对国家级、市级、区级和校级各类数字资源进行梳理分类，建立数字学习资源库，涵盖各类课程，并将这些资源整合到"华泾学苑"公众号平台，以"云校"的学习空间，满足居民多样化、便捷化的学习需求。基于在数字学习资源和平台建设方面取得的成效，学校被评为上海市首批老年教育数字化转型工作先进单位。

（三）成立了一支数字资源推广志愿者服务队

在实验过程中，项目组建立并培养了一支"智慧助老"志愿者队伍，从最初的10人，发展到45人，依靠他们共同推进数字资源进社区、园区和校区，并成为导学员和助学员，让数字学习资源服务居民学习需求。胡建刚、张秀兰、戈莉莉、蔡玉兰等先后被评为上海市优秀导学志愿者。

（四）提升了教师队伍的信息化水平和科研能力

学校专兼职教师在开展数字化资源建设、平台建设和数字资源推广应用过程中，深入学习相关理论，全程参与数字学习的调查和研究，探究各种数字学习设备和平台，大幅提升了自身的信息化水平，虽然摸索的过程是辛苦的，但在专业化成长的道路上又迈进一步。学校专职教师撰写的论文《基于第三方平台支持老年教育直播教学的实践与思考》《创设学习新场景　促进社区"微治理"》先后获得市级社区教育主题征文一、二等奖。

（五）数字资源使用率和学员数字学习能力得到提升

在实验的过程中，项目组以"智学珠心算"数字资源课程及该课程的学员为个案，开展了跟踪研究。该班学员将线上和线下课程有机结合，课上跟教师学习，课后每天在小程序上打卡学习，并有班主任和班长在云班内辅导和督促，该班学员的数字学习能力和该门课程的学习成绩得到了大幅提升，在海峡两岸珠心算线上比赛中，本校学员的成绩明显高于外校学员。

（六）形成了一种数字学习资源建设和应用模式

在实验过程中，立足基层学校的定位，我校以已有的工作基础为新起点，开展了尝试和探索，形成了一种以数字资源建设和应用为主的数字学习模式，即以数字学习资源建设为基础，以数字学习平台搭建为载体，以数字学习应用场景开发为路径，以数字学习机制建立为保障，以社区居民数字学习能力提升为目标，以社区居民数字学习习惯的养成为愿景。

七、下一步思考

（一）探索不同人群使用数字资源的特点和规律

根据问卷调查结果可知，同样生活在数字时代，不同人群对待数字学习资源的学习习惯、学习内容、学习行为有很大差异。项目组将深入不同学习人群，开展问卷调查和座谈，总结各类人群的学习规律，为今后数字资源的开发应用推广打好基础，力求数字学习资源推送更精准。

（二）优化数字学习平台建设

本校将在已有的微信公众号数字学习平台基础上，进一步优化学习平台的建设，开发平台的学分赋分功能，建立学习浏览量、学时记录、学习测试数据库，为今后的工作提供参考依据。同时升级平台的学习展示功能，提供学员在线上交流展示的空间。

（三）营造安全数字学习环境

数字化学习目前还缺乏相关的管理制度，由于网络环境存在潜在风险，有必要对其加强制度建设，规范用户的信息保护。学校对于数字化资源要进行相应的审查，对各类微信学习群进行登记管理，制订"群规"，防止群内传播与学习主题无关的内容，同时也要保护居民个人信息安全，营造健康安全的学习环境。

2 "追随树人·行走立人"
——"研读鲁迅"人文与思政教育的实验

上海市虹口区社区学院

一、实验背景

（一）政策背景

根据国家"十四五"规划引导，上海市推出《上海市青少年发展"十四五"规划》，并将主题确定为"开放大都市，活力青少年"。习近平总书记强调，义务教育是国民教育的重中之重，要全面贯彻党的教育方针，落实立德树人根本任务，充分发挥学校教书育人主体功能，强化线上线下校外培训机构规范管理。为推进落实立德树人的根本任务，2021年"双减"政策出台，将课余时间还给广大中小学生，以促进全面素质教育和培养德智体美劳全面发展的社会主义建设者和接班人。现代化国际大都市的建设与处于人生飞速成长期的青少年的发展相辅相成，成为带动上海地区文化软实力飞跃的重要动力。

（二）实践背景

中小学人文教育与科学教育比翼齐飞，美育协调多能，德育为核心。推进思政教育，也要挖掘其他课程和教学方式中蕴含的思想政治教育资源，实现全员全程全方位育人，社区助力必不可少。义务教育阶段及高中教育阶段十二年学段内青少年正值批判思维和逻辑思维发展的黄金时期，通过行走学习点浸润式的介绍，与传统课堂美育和文学教育互补，拉近青少年与经典文学和伟大思想的距离，通过创设良好的情境，潜移默化地培养青少年的优良品德。

二、实验基础

虹口区是海派文化的发祥地、先进文化的策源地、文化名人的聚集地，历史文化底蕴深厚，文化背景独特。目前虹口已经形成 3 条市级线路，6 条红色线路，4 条具有街道特色的主题线路，90 个人文修身点，拥有多个成熟的讲解团队。虹口区凭借丰厚的人文教育资源，通过"人文行走"工作，鼓励学生走出校门和家门，自觉融入人文提升和思想自新的广袤天地。虹口区人文行走移动课堂自 2021 年启动至今，经过三年的探索，已逐步形成体系，针对传统课堂教学形式单一、教法固化的缺陷，也能有所补足。人文行走移动课堂以小学生为主体，通过经典文学研读，拉近青少年与伟大思想之间的距离，在真实的场景中，积极地分享、惬意地行走、自觉地吸收。

三、实验目的

（一）以美育润泽学生美好人生

2020 年修订的《普通高中语文课程标准（2017 年版）》中强调了培养"语文学科核心素养"，即"语言建构与运用""思维发展与提升""审美鉴赏与创造""文化传承与理解"四方面。语文课程建设的总体目标之一是关心当代文化生活和提升文化品位，如何更好地履行社区教育职责，发挥社区教育的独特功能，如何助力针对该学段青少年的德育美育工作，加快推动虹口区学习型社会建设发展，则是需要我们思考与探索的问题。

（二）课程引领探索育人新途径

对于中小学生及相应教学而言，"鲁迅难"已是不争的事实。目前中小学课内外对鲁迅先生思想的发掘深度和教学策略仍有进步空间，尽管拓展了课外活动领域，但各社区社团或因资源匮乏，或因活动形式吸引力不足，在移动课堂现有的基础上探索育人新路径仍大有可为。

四、实验过程

自 2022 年 2 月项目开题，进入实质性实践探索以来，项目组根据实验目标，围绕实验内容，依据实施方案，主要开展了如下工作。

（一）项目前期实验过程

1. 准备阶段

2022 年 2 月，该项目被批准立为 2022 年度上海市社区教育实验重点项目，课题研究时间为 2 年。

2022 年 2 月，成立课题项目小组。本课题项目由虹口区社区学院牵头，发动上海鲁迅纪念馆负责人、长青学校语文教师、"文化三地"志愿宣讲成员等，共同组成课题项目小组。

2022 年 2 月 25 日，召开课题项目小组会议。研讨课题方案，明确课题研究方法和课题研究具体内容，结合具体工作，着手布置课题中所需的调查、观察、讨论、座谈、动员等工作。

2022 年 3 月，虹口区社区学院组织各社区学校、虹口区社区学院科研室、虹口教师进修学院科研室等部门领导和科研骨干，召开社区教育课题项目专题会。经过专家指导与建议，确定课题研究内容。

2022 年 5 月，确定研究方向。结合社区教育志愿服务优势和特色，做好各类资源统筹调度工作，进一步丰富学习资源，努力满足多样化、多元化的学习需求。

2. 问卷调查，形成分析报告

依托各街道、长青学校配合项目组成员参与问卷调研，发放前期准备的调查问卷及项目实践后的后期调查问卷。问卷内容包括对研究课题的了解程度、参与意愿、对人文行走课题的需求期待三个方面，旨在详细了解三至六年级小学生对鲁迅先生作品及其成长经历的了解程度与学习意愿，基于不同认知水平对鲁迅先生作品与人文行走形式结合的期待与需求，对实践前后的数据进行对比分析。实证考察则通过"人文行走"研读鲁迅系列课程的实践，结合课程落实的相关课程教案，对行走课程的补益与改进方向进行反思和优化。

项目组利用"问卷星"实施了网络匿名问卷调查。面向 80 人进行问卷调研，共计回收问卷 80 份，其中无效问卷 0 份，有效问卷 80 份，有效问卷回收率 100 %。发现以下问题：

（1）调研对象对"人文行走"的了解度有所提高，但实际习得效果仍有待进一步提高

本次调研中，95% 的调研对象认为研读内容比较有吸引力，希望在互

动方面再多一些形式，因此后续仍需摸索开发更多的实践形式，探索本课题的灵活性与互动性，充分调动受众及家长的积极性。

（2）鲁迅作品学习的传统印象影响受众对课程的期待

由于鲁迅作品教学内容的经典化和大众接受态度的相对固化，人文行走活动对受众传统印象的改变有限，因而在实际落实中，需对学生学段进行进一步定位和开发。

根据调研反馈结果，90%的受众表示对课标外的内容感兴趣，后续设计可将课标内外内容相互穿插，丰富鲁迅形象的解读要素，拓宽研读鲁迅的视野，优化信息的来源渠道。很多学生很愿意了解鲁迅先生本人及其作品，但是他们不喜欢目前课堂教学呈现和构建出来的僵化的、片面的、单一的鲁迅先生的形象，因此将人文行走与课堂融合，是发掘鲁迅先生的思想内涵，解读近现代历史，为中小学生搭建实景体悟、互动探究、人文审美平台的有益尝试。

3. 项目研讨，形成实验方案

项目组成员进行了多次研讨，内容包括通识研讨和针对性研讨两个部分，以"项目研究的基本步骤""调查报告的写法""如何撰写教育教学研究论文""如何撰写教案"等为研讨内容。其中通识研讨主要是让项目组成员了解项目研究的一般常识，知晓如何进行项目申报、开题、中期评估、项目结题准备等项目研究的过程性工作，以及如何运用项目研究常规方法开展项目研究，形成项目研究成果。同时，研究内容中如何撰写教案也尤为重要。本课题的教案撰写需要将学习点人文知识与课本内容相融合，需要根据教材内容及学生的具体情况，预先制订教学策略、教学思路等综合方案。

（二）聚焦课程框架设计和课程体系模型构建

1. 运用文献研究法

参看有关人文行走有效性的研究文献，结合本项目的研究实际，提出假设，对目前实施人文行走的困境进行分类，整理成专题，然后根据这些专题确定小课题，明确研究的方向和项目组各成员的研究目标及内容。根据假设，形成相关问题，并根据这些问题，形成相关性参数。

2. 资料搜集、查询与整理

通过资料搜集、查询与整理，确定人文行走与课程整合的方向。以虹口区鲁迅小道中的学习点为切入点，引导项目组成员进一步研究课题方案，进一步明确课题的核心概念、研究目标、研究内容、研究方法与研究思路。

3. 采取行动研究法

以虹口区鲁迅小道中景云里、左翼作家联盟会址纪念馆、上海鲁迅纪念馆为行走线路，选取鲁迅先生的文章、诗词等作品，结合人文历史、文学鉴赏和表演课，开展三个模块九个单元的行走课程，确定以下内容：

（1）统一课程教案设计；

（2）制作九个单元课程简案，并形成文本；

（3）形成配套学习的学习手册；

（4）通过行走课堂，鼓励学生参与行走课程、志愿宣讲。

五、实验成效

依托虹口"文化三地"中的名人文化，社区教育服务该学段青少年的德育美育，选取鲁迅先生为学习目标，结合鲁迅先生在虹口区生活创作、交友活动的点点滴滴，以及左翼作家联盟的光辉斗争历史，参考部编版语文课本选录的鲁迅作品，发掘鲁迅先生的思想内涵，解读近现代历史，为中小学生搭建实景体悟、互动探究、人文审美的平台，对中小学生接受无产阶级革命精神的熏陶进行有益尝试。

项目实施期间，项目行走课程被第一教育网、上观新闻网、新浪网等多家主流媒体详细报道。"追随树人·行走立人"研读鲁迅人文精神项目，不仅仅是"双减"之余的趣味行走，更是走近名人及获得精神滋养的精神之旅。项目通过探索新型课后服务模式，推动"双减"真正落地。

（一）结合调研重点，聚集关键问题

通过调研明确研究方向和研究内容。本次调研中，95% 的受众喜欢并有意愿参与"人文行走"活动，希望以人文行走的方式了解鲁迅先生及其作品。同时也了解到，传统教学形式较为僵化，本地资源开发存在不足现象，因此应充分发挥本课题的互动性，开发本地资源与实景形式结合的更多模式。

（二）多元学习方式，浸润名家思想

以鲁迅小道为切入点，选取鲁迅创作的儿歌《小红象》、诗词《自嘲》《自题小像》《无题》，以语文拓展教材中的"鲁迅和海婴的故事""鲁迅笔

下的小动物"等为素材，设计人文历史、文学鉴赏、表演三个模块，形成三个模块九个单元的行走课程，从聆听到感悟再到演绎，运用多种方式去理解、挖掘，将作品的研读与行走学习点相结合，从不同侧面感受鲁迅先生的立人精神、脊梁精神、奉献精神、孺子牛精神、梯子精神和斗争精神等。

（三）传颂"虹"美好，我为"虹"代言

依托左翼作家联盟会址纪念馆囡囡宣讲团、鲁迅初级中学、长青学校的学生进行课程试点，组织学生实地行走，搭建实景体悟、互动探究平台。从教师讲解模式转向引导学生自主学习模式，尝试通过教师适时的讲解、启发，让学生自主开发、领悟，并为学生深入领悟做好引导。以"传颂'虹'美好，我为'虹'代言"为主题，让学生通过行走课程中的学习，将教师讲解的内容复述出来，为同学做一次介绍，引导学生学习提炼、讲好鲁迅的故事，在提升学生语文核心素养的同时，引导学生领悟鲁迅精神，传承红色基因。通过学习，多位学生有意向加入志愿宣讲队伍，成立了囡囡宣讲团、朝花宣讲团和青听宣讲团三支学生志愿宣讲团。

（四）数字化赋能教学，点"亮"线上课堂

结合项目实施情况，探索线上线下融合的教学模式，运用数字化场景，以 VR 全景的方式，打破时间与空间的界限，依托虹口区社区学院移动课堂二期建设，完成鲁迅小道两个学习点的线上学习数字化场景建设。课堂上教师在讲解的过程中运用数字化场景，将行走点的学习内容通过移动终端呈现。虹口厚重的人文底蕴与学生在云端相遇，给学生以沉浸式的体验感，同时也克服了学生因时间限制无法到现场行走的局限。

（五）总结创新经验、固化实验成果

汇总整理研究过程中的照片、视频、文字等资料及教学评价反馈，对实验项目过程和结果进行全面梳理与总结，根据实验项目实施情况，对课程内容进行再调整、再完善，从实践中汲取经验，形成文本，完成实验结项报告，为今后的项目提供参考与借鉴。

行走课程多次被各大主流媒体宣传报道，深受好评，越来越多的学生知晓并加入行走课程的学习。项目组成员多次参加市、区级研讨，与同行进行经验分享。在 2023 年 10 月中国成人教育协会举办的"社区教育骨干研修班"培训中，行走课程的理念与课程设计分享，得到了全国各地同行的关注与认可。

六、问题与反思

（一）教师的专业能力和服务水平提升

行走课程是一项讲求团结协作的社区教育项目，对教师团队的活动组织能力、现场把控力、亲和力、感染力等，都是极大考验。行走课程是一个动态的教学过程，学员的心理状态和学习场所都在发生着改变，需要教师认真观察、及时指导和记录并对其进行分析。项目实践表明：授课教师（专业教师、志愿者教师）要想更好地将课程融入人文行走，在专业能力和服务水平方面还有待提升。

（二）行走课程个性化与深化

根据课程实践情况，部分学生由于课程时间冲突、学习内容的统一化等，对于鲁迅文本习得难度的认识提升较小，因此需要将课程内容和实践形式的互动关系处理好，优化知识的传输方式，推进目的式阅读和项目式实践。针对受众对象的兴趣点和需求，需进一步加深课程内容，进行课程针对性设计。后续可以推进定制化课程及线上课程，根据不同学段的学生，调整教学内容与授课方式，进行分层分时的教学。

（三）进一步探索线上线下融合的教学模式

通过数字化技术可以把原本分散在各地、不可移动的物质化教学资源转换成便于复制、传播、共享的数字化产品，使行走课程教学资源更为丰富。学生可以选择自己喜欢的学习内容或学习方式，进行个性化学习，记录学习过程，完成学习成果的积累，不再受时间与空间的限制。但是线下课程有教师的参与以及督促，更便于关注低龄学生的学习过程。因此，如何做好线上线下融合，线上教学如何更好为线下教学服务，还需不断地探索。

3 基于课程思政，构建社区教育同向同行良好育人生态的实验

松江区社区学院

一、实验背景

（一）基于课程思政，构建社区教育同向同行良好育人生态是时代发展之需

2019 年 8 月，中共中央办公厅、国务院办公厅印发了《关于深化新时代学校思想政治理论课改革创新的若干意见》，提出要"坚持思政课在课程体系中的政治引领和价值引领作用，统筹大中小学思政课一体化建设，推动各类课程与思政课建设形成协同效应"。社区教育课程思政是落实立德树人根本任务的着力点，是社区教育促进社区群众思想和行为更符合当下社会发展的时代诉求。社区教育教师要承担起育人责任，在课程中贯彻育人理念。

（二）基于课程思政，构建社区教育同向同行良好育人生态是城市发展之需

一是实现城市整体发展的必然要求。中共上海市第十一届委员会第九次全体会议上，上海确定了城市努力方向，即人人都有人生出彩机会、人人都能有序参与治理、人人都能享有品质生活、人人都能切实感受温度、人人都能拥有归属认同。这是"人民对美好生活的向往"的"上海解读"。二是实现城市融合的必然趋势。第七次全国人口普查数据显示，全市常住人口中，外省市来沪常住人口占 42.1%。社区教育担负着提升"新市民"的价值观、变革他们的生活方式的责任。社区教育融合课程思政，有利于让社区居民产生认同，从而自觉践行服务社会、维护社会稳定发展的责任。

三是实现乡村振兴的必然选择。通过知识的传授将思政有效地根植于广大农村居民头脑中，以实现对其正确的价值引领和信仰教育，从而提升农村居民的综合素质。

（三）基于课程思政，构建社区教育同向同行良好育人生态是社区教育高质量发展之需

从课程内容而言，社区教育中存在课程思政窄化现象。很多人对课程的认识停留在狭义的课堂课程中，将课程思政建设等同于政治课建设，存在"课程思政教育对象是青少年，成人甚至老人不需要课程思政"等片面认识。社区教育没有系统开展过课程思政相关师训，导致教师不知道如何开展社区教育课程思政，也缺乏相应内驱力。同时，对象的多样性加大了社区教育课程思政难度。近年来，教育部及其他部委紧密出台各类文件，对高校和中小学思想政治教育工作从理念到内容、方法、队伍、工作途径等给予较为全面的规定和指导。然而，针对社区教育、老年教育却没有明确的相关文件和要求，相关研究也比较匮乏。

二、概念界定

课程思政是指育人的所有教学科目和教育活动，都渗透和贯穿着思政教育，特点是以课程为载体，以思政教育为灵魂，课程的育人功能和价值取向鲜明，而课程边际则相对淡化。

本实验基于课程思政，探索社区教育各门课程的思政教育要素，强调思政课程与其他各类课程保持同向同行，强调所有课程都要纳入能够引导学习者树立正确价值观和世界观的内容。

三、实验目标

总目标：实现松江区社区教育"门门有思政、课课有特色、人人重育人"的良好育人生态。

具体目标：

1. 通过实验，构建区级层面社区教育课程思政协同联动机制和制度。

2. 通过实验，探索实践社区教育课程思政中的典型做法，建立社区教育课程思政操作规范，形成一批社区教育课程思政优质示范课例。

3.通过实验，构建教师落实社区教育课程思政系列培训课程，打造一支具备思政教育自觉意识和结合课程进行思政教育能力的师资队伍。

四、实验内容

（一）顶层设计，构建协同联动长效机制

成立由上海松江开放大学副校长担任组长的"松江区社区教育课程思政建设"工作领导小组，大力推进社区教育课程思政的整体规划、统筹保障、教学改革、课程设计和师资培训等工作。将课程思政建设列入社区学校年度工作清单，持续强化制度规范和政策支撑，研究制订《推进社区教育课程思政建设工作方案》《社区教育系列课程课程思政参考意见》等指导性文件，构建各类课程与思政课协同配合、同向同行的长效机制。

（二）实践研学，组建课程思政教育共同体

以提升教师育德能力和育德意识为重点，加强全区社区教育专兼职教师队伍建设，形成全员育人共识，提升育人能力。同时，打造一支"课程思政"骨干教师队伍，组织教师深入社区调研，在深入了解党和人民的伟大实践中汲取养分、丰富思想、拓宽视野、淬炼人格，在比较分析中坚定"四个自信"，明理入心，形成育人自觉，为课程思政深入推广提供核心支撑。

（三）以人为本，因材施教开展社区教育课程思政

结合不同对象的特点，遵循学习者认知规律，统筹规划，系统有效实施。中小学生、老年人、青年人都是社区教育的服务对象，需要通过调研和实践，摸清这几类学习者不同的社会关注点、思想困惑点和理论渴求点，进而依托不同的工作项目，采用学习者喜闻乐见的教学方式，讲授贴近生活的教学内容，有的放矢地落实课程思政，引导学习者去思考理想、责任、人生和信念。

（四）润物无声，实现课程思政显性教育与隐性教育的有机结合

以课程思政为载体，探索"知识传授与价值引领相结合"的有效路径，研制社区教育课程思政教学指南。抓住课堂主阵地，用好教学这个主渠道。将马克思主义理论贯穿教学和研究全过程，深入发掘社区教育课程的思政元素，从战略高度构建社区教育课程思政教学体系。促进各学科专业的教育教学，善于运用马克思主义的立场、观点和方法，促进各类课程与思想政治理论课同向同行、协同育人。将思政课程贯穿于社区教育教学全过程，

将教书育人的内涵落实到课堂教学主渠道，让所有课程都上出"思政味道"，让立德树人"润物无声"。

（五）以点带面，促使课程思政理念在社区落地生根

倡导所有教师都担负起育人的责任，切实改变思想政治教育标签化取向，鼓励教师开展课程思政教学改革，注重树立优秀典型，确立试点校、重点培育校，评选课程思政示范课、最美课堂、优秀教学团队和教学名师，宣传推广课程思政典型案例等；在教学大赛、教学名师评选等表彰奖励工作中，突出课程思政要求；将各街镇社区学校课程思政建设成效纳入事业发展规划和年度考核，提升社区教育领导和教师参与课程思政建设的主动性和责任感，形成建设合力，促使课程思政理念、育人根本任务在社区落地生根。

五、实验过程

（一）成立项目组，形成工作机制

2021 年底，成立"松江区社区教育课程思政建设"实验项目组，构建"区社区学院统一领导、社教部牵头、相关部门协同、社区学校落实推进"的四级联动工作机制，就项目的实施方案、操作路径及人员安排等进行了详细的沟通，为后续实验具体开展提供了组织保障。在此基础上，为了保障实验项目的有效推进，成立"社区教育课程思政项目研究推进组"和"社区教育课程思政资源建设组"，将区域内的教师队伍资源进一步整合。

（二）开展调研，了解社区教育课程思政开展现状与学员需求

首先，项目组为进一步了解松江区社区教育课程思政实施情况以及学员对教师课程思政的认识与需求，向松江区老年大学和松江区 13 所街镇社区学校的师生发放《松江区社区教育课程思政现状调查问卷（教师卷）》和《关于松江区社区教育课程思政学习现状的调查（学员卷）》，265 名教师和 1415 名学员参与填写。调查发现，教师们对课程思政的研究也往往局限于自己所任教的那类课，甚至是那门课，影响了所授课程思政元素挖掘的效率和深度，社区教育课程思政整体推进进程也受到影响。在学员的调查中发现：学员最喜欢或最希望的课程思政形式是"参与实践类学习"，"生硬地加入思政教育，无法引发学员的学习兴趣"，学员对社区教育课程思政的价值认识尚不清晰。

（三）依托专家指导，形成区级社区教育课程思政建设的工作方案

为了保障项目实施的科学性与规范性，在专家团队的支持与指导下，项目组初步形成了《松江区关于推进社区教育课程思政建设的工作方案》（沪松教〔2023〕36号），包括"指导思想、总体目标、基本原则、重点工作及保障措施"等五个方面，这不仅是与社区教育课程思政建设要求相匹配的管理制度的完善，实现了从0到1的突破，更为基层社区学校和教师在实施社区教育课程思政中提供指导与引领，解决了社区教育课程思政"为什么"与"做什么"的问题。

（四）开展课程思政系列师资培训，提高了教师课程思政能力

为进一步健全和完善松江区社区教育课程体系，丰富和充实松江区社区教育课程思政资源，项目组策划了课程思政系列区级培训课程，旨在把课程思政元素贯穿社区教育，提高社区教育课程思政建设工作的精准性、融合度、有效性，全面推动社区教育课程思政建设工作。培训内容包括"全面构建学校思想政治教育课程体系——课程思政的顶层设计及政策思考""中小学学科德育的启示""解读上海社区教育七大系列课程""社区教育优秀教师的教学经验"等方面，为教师提供课程思政"怎么做"的路径。

（五）组建课程思政师资队伍，形成社区教育课程思政参考意见

按照实验方案，项目组进一步组建课程思政师资队伍。通过在社区学院和社区学校中的挖掘，组建了8名由不同系列课程授课教师组成的师资队伍。师资队伍主要负责社区教育课程思政元素的挖掘、社区教育七大系列课程思政参考意见的撰写与汇编、社区教育系列课程思政教学的指导等。基于教育部印发的《高等学校课程思政建设指导纲要》基准框架，在专家团队指导下，围绕"社会科学系列、文化素养系列、艺术修养系列、实用技能系列、健康教育系列和体育健身系列"六大系列社区教育课程和注重人文行走、"三类"学习点建设的特色系列课程，形成了"6＋1"系列课程思政参考意见。

（六）组织区级教学大赛，关注教师思政素养

为进一步提升社区教育专兼职教师课程思政的意识、能力和水平，发挥好课堂教学在素质教育中的主渠道作用，开展区级"教学大赛"活动。要求参赛教师从教学设计、教学过程、说课等全过程中体现课程思政。例如，教学设计中，单独设计"本节课思政说明"，要求参赛教师从教学整体设计、思政元素挖掘等方面阐述。自 2022 年以来，连续两年组织了两次社区教育课程思政教学大赛，全区各街镇社区教育专兼职教师经校级初选后参加区级大赛，实现了所有基层学校全覆盖。

六、实验成效

（一）营造了全区开展社区教育课程思政研究的良好氛围

《2023 年松江区职业教育与终身教育工作要点》中提到，"开展终身教育课程思政研究，探索课程思政建设工作路径，加强教育课程思政整体规划，建立课程思政建设工作机制，丰富课程思政要素，彰显育人价值"。这就为全区开展社区教育课程思政研究营造了良好的氛围，有利于实现松江区社区教育"校校重思政"和社区教育课程"门门有思政"的新格局。

（二）成功构建了社区教育课程思政协同联动机制和实施路径

通过实验，项目组成功探索了社区教育课程思政的实施路径。纵向上，形成了区级颁布工作方案—学校形成推进方案—教师开展课程思政探索机制；横向上，形成了"6 ＋ 1"系列课程思政参考意见—课程展示（教学大赛）—课程案例微课机制。这就为今后社区教育课程思政的推广与可持续研究提供了规范性指导与参考。

（三）打造了一批适合不同学习者的社区教育课程思政示范课程和项目

社区是居民交往实践的重要场地，以社区教育机构为阵地，发挥平台优势，统筹社会学习点、体验基地等各类资源，以社区教育课程为载体而开展的社区教育内容丰富、形式灵活、更接地气。社区教育结合社区特点、重点服务社区居民，充分挖掘地方红色文化、非遗资源等，广泛动员，协同发力，铺就鲜明的主流价值底色，使得课程思政在学校落地生根、开花结果，形成生动实践。

（四）建立了一批研究社区教育课程思政的师资队伍

在实验推进中，组建了实验项目组和完成"6 ＋ 1"社区教育课程思政参考意见撰写的教师队伍及课程教学教师队伍，由他们组成研究社区教育课程思政的师资队伍，为今后社区教育课程思政的深度研究提供了人力支撑和智慧支持。

（五）完成了社区教育系列课程思政参考意见文本汇编和解析微课开发

"6＋1"系列课程思政参考意见，将社区教育七大系列课程纳入全课程思政体系，以不同课程的特色和优势为出发点，以深度挖掘提炼课程知识体系中所蕴含的思想价值和精神内涵为切入点，以不同的课程育人目标为着力点，有机融入课程教学，科学合理拓展课程的广度和深度，增加课程的知识性、人文性和科学性，提升引领性、时代性和开放性。

（六）形成了教师课程思政优秀课例集

各校以教师们熟悉的课堂主阵地为切入口，立足课堂，以赛促建，由易到难引导教师尝试发掘社区教育课程的思政元素，通过连续两届区级社区教育教学大赛的历练，教师们的课程思政能力有了不同程度的提升。在大赛基础上，区社区学院精选案例，组织汇编了覆盖七大系列课程的《松江区社区教育课程思政优秀课例集》。

（七）编制了社区教育课程思政行动专刊

搭建课程思政建设交流平台，建立健全优质资源共享机制，积累课程思政实施过程中服务各类人群和先行先试经验的典型案例，在实践行动的同时，加强研究是社区教育课程思政可持续开展的必要保障。基于实践和研究，编制了《松江区社区教育课程思政专刊》，及时总结可供借鉴和可复制的松江经验。

（八）提升了基层学校对课程思政的关注度和教师课程思政能力

自项目申报以来，通过多次的培训、学习和活动，松江区各基层学校对课程思政的研究更加重视，不仅形成了学校层面课程思政推进的方案与机制，更在教师培养与发展中将教师的思政素养作为发展的重要方面。同时，社区教育教师通过参加课程思政系列培训及教学大赛，对课程思政从政策的宏观理解到课程的微观落实都有了很大的提升，课程思政意识不断增强，课程思政能力不断提高。

七、实验存在的问题及思考

（一）选树典型方面有待时间的积淀

社区教育课程思政作为2023年松江区职业教育与终身教育工作要点之一，也是年度事业发展考核重点项目，这些举措提升了社区教育领导和教师参与课程思政建设的主动性和责任感。连续两年的区级社区教育教学大赛中也涌现出了众多优质示范课。但特色鲜明、亮点突出、被普遍认可的典型学校、课程思政品牌和具有代表性的课程及教师的选树尚需时日。

（二）不同人群课程思政实施策略有待进一步明晰

不同人群课程思政实施策略有共性的一面，也有个性的追求。基于这样的认识，摸清各类学习者不同的社会关注点、思想困惑点和理论渴求点，进而依托不同的工作项目，分类施策，有的放矢落实课程思政，是项目组从实验一开始就力求达成的目标之一。因此，从问卷到访谈问题的设定，都在探寻这个问题的答案，同时也进行了一些实践探索，目前针对在校学生和老年群体的课程思政实施策略相对丰富，但针对农民群体和产业工人群体的课程思政如何落实还有待实践总结。

（三）不同类型课程的思政实践有待进一步完善

根据近两年区级社区教育教学大赛获奖情况，从获奖课程来看，社会科学类、艺术修养类和实用技能类三大系列课程参赛较多，获奖较为集中，而体育健身系列只有 2 类课程，健康教育系列也只有 3 类课程。从获奖教师来看，社区教育教学大赛以专职教师获奖居多。课程思政的落实关键在教师，因此加强教师的课程思政培训，包括兼职教师课程思政能力提升培训是保证社区教育课程思政整体推进的必要举措。与此同时，针对不同类型课程的思政元素的挖掘和融入技巧的探究也需要在不断的教学实践中进一步完善。

4 对社区教育线上线下混合式教学策略探索的实验——以虹口区为例

上海市虹口区社区学院

一、实验背景

（一）政策背景

2021年4月，上海市教育委员会颁布的《关于推进本市老年教育数字化发展的意见》（沪教委终〔2021〕8号），明确提出要"实施'双百双千'计划，深化和推进数字赋能老年教育，开拓老年人智慧学习应用场景，创造包容、普惠、友好的老年数字生活新图景，进一步形成与上海打造具有世界影响力的国际数字之都相匹配的老年教育数字化发展新格局。到2025年，建设100个老年智慧学习场景，鼓励全市老年教育机构依托特色课程创建各类数字化、智能化学习场景，打造数字化学习新范式"，助力老年人跨越数字鸿沟。这些都对社区教育教学提出了宏观上的要求和具体方向上的指导。

（二）实践背景

为响应疫情期间"停课不停学"的要求和疫情期间社区教育教学的变革，虹口区社区教育工作者主动拥抱"互联网＋教育"，探索将VR技术引入社区教育教学实践，在发挥人工智能优势方面进行了系列尝试。区级层面，虹口区社区学院第一时间响应市教委要求，成立了线上学习工作小组，组织制订《虹口区社区学院组织开展终身教育线上学习的说明》，并在实践指导的基础上，组织编写了《在线教育实践与探索论文集》，开展了"在线教育实践与探索研讨会"。充分利用"虹口社区教育"微信公众号平台高频次开展线上课程教学。

二、实验目标

梳理新冠疫情期间虹口区社区教育线上线下混合式教学策略的状况，发现问题，总结经验并尝试提出改进策略，形成教学模式，指导并推动具体教学实施。通过实验能为其他兄弟区县、其他同行提供可资借鉴的经验。

三、实验内容

基于已有的实验基础和对实验目标的拆分，实验内容具体包括以下几个部分。

（一）调查虹口区社区教育开展线上线下混合式教学策略的状况

深入区老年大学和 8 所社区学校，通过集体座谈、个别访谈等形式，对社区教育线上线下混合式教学策略进行详细调研，并结合数据分析，全面了解虹口区自 2020 年起到调研时间截止的社区教育线上线下混合式教学策略的状况。

（二）探究虹口区社区教育线上线下混合式教学策略的经验和待改进之处

在全面调查和进一步的座谈、个别访谈及教学观摩基础上，发现虹口区社区教育线上线下混合式教学策略的经验和待改进之处。根据市学指中心 2016 年发布的《上海社区教育课程分类体系（2016 版）》中对社区教育课程六大系列（公民教育、文化素养、艺术修养、健康教育、实用技能、体育健身）的划分，结合虹口区的实地调研，每种类型选择一到两个典型个案进行追踪和实验。

（三）提出改善虹口区社区教育线上线下混合式教学策略问题的对策

在前期调研和实验推进的基础上，结合典型个案实验，梳理应对虹口区社区教育线上线下混合式教学策略问题的对策，努力提炼出对应的教学模式，为相关教师的日常教学和课堂管理提供参考。

四、实验方法

在项目实施过程中，项目组相互配合，采取了多种研究方法对相关问题进行探讨。

（一）调查研究法

依托八所街道社区学校，分别开展对学员、教师、社区学校管理者的调查，了解学员对于线上线下混合式教学的课程安排、师资水平、教学质量的看法，听取社区学校管理者对于办学内容、办学方向、办学现状方面的想法。

（二）行动研究法

本实验项目为实践研究项目，将通过边实践边实验、边实验边改进的策略，对实验过程进行观察、记录、分析研究。

（三）案例研究法

发现虹口区社区教育线上线下混合式教学的优秀个案，对好的做法进行实证分析，总结经验，以参考借鉴。

（四）比较研究法

主要是与以往的线下教育教学进行比较，与传统教学方式和管理方式进行比较，寻找两者的差异和各自的优劣。

五、实验过程

一年多来，项目组在虹口区社区学院的关心与指导下，在各社区学校的支持与配合下，进行了多次研讨、调研。具体主要分以下几个阶段。

（一）准备阶段

2021年3月，接市教委立项通知，项目组立即组织区社区学院、教育科研室等部门领导和科研骨干，召开社区教育实验项目专题会，成立项目工作小组，明确项目组成员，分工合作，及时沟通；查阅文献资料，了解兄弟区县和其他省市在这一方面的研究进展和阶段性成果；设计调查研究思路，逐一走访区老年大学和8所社区学校，初步了解线上线下混合式教学的现状；在初步了解的基础上，预设调查问卷和访谈提纲，为进一步的深入调查做铺垫。

（二）调研阶段

在第一阶段预调查的基础上，进一步修订原有的调查方案和访谈提纲；辅以现场调查、微信寻访、座谈会等方式向参与"社区教育线上线下混合式教学策略的探索"项目的人员进行进一步的调研，梳理调研结果；在调研的基础上选择具有代表性的课程，成立教研组，重点突破，探索混合式教学模式；于 2022 年 4 月进行项目中期检查与评估，总结经验予以推广，发现问题予以修正。

（三）总结阶段

形成虹口区社区教育线上线下混合式教学的数据分析报告。在数据分析报告的基础上，结合个案实验，撰写"社区教育线上线下混合式教学策略的探索"项目结项报告。2022 年 9 月，完成实验项目总结报告初稿，同年 10 月，学校组织多位专家对实验项目研究报告初稿进行进一步的讨论和修改，形成《线上线下混合式教学研究现状综述》和《社区教育线上线下混合式教学策略的探索》项目结项报告。

六、实验成效

（一）虹口区社区教育线上课程调查数据分析

项目组收集了 2020—2022 年共计三年的虹口区社区学院和 8 所社区学校课程数据，着重对线上数据进行分析，并根据《上海社区教育课程分类体系（2016 版）》中对社区教育课程六大系列（公民教育、文化素养、艺术修养、健康教育、实用技能、体育健身）的划分，进行了统计分析。就目前已有线上课程体系分布情况，试图为厘清何种课程比较适合采取混合式教学策略等提供依据。从年度课程体系分布可以看出，艺术修养、实用技能类线上课程开设数量在三年中一直名列前茅，这类课程多为舞蹈钢琴、美术书法、手机应用等以满足个体兴趣爱好或提升某种技能为主。在这一点上，线上课程开设与传统线下课程开设的逻辑基本一致，都是基于现实需求而建设，基本以艺术修养类课程为主，普遍占比达 60% 以上。

（二）社区教育线上线下混合式教学策略

在对线上课程数据进行分析的基础上，项目组对开展线上课程教学的教师进行了访谈及调研。从多数教师的反馈来看，大部分社区教育教师所偏好的混合式教学策略为：先组织学员观看录制或指定在线学习材料——学员自由选择线上或线下＋教师同时面对线上、线下两部分学生——学员观看录制或指定在线复习材料＋通过微信群等交流、反馈。且师生普遍反映，有了前两年线上教学的经验积累，心理接受程度较高，对线上课程的操作都比较熟练，开设的课程和报名线上课程的师生人数都有明显增长。社区学校的教师，特别是刚退休的教师或刚入职的年轻教师有积极改进教学模式的意愿，希望在"互联网＋教育"的浪潮中积极探索各种先进的教学模式与教学策略。

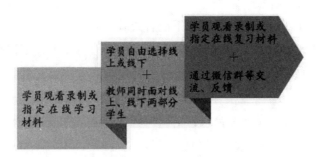

图 2-1   社区教育教师偏好的混合式教学策略实施路径图

（三）社区教育线上线下混合式教学的实践

舞蹈动作类课程，如果教师能在线下亲自指导，无疑是可观、可视、可感的，但这样的线下课程受教师精力影响，受众有限，覆盖面较窄。前两期课程中，教师对课程的定位是"普惠均衡"的体验式课程。在经历两期的学习之后，通过线上线下混合式教学，主讲教师调整了教学目标。为让老学员能继续学下去，同时促使他们成为"学员教师"，回馈社区，扩大辐射范围，教师通过拍摄短视频的形式，将教学及技能要点可视化，在抖音、微信视频号等平台以及虹口区社区学院等区级相关平台进行传播。这些短视频要点清晰，难度系数小，既适合零基础的入门级学员初学，也可作为老学员的复习材料。

（四）社区教育线上线下混合式教学的经验总结

社区教育课程特点突出。从社区教育的特性和育人功能上来看，社区教育课程不同于学历教育课程，既不是一般意义上的学科课程，也区别于正规教育中的活动。从课程内容而言，社区教育课程更加分散，是学习与生活实践的紧密联系，一般不具有理论性和系统性；从学习对象而言，社区教育课程具有更广泛的年龄跨度，学习对象都有着丰富的职业背景。另外，社区教育课程动态调整性强，需要根据不断变化的学习需求而调整教学内容及教学方式。在对成人开展社区教育的过程中，教师不仅要完成基本的教学任务，还应了解成人学习者自身发展的特点，关注教学的有效性，有针对性地调整教学内容，提高教学效率，促进有效教学的开展。

1.教师精准定位，提高定制化服务意识

在"互联网＋教育"大潮之下，优质教育资源比比皆是，学员学习方式呈现多样化发展的态势。在此前提下，社区教育教师要提高课堂教学效果，就必须明确自我定位，提高自身定制化服务意识。教师要打破传统课堂教育主导者的定位，将身份转变为学员学习的陪伴者与引导者，帮助学员通过线上线下的途径与资源更好地完成学习内容。在这个过程当中，教师不但是导师，更是学伴，应了解学员的特点、知识层次以及学习需求，指导学员做好学习内容的选择。鼓励有能力和精力的教师，借助多媒体平台，将各自课程的知识点视频化，供学员预习和复习。如"轻而易剪——视频剪辑"课程教师将"剪映"知识点拍摄成一两分钟的短视频，分享给学员，深受欢迎；时装课程教师拍摄了"形体扩胸操""形体手腕操""形体身韵操"视频分享给学员，深受欢迎；民族舞课程教师为学员分别录制一套"韵律操舞"和"基本舞步"，让学员强身健体，愉悦心情；剪纸班任课教师在疫情期间9次利用抖音为学员上直播课，发扬传统的剪纸艺术；钢琴教师自己录播"钢琴演奏课"12节分享给自己班级的学员，让老年学员能在疫情期间不间断学习；摄影班级的教师利用微信视频通话方式，让学员互动学习摄影知识15次；等等。这些线上课程采取形式灵活多样的小型微课的方式，受到了学员们的欢迎，使学员们增长了知识、能力，丰富了居家生活。

2.做好教学培训与教学设计，搭建高效直播课堂

直播教学是混合式教学当中最为关键的部分，同时也是最难把握的部分，由于直播教学是模拟课堂教学，其互动与反馈的功能被严重削弱，教学效果很难充分发挥，因此，教师需要以激发学员自主学习的兴趣为核心，设计并构建高效直播课堂，根据学习者大脑感官善于捕捉新鲜事物的特点设计与授课内容相关的信息，可以借助故事、游戏或者幽默表达，最大化发挥在线学习的实际效果。为了解决部分教师和学员不会使用网络平台软件的问题，学校分级、分批对授课教师和学员进行了相关软件的培训，为直播课做好充分的准备。学校请分管教学的副校长为全体班主任开展"如何利用'腾讯会议'App开展网上直播课"的专题辅导，请教师分批来校利用"腾讯会议"进行面对面培训上课操作步骤演练，尝试利用"腾讯会议"上直播课，并制订学期教学计划。在培训授课教师的同时，学校各班班主任及时在微信群中教会学员下载和使用"腾讯会议"App。有的教师还专门

在正式开课前进行了网上直播的试运行，以保证在正式教学直播时获得理想的直播效果。学校、教师和学员的共同努力，为学员线上学习做好了充分的准备工作。

3. 强调教学交互，及时反馈评价

教学交互是混合式教学的必要手段，绝大多数深层教学交互显著正向影响在线深度学习。社区教育的教学交互主要包括学员与内容的交互、学员与教师的交互、学员与学员的交互、学员与自我的交互。很多教师甚至专家都发现，线上教学最大的缺点就是容易"一言堂"，无法关照、注意到全体学员的听课反应，无法及时回答学员学习过程中的疑惑等。腾讯会议可以解除全体静音，学员家人的讲话或发出的声响都容易干扰教师讲课。全体静音状态下，学员在聊天栏里可以随时打字提问，可是教师讲课屏幕共享，又不能随时看到预留言。这两个网络教学平台，在互动效果上，显然逊于传统的课堂教学。线上课堂，教师更需多关注与学员的互动、反馈和及时评价，师生交互弥补了在线教育师生准分离状态的缺憾与不足，缩短了师生距离，增进了师生感情。学员与自我的交互，主要是指在网络自主学习中学员学习媒体的自我选择、学习进度的自我调节、学习行为的自我控制、专业能力的自我提升等。同样，教师也可以根据班级学员的分层情况，提供多种线上学习资源，供学员进行自我提升。

七、问题与反思

基于调研，我们发现，目前线上线下混合式教学过程中，还存在着一些值得后续持续探讨的问题。

（一）混合式课程开设更要体现育人功能

社区教育课程要满足人的全面发展需求，不仅要满足休闲范畴中生活情趣、强身健体等方面的需求，还应该致力于满足社区居民精神需求，提升社区居民的生活品质。全面育人，就需要更多地开设针对各类不同人群的系列课程，包括在职人员岗位培训、下岗职工再就业培训、弱势人群提高生存技能培训、外来人群适应城区社会生活培训、老年群体的学习培训等。从终身教育的理念来看，社区教育的受教育群体应该覆盖"从摇篮到坟墓"的全体人群，并以学龄前儿童、在校生、在职人员、退休人员为主要对象。从目前开设的线上课程体系类型分布情况来看，现有开设的线上课程中六大系列的课程分布不够均衡。艺术修养和实用技能类课程占据了课程总量的半数以上，文化素养、体育健身和健康教育皆占 10% 以下。混合式教学因其数字化和灵活性在实现课程均衡性上具有天然优势，因此，可以通过运用线上线下相结合的混合式教学，开设均衡化课程体系，助力社区教育育人功能的实现。

（二）线上课程在恢复线下后的定位

很多教师在混合式教学过程中，会借助抖音、微信视频号等多媒体，制作部分视频学习资源，但普遍面临一个共同的问题，就是恢复线下课程后，线上课会不会变得可有可无？线上课程有局限性应该怎么办？线上课程的竞争力在哪里？对社区教育学员来说，大部分学员反映比起线上课程，更喜欢线下课程。线上课程有局限性这一问题虽然没办法立即解决，但可以通过加大优势、弥补劣势让线上课更有意义，也更具竞争力。一是可通过教师的持续学习，保障内容的科学性，来增强学员对学校、教师的信任度。一些纪录片、慕课等精品课程对社区学员来说可能比较难，但对教师来说，却是学习的重要资源，教师可采用学员易接受的方式做好知识的传输。二是可通过需求调研，完善课程大纲，定制个性化线上学习资源。终身教育、社区教育本身就是有定制需求的，混合式教学对象的年龄跨度广，需求差异大，教师更要善于研究教学对象，打造定制课程。针对线上教学经验少的问题，教师可通过集体备课，依托集体力量，打好课程基础提高教学能力。三是提高互动有效性，在线上互动提问中体现实用性和思考性，体现成效评价和纠错反馈作用。直播课可以高质量主题讲座为主，拓宽课程辐射面。录播课则以简短知识提炼为主，一个知识点一节课，作为线下课的辅助材料或知识拓展，一定程度上实现线上课程的个性化与定制化。

5 数字化转型背景下智能手机类课程混合式教学的实验——以多元手段构建郊区老年学员多维学习空间

上海市宝山区社区学院

一、实验背景

（一）社会背景

上海作为教育数字化转型试点区，要全面提升师生信息素养，厚植教育数字化转型发展理念，做到信息化赋能教育教学各环节，数据驱动的因材施教常态化实施，推动老年教育机构打造特色教育资源和服务项目。宝山区虽地处上海郊区，但却是"教育部人工智能助推教师队伍建设试点区"和"上海市教育数字化转型实验区"。如何利用大数据、人工智能等技术，构建网络化、数字化、个性化、终身化的教育体系，实现"人人皆学、处处能学、时时可学"的学习型社会，是每一位教育工作者在信息化时代需要思考的问题。

作为终身教育体系不可或缺的社区教育，在数字化转型背景下教学方式改变所带来的冲击。如何聚焦数字化教育场景，深化线上线下教育融合与创新，如何解决郊区中老年人在运用智能技术方面所面临的"数字鸿沟"，是社区学校要努力解决的问题。

（二）现实背景

随着智能应用场景的逐渐增多，居民对社区教育智能手机类课程的需求也不断提高。智能手机的多方面应用促使社区学校智能手机类课程在教学方式方面必须做出改变。以目前普遍使用的智能手机为例，虽然很多老年人愿意接纳并尝试使用智能手机，但却受限于无人肯教、视力下降以及记忆力衰退等原因，所以在各类数字应用场景层出不穷的大背景下，频频受困于刷脸、扫码、手机支付等现实场景。让老年人想用、敢用、能用、会用智能设备，融入数字智能生活，是社区学校的首要任务。

基于以上背景，混合式教学应运而生，这一教学模式是实现信息化教学的重要途径。

二、概念界定

（一）智能手机类课程

智能手机类课程是指社区学校所开设的智能手机类（如手机基础操作、常用工具操作、摄影摄像、视频后期处理、图像处理、平板电脑使用等）相关课程。本实验以智能手机类课程内容作为研究对象，而非对其作为载体的研究。

（二）混合式教学

混合式教学是基于研究对象所采取的线上直播教学与线下传统教学相结合，团队学习和个性化辅导相结合，"1＋N"线上师资配送为主、线下送教为辅等多种教学与辅导模式。

（三）学习空间

学习空间是指用于学习的场所，基于智能手机采用混合式教学，从而构建多维学习空间，即学习可以发生在任意场所，包括物理空间和虚拟空间。

三、实验目标

一是整合宝山区社区学院吴淞校区现有智能手机类课程，形成线上直播课程的框架；

二是探索社区教育智能手机类课程混合式教学、辅导答疑、学习成果展示的新模式，为其他课程开展混合式教学提供经验；

三是提升社区教育教师和学员信息化能力与水平，培养社区学员个性化学习、线下合作与探究、线上学习成果分享与互动等能力；

四是借助"网上学习圈"理念，拓宽课程辅导与"1＋N"师资配送新途径；

五是整理、总结实践经验，推广智能手机类课程混合式教学经验，扩大混合式教学受众面。

四、实验内容

（一）混合式教学的理论研究

查阅文献，学习混合式教学的相关理念，以及如何根据教学目标与教学任务，有针对性地选择教学资源，开展教学活动。整合资源，研究宝山区社区学院吴淞校区智能手机类课程采取混合式教学的可行性。分析现状，探讨如何高效地将"1＋N"师资配送到居委学习点。

（二）混合式教学的实践研究

1.线上直播教学逐步开展、逐级推进。主要完成：甄选直播软件；教师信息化培训；信息技术课程线上授课资源整合，遴选合适的内容作为线上教学的选题，并规划师资的合理配置。

2.线上线下融合教学，团队学习和个性化辅导相结合，以线上送教为主、线下送教为辅等多种学习方式。

3.因时而动，调整教学内容与辅导方式。因地制宜地开展智能手机的现场教学与线上辅导。

4.遴选优质智能手机类课程，进宝山区社区治理学院的"金课"菜单，优化15分钟党群服务圈，拓宽智能手机类课程的受众面与多元化教学途径。同时借助"网上学习圈"实验项目的理念，拓宽线上教学与辅导途径。

五、实验方法

（一）问卷调查法

实验初期进行问卷调查，了解社区教育直播课程和教学模式的需求，为后续直播课的开展和混合式教学提供依据。实验后期，通过问卷了解实施情况和教学效果。

（二）比较研究法

通过走访、查阅资料，比较传统线下课堂教学和网络直播教学的优缺点，找到适合的教学模式。

（三）行动研究法

根据实验项目的具体目标逐步推进，在实践过程中，边探索、边总结，逐步完善。

（四）访谈法

在实验实施过程中，访谈学员，了解混合式教学的满意度；访谈教师，了解混合式教学的开展情况及存在的问题。

六、实验实施与进展

（一）前期准备阶段

1. 着眼研究内容，确立项目小组成员组织架构

实验项目立项后，首先在全校范围内进行实验项目小组成员招募，然后根据项目的具体内容进行人员挑选，确定由区骨干教师王敏作为负责人，浦毅华副院长作为重要成员，另有四名校级骨干教师作为项目小组成员的组织架构。

2. 调研分析，确定合适的教学模式

智能手机课程是一门实践操作性很强的课程，面对着电脑屏幕学习，很多老年学员会感到不习惯、不适应。而作为教师，要认真思考在上课过程中应安排哪些教学内容、如何把握教学节奏和采取哪些教学方法来开展教学活动。为了使数字化转型背景下智能手机类课程教学内容安排更加具有针对性，同时也为了使老年学员真正学有所获、学有所乐，直播课前，项目组针对原校内班级部分学员发放《吴淞成校社区教育智能手机类课程授课方式及学习需求的问卷调查》，了解学员的学习基础、学习需求和困惑与担忧。

（二）项目具体实施

1. 综合考量，选择合适的直播软件

学习空间的特点之一是要具有可靠性，即学习空间中的相关设施、设备、技术要具备较高的稳定性。故在实验项目具体实施过程中，根据实际情况，择优选择教学软件。

2. 针对需求，整合智能手机课程

学习空间要方便将来的重新配置与改造，应具有再利用性，所以在进行课程整合的过程中，综合考虑各种因素，以最大限度进行课程的优化与配置。

项目组根据前期的问卷分析，了解到智能手机类课程存在一定的供需矛盾。原吴淞成校智能手机类课程也存在任课教师自管自开设，教师之间缺乏教研沟通，内容重复度高等问题，造成了学员时间、精力以及教学资源的浪费。

3. 逐步推进，线上线下混合教学

学习空间要能够适应当前和以后可能开展的多种不同的教学方法和策略。故在实验项目实施过程中，采取灵活多样的、市郊老年学员易于接受的混合式教学手段。采取线上教学对于部分老年学员而言，教学效果或多或少会有些影响，所以智能手机课程逐步采取线上线下混合式教学。依旧采用线上讲解主要知识点、线下辅以实践操作演练的方式，这样有讲有练、做学一体的学习方式，对于智能手机类操作性强的课程起到了很好的教学效果，这种混合式教学模式也颇受学员欢迎。

（1）多样化学习方式，辅以混合式答疑辅导模式

线上教学对于智能手机的知识点固然可以如传统教学一样进行讲授，但老年学员更希望教师能够手把手教、面对面指导，所以智能手机课程除了线上教学外，线下需要适时开展一些诸如小组学习、团队学习、现场教学等活动，而在混合式教学模式下辅导答疑方式也要相应做出一定的改变，从而通过多元手段构建具有引领性、灵活性，可借鉴、能兼容的多维学习空间。

（2）线下合作与探究，线上学习成果交流分享

社区教育不会像义务教育阶段那样对学生进行考核，但适当的学习成果评价还是需要的。智能手机课程根据课程性质，安排学员进行线下小组合作探究，线上交流分享学习成果。

如在讲授"美图秀秀"App的使用之后，项目组成员要求社区学员自行拍摄照片或者视频，然后使用美图秀秀进行拼图，并上传到班级微信群，学员之间相互进行点评。看似简单的作业，实际上包含了使用手机进行视频、照片的拍摄，使用美图秀秀进行拼图，拼图保存与分享，上传微信照片等多方面知识点的复习与巩固，而线上交流分享也恰好给学员营造了相互学习、取长补短的机会。

（3）线上线下双通道，拓宽"1＋N"师资配送新途径

"1＋N"师资配送是由宝山区教育局提出的一种社区（老年）教育教学管理新模式。从学校层面来讲，"1＋N"是指一所社区学校，托管N个

街镇；从教师层面来讲，"1＋N"是指社区学校的一位专职教师，负责送教指导 N 个居委学习点。

"1＋N"师资配送模式是基于对社区学校师资和办学规模不可能遍及区域内每个街镇这一现实情况的考量，尤其是像宝山区这样的近郊，面积大、人口多，渴求读书的老年学员也散居在区域内各个乡村，扩大社区教育的受众面与覆盖面，多途径送教上门就成为一种大趋势。

基于这些实际情况，项目组将原来全部线下进行的师资配送改为线上、线下双通道配送，从而拓宽师资配送途径。如将智能手机一些主要应用的使用方式根据学员的需求拍摄成微课，然后将微课通过社交平台（微信群／QQ 群）或公众号等形式推送给居村委教学干部（志愿者），再由这些人员进行下一级配送。

（4）你点单我来讲，打造"双向奔赴"特色课程

2022 年 4 月，宝山区党建服务中心牵手宝山社区治理学院，让随处可见、环境温馨、服务贴心的党群阵地资源，同社区学院丰富的教育资源进行碰撞，开启一场党群阵地与社区学院的"双向奔赴"，强而有力的党群"磁力效应"进一步迸发。"15 分钟党群服务圈"持续优化更新，为各级阵地注入更多丰富优质的学习资源，经过前期对周边居民的充分调研，上海市宝山区社区学院开设了一系列受群众欢迎和喜爱的课程，营造了"就近学、快乐学、终身学"的良好氛围。此外，宝山区社区治理学院也将项目组成员开设的"智能手机常用 App 的使用""让你爱上剪视频""掌上办公""玩转手机""手机也能拍大片"等五门课程纳入"金课"菜单。各级党群阵地通过"你点单，我来讲"的点对点模式，为老百姓提供了便捷的品质服务，同时也是智能手机类课程在混合式教学方面的一个创新与探索。

（三）总结分析

在实验后期，实验项目组对部分学员和教师进行了抽样调查。回收有效问卷 132 份。结果显示，受访者参与智能手机类课程学习的形式：线下面授课占 8.33%，线上直（录）播课占 49.24%，"线上＋线下"混合式教学课程占 42.42%。预期稍有偏差的主要原因是实验项目在实施过程中，遇到了疫情的反复，使得线上直（录）播学习成为主要的学习形式。有超过一半（54.55%）的受访者表示喜欢智能手机的混合式教学（含辅导答疑等）模式。有 97.73% 的学员表示在后续社区教育课程学习过程中，愿意继续选

择混合式教学模式，几乎全部受访学员都表示愿意将宝山区社区学院的混合式教学课程推荐给他人。调查结果表明，智能手机类课程在疫情常态化背景下采取混合式教学模式受众面扩大、满意度提升，有一定的社会价值，实验项目取得了预期的成效。

七、实验成果与展望

经过两年的实践，智能手机课形成了较为成熟的混合式教学模式："线上教学＋线下辅导""团队学习＋小组实践""现场实践教学＋线上成果展示"等，以多元的教学方法为老年学员搭建起混合式学习空间，也为其他课程提供了范本。混合式教学试行两年来，宝山区社区学院吴淞校区 90% 以上的教师都由原来的"直播小白"变成了掌握两种及两种以上直播软件授课技能、会录制视频、会简单编辑视频的"直播能手"；78% 以上的社区学员从最初的不懂如何参加线上课学习，甚至不懂基础操作的"手机盲"，变成了会线上互动、会自己录屏、能指导他人的"手机达人"。

混合式教学突破时空限制，学员覆盖面扩大，同时借助公众号、网上学习圈的理念，探索出"1＋N"师资线上配送新途径，在原线下配送的基础上，增加线上配送途径，扩大了配送面，提高了社区居民对社区教育的知晓率和参与率，实验项目取得了预期的成效。宝山区社区治理学院的"金课"菜单"你点单，我来讲"的点对点模式，开启了混合式教学的全新模板，为混合式教学提供了范本。

6 郊区社区教育在线教学的实验

奉贤区社区学院

一、实验背景

党的十九大报告在实施乡村振兴战略方面指出，"农业农村农民问题是关系国计民生的根本性问题，必须始终把解决好'三农'问题作为全党工作重中之重。要坚持农业农村优先发展，按照产业兴旺、生态宜居、乡风文明、治理有效、生活富裕的总要求，建立健全城乡融合发展体制机制和政策体系，加快推进农业农村现代化"。而农业农村的现代化离不开信息化技术的运用，作为农民也应该有相应的信息技术素养。奉贤地处上海市远郊，由 8 个城镇和 5 个开发区组成，镇际之间距离也比较远，在当前信息化时代背景下，如何运用好现代信息技术手段帮助农民提升技能，促进农村现代化发展，推进学习型乡村建设是我们必须思考的问题。

第一，因为疫情的影响，奉贤区老年学院和各镇社区学校通过腾讯直播、录播的形式及微信教学和钉钉平台等进行在线教学尝试，取得了初步成效，也更清楚地看到我们存在的不足，例如教师的现代信息技术能力不足，学员的在线互动学习能力缺乏，在线教学课件质量参差不齐，师资缺乏整合，受众面不大，教学效果评价措施缺乏等。这些问题的解决，需要我们进一步去实践探索。第二，2020 年，我们对奉贤终身学习网进行了全面的升级改造，2021 年继续优化终身学习网，通过提供丰富的在线教学资源，充分发挥平台的资源整合和宣传作用。第三，奉贤地处郊区，社区教育的在线教学相对于市区而言有较大差距，不论是在线教学网络的设施、教育者的素质还是受教育者的素质整体上都不能与市区学校同日而语。如何依据自身的条件借鉴市区学校的经验，同时结合区情通过奉贤区社区教育的"奉贤区社区学院—镇社区学校—村（市）民学校—宅基课堂（睦邻四堂间）"四级网络，做出自己的特色更是我们必须要思考的问题。因此，我们对本区域的社区教育线上教学进行了探索。

二、实验目的、实验内容和实验方法

（一）实验目的

此次实验的目的是找到符合本区域自身特点的在线教学途径和教学方式，进而提高社区教育在线教学的质量，让在线教学成为区域社区教育发展的有力助手，加快学习型乡村建设的步伐。

（二）实验内容

1. 梳理当前本区域社区教育在线教学途径与方式。

2. 调研本区域社区教育在线教学遇到的瓶颈。

3. 结合区情进行不同在线教学途径与教学方式的实践探索。

4. 在线教学瓶颈的突破。

5. 梳理出符合本区域特点的在线教学途径与方式。

（三）实验方法

1. 问卷调查、实地调研和访谈。调查对象为各镇社区学校的校长或社区教育负责人，调查当前各镇社区学校在线教学情况。

2. 行动研究法。对不同在线教学途径和教学方式进行探索，边实践边完善与总结。

3. 案例研究法。选择具有典型性和推广性的教学途径或教学方式案例，进行案例分析，帮助更好地推广与运用。

三、实验过程

（一）成立研究小组，明确工作职责

研究小组由奉贤区社区学院副院长任组长，总体统筹与规划整个实验项目的进展及协调工作。社区教育指导中心具体负责实验项目的落实。各镇社区学校参与到在线教学的实践中，具体工作由各镇社区学校的校长负责指导，各镇社区教育负责人具体落实。

（二）开展情况调研，梳理实践困境

在 2021 年 4—5 月我们主要通过线上问卷，对各镇社区学校线上教学情况进行了调研，同时结合线下实地调研访谈。调查对象是各镇社区学校的校长或相关负责人（或者是负责该校在线教学的人员），开展调查的主要目的是了解当前各校在线教学情况，同时梳理出当前本区的社区教育在线教学困境。

（三）聚焦关键难题，探索多元路径

1. 规范教学平台的使用，鼓励各镇社区学校依据需要将平台集中在微信、腾讯和钉钉

鼓励信息化能力相对较强的学校，借鉴四团镇社区学校的经验，依托钉钉平台进行在线管理与教学。钉钉平台所覆盖的群体，主要包含在籍在册的教师以及老年学员两大部分，形成了一个规模化、稳定型的镇域老年教育圈。同时，四团镇社区学校以 34 个村居点的教育干部和老年教育中心 17 个兴趣班的班主任、任课教师为骨干，建立以居村委和兴趣班为单位的管理单元，组织开展线上线下融合的老年教育教学。截至 2022 年 10 月底，注册人数已经上升到 1631 人，活跃人数提升至 656 人。钉钉平台可以运用多种模式进行在线直播，最大受众规模可以达到 45 个联播群，基本覆盖到四团镇各个居村教学点的全体老年学员。直播过程中可以连麦、师生互动，直播结束后，课程资源可以在群文件中自由回看、随时查询。针对已经录制的课程，后台经过处理加工后，按照不同的课程类别，分门别类存储在钉盘，通过权限设置实现文档的共享和在线播放，为广大社区老年学员提供稳定的学习平台和丰富的学习资源，有效地提升老年教育的实效和影响力。

2. 以区域特色成教联盟体为载体，加强资源共建共享

充分发挥成教联盟体的东西片联组学习和联合教研的作用。成教联盟体是以奉贤区社区学院为龙头，各社区学校为主要成员的联盟体。联盟体分东西片开展联组学习、联合教研。一方面，联合教研以共同需要突破的瓶颈、教学资源共享和教学师资流动等问题为主题进行研讨，并制订相应的措施；另一方面，社区学院选出有代表性的线上教学管理模式在整个联盟体中进行推广。由于成教联盟体工作成效显著，在 2021 年奉贤区联盟体工作考核中获 A 等级。梳理区域社区教育现有线上课程资源，规范化课程建设、特色化与精品化区级课程和丰富区域课程库。当前的在线教学资源比较粗糙，

多数是线下课程的直接转换，影响线上教学的效果。为了进一步规范区域的课程建设，奉贤区社区学院以国家开放大学学分银行课程建设规范为蓝本，制订了课程框架、教学大纲、教案编写等区域课程建设的具体要求，指导各镇成校将成熟的校本课程通过规范化处理后升级为区域课程和学分银行课程，不断丰富区域共享课程库。

3. 在教学管理方面，加强师资培训和学员学习反馈

对于在线教学，社区学校在关注教师的同时，同样需要关注在线学习的学员。所有的在线教学，其落脚点都是要有益于学员，因此必须关注学员的学习技能需求和内容需求。要关注学员对学习方式、学习内容的反馈。当前社区学校为了扩大教育覆盖面，常用公众号推送和微信群发送教学内容，但是公众号无法统计确切的人次和找到确定的人员，我们建议各镇社区学校充分利用微信群，获得微信群中学员学习效果的反馈，依据反馈去调整教学安排。建议以单次课或者以课程为单位进行反馈，如果是单次课，可以在每个课件后面附上二维码，方便学员评价；如果以课程为单位，可以在最后一次的课件上附上二维码，方便学员进行评价。从整体上对学员评价进行分析，并适时做出教学调整。

四、实验效果

基于对社区学校线上教学现状的梳理，发现当前各社区学校的线上教学瓶颈主要集中在技术力量弱、课程资源少和师资缺乏三个方面。社区学院充分发挥成教联盟体的东西片联组学习和联合教研的作用，对在线教学的师资共享、课程共享、课程的覆盖面及在线教学技术突破等问题进行了实践探索，摸索出了在线教学管理机制、师资能力提升途径和课程资源建设路径。

（一）形成了在线教学管理机制

奉贤区地处上海市远郊，相对市区而言，师资来源选择余地小，甚至没有选择。专业教师很少，以志愿者教师和兼职教师为主，多由退休人员承担，所以教师年龄普遍偏大，信息技术素养与达标要求之间有很大差距。在学员方面，多以老年人为主，且很多年纪较大的老年人没有智能手机，甚至没有手机。同时，就本区域各镇社区学校在线教学方面的力量而言，也是参差不齐。部分学校在线教学已走在前列，如四团镇社区学校，已实

现钉钉平台全方位管理在线教学，而更多的学校在线教学人员不足，专职从事社区教育的人员很少。因此，需要结合郊区整体特点和各镇社区学校实际情况进行在线教学管理模式的探索。在实践中，我们依托奉贤区社区教育的四级网络探索出在线教学的管理机制。

（二）探索了师资队伍能力提升途径

在实践的过程中，我们摸索出了多条提升师资能力的途径。第一，有针对性"请进来"。依据教师的需求和工作中遇到的瓶颈，请相关专家对教师进行专门的培训。第二，全力帮助"蹭好课"。只要是与在线教学有关的在线专题会议和培训，我们都会组织发动教师积极参加。第三，做好"旁听"工作。每次实验项目的开题会议、中期会议和结题会议，都会邀请社区教育中心组骨干教师、社区教育负责人和相关的教师旁听会议，帮助提升科研素养。第四，鼓励"参与科研"。积极鼓励教师申请市级实验项目，并帮助科研项目有效推进，让教师在学和做中成长。第五，做好"团队研学"。以区级课程教研组为依托，形成团队研学氛围，让教师在交流、共享和实践中成长。

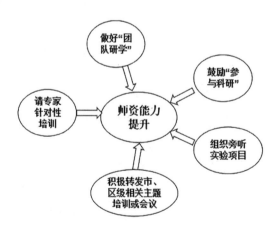

图 2-2　师资能力提升示意图

（三）拓宽了课程资源建设路径

1.规范课程建设

社区学院以国家开放大学学分银行课程建设规范为蓝本，制订了课程框架、教学大纲、教案编写等区域课程建设的具体要求，从而打通校级、区级和市级间课程转换的通道，同时对现有课程进行系列梳理并分类处理。

2. 团队研学共建课程

原来的课程建设多依靠教师个人的力量，课程资源质量与教师个人的综合能力有很大的关系。为了进一步提升在线教学课程的质量，我们成立区级课程教研团队以激发团队研学的力量，提升课程的品质。在具体操作过程中，我们将一些共享课程作为完善对象，进行团队备课，实行课程资源团队共享。在具体实践过程中，我们选择了"老年认知症预防"和"智能手机应用"这两门课程作为实验载体。目前已完成了"老年认知症预防"课程的"记忆说"系列读本——《记忆训练卡》《记忆火柴》《向力训练卡》《智能手机应用（基础篇）》，对应微课视频 31 个。

3. 升级成熟的校本课程

社区学院指导各镇成校将成熟的校本课程通过规范化处理后升级为区域课程和学分银行课程，不断丰富区域共享课程库。在 2021 年我们有 69 门在线课程，24 门学分银行课程。2022 年，我们完成了 22 门学分银行新课程的申报工作。

4. 精品化课程

我们对成熟课程进行精品化打造，同时开发相应的系列微课。如已完成了《智能手机应用（基础篇）》读本，对应微课视频 31 个；完成了"声乐和热缩片制作"微课、奉贤区市民文明礼仪系列短视频 18 个及《二十四节气健康饮食与养生》读本等。

5. 特色化课程

在调研和梳理的基础上，我们指导各镇对现有课程进行筛选，梳理出具有区域性特色的课程，进一步规范并使之精品化，形成特色课程。在 2021 年已指导各镇成校开发各具特色的 20 门课程和"老八样""庄行蜜梨产业"等 32 个系列微课。在 2022 年已指导各镇成校开发各具特色的"银龄课堂""奉贤—贤文化"等 22 门课程。奉贤区社区学院已完成"做崇贤向美的职场人""魅力奉贤 美丽家园""走近劳模"等 10 个系列课程，体现奉贤特色的健康教育系列微课［"'贤'话健康——六月羊肉赛人参（上）""'贤'话健康——六月羊肉赛人参（下）""'贤'话健康——夏日生津滋阴好帮手""'贤'话健康——科学护嗓音嘹亮""'贤'话健康——运动是把'双刃剑'""'贤'话健康——酒助药力赛'神仙'"］，具有奉贤特色的 VLOG 作品系列——"九棵树""奉贤博物馆短视频"。随后完成奉贤古桥系列微课 5 个。

（四）增强了社区教育工作者的科研素养

在具体实践中我们鼓励社区教育工作者多观察、多记录、多尝试、多反思、多总结，在实践中要有问题意识，要敢于突破。我们鼓励教师对在线教学中遇到的问题以实践项目的形式或者课题形式进行深入研究，一方面解决了工作中的问题，另一方面提升自己的研究能力，丰富自己的工作成果。这2年已有3位教师进行在线教学方面实验项目申请，其中"基于钉钉架构的社区教育信息化平台建设的实验"已完成，"基于微信支持的社区教育在线教学的实验""基于线上线下融合的老年教学模式在农村宅基睦邻'四堂间'中的探索"在实验中。江海成校（南桥镇社区学校）也于2022年7月成功申报上海市第三批社区教育科研基地。2022年10月，南桥镇社区学校的研究成果《提升街镇社区学校教师科研意识和能力的策略探讨》获上海市首届社区教育科研基地学术论坛二等奖。2名教师的文章《混合式教学在计算机应用基础课程中的探索与实践》和《社区教育实施在线教学的挑战与策略》获奉贤区成职教系统2021年度教学竞赛论文评比三等奖。多位教师的论文也在杂志上发表，如《奉贤区社区学校在线教学的实践与思考》《以教师培训助力信息技术与教育教学深度融合》等6篇文章发表在《奉贤社区教育》杂志上。

（五）促进了学习型乡村的可持续建设

疫情之下，奉贤区社区教育通过四级网络的层级管理，将线上教学覆盖到了村民学校、宅基课堂和宅基睦邻"四堂间"，提高了村居民的整体素养，促进了乡村治理，推进了学习型乡村建设。2022年9月，社教中心开展以"提升社区教育服务效能　助力乡村振兴稳步发展"为主题的典型案例征集活动。此次活动共征集案例36篇，内容涉及乡风文明培育与地域文化传承行动、村民自主学习与自治实践、村居学习点的灵活打造与创新培育、学习资源的开发与丰富等。我们邀请专家对案例进行评审，2篇案例荣获一等奖，4篇案例荣获二等奖，6篇案例荣获三等奖。进一步激发基层单位和社区教育教师的研究热情，积淀农村社区教育的丰硕成果，发挥优秀成果的推广辐射效应。10月底，我们实施《2022年奉贤区老年数字教育进居村行动工作方案》，联合8所成校在全区街镇宅基睦邻"四堂间"和生活驿站选出突出学习点位，公选出80个村居学习点，开展智慧助老和社区教育课程共建活动、社区教育进居村数字化平台建设，开启"乐学积分"微信小程序，做好对宅基睦邻"四堂间"（生活驿站）的学习支持服务记录，力争覆盖全区各个街镇。

五、实验反思

此次实验取得了一定成效，但实验过程中存在的问题也让我们有更多的思考：第一，奉贤区社区学院作为社区教育的龙头，必须加强自身信息素养，只有这样才能引领与指导好区域的线上教学工作。同时要加强实地调研，充分发挥社区教育指导中心联络员制度的作用，社区学院的联络员要加强与所负责的社区学校的沟通，切实了解社区学校的工作进展和需求，发现并帮助推广他们的工作亮点。第二，进一步推动线上课程精品化和加强微课建设，并通过区域的终身学习网、公众号、微信、小程序等平台进行推广，同时突出各镇的课程建设特色。第三，在加强培训提升教师在线课程开发技能和在线教学技能的同时，做好教师的支持服务工作。

7 线上线下融合教学模式下"智慧助老，慧享生活"系列课程建设与成效提升的实验

上海市静安区老年大学

一、实验基础和背景

（一）实验基础

上海市静安区老年大学自建校以来，坚持"规范办学管理，开发特色课程，营造温馨校园"的办学策略，形成了"生命教育感悟人生，学有所为服务社会"的办学特色，是一所管理人员齐全、信息化管理先进、教学设施完备、教学成果显著、社会影响良好的区级老年大学，对全区街、镇老年学校建设和教学起到了示范引领作用。截至 2023 年秋季学期，学校 9大系列课程、137 个班级，学员达 3600 人次。

静安区老年大学结合"十四五"规划和老年教育发展新形势，在师资库、课程资源和体系化课程等方面开展积极的探索，在内涵建设和品牌特色上进一步提升，以推进老年大学高质量发展为目标，秉持"智慧助老、跨越鸿沟"的办学特色，在原有计算机系列课程的基础上，自 2020 年秋季学期以来推出了一系列丰富多彩的智慧助老课程来满足老年学员的学习需求，受到了大家的肯定和欢迎。这些课程的实践成果都为"线上线下融合教学模式下'智慧助老，慧享生活'系列课程建设与成效提升的实验"夯实了基础。

（二）实验背景

2020 年 11 月 15 日，国务院办公厅印发《关于切实解决老年人运用智能技术困难的实施方案》（国办发〔2020〕45 号），方案中指出，随着我国互联网、大数据、人工智能等信息技术快速发展，智能化服务得到广泛

应用，深刻改变了生产生活方式，提高了社会治理和服务效能。但同时，我国老龄人口数量快速增长，不少老年人不会上网、不会使用智能手机，在出行、就医、消费等日常生活中遇到不便，无法充分享受智能化服务带来的便利，老年人面临的"数字鸿沟"问题日益凸显。

项目组通过对文献资料的搜集分析和整理，发现目前关于线上线下混合式教学的研究主要集中于开放教育、成人学历教育等学习场景，大多数研究将重点放在课程建设的必要性和可行性论证上，在如何开发课程并提升建设成效方面研究成果较少。老年大学作为老年教育的最主要阵地之一，除了大力开展适合老年人身心特点的、形式多样的课程之外，还应注重线上线下混合式教学模式的研究与课程成效提升。鉴于此，静安区老年大学尝试探索出一套智慧助老线上线下混合式教学系列课程建设与成效提升的路径。

二、实验目标

（一）有针对性地开设课程，助力老年人跨越日常生活中的数字鸿沟

广泛开展惠及老年人的智能技术应用培训，促进老年人更新观念，提高老年人运用智能技术能力，助力解决老年人在出行、就医、消费等日常生活中遇到的实际困难，使老年人愿用、能用、乐用智能技术，为老年人跨越"数字鸿沟"提供教育支持服务，共享智慧社会带来的便利、快捷和智能，不断增强老年人的获得感、幸福感和安全感。

（二）整合多方资源，打造线上学习资源

创新线上线下相融合的老年人运用智能技术教育课程教学，需要整合多方资源，为老年人提供灵活便利的线上学习平台和优质丰富的混合式教学课程。遵循贴近生活、图文并茂、简单易学等原则，开发"互联网＋生活""智能手机应用""智慧生活"等适老化和场景化的全媒体课程资源。团队成员开展培训提升能力，并针对前期调研的结果，遴选出一到两门课程进行视频拍摄与后期制作，逐步建立起老年大学精品智慧助老数字化学习资源。

（三）为区域内老年人跨越"数字鸿沟"提供教育支持服务

开展师资培训活动，组织引导教师按照适老化、便利化、个性化原则，积极参与面向老年人的智能技术应用培训，通过师资输送、开展老年人运

用智能技术相关师资培训、开设视频公开课等方式，扩大优质课程资源共享，为有效提升老年人运用智能技术提供支持服务。最终实现智慧助老范围的扩大化，争取将老年学员的个体价值转化为社会的现实价值，最终实现老年人的自我价值。

三、实验方法

根据本实验项目所设定的目标以及静安区老年大学的具体实际情况，主要采用以下四种研究方法。

1. 问卷法和访谈法

对本校以及市内其他老年大学进行实地考察，通过问卷和访谈的方式调查教务人员、学员、教师在老年大学智慧助老、线上线下融合教学模式的建设与应用方面的现状。

2. 文献研究法

利用书籍、期刊、网络等研究资料，进行信息检索，整理、归纳、分析、总结国内外现有老年教育线上线下融合教学模式及智慧助老类课程的相关研究进展，为本实验提供理论依据和事实依据。

3. 借鉴总结法

借鉴普通高校中使用的数字化学习资源平台，线上线下融合教学模式的实现方法，参考其设计与实现方式。深入研究，分析其优缺点，借鉴其长处，规避其不足，契合于老年大学自身的特殊情况，根据现有的软、硬件设施及网络环境，设计有效、合理且具有针对性的教学模式及课程。

4. 行动研究法

收集整理老年大学智慧助老系列课程建设情况与实际成效，分析优点与不足，提出有效实施线上线下融合教学的策略，提升老年大学帮助老年人跨越"数字鸿沟"的能力。在课程建设与推广应用的过程中，通过实际使用，反思、总结使用效果，不断修正研究方案，提高研究实效。

四、实验过程

（一）实验准备阶段（2021 年 12 月—2022 年 2 月）

主要任务是组建实验项目团队，制订实验研究方案，进行实验项目论证。在明确实验目的和要求后，实验团队根据分工进行调查研究。首先，通过互联网、图书馆渠道查找相关文献资料，整理成文。接着，实验团队开展了头脑风暴，梳理出后续调查的问题方向和要点。实验团队在经过前期调研和集中讨论后，确定本实验的实施步骤。

（二）全面实施阶段（2022 年 3—9 月）

1. 改造现有课程，初步完成系列课程搭建

老年大学课程是提升老年人学习素养的最主要方式。以往，社会中对老年人的教育和培训不够重视，认为对老年人的教育培训无非就是娱乐、健身、休闲。现在老年大学对老年人的教育教学要本着终身学习的原则，在尊重老年人个人选择的基础上，鼓励和帮助他们积极参与教育和培训活动，相信他们能够学有所得。以适应学员身心特征、满足老年学员学习意愿为出发点，同时也应根据老年人的知识体系和实际需求，有针对性地进行课程设置，打造多学科、多层次的课程体系，提升课程内涵，不断完善老年学员技能和知识培训体系，挖掘他们的潜能。

2. 开展老年学员数字化学习需求及智能技术使用难题调研

在对老年学员数字化学习需求及智能技术使用难题的调研中，我们首先要了解学员的学习目的和学习需求，这包括他们对于各类数字化工具的认知程度，他们希望通过学习解决什么问题，以及他们的个人兴趣和偏好。接下来就要深入了解学员在智能技术使用中遇到的难题，包括他们在操作过程中产生的困惑和遇到的技术壁垒，以及他们对于学习资源的期待和需求。这些调研的结果将给我们提供重要的反馈，帮助我们优化课程设计，更好地满足学员的实际需求，并提升教学效果。依托现有课程及师资力量，进行"智慧助老，慧享生活"系列课程设计与课程改造，完善"智慧助老，慧享生活"课程体系，根据老年人的需求，将课程内容扩展为涵盖智能手机基本应用、智享美食、智慧购物、智慧出行、智慧就医等方面。

3. 配合开展线上线下学习资源建设与优化

充分累积线上课程资源及网络资源，疫情期间为贯彻落实"停课不停学，停学不停教"的要求，各类课程都进行了线上教学，线上课程采用直播教学的方式传授新知识和新技能。一方面，学员足不出户即可享受信息技术的学习，不仅可以在线收看直播，借助网络平台开展交流互动；另一方面，也可进行录播回放，共享优质的线上学习资源，并满足老年学员个性化学习需求。线上课程进行期间开展学员学习情况调研，学习结束后开展线上

学习需求调查，针对老年学员在在线学习中遇到的难点、痛点，有针对性地讲解线上学习方式，培训操作方法，同步制作线上教学回放视频，进行循环教学指导，有效提升了各课程的回看频率和学习有效性。

4. 开展老年学员数字化学习成效调研

通过调研发现，老年学员对数字化学习有较好的认识，同时，在数字化学习形式和内容方面也有较高的要求。老年学员对数字化学习的认知程度较高，但对数字化学习工具和内容还存在一定程度的误解。疫情之后，老年学员在数字化学习形式方面较为偏爱网络线上教学，希望学校能开设更多的网络课程和更多的免费课程。对于老年学员而言，他们希望通过数字化学习来掌握智能手机操作方法、适应智能手机使用环境等。

5. 开展教育培训，拓展智慧助老课程辐射面

深化与学校、企业等社会组织的合作关系，为供求双方对接搭桥。学校在日常教学活动、社会活动中根据接触的不同组织和机构，拓展服务面，进行主题培训及师资培训，充分发挥老年大学扎根社区、贴近居民等优势，聚焦实际问题和突出的困难，做好需求分析和问题梳理，将学习场景与生活场景有机融合，倡导学中用、用中学，激发老年人学习兴趣，主动搭建平台，切实提高教育培训实效。

（三）实验总结阶段（2022 年 10—12 月）

完成实验项目研究报告的起草、讨论和结题工作。

（四）结题阶段 （2023 年 8—10 月）

对整个实验的全过程进行全面总结和分析，撰写实验报告，形成一套具有中心城区老年大学特色的实践体系，并召开结题评审会，对研究成果进行评审。

五、实验成效

（一）打造特色"智慧助老，慧享生活"系列课程

2021—2022 年春季，主要是 2022 年恢复线下课程后，优化课程建设的第一步是进行"智慧助老，慧享生活"系列课程教学内容设计与教学模式调整，根据老年人的需求，组织教研活动，同相关教师对课程内容进行选定，涵盖智能手机应用的各方面。静安区老年大学以课程建设为切入点，适时设立"智慧助老，慧享生活"系列课程，推出了"苹果手机与智慧生活""安

卓手机与智慧生活""iPad 慧享生活""电脑使用基础"4 门专题课程。2021 年春季以来，累计 9918 人次在线观看"智慧助老，慧享生活"系列课程，线下专题课程已开设一学期，累计学习 1131 人次。

（二）大力建设线上线下教学资源

短视频流行的当下，为进一步帮助老年人解决在日常生活中遇到频率较高的"数字鸿沟"，静安区老年大学根据老年人对于课程的反馈以及问卷调查的结果，针对老年人需求，制作了相关微课。学校以"智慧助老，慧享生活"为主题共制作了 2 期 12 集的微课，以指导老年人学会使用移动设备，畅享数字化生活为目标。课程让更多老年学员认识到线上数字化学习资源的优势和特点，能够补充线下教学的不足，让学员逐渐习惯利用网络进行学习。

（三）智慧助老体验活动

1. 举办线上讲座与培训，扩大智慧助老辐射面

面向社会中对智能设备使用与相关智能技术有学习需求的老年群体，我们组织智慧助老课程授课教师参与"金叶讲坛"系列智慧助老公益讲座。对业余大学全体教职员工开展智慧助老师资校本培训，鼓励本校教师参与智慧助老活动，组织教职工参加"智慧助老"志愿服务，帮助区域内老年群体跨越"数字鸿沟"。

2. 专项智慧助老体验活动，混合式体验效果佳

学校参加了上海市全民数字素养与技能提升月的活动，围绕数字化时代背景下的"智慧助老"，聚焦老年人运用智能技术、融入智慧社会的实际需求，关注老年人在智慧课堂的数字化学习体验，探索未来老年学习的智能技术发展前景，采用线上专题讲座与线下体验活动相结合的形式开展了一系列主题活动。学校在静安南北片区推出两场线下体验活动，吸引了超过 600 人次参与其中。老人们在体验指导师的协助下，体验了生活实践类的模拟操作，如数字借阅、智慧零售、智慧运动等，享受智能设备与数字技术带来的生活乐趣。还通过虚拟现实设备，沉浸式体验安全、消防、防诈等知识，学会使用随申办、国家反诈中心等手机应用，在寓教于乐中提升数字安全自我防护能力。

（四）模式建立及推广应用

结合老年学员的学习需求，基于现有的基础设施设备与资源，纵深构

建老年教育数字化教学场景，强化了教学场景的智能化功能。同时融合了老年大学的课程内容，完成了教学单元的配套设计，提升了老年学员的用户感知。此外，通过构建物理与虚拟空间的混合式教学场景，打破了传统老年教学模式的边界，拓展了教学服务的空间范围和时间广度。通过引导、模拟等学习方式提升了老年人数字化学习和生活的应用能力，具有体验化、沉浸式的学习特点，帮助老年人提高数字化素养，更好地融入新时代数字化生活。

老年大学在智慧助老课程建设与学习场景体验中立足本区域特色，聚焦老年人运用智能技术、融入智慧社会的需求和困难，充分发挥学校的组织优势和智力优势，通过线上线下相结合的数字培育体系，利用学校丰富的数字资源供给，让广大老年人在数字应用场景中切切实实地提升了使用智能技术方面的获得感、幸福感、安全感，有效回应了老年人对新时代美好生活的数字化学习与使用诉求，为"十四五"期间静安学习型城区建设与终身教育发展做出自己的贡献。

六、实验后的思考

（一）加强效果调研，营造"课程成效提升"的更好态势

强化老年学员"数字化学习"的意识，大力推进项目实施，多渠道、多层次建设与推广线下日常教学与体验活动，配合老年数字化学习资源加深学习印象，创建老年大学线上数字资源呈现平台，克服影响老年学员参与智慧助老课程学习的影响因素，激励更多的老年学员、老年教育工作者不断增强线上资源建设的积极性，实现学习的可持续性。利用传统媒体、新兴媒体等，广泛宣传老年教育数字化学习的价值，提高社会对老年群体参与数字化学习的理性认识。

（二）加强经验推广，形成老年大学创建资源与推广的品牌、特色

深化该实验研究，逐步形成广覆盖、多形式的资源建设推广模式，打造具有鲜明时代特征、老年教育特色和品牌影响力的老年教育模式。不断丰富课程内容，创新教学形式，尤其是在传承优秀传统文化、科学普及、环境保护等方面，不断满足不同年龄、不同层次老年群体的需求。今后，有待深化该实验研究，逐步形成广覆盖、多形式的模式，打造具有鲜明时代特征、老年教育特色和品牌影响力的老年社区教育模式。

（三）拓展线上线下教学模式，持续跟踪学习效果

线上线下融合教学模式是对传统教育模式的补充和提升，是有效解决远程教育教学过程中存在的学生学习时间少、教学效果差等问题的重要手段。在"智慧助老，慧享生活"系列课程建设中，我们以学生为中心，结合线上线下融合教学模式，促进了学生自主学习、合作学习和探究学习，提高了学生的学习能力。后续将持续开展线上线下融合教学模式下"智慧助老，慧享生活"系列课程建设与成效提升的实验研究工作，不断丰富课程内容，改进教学方式和方法，优化教学设计和评价方案，使线上线下融合教学模式下"智慧助老，慧享生活"系列课程更好地服务老年群体。

8 基于"2＋X"模式的社区祖辈教养课程开发的实验

嘉定区菊园新区教育委员会

一、实验背景

祖辈教养，也称隔代教育、隔代抚育。《现代汉语新词语词典》中对"隔代抚育"的定义是"由祖父母或外祖父母对孙子女或外孙子女进行抚养和教育"。一些学者认为祖辈教养是指具有家庭亲情关系的爷爷奶奶或外公外婆对其孙子孙女或外孙外孙女的有利于身心健康发展的鼓励、指导、帮助等活动。随着中国社会的迅速发展，家庭教育的开展形式与主要承担者发生了一系列变化，如今祖辈教养已经成为我国普遍和特色的现象。据中国教育学会、中国教育学会家庭教育专业委员会发布的《中国城市家庭教养中的祖辈参与问题调查报告》显示，79.7% 的城市家庭存在祖辈参与家庭教养现象。上海作为全国经济中心，很多年轻父母无法承担育儿任务，家庭早期教养责任主要由祖辈承担的现象愈加普遍。但与此同时，祖辈隔代教养也在思维模式、教养方法等方面存在一些常见的问题，故关于祖辈教养的学习需求也日渐强烈。

根据江桥镇统计部门2021年11月提供的信息，江桥镇实有人口近25万，本市户籍人口87920人，其中60岁以上老年人口31739人，占本市户籍人口的36.1%。江桥镇近年来的人口数据显示，老年人在家庭中的占比逐年增大。因此，江桥镇隔代教养的现象也会越来越普遍。

二、实验意义

（一）祖辈教养是家庭教育的重要组成部分

祖辈教养是中国社会普遍存在的现实问题，关系到人口素养的代际传递质量，是家庭教育的重要范畴。习近平总书记在全国教育大会上指出，"家庭是人生的第一所学校，家长是孩子的第一任老师。要给孩子讲好'人生第一课'，帮助扣好人生的第一粒扣子"。教育部原部长陈宝生在 2019 年 3 月底召开的上海教育大会上强调："上海未来教育改革发展的重点工作之一是加强家庭教育，引导树立优良家风。"

（二）开发科学育孙课程资源十分必要

江桥镇已经步入老龄化，祖辈教养问题普遍存在，镇内老年人虽普遍育孙，但主要存在的问题是：一是祖辈家庭教育观念比较保守和传统，思维模式容易僵化且缺少变通；二是祖辈容易溺爱、迁就孙辈，导致孙辈变得自私、任性；三是老年人受自身身体因素的影响，喜安静不喜运动，易使孙辈缺乏朝气，变得不爱与人交际；四是在教育方法上，老年人喜欢包办代替，不利于孙辈养成独立自主的良好习惯。祖辈教养不太关注育孙方法是否科学，存在坚持以"老办法"育孙的现象，可见以祖辈教养课程引领镇内老年人的学习需求势在必行。

（三）开发育孙课程是构建江桥镇老年教育服务体系的重要组成部分

随着社会的进步，老龄化问题日渐凸显，而老年人参与隔代教养现象已经引起社会的普遍关注。从构建学习型家庭来说，解决这些问题的一个重要方法就是以积极老龄化为指向，将老年人列为构建学习型家庭的重要力量，激发祖辈群体在合作教养中的潜能，通过为老年人开发科学育孙教养课程提升老年人的科学育孙技能，不仅有利于更好地搭建江桥镇老年教育服务体系，促进老年教育的转型，而且还能使祖辈成为社会的有效资源。本项目旨在了解江桥镇祖辈教养情况，探究江桥镇祖辈教养学习需求，以此作为开发江桥镇祖辈教养课程的素材和构建江桥镇老年教育服务体系的基础，最终促进学习型家庭和学习型社区的建设与发展。

三、实验项目概述

（一）核心概念界定

1. 祖辈教养

祖辈教养，也称隔代教育、隔代抚育，一般是指"由祖父母或外祖父母对孙子／女或外孙子／女进行抚养和教育"，同亲子教育一样属于家庭教育的范畴。本项目对祖辈教养的操作性定义是：祖辈教养是由祖辈参与家庭儿童早期教育，承担家庭教育责任的一种模式；祖辈教养的水平影响家庭生活质量和孙辈养育质量。

2. "2＋X"课程模式

"2＋X"课程模式是指对一系列教学内容和方式的安排，包括课程本身和与之配套的教材和教法。"2＋X"课程模式是由"科学育孙家"团队研发的祖辈教养课程模式，该团队由成人教育、社区教育和学前教育领域的学者、研究生及志愿者组成，该团队曾获"挑战杯"国赛特等奖。"2＋X"课程模式的"2"是指2套教材：《祖辈参与家庭早期教育学习手册》和《祖辈教养"2＋X"课程实施手册》，"X"是指教材应用于社区实践时多样化的课程形式。项目组与该团队建立了长期合作关系，拟在该模式的基础上进行创新，开发出更符合江桥镇社区祖辈教养实际、更符合社区老年人学习需求和特点的祖辈教养课程。

（二）实验目标与内容

1. 本项目的实验目标

（1）了解江桥镇隔代教育家庭合作教养现状；

（2）探究江桥镇祖辈的教养学习需求；

（3）探索开发江桥镇社区祖辈教养课程。

2. 实验内容

（1）调查祖辈与父辈在育儿过程中达成的共识，即在育儿观念、方法等方面的共同点；

（2）调查祖辈与父辈在带养孙辈过程中遇到的分歧或难点；

（3）分析得出祖辈对哪些问题有相似或集中的看法，从而得出祖辈在隔代教养中最困惑的要项，并继而将其转化成课程开发的内容；

（4）通过项目组与"科学育孙家"团队的合作，开发适合江桥镇祖辈教养的课程和教材，研发适合社区老年人的祖辈教养教学方法。

（三）实验方法

一是文献研究法，组织项目组成员专题学习，寻找理论支撑。

二是问卷和座谈调查法，真实了解江桥镇祖辈教养的现状与需求，了解合作教养与祖辈学习的现状。召集各方面代表，集思广益，畅谈江桥镇隔代教育存在的问题和解决之道。

三是行动研究法，研究制订实验方案，在实践中改进完善，初步架构基于"2 + X"模式的社区祖辈教养课程开发体系。

四是个案指导法，针对隔代教育问题家庭进行介入指导，边研究边干预，从隔代教育家教成功案例总结社区家庭教育经验。

五是经验总结，梳理实验资料，对行动研究中的"2 + X"模式的社区祖辈教养课程进行剖析，总结社区祖辈教养课程开发的路径。

四、实验过程和安排

第一阶段：2021 年 1—4 月，深入走访，全面摸排。通过问卷和座谈、访谈，聚焦调研对象反映的相对集中、带有一定普遍性的突出问题，形成调研报告。

第二阶段：2021 年 5—9 月，梳理问题，进行专题研究。在摸清情况、找准症结的基础上，研究提出可操作、可执行的具有制度性保障的行动方案。

第三阶段：2021 年 10 月—2022 年 9 月，根据实验方案，落实推进工作。

第四阶段：2022 年 10—11 月，总结反思，形成反馈。提出可操作、可执行的制度性、机制性措施或政策建议。

五、实验成果

（一）江桥镇祖辈教养问卷分析结果

1. 合作教养的预期

（1）江桥镇祖辈对于合作教养的认知

合作教养是指两个或多个教养者共同照看一个孙辈的家庭养育模式。本研究主要探究祖辈与父辈共同养育孙辈的家庭养育模式，目前祖辈与父辈合作育孙已经成为我国的普遍家庭教养模式。结合江桥镇的问卷调查分析和访谈文本分析，学龄前儿童的祖辈与父辈合作教养已经成为大多数家庭的选择。对于合作教养的认知，根据江桥镇的问卷与访谈分析，祖辈基本认为自己承担辅助者的角色，祖辈对自己的角色认知会影响在教养孙辈时的期待、教养的内容与教养的方式，而父辈对祖辈的教养角色认知也会间接影响祖辈在教养孙辈时的行为以及家庭代际关系。

（2）江桥镇父辈对于祖辈的教养期望

在合作教养的过程中，父辈对祖辈会有很多的期望。根据江桥镇问卷的结果，大多数父母（158 人，占总人数的 82.72%）希望祖辈父母更能关注孙辈的品德养成（如感恩、善良和有礼貌等）。而饮食排第二（123 人，占总人数的 64.4%），这在访谈中也被老人广泛提及。

2. 合作教养的共识

对于江桥镇祖辈与父辈合作教养的共识，主要是基于访谈结果的分析，对于江桥镇祖辈与父辈在合作教养方面有没有共识及共识程度的高低这一问题，祖辈们主要有两种回答，即基本无不一致和基本无共识两种类型。

3. 祖辈育孙学习形式需求

祖辈学员具有特殊性，他们的身体状况、自身个性都存在着一定的差异，因此他们对育孙课程的形式也有着特殊的需求。通过对江桥镇关于合作教养情况的访谈与问卷调查，可以总结出以下两个方面需求。

（1）教学形式多样化的需求

江桥镇祖辈教养项目问卷结果显示，在课程形式方面，父辈家长大多认为参与活动（84%）、问题讨论（64%）和情境展示（52%）更易于被祖辈接受，选择新媒体课堂（如微信公众号）占 24.08%。可以看出，传统的面授式是最为普遍的课程形式，这种教学方式也最符合广大祖辈学员的学习习惯，但采用这种课程形式的同时要尽量避免教师讲、学生听的"填鸭式"教学方法，应多尝试使用启发式、互动式、具有情境性的教学方法，师生互动，教学相长。受传统学习方式的影响，以及由于老年群体对电脑技术和移动产品技能掌握的整体水平偏低，故其对于新媒体课堂的需求相对来说比较少一些。

（2）课程时长与频次适度的需求

问卷结果显示，在课程开设的时长上，近一半的家长认为（47.64%，91 位）保持在 30 分钟及以内比较合适；有 36.65% 的家长（70 人）认为在 31—45 分钟比较合适；认为 46—60 分钟合适的家长有 25 人，占比

13.09%；还有5位家长（占比2.62%）认为60分钟以上比较合适。总的来说，根据祖辈学员的生理及心理特征，课程内容不宜过多，时间控制在30分钟及以内最受家长欢迎，最能被祖辈接受。在课程开设的频率方面，42%（81位）的家长认为每周一次比较合适。

（二）基于"2＋X"模式的社区祖辈教养课程开发的探索

1. 成立社区家长学校，将家庭教育作为成人（社区）学校的重点工作

为积极构建家庭学校社会协同育人机制，江桥成校制订了《2022年江桥镇社区家长学校工作要点》。通过组建社区家长学校专家咨询团队和社区家长学校专业队伍，为社区提供优质的授课活动及课后服务活动，并开展课题实施的问卷调查研究和构建课题实施的支持网络建设研究。同时，社区家长学校开展了"梅源家"工作室环境建设，为家庭教育持续提供优质有保障的支持服务。为实现江桥镇家庭、学校和社区协同育人的长效机制，江桥成校还将社区家长学校工作纳入2022年村居学习点季度考核中，开展第一届"江桥好家长""江桥好家庭""江桥好祖辈"的评选表彰活动，引导全社会重视和支持家庭教育工作。

2. 加强队伍建设，将家庭教育指导队伍融入区域资源库建设

提升学校在职教师和"梅源讲坛"家长课堂讲师团兼职教师家庭教育指导能力。聘请上海师范大学教育学院马颂歌副教授担任成人学校"祖辈教养课程"指导教师，全程参与江桥镇祖辈教养课程的研发工作；招募"隔代教育"家庭教育指导服务志愿者，将培训中冒尖的优秀志愿者纳入镇家庭教育指导队伍中。

3. 整合教育资源，开发江桥镇社区祖辈教养课程

由社区家庭教育专家、志愿者和学校骨干教师组成的课程研发小组，在专家引领下，构建祖辈教养的课程框架：祖辈角色定位、孩子自理能力培养、孩子饮食健康、孩子作业辅导、孩子规则意识。目前学校已开发完成了"祖辈角色定位"的祖辈学习课程，并委托视频制作单位进行适当修改，录制成6个微课程视频。

六、未来实验方向

（一）依据学习需求，科学设置育孙课程

江桥镇科学育孙社区服务体系的建设，关键在于社区育孙课程的建设。江桥镇科学育孙课程的建设不论是课程内容还是课程形式都要切实符合江桥祖辈的育孙需求特点，祖辈育孙课程的核心目标是帮助祖辈建立科学育孙观念，掌握科学育孙知识，懂得科学育孙方法，解决祖辈在家庭早期教养中遇到的问题。

（二）对接高校资源，充实育孙人才队伍

教师既是人类知识宝库的传播者，又是社会生活的引导者。随着年龄的不断增长，祖辈学习者相对迟缓的思维反应，使得他们对课堂中教师的依赖感尤为强烈。因此，对于建设科学育孙社区服务体系的江桥镇来说，拥有专业的教师队伍尤为重要。专业的合作教养教师不仅应具备教师的基本素质与能力，还应进一步掌握跨学科的理论知识，以自身完备的知识体系，更好地为社区的课程实施服务，促进江桥镇社区育孙服务体系的健康与可持续发展。

（三）线上线下融合，探索育孙课程模式

江桥镇在构建科学育孙社区服务体系中，要破解日益增长的祖辈学习需求与疫情期间线下有限的教育供给之间的矛盾，就必须改变办学思维，创新教学组织模式，立足祖辈学习者的需求与特征，推动线上线下融合发展。在线学习能够满足祖辈随时随地用手机和电脑了解自身感兴趣的育孙小知识，满足祖辈个性化、多样化的学习需求；线下实体班帮助祖辈朋友面对面交流育孙心得体会，增加老年人的参与和互动，在学习中交流，在交流中成长。

（四）及时收集反馈，建设课程反馈体系

祖辈的反馈在科学育孙课程建设中起着非常重要的作用。为不断完善江桥镇科学育孙课程内容和教学形式，提高教学效果，通过跟踪祖辈及时动态的课程反馈，不断地完善江桥镇科学育孙课程体系，从而更好地促进江桥镇科学育孙社区服务体系的发展。

第三篇　师资队伍建设篇

1 推动职业院校社区教育助学志愿者队伍建设的实验

上海行健职业学院

一、实验背景

（一）政策导向：职业院校参与社区教育志愿服务正当时

国家积极引导和推动高校志愿者投身社区教育服务。2020年9月16日，《职业教育提质培优行动计划（2020—2023年）》正式发布，其中更是对职业教育参与社区教育提出了相应要求：鼓励职业学校积极参与社区教育和老年教育，与普通高校、开放大学（广播电视大学）、独立设置成人高校、各类继续教育机构互联互通、共建共享，形成服务全民终身学习的发展合力。其中更是将"遴选500个左右社区教育示范基地和老年大学示范校"作为重点项目进行了量化。基于这一政策背景，上海行健职业学院将服务社区教育工作作为近期特色工作进行重点推进，其中社区教育志愿者队伍的建设就是重点工作。

（二）社区需要：社区教育志愿者服务遇瓶颈

目前社区教育志愿服务存在三方面困境：一是资源性困境，二是参与性困境，三是专业性困境。面对低层次、不对口、多短期的社区教育志愿服务现状，政府在保障方面责无旁贷；社区教育管理部门需要了解社区居民身边的难题，积极与高校团组织、政府部门联络反馈；高校需要增加委派社区教育志愿者数量并提高志愿者素质与服务水平，选拔、培养适合从事社区教育志愿者的高校学生，并把他们纳入社区日常管理。因此，社区志愿服务发展需要政府和高校等多方共同努力，建立"联姻体系"，充分利用社会资源，给高校搭建一个与社区融合的服务平台。

当前，高校社区教育志愿者队伍建设存在服务领域狭窄、服务方式固化、服务专业化与契合度不高、缺乏反馈与激励机制等现实问题，许多高校甚至尚未建立专业的社区教育志愿者队伍。

（三）学校基础：职业院校参与社区教育志愿者服务有支撑

作为职业院校，学院成立了专门的社区教育工作委员会，探索服务社区工作。此外，学院拥有的学生力量优势得天独厚，能在社区教育课程班、终身教育活动、社区治理等方面提供志愿服务支持。如在终身学习活动服务方面，学院学生志愿者每次从分装资料袋、引导居民、宣传社区教育到礼仪服务、展示活动、摄影摄像等多个方面全程参与其中，为居民提供优质的终身学习服务。此外，学院还积极组织学生志愿者参与各类社区教育课程和体验活动服务，在班级管理、助学助教、现场组织等方面全面参与，积累了丰富的社区教育服务经验。青年学生的加入，能够进一步激发社区教育的活力，为学院服务社区注入新鲜血液，也有助于培养学生的社会责任感，增强学生的奉献精神及公民意识。

二、实验目标

（一）提升青年学生的服务精神和品质

社区教育志愿活动是一项公益服务，旨在帮助青年学生提升政治意识、大局意识、服务意识，从而帮助其养成良好的奉献精神和服务精神。此外，社区教育工作内容繁杂，需要频繁与居民群众接触和交流，因此对抗压能力和语言表达能力的要求较高，需要在工作中时刻保持清晰的思路，并具有服务的热情。对于青年学生而言，各项能力可以在其中得到有效的锻炼，能够对以后的工作起到良好的促进作用，这无疑是一笔宝贵的财富。

（二）拓展思政教育新途径

随着高校思政教育的实践愈加丰富，关于如何通过实践开展思政教育的讨论也越来越多。传统的高校思想政治教育通常采用讲授法，教师的授课形式以理论知识输送为主，将大量的理论知识打包，完整地传输到学生的脑中，其教学效率有待商榷。

本实验旨在通过系统化的方式参与社区教育志愿服务，为学生思想政治教学搭建实践平台，让学生可以通过志愿活动，在实践中感悟所学的思想政治知识内容，把理论与实践相结合，让高校学生把知识学活、用活，从而拓展高校思政教育的新途径。

（三）形成一支稳定的职业院校社区教育助学志愿者队伍

目前，包括职业院校在内的高校在参与社区教育方面主要呈现点状展开的特点，往往是一次性、临时性服务活动较多，人员流动性、不稳定性较大，尚缺少一支稳定、扎实的社区教育助学志愿者队伍。通过本实验的探索，旨在从个案研究的视角出发，建立一支属于本学院的、稳定的、长期服务的社区教育助学志愿者队伍，持续开展职业院校服务社区教育的探索。

（四）建立长效参与机制

从学院角度来讲，建立助学志愿者参与社区教育的长效机制，是调动志愿者行动积极性的有效措施。如何从招募、培训、运行、激励等多方面机制入手，对职业院校社区教育助学志愿者队伍进行优化，从而建立长效参与机制，形成良性循环，也是本实验的主要目标之一。

三、实验过程

（一）开展现状调研

针对当前上海行健职业学院已有的社区教育助学志愿者活动，本项目开展了全方位摸底调研，就目前助学志愿者的开展状况和问题建议进行问卷调研，掌握一手资料，梳理职业院校的社区教育助学志愿者队伍发展现状。从情况调研来看，助学志愿者对"社区教育"的熟悉度和参与度较高，较为熟悉社区教育领域相关内容。其参与社区教育助学志愿者的目的多为服务社会、锻炼自我、磨炼专业技能三个方面。

针对参与过程中遇到的问题，本次调研反馈如下：

一是参与渠道狭窄。调研显示，大部分学生群体参与助学志愿服务的积极性很高，但实际的参与渠道并不多，学生只能通过协会通知、学生会通知的方式得知相关消息，参与渠道狭窄导致实际参与的助学志愿者数量不足，同时有参与意愿的学生无法加入。

二是角色转换困难。作为大学生群体，本身教学经验欠缺，只有作为学生的经验，很少体验"小老师"角色。而目前所有的助学志愿者缺乏系统的关于教学方法、教学形式方面的培训，导致在助学过程中无法顺利实现角色转换，不能准确把握教学对象的心理和学习特征。

三是语言对接困难。学院超过一半学生为非上海人，助学志愿者队伍中也以非上海学生居多；而社区居民尤其是社区老年人多为上海本地人，普通话水平参差不齐，这就不可避免地带来了沟通方面的困难。调研反映，语言障碍已成为当前阻碍助学服务的重要因素。

四是激励机制不完善。一方面，学院通过第二课堂对参与的学生给予学分奖励，但学生普遍反映第二课堂可能存在学分延迟等状况，需要提高发放效率；另一方面，学生认为目前专门针对助学志愿者的激励较少，激励方式不够丰富，尚未将其全方位纳入表彰、考核等范畴。

（二）总结影响因素

结合前期的现状调研，项目组成员带着问题深入助学志愿者服务现场，通过实验和观察的方式，总结了目前职业院校社区教育助学者队伍发展的影响因素，主要包括两个方面。

一是职业院校社区教育助学志愿者队伍参与社区志愿服务的支持因素。首先，调研反映，由于学院层面积极参与各类终身教育活动，由市民学习指导中心专门对接终身教育，故能够为学生提供较多的助学志愿服务的机会，这成为首要支持因素。其次，学院内部重视发挥社区服务功能，已经在师生层面形成一定的影响力，学生对于助学志愿服务的热情较为高涨。最后，教师队伍尤其是辅导员队伍的积极宣传和广泛发动，确保了助学志愿者的参与程度，这也是重要的支持因素之一。

二是职业院校社区教育助学志愿者队伍参与社区志愿服务的阻碍因素。如前所述，调研显示，参与渠道狭窄、角色转换困难、语言对接困难、激励机制不完善4个因素，成为阻碍助学志愿者队伍发展的主要因素。

（三）探索机制建设

确定了现状和影响因素之后，本项目重点围绕职业院校社区教育助学志愿者队伍的招募机制、运行机制、激励机制展开实践探索，力求从系统性角度着眼，理顺发展机制。

1.探索建立需求对接机制

学院依托市民学习指导中心，对接社区了解情况，形成常态化对接，针对不同类型社区居民的学习需求开展助学志愿活动，以居民需求为第一要素组织各种类型的助学志愿服务活动，让助学志愿者能够有多方面的选择，有更多的实践体验。这样既利于组织更灵活、更有效地活动，也有利于保证志愿活动的针对性和全面性，最大程度发挥大学生志愿者组织效力，从而建立良性的合作机制。

2. 探索建立助学志愿者招募与培训机制

为了保障助学志愿者质量，我们在招募志愿者时，根据每一个活动内容和活动对象的需要，设置如所学专业、助学经验、个人特长、家庭住址等招募条件，力求筛选出符合条件的社区教育助学志愿者，并登记在册。目前已形成 50 人的师生助学志愿者队伍，且做到每位志愿者单独成册，登记其详细信息。

3. 探索建立激励机制

社区教育助学工作是一套完整的社会服务系统，要形成长效、可持续的发展态势，激励机制必不可少，而激励机制的缺乏也是前期调研过程中发现的阻碍因素之一。针对这一情况，项目组一方面从学校自身着手，每次活动详细记录参与志愿者的参与时长、参与内容、个人信息等，结合第二课堂改版的实际情况，在活动结束后 3 天内完成学时的发放，提高发放效率；此外，对接学院和各系部的微信公众号，提供助学志愿者信息和服务情况，鼓励通过微信公众号推送的形式进行报道表彰。另一方面，项目组从社区角度出发，联系每次助学志愿服务的社区，对参与志愿活动的学生发放纪念品或纪念册等，以社区名义予以肯定和激励，激发学生参与热情和增加成就感。

（四）深入实践探索

在机制保障下，依托已经形成的社区教育志愿者队伍展开深入的社区教育志愿服务活动。

一是开展"智慧学习"进社区系列课程培训志愿服务。为积极响应上海市"智慧助老"项目推进，更好地帮助老年人适应"数字化生活与学习"，让他们享受智能化服务带来的快捷和便利，学院继续教育部招募 32 名学生志愿者连续参与了 11 场"智慧学习"进社区的系列课程培训志愿服务活动，服务老年学员 200 余人次。

二是开展系列课程送教进社区活动。针对社区老年居民智能手机操作的学习需求，信息技术专业学生运用所学的 PS 知识，解决老年学员学习过程中遇到的专业问题；同时形成"手机 App 操作"系列课程，送教至社区，长期深入社区开展教学，多方探索满足居民不同类型的学习需求。志愿者深入辖区居民学习点，为老年居民开展"智能手机使用""手机 App 操作课程"，在每个学习点至少开展 1 个系列（共 4 次）活动，确保老年居民真正学会使用现代化信息设备。

三是提供中老年数字化课程。发挥学院场地、设备和师资资源优势，满足社区居民数字化学习需求，提供适需、优质的学习服务。常年开设中老年图像后期制作班，利用信息技术与机电工程系师生资源和场地资源，每学期招收中老年学员进校学习，每个班级配备至少 4 名志愿者学生助教，全程进行答疑和辅导，让老年学员做到学有所获。

（五）树立特色品牌

高等教育开放自身的教育资源，将自身的教育服务功能由单纯的高等人才培养延伸到为社会成人教育、社区教育服务，已经成为现代高等教育改革与发展的一项重要使命。作为一所职业院校，上海行健职业学院拥有较为丰富的师生资源力量，如何用好这些人员优势服务社区教育，是我们探索的重中之重。因此，树立"职业院校社区教育助学志愿者队伍"这一品牌特色，也是本实验的内容之一。

四、现有成效

（一）建立首批职业院校社区教育助学者队伍

通过本次实验，已经初步建立了一支 50 人左右的稳定的职业院校社区教育助学者队伍，此支队伍被纳入上海市社区教育志愿者库，改善了以往点状散开、不成体系的现状，能够提供稳定和更为系统的助学志愿服务。

（二）探索了一批助学志愿者队伍发展机制

机制的形成能够为助学志愿服务提供长效支持，故也是本实验的重点之一。通过已有实验，目前已经在需求对接机制、招募与培训机制、激励机制三个方面展开了探索，初步形成了适合高职院校的、行之有效的队伍发展机制，经过实验检验，现有机制能够为服务社区提供较为稳定的支持。

（三）初步树立了职业院校助学志愿者队伍品牌

由于长期、系统性的助学志愿服务，学院高职学生参与社区志愿服务在区域内已经形成了一定的影响力，从教育管理到区级相关部门以及社区居民，都对行健学院学生志愿者印象深刻、赞不绝口，对他们提供的助学服务予以一致认可，这为职业院校助学志愿者队伍品牌的建立奠定了初步基础。

五、问题反思

（一）激励机制尚不完善

现有实验阶段，激励机制的建设尚在探索之中，激励手段不够丰富，还未形成较为完善的激励机制，如在证书激励、荣誉类型、激励层级等方面，还需要进一步思考和完善。在后期实验过程中，需要考虑增加激励手段、扩展激励层级，可以联合区学促办、社区学院等机构，扩大激励范围。

（二）助学志愿者队伍不够丰富

目前的助学志愿者队伍主要以学生为主，且重点集中在信息技术与机电工程系、学前教育系学生，而对于教师群体的辐射，以及学院其他系部的参与较为有限，队伍力量还有待进一步加强，结构还有待进一步丰富。后期将从学院层面进行统筹规划，集中各系部优势力量，并将服务社区质量纳入新教师考核范畴，以此激发学生参与助学志愿活动的热情。

（三）助学范围有待进一步提升

从目前梳理的情况来看，现有的助学范围主要集中在老年群体及数字化方面，服务内容较为单一，辐射面较为狭窄。这一问题的根源在于对各系部的特色挖掘不够，对社区居民的需求调研不够。今后，上海行健职业学院将从这两方面入手，力求进一步拓宽服务范围，增强服务实效。

2 依托老年教育兼职教师队伍注册制激发兼职教师发展活力的实验

上海市石泉路街道社区学校

一、实验背景

为贯彻落实《上海市老年教育发展"十三五"规划》，推进老年教育的内涵发展，提升老年教育的服务能力、社会活力、学习品质，促进老年教育师资队伍建设规范化、专业化，上海市老年教育工作小组办公室高瞻远瞩地提出"老年教育兼职教师注册制"的新构想。石泉社区学校一直以来狠抓队伍建设，始终把兼职教师队伍的规范化、专业化发展放在更加突出的位置，满足他们多样化、个性化的发展需求，提升他们服务社区教育的精准服务能力。目前石泉路街道社区学校兼职教师 30 名，是由一批不同年龄层次的人群自发组成的志愿者队伍。他们为人亲和，有自己的一技之长，也非常乐意为社区教育事业贡献自己的微薄之力。但因队伍中人员年龄构成差异较大，业务能力参差不齐，导致兼职教师的专业素质相对于专职教师有着明显的差距。

石泉路街道社区学校作为普陀区首家落实上海市老年教育信息化管理平台的试点单位，如何利用现有兼职教师资源来服务社区居民，提升其规范化、专业化素养，并带动更多的志愿者教师参与社区教育，传递正能量，形成凝聚力，让社区学校成为学员愿学乐学的家园，是石泉街道社区学校设立实验项目的初衷。

二、实验目标

一是激发兼职教师队伍整体活力。

二是唤起兼职教师队伍发展内驱力。

三是提高兼职教师社区教育服务能力。

三、实验内容

（一）开展现状摸底

通过学员、教师两个层面的问卷及随堂听课等形式进行调查摸底，切实了解兼职教师在教育教学活动中的需求与现状，以及兼职教师们对学校推进的"一课一品"的建议。

（二）明晰梯队发展

通过调查分析，整合自身的资源，以"老年教育兼职教师队伍注册制"为抓手，激发原动力，形成《石泉社区教育兼职教师队伍梯队发展若干意见》。

（三）建立兼职教师资源库

依托老年教育信息化平台，采用"一校注册，多校可聘"的方法，建立石泉社区学校兼职教师资源库，让教师多向流动，增强教师竞争性，为兼职教师队伍注入新活力。

（四）开展多形式兼职教师培训

在前期调研基础上，通过专家指导、基地运作、座谈交流等方式，培训兼职教师职业素养和职业能力，实现兼职教师队伍建设的专业化发展。

（五）打造兼职教师发展品牌

通过公开教学、专业沙龙（专题讲座）、片块展示（优秀作品、专场演出）、教材编写、公益活动等五个特色发展方向，创立并扶持石泉路街道社区学校"一课一品"特色，为兼职教师打造自己的课程品牌，让兼职教师们用自己的热情与专业去反哺社会。

四、实验方法

本实验主要采用调查座谈分析法、专家咨询交流法、实践操作法和典型引领法等。调查座谈分析法主要用来了解实验对象在实验前的基本情况，切实掌握兼职教师发展现状和需求，形成教师梯队发展意见。专家咨询交流法是在确立实验研究方向以后，针对"老年教育兼职教师队伍注册制"实施后，兼职教师队伍成员对自身的教师素养和业务能力发展方向有了清晰的认识。实践操作法是依托"老年教育兼职教师队伍注册制"，对兼职教师队伍开展各种针对性的培训活动，激发其活力，增强其竞争力，有意识地引导兼职教师形成并探索"一课一品"的发展思路。典型引领法是以个案形式对兼职教师在教学活动中所创设出的优秀典型，通过宣传进一步扩大影响力，总结推广，有效借鉴，整体推动社区学校兼职教师队伍特色发展建设，为社区教育注入活力。

五、实验过程

（一）准备期（2021 年 1—4 月）

学校在完成项目的立项申报、专家评议、方案修改等一系列工作后，开展了多渠道的调研，进一步了解石泉路街道社区学校兼职教师发展现状和需求。

（二）初步实验期（2021 年 5—8 月）

一是学校积极响应老年教育兼职教师注册制的推行要求，对所有教师展开全方位的宣传发动、实名登记及个性化的培训服务。经过测试与机构审核，参与学校老年教育兼职教师注册制的 30 名教师全部顺利地完成了培训考核任务，同时获取由上海市老年教育师资培训中心认定、上海市老年教育工作小组办公室颁发的"上海市老年教育兼职教师证书"，其相关信息也进入了上海市老年教育师资库。

二是学校根据《上海市社区教育专业能力指南》各项标准的要求，初步形成《石泉社区教育兼职教师队伍专业能力要求》，用要求与评价引领兼职教师向着"规范化、专业化、品牌化"发展。

（三）深入实验期（2021 年 9 月—2022 年 9 月）

1. 多向流动，增强竞争性，激发兼职教师整体活力

疫情期间，学校开始尝试试点推进线上录直播，线下教学并举，兼有优质教学资源补给方式推送相结合的模式，以求最大限度满足社区居民不停学、不停课的学习热情。兼职教师根据各自特长与学科特点，提出适合的教学方式，呈现出各具特色、百花齐放的风格，这一举措无形间也大大提高了教师间的竞争意识和队伍的活力。

为了弥补课程资源的不足，学校依托注册平台，打破区域限定，在市区层面的教师资源库中引进新鲜血液，对引进教师参与社区教育的教学情况进行综合分析后，从外区引进了两位教师，一位是从事摄影后期制作的贺师明老师，一位是教授器乐的田传海老师。两位教师灵活多变的教学风格和扎实有效的教学手段广受学员好评，也较好地展现了术业有专攻的教学功底。同样，我校的声乐班赖雪慧老师和交谊舞班的李长喜老师作为我校的对外交流教师，也受聘成为校外的培训机构与文化活动中心的援外教师，并卓有成效地用自己的专业与奉献精神投入到社区教育中，获得同行赞誉。

2. 唤醒状态、满足需要，唤起兼职教师队伍发展的内驱力

（1）寻找内在发展动力，促进教师建立"特色优长"的发展思路

学校以时装、摄影、书法、交谊舞、民族舞、器乐等课程的兼职教师为试点，对他们进行访谈交流，从中了解到这些教师在实际教学中的现状、发展困惑与期望需求，以及听取后期开展分类培训的建议，形成《石泉社区学校兼职教师发展困惑与需求交流访谈记录》，并针对了解到的需求和定位，初步形成石泉社区学校"一课一品"的四个维度（即"自编教材、团队组建、微课制作、公益活动"）的发展设想。

（2）开展共性专业培训，促进教师向规范专业性自主发展

针对兼职教师的共性发展需求，制订《石泉社区学校兼职教师培训计划表》，开展多途径培训与实践展示，帮助其不断增强职业素养。经过一系列教师专业能力和职业道德的培训，激发其原动力，满足兼职教师在教学领域上的规范与专业需求，促使其完成自我发展，激发兼职教师原动力，唤醒其自我发展的内生动力。

（3）能力实践赛事评优，促进教师增强团队发展的内驱力

在学校新一轮石泉杯专业评优活动拉开帷幕后，教师们更是摩拳擦掌，学习新知识、新技能后，一股股敢于挑战自我的热情蓬勃绽放，纷纷投入到线上线下的教案评选、教学公开课比赛、市区赛事活动中。值得一提的是，教师们学会了打团队仗，借力组内资源，主动寻求帮助，在教案评选、说课活动、沟通交流中彰显团队互相帮助、互相协作之风，大大提升了自我专业性与特色性。学校组织专职教师进行点评，筛选出优质教案作为模板，以微信群等方式共享与评选，其他教师也大大获益，于是，兼职教师向课堂要质量，向团队去借力的自主实践发展，成了石泉路街道社区学校兼职

教师寻求自身专业发展的一道亮丽风景线。

3.分类指导、搭建平台，提高兼职教师社区教育服务能力

（1）定期研究，分类指导

学校重点围绕"教材编写、团队组建、微课制作、公益活动"四个方面，成立四个实验小组，由专职教师任组长，开展定期研究与分类指导。如教材编写组重点辅导兼职教师如何在新形势下做到科学性与思想性统一、知识的内在逻辑和教学法要求的理论与实践统一。团队发展组以市级星级团队评选标准为指南，引导团队自主确定与时俱进的学习内容与活动方式，并学会利用各方资源，编写系列学习材料，激励兼职教师打造五星团队的积极性。微课制作组借助"上海市普陀区石泉路街道社区学校"微信公众号开展直（录）播培训与实践，立足"碎片化、多层次、即时化、多形式、片段化、多角度"的方式，开发了一批颇有质量的微视频课程。公益活动组积极对外联通，最大限度为教师做好场地联系、物资安排等扶持工作，让他们能心无旁骛地展示自己的专长与特色，在社会教育公益事业中亮出自己的风采。

（2）一课一品，各展风姿

2022年上半年，学校根据上级部门有关"停课不停学"的方针，微课制作组因势利导，组织兼职教师规划新的课程设计，探索微视频教学模式，让课程构成网络，以"上海市普陀区石泉路街道社区学校"微信公众号为载体，推出了学科直（录）播教学，为兼职教师进一步发挥学科专业性、特色性搭建平台，继续为社区居民学习提供更多的选择。教材编写组则组织教师利用这段时间，撰写新的课程教材，书法、摄影、音乐等一系列新教材应运而生，并成功申报了市学分银行课程。近几年来，经过团队扶持与大力培育,学校有29个一星级团队、13个二星级团队，36个三星级团队，149个四星级团队，5个五星级团队，充分展现了学校老年学习团队高质量高品质的发展趋势。

（3）公益活动，服务辖区

学校动用各方力量，主动联系辖区内学习点、片区、企事业单位，为教有所长的教师创造条件，以便于他们施展才华。时装表演班教师周亚庆在中山物业年终表彰会上，推出以人物故事贯穿时装表演的特殊形式，让观众们耳目一新，既领略了石泉路街道社区学校学员的时尚风情，

又给观众带来了唯美典雅的艺术享受，充分彰显了兼职教师在学校"品牌教学"活动中的新探索、新创举。

（四）实验总结期（2022 年 10 月）

整理相关资料和实验成果，丰富石泉路街道社区学校兼职教师资源库，树立典型，对实验成效中表现突出的兼职教师予以表彰，对成果进行推广。形成《依托老年教育兼职教师队伍注册制激发兼职教师发展活力的实验》结题报告。

六、推进成效

（一）兼职教师整体队伍活力得到激发

在整个注册制推行期间，兼职教师纷纷意识到持证上岗是老年教育兼职教师们关注兼职教师队伍的一个重要举措，为了完成认定考核，成为注册教师，纷纷报名参加统一组织的师资培训。经过几轮培训后，教师们收获满满，30 名兼职教师全员通过资格认定，获得上海市老年教育兼职教师证书，其相关信息也进入了上海市老年教育师资库。自从落实注册制以后，不仅教师资源的流动性开始增强，教师之间也出现了良性竞争势头，兼职教师个人有了强烈的自我发展需求。学校针对教师的个性化发展专门进行了访谈和交流，访谈中发现，教师们对自己课程品牌打造的意识在增强，在分析个人专长、学员优势的基础上，纷纷表达了自己对课程特色发展的思考。学校汇总归纳了《石泉社区学校一课一品意向汇总表》，用于后期教师个性化发展的需要。

推行"一校注册，多校可聘、进出灵活"的注册制，使教师多维流动，自主发展需求进一步增强，并学会规划学科发展和自我专业成长，明确自己在学科建设、教学研究、教材编写、大纲修订、教案规范、理论研讨、社团建设等工作中特有的价值，为石泉老年教育提供活水源泉，为兼职教师队伍注入了新活力。

（二）兼职教师队伍内驱力得到发展

经过数次业务能力专业化、品牌化的培训，教师在不断更新社区教育理念后，兴趣浓厚、积极主动参与到"一课一品"课程建设中来。

以编写教材、规划课程见长的书法班丁达宾老师坚守中国书画艺术的传统，自主编写了校本教材《中国古代书法美学鉴赏》；叶建平老师编写了《视唱与练耳实用教程》；贺师明老师编写了《Photoshop 数码图片处理》，三本教材成功上报市学分银行课程。此外，丁达宾老师在学校扶持下成立了普陀区首个书法教研基地，发挥专业特长带动全区书法学员参加市区各项比赛，屡屡获奖，为有力推动石泉社区书画团队专业发展和全区文化传播与引领做出独特的贡献。区域课程"上海弄堂"被纳入上海市社区教育课程教学大纲。编结班老师陆红霞采用实物投影的直观教学方式，在屏幕前将"钩针、棒针"技术传授给学员，她所创作的作品既体现"编织幸福人生"主题，又能将编结的技能展现得淋漓尽致，给学员全新的教学体验，充分展示了学校在"一课一品"建设中取得的丰硕教育成果。

（三）兼职教师社区教育服务能力得到提高

随着实验的深入推进，学校服务老年教育的能力在深度、广度和高度上都有了不同层次的提升。许多兼职教师更是热情高涨地发挥自身余热，将自己的课程、表演及作品通过艺术的形式参与到社区建设中，义务为敬老院、辖区单位等提供教育服务与公益活动，用自己的热情与专业去反哺社会。

在石泉路街道社区学校和陆二学习点共同筹建的摄影培训班上，王龙兴、符学功两位老师本着"以人为本，多元服务，融通共享，创新发展"的理念，教授居民摄影的基本概念、基础知识、相机实用技巧、光影、构图、实习拍摄和 PS 图像处理等，展示了石泉路街道社区学校为满足居民的实际需求，服务大众，面向社区的不同场所（如居民、学校、企业等）进行资源的辐射配送，切实有效地做到了配送过程中有效性、全面性和典型性的结合。在学校一年一度共谋发展的专题会议上，一位班长情深意切地表示，丰富多彩的石泉乐园给了他们学无止境的动力。两年来，学校开展的线上线下的研学活动、开创性利用抖音、自制小视频线上教学、兄弟校的同行专业沙龙、优秀作品片块展示、特色课程的专场演出、企事业单位的公益演出、区域课程的专题讲座等异彩纷呈。教师们用自己的热情与专业度实现自己的目标。

七、后续展望

经过两年的项目实践，学校老年教育的内涵发展也空前壮大。石泉路街道社区学校兼职教师的发展有了长足的进步，给了学校老年教育内涵发展更有力的支撑。在不断深化服务老年教育的进程中，我们也要不断关注信息技术下的教师线上直（录）播能力进一步提升和组织活动开展经费需进一步扶持等问题。

综观整个实验，让更多的社区学校教师获得了展示自己教学水平的机会，也为广大居民学员参与终身教育、推动全民教育提供了平台，展现了石泉路街道社区学校师生们积极向上、勇于创新的教学活力，彰显出争创智慧城区的新面貌。

3 开发老年人力资源，充实社区教育师资队伍的实验

普陀区社区学院（普陀区老年大学）

一、实验背景与基础

21 世纪是人口老龄化的时代，几乎每个国家都即将或已经迎来老龄化社会。当前我国老龄化形势日益严峻，老年人口规模庞大并持续增加，人口老龄化已成为关系经济社会长远发展的战略问题。据测算，老年人力资源的开发利用，有利于经济发展、缓解人才供需矛盾，也有助于老年人实现自我价值。而如何实现积极、成功的老龄化，使老有所学、老有所乐、老有所为，老年教育起着非常重要的作用。

世界卫生组织于 20 世纪 90 年代提出"积极老龄化"。"积极老龄化"强调老年人要积极地面对老年生活，不仅要保持身心健康状态，而且作为家庭和社会的重要资源，要融入社会，参与社会发展。这也意味着老年人不再被单纯地视为社会的负担，而是能够充分发挥其自身的内在生产性，在经济工作中创造价值，在社会参与中展现能力，在终身教育中提升素养，在健康生活中乐享晚年。普陀区老年大学于 2010 年 9 月挂牌成立，担负着推动区域老年教育发展的重要职责。建校以来，学校始终秉持"提升老年人学习生活品质，办好高水平区级老年大学"的办学理念，持续推进软硬件建设，构建师资梯队，优化课程体系，丰富学习方式，较好地满足了区域老年群体的学习需求。近年来，面对上海深度老龄化的新形势，立足当前的办学实践，普陀区老年大学创新发展理念，从积极老龄化视角探索老年教育的新路径，倡导"乐学乐为"的长者风范，在促进老年人社会参与

方面进行了有益的尝试。

二、实验目标与内容

（一）确定老年人力资源开发的方向

开展广泛调查，以老年大学、各类社区教育机构管理者、教师与学员为对象，通过访谈、问卷等形式了解老年人力资源现状。

（二）提升老年人力资源的服务能力

挖掘与培育社区能人达人，借助市级培训、教学比赛与区本培训，提升课程开发、教学设计、资源建设、活动策划等能力，进一步发挥其在社区教育中的积极作用。

（三）探索参与社区教育的途径与方式

搭建平台，对接区社区学院、老年大学以及基层社区学校（老年学校）、各级学习点需求，积极参与到教学与助学等工作中，充实社区教育师资队伍，理论与实践相结合，提升老年人力资源的服务能力，发挥老年人力资源的积极作用。

三、实验过程

（一）开展调研，把握老年人力资源参与社区教育的需求

采用文献法、问卷法、访谈法，多层面开展调研。一是面向老年学员的调查。了解当前老年大学老年学员的知识、素质、能力现状，参与社区志愿服务的基本情况以及参与社区（老年）教育活动的意向。二是面向社区教育机构的调查。了解社区居民学习需求、课程与活动开展情况、师资队伍现状、需要的师资与课程等服务支持。三是面向社区教育行政主管部门的调研。了解当前区域社区教育机构的分布、兼职教师的基本情况、兼职教师队伍的培训与管理、社区能人达人及其参与社区教育的基本情况等。

（二）对接需求，规划老年人力资源参与社区教育的岗位

面向"十四五"，上海提出"到2025年，进一步完善服务全民的终身学习体系，形成更加普惠多元、泛在可选的终身学习环境，率先建成以城市学习力为驱动的更高水平、更高质量的学习型社会，成为各类人才向往的学习之城"的发展目标，确立"提升社区教育服务能级"的主要任务，

要全面加强专兼职师资队伍建设，扩大志愿者队伍规模。普陀区提出"培养培育数量充足、结构合理、专长明确、能力卓越的终身教育专兼职队伍"，要进一步提升现有专职教师的专业能力，以更好适应市民终身学习需求，以能者为师为基本原则，继续拓展兼职教师的来源，形成全民互学、教学相长的良好局面。

（三）细化要求，组织老年人力资源参与社区教育的培训

首先，按各岗位工作职责与内容，结合《社区教育服务规范》《上海市社区教育教师专业能力指南》等文件，进一步细化岗位要求，明确知识、素质与能力要求，倡导"能者为师"的理念，鼓励热心于社区教育事业的老年群体，包括老年大学学员、专业技术人员和有一技之长的市民等加入社区教育兼职教师行列。

其次，制订宣传与培训方案，采用教师推荐与个人自荐相结合的方式，在普陀区业余大学校园内面向中高级班、研修班学员开展招募工作，采用组织推荐与个人自荐相结合的方式，面向社区征集能人、达人，形成动态的老年人力资源储备库。制订培训计划、完善培训内容、开展分类培训，包括市学指办、老年教育师资中心组织的各类讲座与区本培训、比赛、实践活动，在此基础上，按需择优参加上海市老年教育兼职教师注册制培训班、上海市终身教育兼职教师培训班。

（四）搭建平台，开展老年人力资源参与社区教育的实践

1. 乐学有为

面向老年学习群体，通过班级招募、教师推荐、个人自荐等方式，组建区老年大学助学团队，调动老年学员参与学校管理的主动性与积极性，一是参与学校与班级管理，承担教务教学部分工作，做好信息的上传下达与老年学员的学习支持服务；二是寻找发生在身边的学习故事，传播终身学习和积极老龄化的理念，帮助更多社区居民、老年群体了解普陀区社区教育，参与学习、主动学习、终身学习。

2. 宜养宜学

在丰富课程资源、深化内涵基础上进一步完善助学队伍建设，让学有所成、乐于奉献的优秀学员参与课程开发与资源建设，并逐渐成为送教上门的主力军。宋词、声乐、沪剧、朗诵班的学员积极参加，通过培训、磨课、说课、试讲，深化了对教授内容的认知与理解，也提升了助学志愿者们的教学能力。授课过程中大家采用"动静"结合的方式，紧紧抓住老人的注意力，并针对老人的学习基础与接受能力调整授课速度及进程，耐心细致地讲解、手把手地辅导，奉献了爱心，也实现了自己的价值。

3. 智慧助老

随着大数据时代的来临，信息化与智能化建设对经济发展、社会治理、国家管理、人民生活都产生了重大影响。针对不少老年人不会使用智能手机，在出行、就医、消费等日常生活中遇到不便，被信息社会边缘化这一问题，普陀区社区学院、社区教育志愿服务工作站通过三级网络渠道招募志愿者，组建"智慧助老"专项服务工作团队，通过专业的课程开发与志愿者队伍培训为群众办实事，帮助区域老年群体掌握信息应用技能，积极融入信息化社会。

4. 能者为师

针对老年兼职教师这一群体专业知识技能强、实际教学经验少的特点，着重加强其教学能力的培养，包括课程策划、教案撰写、PPT制作及教学实施。通过专业教研组开展的教学专题培训，形成备课—听课—评课的成长模式，开展教学实践课评比活动并组织开展教学研究工作。加大对信息素养与技术应用的培训，更新课堂教学理念，推进信息技术与社区课堂教学深度融合，提升在线教学能力。遴选优质课程，指导编写教材、开发微课，促进优质资源的共建共享。

四、实验成效

（一）深化对老年人力资源的认知，明确开发方向

老年人生活经验丰富，知识积累深厚，闲暇时间充裕，通过老年教育，文化知识得到更新、技术技能得到提高，更有利于实现继续社会化，提高社会参与率。普陀区老年大学是区域老年教育的龙头，也基本代表着区域老年教育的最高水准。普陀区老年大学成立以来，学校不断优化课程体系、规范教学管理，并逐步推行了初、中、高的学制，满足老年人不同层级的学习需求。当前，社区教育方兴未艾，老年教育"一座难求"，将老有所学与老有所为相结合，鼓励学员学有所成之后反哺社区，宣传终身学习理念，发挥引领带动作用，对于构建全民终身学习服务体系、满足人民群众对美好生活的向往有着积极的意义。

（二）探究老年人力资源开发的路径，充实师资队伍

实验在开展广泛调查的基础上，立足区域社区教育发展与老年大学办学实际，提出教学、导学、助学三方面的岗位设置，并细化主要内容与工作职责。教学岗位专业要求最高，主要担任区级、街道层面的兼职教师，要求能独立进行课程策划与开发，实施课程教学与活动。导学岗位工作内容有：一是担任区级、街道层面的课程助教，辅助主讲教师做好课程教学与活动开展；二是开展学习点层面的课程教学与团队指导。助学岗位主要由志愿者担任，发挥专长，在各级社区（老年）教育机构中参与教学与活动管理，包括班级管理、学员事务、团队建设、活动组织、宣传动员等。

（三）推动老年人力资源的社会参与，提升生命价值

实验坚持学用结合、学为结合的原则，搭建多样化的平台，通过各类实践活动的组织与开展，充分发掘、发展并合理利用老年人力资源，引领老年学习群体发挥专长与潜能，树立社会服务的意识，传播终身学习理念，也弘扬了积极老龄化的社会正能量。老年学员、兼职教师在参与社区教育服务的过程中提升了专业技能，收获了体现人生价值的成就感，也得到了同龄人的认可与尊重。

五、实验反思

（一）加大宣传引导

实验调研中发现，学员虽然表达了一定程度的社会参与意愿，但其对于具体的社区（老年）教育活动理解不够，实际运作中也受健康水平、时间安排、兴趣特长等因素影响，加上还需要经过培训、考核等环节，实际参与的比例会大大降低，因此，还需要对老年学员加强引导、鼓励与帮助。应在老年大学开展人口老龄化国情教育，引导老年学员自觉树立生命历程观、积极养老观、终身学习观，做新时代"有作为、有进步、有快乐"的"三有"老人。同时，通过报纸、网络广泛宣传老有所为、服务社会的事迹，提高社会对于老年人力资源的认识，鼓励老年人融入社会、参与服务、实现价值。

（二）加强实践探索

老年教育是老年人获取、更新各类专业知识与技能的重要途径，同时也是创造社会参与机会、搭建信息平台的重要组成部分。应将"老有所为"有机融入办学的全过程，整合各级各类社会资源，为老年人搭建广泛有效

的平台，提升老年人主动参与社区教育、社区治理、志愿服务的意识和能力，充分发挥老年人的时间优势、知识优势、经验优势、技术优势，在老年教育、家庭教育、科技创新等方面彰显"银发力量"。

（三）完善保障机制

以实际需求为导向，以解决问题为指引，对照《中华人民共和国国家标准：社区服务指南》、《上海市社区教育教师专业能力指南》、上海老年教育兼职教师注册制工作要求等完善培训内容，实施分类培训。对接社区教育学习支持与服务需求，健全协调管理机制。为老年人力资源社会参与提供相应的资金与制度支持，如给予一定的经济补贴，或采取积分管理制度，通过参与教育服务获取积分，积分达到一定数量后可享受兑换学习用品、优先选课、参加学习团队及各项实践活动的权利。

（四）推进智慧助老

深入学习国务院办公厅《关于切实解决老年人运用智能技术困难的实施方案》、上海市教委《关于推进本市老年教育数字化发展的意见》等文件精神，将智慧助老作为老年人力资源开发与应用的重要内容。提高信息技术的应用普及，用好信息化办公系统和网络教学平台，推进线上线下融合的教学方式，提高优质学习资源的覆盖面。着力提升老年学员信息化素养，切实有效解决老年人在运用智能技术方面遇到的困难，让老年人在"老有所为"的过程中插上"智慧翅膀"，在信息化发展进程中有更多获得感、幸福感和安全感。

4 社区教育党员志愿者队伍建设的实验

宝山区业余大学

一、实验背景及意义

（一）实验背景

党的十九大报告指出，"推进诚信建设和志愿服务制度化，强化社会责任意识、规则意识、奉献意识"。2022年4月8日，习近平总书记在北京冬奥会冬残奥会总结表彰大会上的讲话中提出，"要在全社会广泛弘扬奉献、友爱、互助、进步的志愿精神，更好发挥志愿服务的积极作用，促进社会文明进步"。党员志愿者要突出党员的身份，要体现全心全意为人民服务的宗旨，要认真学习习近平新时代中国特色社会主义思想，始终做到听党话、跟党走。党员志愿者是参与志愿服务的重要力量，在社会服务和社区治理中的作用不可或缺。

2019年秋季学期，宝山区老年大学对在读学员进行摸底，共统计党员学员427人，党员数量众多，社会交往活跃，他们是党员志愿者队伍的重要组成部分。如何有效地把党员学员组织起来，发挥他们的先锋模范作用，更好地服务社区群众，参与社区治理，是摆在学校面前的重要任务。

（二）实验意义

当前社会的主要矛盾是人民日益增长的美好生活需要和不平衡不充分的发展之间的矛盾，公共服务存在许多亟待完善的地方，任务艰巨繁重。但政府不可能全部提供，市场也不可能无偿提供。为此，必须充分发挥党员志愿者的先锋模范作用，真情无偿地提供多样化服务，满足群众的需求。可以说，党员参与社区治理是政府服务创新的重要组成部分，也是密切党群关系的重要载体。经过一系列党员志愿服务活动的开展，党员对"为人民服务"的理念有了更为深刻的认识。一些党员志愿者在活动过程中，更好地树立起了党员服务意识，注重自己的言行举止，能否被群众接受，能否成为群众的榜样，这都是党员学员在志愿服务活动中及与群众互动中产生的想法。社区教育党员志愿服务活动的开展充分发挥了"一名党员一面旗"的作用，在社区群众中赢得了良好的口碑，树立了社区党员"平时看得出、关键时刻站得出"的时代新形象。

二、实验目的

一是建立和规范党员志愿者队伍制度，完善志愿者服务网络，组建社区教育党员志愿者队伍，利用信息化手段进行管理。

二是在调研党员人群结构的基础上，强化培训环节，设计具体的志愿服务项目内容，激活服务社会的资源，推动社区治理。

三是通过对党员志愿者队伍机制建设，保障社区教育党员志愿者服务工作的常态化开展。

三、实验方法

本实验项目以实践研究为主导，综合运用多种研究方法，做到行动研究与案例分析相结合，理论研究与实践相结合。

（一）文献研究法

查阅国内与社区教育党员志愿者队伍建设相关的文献资料，借助图书馆数据库与纸质图书资源，广泛搜集并认真仔细研读文献，梳理志愿者制度建设的框架结构，在文献分析基础上设计问卷调查的内容和访谈提纲。

（二）调查问卷法

通过问卷星进行问卷调查，摸排老年大学党员的基本情况，包括退休前的职业以及有意愿参与的志愿活动，开展党员志愿者服务的可行性，并加以分析研究。

（三）访谈法

结合调查问卷，以访谈形式发现党员志愿者在参与志愿服务前遇到的问题和困难，以及如何吸引更多的党员学员参与到志愿者队伍中来的意见和建议。在组织开展一系列的志愿活动后，再次进行访谈，了解他们参与志愿活动后的情况。

（四）行动研究法

创新教育管理模式，开展针对不同服务人群，不同需求的志愿服务，将社区教育、社区治理渗透于党员志愿活动中。

（五）经验总结法

通过总结党员志愿者队伍建设过程中的实践做法，进行归纳与分析，使之系统化、理论化，上升为经验，总结服务模式、方法和经验。

四、项目的实施进展

（一）启动阶段（2020 年 11 月—2021 年 4 月）

成立课题组，明确分工；收集文献资料，对党员志愿者队伍建设的理论进行深入探索研究，在调查问卷、实地调研、研讨交流等多种研究形式探索的基础上，制订课题研究的具体方案。

（二）研究实施阶段（2021 年 5 月—2022 年 6 月）

完善社区教育党员志愿者队伍建设方案，并设计服务对象与内容，探索服务模式，建立激励机制。

（三）总结阶段（2022 年 7—10 月）

总结研究成果，吸取经验，撰写结题报告，根据实践反映出的相关信息，修正课题报告，接受实验项目最终验收。

五、项目的具体实施

（一）成立课题项目组，明确分工职责

实验项目立项后，学校利用召开教职工大会这一契机，招募实验小组成员，成立课题实验小组。通过召开组员会议，根据每位组员的特长进行分工，明确各自承担的工作内容及职责，并建立了实验小组微信群，便于组员之间互相讨论交流。

（二）对学员进行摸底，开展问卷调查

通过问卷星平台，对 2021 年秋季学期在读学员进行摸底，共收到有效问卷 378 份，其中党员学员 200 名，非党员学员 178 名。根据年龄、性别、专业特长、爱好等方面内容进行分类，建立党员志愿者资源信息库，帮助党员志愿者在社区教育的各项活动中，尤其是社区治理中发挥更大的作用。通过对填写问卷的学员进行统计，得知他们在退休前主要从事的行业是经营管理岗位和专业技术岗位，他们在退休前的职业专业性较强，其中甚至有一定数量的学员退休前是单位的领导干部。

（三）组建党员志愿者队伍

项目组在前期调研中发现，老年大学的党员学员人数众多，项目组首先在老年大学内建立功能型党组织，然后通过功能型党组织的建立，最终形成"总支—支部—党小组"的三级组织架构。这样的组织架构不仅职责明确，也便于组织开展各项志愿服务活动。在建立功能型党组织的过程中，主要做了以下两方面的工作。

一是摸清底数，合理配置。班主任对所属班级党员情况进行调查摸底。在摸清底数的基础上，本着"有利于老年教学管理，有利于党员发挥作用，有利于组织党员活动"的原则，规范功能型党组织设置，合理控制功能型党支部规模：以专业为单位，建立功能型党支部，以班级为基础建立党小组（凡有三人以上党员的班级，成立党小组；党员人数不足 3 人的，建立联合党小组）。党员学员一般相对固定参加有关党组织的学习、活动，个别跨学科、跨班级的党员学员，可自行选择参加某个专业的党支部及某个班级的党小组活动。

二是选好配齐党小组长、支部书记。班主任要组织协调所在班级选好配齐党小组长，在此基础上选好支部书记。坚持选配党性强、作风正、威信高、身体好、经验丰富、乐于奉献的党员学员担任党小组长、支部书记。根据所在支部人数情况或为便于党员联络及活动开展，50 人以上的支部可根据实际情况设立正、副书记各一人。如果目前所在班级的班长是党员身份的，可同时兼任党小组长。

（四）制订党员志愿者管理办法

在建立了功能型党组织之后，党员志愿者队伍也就组建了起来，为了更好地把这批党员学员调动起来，开展志愿服务活动，项目组制订了一套党员志愿者管理办法，主要包括开展注册制度、建立培训制度、打造社区治理品牌项目以及探索激励机制等四个方面的内容。

1. 开展注册制度

党员学员通过上海市志愿者网进行实名注册，学校审核完成后，为志愿者建立志愿者档案，并发放志愿卡。志愿卡用于证明志愿者身份，记录志愿者基本情况，参加志愿服务情况等。学校统计党员志愿者名单，对党员志愿者资源进行有效调整，合理分配资源。开设具体的服务项目，并根据实际服务的项目确立领导核心（一般由功能型党组织的支部书记或者党小组长担任）。

2. 建立培训制度

党员志愿者参与的很多活动涉及一些专业性较强的领域，要求志愿者具备多方面的基本素质和基本技能，多数党员志愿者对待活动充满热情，但面对一些专业性较强的活动时却束手无策，帮不上忙。因此，除了统一的党员教育活动之外，还应事先根据志愿活动所涉及的领域，传授有关知识，制订紧急情况的处理预案，确保党员志愿者在志愿服务的过程中能够有章有法，避免出现失误。对新招募的志愿者要进行志愿服务宗旨、志愿服务制度、志愿服务道德法规等方面的培训；对服务期较长的志愿者要进行专业服务知识等方面的培训，提高他们的服务技能水平。

3. 打造社区治理品牌项目

打造一批特色鲜明、群众拥护、社会认可的党员志愿服务品牌。党员志愿者队伍要以"为民、惠民、利民、便民"为目标，以整合社会各类资源为基础，以放大特色品牌效应为抓手，注重创新服务载体，积极致力于塑造自身良好形象，提高服务品质，打造具有特色的公益品牌。

4. 探索激励机制

党员志愿者参加志愿服务活动较重视精神激励。为此，应以精神激励为主，物质奖励为辅，满足党员志愿者多元化的需求。物质奖励方面，可以考虑无形的物质奖励，采取存储志愿服务时间的形式，把志愿服务与优先享受志愿服务结合起来，建立"时间银行""爱心储蓄所"等，志愿服务就成为"付出、积累、回报"的"助人自助"储蓄所，保障志愿者未来享受同等待遇。精神奖励方面，如发放证书等。

（五）组织开展培训活动

为了让已经成为功能型党组织中的党员学员们尽快地参与到各项志愿服务中，我们根据之前制订的《党员志愿者管理办法》，首先组织党员学员们在上海志愿者网上进行了注册，然后根据实际活动内容组织部分党员学员进行了培训。

（六）开展各类社区治理志愿者活动

在前期问卷调研的基础上，项目组根据学校的实际情况，与宝山区图书馆、淞沪抗战纪念馆签订了共建协议，并利用老年大学现有的专业课程优势，与宝山区广育小学结对，送志愿者上门，帮助他们开展书法课程的课后服务活动。同时，在宝山区老干部局的牵头下，我们的党史宣讲队还参与了"强国复兴有我"群众性主题宣传教育活动。新冠疫情期间，我们的党员志愿者们也积极参与社区的各项志愿服务活动，提升了社区治理能力。

六、实验项目成效

（一）党员志愿者队伍管理规范化

经过分析比较党员学员参与志愿服务次数前后测得的数据可以得知，在建立党员志愿者队伍之前，愿意参与学校和社区开展的各项志愿服务的党员学员人数占80%。在组建了党员志愿者队伍之后，党员学员愿意参与各项志愿活动的比例达到了100%。

同时，我们对比了具体的名单，对之前不愿意参与志愿服务的党员进行了访谈，访谈的目的是了解他们参与志愿服务活动前后的想法。在组建功能型党组织的基础上建立党员志愿者队伍，制订党员志愿者章程，规范党员志愿者的招募、培训、使用、考核机制，建立健全党员志愿者队伍的注册登记、建档归类和考核表彰等相关制度，在制度层面为社区教育党员志愿者队伍建设提供了良好的环境。

（二）激活了服务社会资源，提升社区治理服务能级

通过对宝山区图书馆附近的居民发放调查问卷，我们了解到当地居民对"迎新春 送春联"活动的满意度达到了90%以上，大家都非常欢迎这样的活动，希望今后可以每年都开展这样的活动。开展党员志愿者服务，搭建了党员长期发挥作用的平台和载体，有利于党员以多种角色、在多个舞台上长期展现先进性。党员具有先进性因子，相对于岗位工作而言，志愿服务有效彰显了党员的党性修养和价值追求，是党员践行群众路线、实现理想信念的重要切入点。

（三）形成党员志愿者服务模式，志愿服务活动常态化发展

通过对老年大学学员的访谈，项目组了解到党员们都非常乐意参与各项志愿服务活动，很多老同志都为能参加这些活动感到自豪。在建立党员志愿者管理制度的基础上，通过引导党员同志积极参与社区治理各项志愿服务活动，提升他们的归属感、成就感和荣誉感，使志愿者队伍能够稳定下来，志愿服务活动得以常态化发展。

七、实验项目思考与启示

我们在实验过程中也发现，现在学校和社区组织的各类活动还存在活动内容单一、自身能力有限等方面的问题，因此，要让党员同志积极参与社区治理常态化发展，还需要重点关注以下两个方面。

（一）完善社区党员志愿服务内容

完善社区党员志愿服务内容，拓展原有志愿服务项目与服务内容，丰富社区帮困、社区生活、社区环保、社区治安、文化娱乐等方面的服务，使志愿服务价值得到认同，党员志愿者精神得以推广。

（二）加强培训，提高党员志愿服务专业化水平

建立"自上而下"与"自下而上"的双向培训效果反馈机制，根据反馈情况，对培训内容、方式、手段等做出改进与调整，实现培训向更高层次转变。这样，党员志愿者们可以更加充分地发挥自己的专业特长，在社区开展各类志愿服务活动。广大群众得到贴心、周到的服务，就会逐渐接受、认可党员志愿者开展的一系列服务活动，进而参与到社区志愿服务活动中来。

5 成人高校转型背景下社区教育青年教师专业能力提升的实验

宝山区业余大学

一、实验背景

（一）国家对教师队伍建设的基本要求

《中国教育现代化 2035》指出："高素质专业化创新型的教师队伍是加快教育现代化的关键……努力建设一支有理想信念、有道德情操、有扎实学识、有仁爱之心的教师队伍，更好承担起传播知识、传播思想、传播真理，塑造灵魂、塑造生命、塑造新人的时代重任。"这对教师发展提出了更全面的要求，不仅需要提高专业素养和能力，更需要转向教师综合素质的提高。强教必先强师，加强教师队伍建设是建设教育强国的一项重要的基础工作，因此需要推动教师队伍建设，大力培养造就一支师德高尚、业务精湛、结构合理、充满活力的高素质专业化教师队伍。

（二）成人高校转型发展的必然趋势

随着我国高等教育后大众化时代的到来和全日制高考政策改革等社会因素的影响，区办成人高校面临着许多新的问题和挑战，成人高等学历教育需求减少，非学历教育和终身教育的需求上升，这就要求区办成人高校必须抓住历史机遇，尽快实现各项教育职能的融合协调发展。学校"十四五"发展规划提出："聚焦'一体两翼、三教融通'，深化学校综合改革，加快构建充满活力、富有效率的管理体系。"面对新要求，师资力量显得更为重要。青年教师作为学校可持续发展的基础，更是成人学校转型发展的关键力量。因此，如何兼容高等教育与社区教育对教师要求的异同，培养和提升青年教师的专业能力，从而推动学校适应新的转型需要，实现高质量发展，成为亟须解决的问题。

（三）青年教师专业成长的内在要求

青年教师是教师队伍发展的后续力量。多年转型探索过程中，学校办学形式日渐多元化和综合化，但在高等学历教育基础上形成多年的管理制度、岗位设置等未能及时做出调整和改变，在一定程度上制约了教师队伍的专业能力发展。目前，社区教育青年教师以担任行政工作为主，从事社区教育、老年教育的管理工作，缺乏一线教学的经验。学校"三教融通"转型发展，为青年教师提供了更多走向教学岗位的平台和机会，这就要求青年教师必须提升自身专业能力来适应新的身份和任务。

二、实验目标与内容

本项目聚焦社区教育青年教师的专业能力建设，以期通过项目的不断深入推进，逐渐培养并形成一支"一岗多职、一专多能"的复合型、发展型、创新型的青年教师队伍，为学校整体师资队伍建设和人才队伍培养提供更多理论依据和实践依据。

一是学习文献，开展调研，分析基本情况，提出满足学校转型发展需求的青年教师专业能力结构与要素；

二是探索适合成人高校转型背景下的青年教师培养途径和方法，提升青年教师专业能力；

三是构建青年教师专业能力提升的校本培养模式，提出推动专业能力提升的有效策略。

三、实验方法

本实验项目以实践研究为主导，综合运用多种研究方法，做到行动研究与案例分析相结合，理论研究与实践相结合。

（一）文献研究法

查阅相关文献资料，借助图书馆数据库与纸质图书资源，广泛搜集并通过认真仔细研读文献，梳理有关成人高校、社区教育教师专业能力方面的理论资料，学习外校、外区、外省的优秀实践经验，提高对实践的指导性。

（二）访谈法

开展半结构式个别访谈、开放式集体座谈，了解青年教师对于开展专业能力提升和未来职业发展规划的想法，了解目前已有师资培训、专业能力培育上存在的问题。在实施项目之后再组织开展一次访谈，了解专业能力提升的情况。

（三）行动研究法

以青年教师为主体，在真实的日常工作环境中，结合各项工作，以解决"提升专业能力"为首要问题，推进项目的行动和实施，边实践、边研究、边改进，在行动中完善实验设计。

（四）经验总结法

通过总结和提炼青年教师专业能力培育过程中的实践做法，进行归纳与分析，使之系统化、理论化，并上升为经验，总结校本培育模式，总结方法和经验。

四、实验过程

（一）启动阶段（2020 年 11 月—2021 年 4 月）

成立实验项目工作小组，明确分工，由党总支书记、校长担任项目总负责人，召开项目小组工作会议，落实各自的工作内容及职责。收集文献资料，梳理有关成人高校、社区教育教师专业能力方面的理论成果，在访谈、研讨等多种研究形式探索的基础上，制订项目实施的具体方案。

（二）实施阶段（2021 年 5 月—2023 年 8 月）

完善青年教师专业能力提升的实施方案，推进具体措施落地，研究探讨适用于区办成人高校的教师专业能力框架和要素，探索学校青年教师校本培养模式，提升青年教师专业能力。

（三）总结阶段（2023 年 9—10 月）

开展二次访谈，总结研究成果，吸取经验，撰写结题报告，根据实践反馈相关信息，修正课题报告，接受实验项目最终验收。

五、实施路径

（一）提出问题

1. 召开座谈会，解读《上海市社区教育教师专业能力指南》

2020年8月，上海市教委印发了《上海市社区教育教师专业能力指南》，该指南明确提出了社区教育专兼职教师的7大专业能力和16项具体的专项能力的要求，为本实验项目的开展提供了重要理论依据和参照标准。项目组对指南内容进行学习和解读，并召开青年教师专业能力提升座谈会，对指南中提出的专业能力与成人高校青年教师的能力需求进行比对和研讨。

2. 开展访谈，了解青年教师专业能力发展的基本情况

为了更好地了解青年教师的基本情况和专业能力现状、需求及困境，我们设计了三个不同层面的访谈，以期能找到目前青年教师专业能力建设中存在的问题，分析根本原因，找到能进一步突破和提升专业能力的途径和方法。

（二）分析问题

1. 教学经验有限，成长动力不足

结合《上海市社区教育教师专业能力指南》提出的要求，青年教师普遍在社区教育管理岗位有一定的工作经验，管理能力和信息能力比较扎实，也担任过活动策划、培训组织、团队建设等方面的工作，具备一定的策划能力、辅导能力和推介能力，但总体经验还不足。对于教学能力和科研能力，仅担任过教学和科研任务的教师表示有一定的经验，但大多缺乏正规教学训练，在教学理论、教学方法、教学经验等方面都较为匮乏。

2. 身份认同有限，成长途径模糊

青年教师普遍以行政工作为主，对其"教师"身份认同感不足，责任边界模糊。对于新调入的几位教师，由于过去从未接触过社区教育、老年教育，只能在工作实践中摸索，寻找自己的方向和定位。部分教师对于个人未来发展比较迷茫，找不到方向，没有明确的职业发展规划，对身份角色认识和归属感也有限，对于成人高校教师和社区教育专职教师的双重身份感到迷惑。

3. 缺乏适用的专业能力标准

通过访谈得知，教学能力和科研能力在青年教师专业发展中最受关注，但目前很难对教师是否具备某种能力或达到某种程度的能力进行科学评价，对教师专业能力的考查主要还是集中在定性的描述上。教学和科研也是青年教师最关心的两大核心能力。

（三）解决问题

1.明确办学发展理念，推动学校制度改革

学校及时对自身制度进行调整和改革，打破岗位限制，青年教师既可以在老年大学开课任教（由终教办安排和管理），也能够承担部分学历教育的教学任务（由教学系安排和管理），并担任学历教学辅导员（由学工部安排和管理）。同时鼓励行政岗位人员考取高等学校教师资格证，开设高等学校教师资格证考试培训班。各部门通力合作，为青年教师的成长创造新的条件。

2.丰富学习实践形式，着力营造学校文化

突出学思用贯通、知信行统一，组织青年党员教师参访国歌纪念馆、中共一大纪念馆、中国宝武钢铁会博中心（金色炉台）、上海长江软件园等地，观摩红色现代京剧《智取威虎山》、《黄河》交响乐、话剧《商鞅》、行知实验学校话剧《陶行知爱满天下路》等演出，激发青年活力，展现青年作为。

3.关注教师发展需求，开展分层培养行动

在"三教融通"的转型发展总方向指导下，项目组结合学校需求和个人发展需要，制订分层专业能力培养的实施方案。在推动提高教师专业能力建设过程中，学校坚持党建引领，把师德师风学习作为青年教师理论学习的主要内容，将师德师风建设渗透到青年教师个人发展的各领域和全过程，以"德业兼修"作为青年教师培养方向和目标，开展了一系列师德师风主题教育活动、精神文明建设动员会等。每学期举办思想政治工作会议，每月举办辅导员座谈学习会，把思想政治工作贯穿教育教学全过程，促进"学陶师陶"，树立新时代师德师风。

4.开展研讨，研究区办成人高校教师专业能力结构

项目组在对文献进行深入研究的基础上，组织青年教师开展研讨会，研究讨论教育部等部门出台的不同学段教师职业能力标准、专业能力指南等文件，并对高校教师能力结构、开放大学教师教学能力、成人教育教师教学能力、社区教育教师专业能力、老年教育师资能力结构、青年教师专业成长等聚焦教师能力的研究成果进行学习和比较，探讨适应区办成人高校教师应具备的基本能力的层次、结构、要素，设计搭建适合的专业能力结构框架。

六、实验成果

基于此，随着实验项目的不断深化，师资培养形式愈加丰富，青年教师整体专业能力有效提升，呈现出良性发展的趋势。实验项目取得了一定的成果。

（一）初步形成适应区办成人高校青年教师的专业能力结构层次

本项目立足学校"三教融合"办学理念，适应学校对"复合型"教师的新要求，基于分析因素构成理论和层次结构理论，提出了成人高校青年教师能力结构的基本框架，将区域成人高校青年教师专业能力结构分为师德践行能力、基本业务能力、核心专业能力、自主发展能力四个层面，以期在未来能更好地推动青年教师专业能力培养模式的构建和应用。

（二）青年教师各项专业能力显著提升

通过实验项目对青年教师进行一系列培养行动，青年教师在学校转型发展中找准了自身定位，实现了综合发展，各项专业能力得到显著提升。

1. 能坚定理想信念，发挥师德模范作用

青年教师普遍具有坚定的职业理想、敬业精神和奉献精神，能够在教书育人的实践中自觉树立师德模范和典型作用。

2. 能立足行政岗位，业务能力稳步提升

通过工作模式的改进和优化，青年教师能够立足行政岗位的工作要求，妥善完成老年教育指导、老年大学教学管理、数字化建设等工作，也能够自主组织和策划各类培训活动，熟练掌握日常工作的各项技能和技巧，履行各自岗位职责，工作更高效，综合能力有明显提升。

3. 能专注教育教学，核心能力大幅提升

从教育教学上看，青年教师的任课率大幅提高，教育能力和教学水平有效提升。课程开发和策划的能力提升，老年教育方面的原创课程数量增多，课程形式丰富。班主任工作参与度大幅提升，德育意识和思政能力都取得明显进步。整体科研活动参与度和科研意识显著提高，能在工作实践中发现问题、分析问题，撰写学术论文。

4. 能不断自我突破，发展能力持续提升

青年教师参训参培和自我学习的意识明显提升，能不断加强自我学习，深化综合能力和素养，面对工作中遇到的问题，也能探索新经验和新做法，以创新带动发展。

（三）形成了适用于"三教融通"转型背景下成人高校青年教师专业能力提升的校本培养模式

项目实施三年以来，我们在实践中逐渐探索和形成了"党建引领、学风营造、专业支持、团队互助、个性发展"的青年教师校本培养模式。

1. 明确"党建引领"方向

只有坚持党的领导和把关作用，才能有效保证教师队伍建设正确的政治方向。在师资培育中，必须加强思想政治引领，培育弘扬高尚师德，以"师德师风"作为第一标准，落实立德树人根本任务，把提高教师思想政治素质和职业道德水平摆在首要位置，把社会主义核心价值观贯穿教书育人全过程。通过加强教师党支部和党员队伍建设、加强实施思想政治教育和师德师风建设工程等，形成强大的正能量，引导教师争做"四有"好老师，当好"四个引路人"，推动教师成为先进思想文化的传播者、党执政的坚定支持者、学生健康成长的指导者。

2. 夯实"学风营造"基石

优良学风是实现人才培养目标和提高教育教学质量的重要标志，不仅关系到学生的学习成效，更是教师创造性工作的基石。学风营造是一项系统工程，需要全校上下齐心，多方发力。学校立足"尚学勤业 知行合一"的校训，构建学习型组织，建设书香校园，使学习成为全体师生共同的价值追求。通过组织学习活动、丰富培训形式、创设实践平台等举措，进一步引导全体师生自觉树立学习意识，促进优良学风的形成。

3. 筑牢"专业支持"平台

青年教师的成长发展离不开专业力量的支持，学校教学系、师资办对青年教师的专业扶持至关重要。应积极创造条件，加快推动构建教师专业发展和帮扶指导平台，不断创新专业建设、课程建设、教育科研、技术服务、师资队伍建设等，建立更完善的教师成长支持体系。通过新老结对、导师制、搭建优势互补的教科研团队、岗位练兵、教学评比等多种实践形式，提升对青年教师业务发展的指导帮扶成效，让青年教师少走弯路，加快成长步伐。

4.发挥"团队互助"力量

通过实践发现，构建教师学习共同体，促进团队成员间自发互助互学，能在很大程度上促进教师共同成长。因此，在教师培育过程中，要鼓励教师相互学习、共同教研，形成有制度、常规化的学习共同体，帮助教师在工作实践中不断加强团队协作，坚持互帮互助，最终实现相互促进提升的格局，促进共同成长、共同发展、共同作为。

5.塑造"个性发展"风格

根据教师不同的教育背景、个性特征、专业能力、职业规划等，结合教师意愿制订个性化发展计划，对教师职业发展方向进行指导，促进青年教师专业能力的提升，打造不同风格、不同特点的优秀教师。

七、实验思考与启示

（一）以"教师本位"明确首要身份

尽管成人高校教师客观上既要承担教学任务，也要履行行政岗位职责，工作条线多、任务杂，但更应引导教师明确首要身份，回归教师本位，关注自身教育教学能力、科学研究能力等，以此作为教师专业能力提升的核心素养，促进教师成长发展。

（二）以"教师发展"超越专业发展

为了引领教师发展，必须转变观念，以新的视野来代替传统的师资培养的观念。在师资培育过程中，不仅要关注教师专业能力的发展，更要打破学科的边界，以教师全人发展和整体发展来超越教师专业化的发展，用更加全面的眼光，引导以教师发展代替传统的、被动的教师培训模式，推动教师不断提升自主学习、自我提高、自我发展、自我更新的主动性和自觉性。

（三）以"制度创新"搭建支持体系

尽管目前学校已开展的一系列培养行动取得了一定成效，但仍处于边探索边建立的阶段，未来需要进一步巩固研究成果，形成常态化、规范化的教师培养模式。例如目前培训数量、质量有所提升，但培训制度还不完善，相应的学分制度、带教制度、专业发展成长登记制度等还有待建立；教师专业能力基本框架已搭建，但对于如何定量分析和考查，仍需要建立相应的反馈和评价机制，并结合人事考核评价改革等方式做进一步深入研究。

（四）以"治理机制"激发队伍活力

成人高校青年教师成长不是一蹴而就的，其成长过程是一项系统性、持续性活动，要建立和完善有助于教师发展的治理机制和体系，搭建教师发展平台，营造有利于教师可持续发展的良性环境，不断健全教师发展支持服务体系，创新正向激励机制，激发教师专业发展的内生动力。

6 深化社区教育教研基地建设的实验

浦东新区社区学院

一、实验背景

随着学习型社会建设步伐的加快、终身教育体系构建力度的加大，社区教育师资队伍建设、课程建设成为终身教育的重要任务，为全民终身学习提供学习资源，是满足与引领市民学习需求的重要保障；提高社区教育教师专业素质，提升社区教育教学水平已成为当前亟待解决的核心问题。2020年，《上海市社区教育教师专业能力指南》的发布也对师资队伍的建设提出更高的要求。

浦东新区现有9个社区教育教研基地，包括摄影、书画、音乐、茶艺、非遗、英语、舞蹈、太极拳、手工艺等专题，分别由上海老年大学浦东分校、南码头、洋泾、金桥、三林、北蔡、东明、陆家嘴、高桥等9个街镇社区学校为牵头单位。多年来，教研基地作为浦东新区社区学院的重点业务工作，为浦东社区教育专兼职教师提供了教学、研讨、交流、展示的平台。实验过程中我们也发现了教研基地工作的一些问题和瓶颈，这些问题也是今后工作中要努力完善和改进的地方。

一是基地管理模式需创新。从面上来看，对骨干教师的聘用、激励、淘汰等机制还不够完善。从点上来看，各教研基地特色发展模式还不够多，没有发挥各自的主动性。

二是教师教学水平需提高。有部分教研基地没有围绕教学质量提升这个目标而开展活动，有"以活动代教研"的现象，专兼职教师教学水平提升不够快。

三是名师名课建设需加强。优质课程建设和名师培养的力度还不够，没有很好地起到名师名课孵化的作用，具有代表性和影响力的课程和师资不多。

二、实验目标

（一）创新教研基地的管理模式

进一步修订教研基地的工作章程，完善骨干教师的聘用、激励、淘汰等机制，组建区级指导小组，指导各教研基地根据学科特点形成各自的发展模式。

（二）提升骨干教师的教学水平

通过组织基地内部听课评课、教学评比，以及区级"魅力课堂"教学评比等活动，挖掘培养"教学能手"，建立示范课展示平台，以点带面地提升教师整体教学水平。

（三）培育社区教育的名师名课

开发更多具有浦东区域特色的课程，发挥骨干教师的"领头羊"作用，加快培养社区教育名师，建设高质量的骨干教师队伍。

（四）形成教研基地的品牌特色

根据各教研基地学科特点和市民学习需求，打造教研基地的品牌项目和特色活动，展现骨干教师的风采和教学成果，并将优秀经验辐射至全区，擦亮教研基地的名片。

三、实验方法

（一）现状分析法

在教研基地前期工作基础上，对其发展脉络、机制体制、队伍结构、课程建设等方面进行分析，提炼好的做法，梳理问题和瓶颈。

（二）访谈研究法

对各专题教研基地的负责人、骨干教师等进行集体座谈、个别访谈、听取意见，通过最直接的对话获取数据资料和宝贵意见，为研究提供依据。

（三）案例研究法

向各教研基地征集典型案例，从各个角度挖掘特色亮点，进行深入剖析，提炼各基地的工作经验，并辐射到其他基地和社区学校，帮助更好地开展实验工作。

四、实验过程与内容

（一）细化工作制度，组建指导小组

一是细化工作章程和管理手册。修订《浦东新区社区教育教研基地工作管理手册》，完善骨干教师的聘任、激励、考核制度。对于骨干教师聘用的流程，先由各街镇社区学校初选推荐，再由各教研基地负责人和骨干教师代表进行面试，审核通过后颁发聘书，新的骨干教师聘用年限一般不超过一轮（3 年），参加过一轮的教研活动后，教研基地可以根据其表现情况综合判断是否继续聘用。项目组对于骨干教师的激励和退出机制也进行了建议，基地及时统计骨干教师的出勤率、教学成果、课程建设、个人荣誉等情况，表现优异的骨干教师可优先参加市区级"优秀教师"的评选，尤其是在区级"魅力课堂"教学展示评比、市级社区教育教学评比活动中取得优异成绩的，将给予其名师称号。相反，长期无故缺席，对基地毫无贡献，或年龄超过 70 岁的教师，教研基地可以酌情劝退。

二是组建教研基地"项目指导小组"。教研基地一直以来采用"三级网络"管理模式，即由社区学院统筹指导，社区教育部老师担任联络员，各教研基地设立"双负责人制"，即行政负责人和业务负责人，同骨干教师们一起开展教研基地工作。

（二）打破教研围墙，创新管理模式

各教研基地在规范有序管理的基础上，勇于创新管理模式，打破社区教育教研的围墙。以英语教研基地为例，2022 年起达成了与上海海关学院的长期合作关系，教研基地的骨干教师在上海海关学院英语特色班进行多次听课评课，邀请海关学院外语系主任王志军教授为教师辅导《英语朗诵的技巧与方法》。通过引入高校英语系的学科专业力量，形成教师间的共研、共育、共享，体现了"社区—高校"联动的特色模式。

又如摄影教研基地在实验中发现骨干教师断层的问题，现有摄影骨干教师虽然资历都比较老，但是年龄偏大、更新缓慢，出现青黄不接的现象。上海老年大学分校作为牵头单位在实验中积极发挥了"上海市老年学习团队工作室"——浦东摄影联谊会的作用，选拔团队中的优秀学员加入教研基地，实验中先后有 5 位学员成功转化为志愿者教师，年龄都在 60 岁左右，他们

积极参与到区级摄影比赛、展览、采风等教研活动的组织策划中，形成了"教研＋团队"的管理模式，也为摄影教研基地的队伍不断补充力量。

（三）引进专业人才，优化年龄结构

实验初期，教研基地普遍存在老龄化严重的情况，有部分骨干教师超过 70 岁，专职教师、青年教师的参与率和积极性还不够高，教研缺乏持久活力。本次实验尤其关注改善师资老龄化的问题，取得了阶段性的进展。实验前，9 个教研基地共有 194 名骨干教师，分别来自 28 个街镇社区学校，其中专职教师 26 名，占教师比例的 13.4%。

（四）围绕学科特点，开发优质课程

一是集体编著教材读本。2022—2023 年，在上海老年教育教材研发中心的指导下，茶艺教研基地完成了上海市老年教育参考教材（读本）《社区茶乐园》的编写和出版。以该读本为基础，茶艺教研基地组织骨干教师进行多次研讨，统一了区级教学大纲和教学课件，骨干教师间还分享了优秀教案，深入研究教学方法和内容，对全区茶艺教学起到很好的示范引领作用。

二是规范教学大纲。通过音乐教研基地的实践探索，社区声乐课程和钢琴课程逐步走向系统化。教研基地共研发了 7 本社区钢琴课程自编教材，建立了基础、提高、强化三个阶段的老年声乐教学体系，以上海老年大学浦东分校、洋泾社区学校、陆家嘴社区学校等为第一批实验校，统一了声乐和钢琴课的教学大纲。音乐基地还创编了 1 本《老年人声乐课程歌曲集》，在注重专业性的同时，更注重老年学员的心理健康和音乐疗愈，教学内容和方式深受老年人喜爱。

三是开发优质课程资源。摄影教研基地申报的"手机摄影"课程入选教育部社区教育"能者为师"特色课程推介名单；茶艺教研基地根据教材读本《社区茶乐园》开发了配套系列微课程"现代生活茶艺"12 节；书画教研基地结合人文行走项目，开发了跨学科课程"手账中的人文行走""手账中的生活"2 个系列的 18 节微课，生动体现了浦东的区域文化特色；英语教研基地的专职青年教师数量多，占比 30% 以上，开设的课程门类广，有"新概念英语""日常生活英语""英文歌学英语""实用情境英语""旅游英语与文化"等，可以更好地适应市民多层次的学习需求。

四是建立课程资源平台。2022 年下半年，由浦东新区社区学院牵头，和上海学习网合作，建立了"智慧学——浦东社区教育慕课专区"，将教研基地开发的优质课程，以及骨干教师的示范课纳入平台，供全区教师观摩学习。

（五）聚焦教师发展，提升教学水平

一是坚持举办区级"魅力课堂"教育教学展示活动。通过组织基地初赛、区级复赛、专家指导，先后有 17 位骨干教师参加区级"魅力课堂"教学评比活动，其中有 6 位教师还代表浦东新区参加了第六届市教学评比活动并取得优异成绩。在此过程中，锻炼了专兼职教师的教学水平，磨炼了刻苦钻研的精神，参赛的教师们纷纷表示对自身的教学水平提升有很大的帮助。

二是开展多形式的专业培训。各教研基地的负责人、骨干教师积极参与到市、区培训中，包括终身教育骨干培训、市校长读书班、团队骨干培训等。教研基地还充分整合社会资源，开展丰富的业务培训和活动。如茶艺教研基地开展了"线上课程直播工具使用"的培训；音乐教研基地邀请原上海市进才中学资深声乐教师、上海市特级音乐教师朱燕婷老师进行培训；非遗教研基地组织骨干教师向张堰镇的非遗传承人访学交流，向崇明土布第一人何永娣老师学习土布文化。

五、实验成效

通过实验项目，多维度、全方面地深化了教研基地的建设，提升了社区教育的内涵和质量，具体在以下四个方面取得了阶段性的突破。

（一）提高了专兼职教师的教学水平

实验期间，开展近 10 次区级及以上教研基地负责人、骨干教师专题培训，有 17 位骨干教师参加市、区级社区老年教育教学评比，有 8 位教师获得了市级荣誉。其中音乐教研基地的武倩老师荣获 2022 年上海市老年学校素质教育示范课一等奖；英语教研基地的熊采薇老师荣获 2023 年第六届上海社区教育教学评比二等奖；王心悦、张嘉杰、曾琳、周海军、张秦成等老师荣获三等奖。

（二）开发了丰富的社区教育特色课程

各教研基地通过独立开发、合作开发等方式，共建设了 7 门特色课程，83 节课程视频。其中"手机摄影"课程入选教育部社区教育"能者为师"特色课程推介名单；"手账中的生活"被评为上海市社区教育优秀微课一等奖；"现代茶艺生活""美物入画——彩色铅笔"被选为第一批"上海市银发 e 学堂"精品课程。

（三）形成了"宝塔形"名师培养模式

形成了由下至上的"宝塔形"社区教育名师培养模式，即：在校级层面培育骨干教师，在基地层面培养学科带头人，在区级层面培养社区教育名师。2023 年，来自音乐、舞蹈教研基地的四位老师还被评为市级音乐舞蹈联合教研室教研员，积极参与到市级层面的教学研究中。

通过实验，从教研基地中孵化了一批新生代的社区教育名师，让一些本来默默无闻的专兼职教师站上了更大的舞台，成为社区美术教育的优秀教师。其中茶艺教研基地负责人沈炯老师、太极拳教研基地负责人苏关华老师、音乐教研基地的周海军老师、书画教研基地"85 后"教师孙夏晋等，都获得了上海市老年教育系统"百名优秀教师"的称号。这些社区名师的涌现，都离不开教研基地对他们的支持和帮助，他们也在社区教育领域起到了很好的榜样作用。

（四）汇集了教研基地建设的典型案例

项目组向各专题教研基地下发《关于征集各教研基地建设典型案例的通知》，最终形成书画、音乐、茶艺、英语、手工艺、非遗等教研基地的典型案例 6 份。项目组将这些典型案例编印成册，分享各教研基地的优秀做法和经验，基地之间取长补短共同提升，帮助更好地开展后续的教研工作。

六、思考与对策

展望教研基地的发展，我们要通过引入区内外的资源，开阔视野、创新举措，也要将浦东建设社区教育教研基地的经验和成效积极推广、广泛辐射，实现双向循环、互融共赢。在今后的工作中，将从以下几个方面继续对教研基地的发展进行调整和探索。

（一）进一步优化教研基地的专题发展方向

根据社区教育的新发展、新要求，拟将太极拳教研基地扩大为养生保健教研基地，吸纳更多养生保健教师加入，提升市民健康素养。

（二）进一步推进数字化教研基地队伍建设

拟建立智慧学习教研基地，研讨智能手机、智慧助老等课程，组建数字助老讲师团，提高教师的信息化素养，提升市民的数字素养。

第四篇　智慧学习篇

ZHIHUI XUEXI PIAN

1 上海老年教育大数据管理与应用的实验

上海市老年教育信息中心、上海学习网

一、项目概述

为抓住上海老年教育在数字时代的发展机遇，落实《上海市老年教育发展"十四五"规划》提出的"实现老年教育服务管理智能化"的要求，上海市老年教育信息中心联合上海学习网提交"上海老年教育大数据管理与应用"这一实验项目的申请。

本项目聚焦目前各老年教育领域内各机构/平台之间的数据相对独立这一较为普遍的问题，希望通过实验的方式，以多源数据归集和共享为核心，推动上海老年教育大数据应用，提供更为准确的数据服务、更为高效的管理服务，以及更为精准的学习者服务，探索一条能切实推动上海老年教育数字化发展的具体路径。本项目实验期为 2 年，2022 年 4 月下旬提交立项报告，6 月经过专家论证后对项目方案进行了修改，主要是明确了实验的过程、步骤以及相关时间节点。项目实施分为三个阶段，具体见表 4-1。

表 4-1　项目实施阶段表

阶段	时间节点	工作内容
启动阶段	2022 年 5—7 月中旬	确定实验项目团队架构，明确团队人员组成和工作分工
实施阶段	2022 年 7 月下旬—2023 年 10 月中旬	根据数据系统开发、对接、测试、优化、分析等阶段特点，分为 9 个具体环节
总结阶段	2023 年 10 月底	完成实验总结报告，组织专家进行实验成效评估

二、实验过程和进展

本项目实施有两个核心，总体目标是完成并强化老年教育公共数据建设，从大数据管理的角度出发，推进构建"老年教育数据枢纽"，以"归集""规范""引导"为核心，最终目标是利用大数据推进老年教育治理能力的提升，从大数据应用的角度，围绕老年教育各种办学形式的现状和问题进行诊断分析，为老年教育机构办学和管理提供参考和支持。项目实际实施一年多的过程中，主要成果包括以下4个方面。

（一）梳理各地相关教育数据标准，以及实验范围内上海老年教育已建成并在用的六个主要信息化平台的数据字段梳理

1. 搜集国家、省市级相关标准，梳理基本框架结构

项目组对国家、省市级相关标准进行了梳理，目前社区教育、老年教育相关标准主要有以下4个，其中国家级的2个，地方级的2个，具体见表4-2。

表4-2　国家、省市级社区教育、老年教育标准

标准类型	文件名称	区域/地方	标准类别/行业分类	分类号		归口单位	实施日期
				国际标准分类号（ICS）	中国标准分类号（CCS）		
国家标准	GB/T 39054-2020 社区教育服务规范	全国	管理	03.080	A 16	全国教育服务标准化技术委员会	2021-4-1
	GB/T 20647.3-2006 社区服务指南 第3部分：文化、教育、体育服务		基础	03.080	A 16	全国服务标准化技术委员会	2007-6-1
地方标准	DB21/T 2179-2013 数字化社区教育（学习）实施规范	辽宁	教育	35.020	A 18	辽宁省教育厅	2013-11-14
	DB32/T 3452-2018 老年教育机构服务规范	江苏	公共管理、社会保障和社会组织	03.080	A 12	江苏省老龄服务标准化技术委员会	2018-9-30

在前期文献研究和调查研究的基础上，结合国家和地方标准文件，以及社区教育服务的术语和定义等相关信息，项目组在考虑适用性的前提下，经过反复讨论，初步确定标准架构和内容要素。

2. 对实验范围内六个主要信息化平台的数据字段进行梳理

项目组在 2022 年 8 月份开展了面向本市老年教育信息化系统平台的调研，选择了老年教育教务管理系统、师资共享系统、老年学习团队管理系统、老年教育慕课管理系统、老年人学习网、上海学习网等六个比较有代表性的系统及学习平台，详细了解各平台的服务重点、功能设置、数据规范，调研各平台用户特征、数据的管理情况以及数据应用现状。

从调研结果来看，六个平台都有不同的服务偏向，因此在功能和数据结构设计上各有特点。老年教育教务管理系统主要解决线下老年教育机构的报名和学员、师资的管理，学员、教师字段详尽且准确；师资共享系统聚焦老年教育教师资源，教师信息完整；老年学习团队管理系统偏重全市星级老年学习团队的展示和管理，团队信息较为详尽，但团队成员信息较少；老年教育慕课管理系统偏重线上组班式学习服务，课程结构清晰、学员学习过程数据充实，但实名认证学员较少；老年人学习网偏向于服务老年人的个人在线学习，课程资源较多但分类庞杂，用户实名认证同样较少；上海学习网提供课程、图书、活动等多种线上学习服务，资源类型丰富，用户在线学习过程数据完整，但因为实名认证用户比例较少，难以判断用户实际年龄，能筛选出的 60 岁以上的用户较少。在对六个系统的定位、功能搜集了充足资料后，项目组将这些平台的数据字段集中在"学员""教师"和"课程"等三个大的块面进行了梳理。

通过对以上六个老年教育平台的字段梳理，项目组认为，这几个平台在学员、教师、课程等老年教育核心要素的数据字段设置虽然有差异，但可在完成对应关系表后对数据进行归集。

（二）梳理确立上海市老年教育公共数据库的数据标准与建设模式

长期以来，上海老年教育各级办学单位及支持服务体系的信息化平台建设与运用，在凸显信息化重要性，保障上海老年教育有序发展的同时，也为当下打破"数据壁垒""信息孤岛"和数字化赋能上海老年教育带来了一系列难题。项目组探索以"老年教育公共数据"为"数字枢纽"，在保留各已建平台相对独立性的基础上，实现各平台核心业务交互，完成上海老年教育的数据归集，即 PDP 模式，平台（Platform）—数据库（Database）—平台（Platform）。

图 4-1　数据归集模式示意图

（三）推动上海市老年教育公共数据建设，逐步实现多源数据归集

1. 校级系统办学数据的归集实践

随着 2019 年市级老年教育信息化管理平台在全市的软硬件覆盖，绝大部分老年教育办学机构的办学数据已完成归集，但部分办学机构出于各种原因保留了校级系统，对于这部分独立运行校级系统的数据，项目组以市级平台的核心业务（包括随申办报名、学习卡缴费、电子发票打印等）为导向，以公共数据库为"数字枢纽"，在充分尊重及保留校级平台功能和自主性的同时，实现数据归集。

通过对比市老年大学报名系统及上海老年教育教务管理系统的数据字段，发现两个系统间"学员"与"教师"的数据字段差异以少字段系统增加采集的方式实现同步，但课程体系的不一致，则需要充分发挥老年教育公共数据库的"数字枢纽"作用，通过预设对应关系表的方式，实现课程数据"数据清洗"之后，推送市老年教育教务系统，完成市老年大学的"随申办"报名。同时，实现项目组探索校级系统办学数据归集市级管理平台的实践。

图 4-2　通过公共数据库将市老年大学报名系统与老年教育教务系统数据进行对接的业务流程图

以上海老年大学为例，每年通过"老年教育公共数据库"向其教务管理系统传送学员数据 2 万多条，教师数据 200 多条，课程数据 500 多条，完成市老年大学对接"随申办"报名。

2. 行业系统数据的归集实践

根据上海市统计局的要求，上海市教委从 2007 年起，每年对本市老年教育基本情况开展统计。目前，统计数据的采集工作以"系统对接＋人工填报"的方式完成，"学校教育"部分对接市老年教育教务管理系统，"社会教育""群文活动"则由各级办学机构专人填报。与此同时，部分老年教育支持服务体系每年也会对业务数据进行相关统计，对基层单位而言，同类数据统计工作存在重复且口径不一等问题。项目组以"年度统计工作"为抓手，以切实减轻基层办学单位工作负担为切入口，以公共数据库为"数字枢纽"，统一数据采集口径，对应数据项，实现条线数据的归集。以上海老年学习团队指导中心（下文简称团队中心）为例，项目组以实现团队中心数据直接纳入"老年教育年度统计工作"为前提，完成其团队建设数据的归集。

通过对比上海老年学习团队在线系统及上海老年教育数据统计系统的数据字段，发现上海老年学习团队在线系统以单个学习团队为数据采集单位，上海老年教育教务管理系统以市、区两级老年教育机构（含区级老年大学）中的团队总数为数据采集单位。从数据字段上来看，上海老年学习团队在线系统的采集字段基本涵盖了上海老年教育教务系统的字段。

从对两个系统 2021 年全市老年学习团队总数和学员总数的统计数量结果来看，两系统之间差异较小，结果趋同。项目组对老年学习团队在线系统的采集数据增加少量字段后，直接纳入上海老年教育统计系统，不仅实现项目组探索行业系统数据归集市级统计平台的实践，同时避免了两个系统数据的重复采集。

表4-3　2021年老年学习团队统计数据对比表

	老年学习团队在线平台	老年教育教务管理平台
团队总数（个）	20915	20859
学员总数（人）	504465	537908

图4-3　通过公共数据库将老年学习团队在线系统与老年教育教务系统
进行数据对接的业务流程图

从以上两个案例的数据归集实践结果出发，项目组认为，在上海老年教育领域内建设以大数据管理为核心的公共数据库条件已经相对成熟。公共数据库建成后，可通过各系统数据的汇集、融合和共享，去尝试打通报名管理、教务管理、师资管理及配送、档案数据管理、学习团队管理等各类业务之间的堵点，为实现全市老年教育数字化管理打下基础。

（四）强化公共数据库的数据分析，逐步推进老年教育的数据治理

通过对多源归集的数据进行实时监控，实现对线上线下老年教育的相关数据进行统计与分析，特别是针对如教育资源分布、在线学习能力、师资队伍结构等重点问题，形成数据分析报告，并对数据发展变化方向做出预测，提出相关建议，提交给上级主管部门，作为相关决策的依据。

目前，覆盖所有数据接入机构/平台的数据采集与监测的可视化数据模型已经完成。根据各机构/平台的服务需求，开放相关数据应用权限，规范数据应用范围。获得开放权限的机构/平台将相关数据用于了解自身工作现状、发现自身建设与发展问题，确保本单位教学、管理和服务朝着更加科学、更高质量的方向发展。

三、项目主要成果

（一）公共数据库完成基础阶段建设

2022年底结合本市老年教育数字化发展需求，从提升老年教育数字化治理水平的角度，完成老年教育公共数据库的技术架构设计，并于2023年试点使用。通过公共数据库作为数据枢纽，将部分老年大学数据与老年教育教务平台对接后，截至 2023 年 9 月底，全市老年大学/学校共有教师 17874 名，学员 530583 人，开班 98452 个，报名 1737039 人次。

（二）开始逐步融入老年教育治理

目前已完成 2022 年老年教育数据统计及分析报告，其中针对全市老年大学/学校的机构基本情况、师资队伍结构、经费情况、单位管理员情况、设施设备等重点问题进行了统计分析，并对社会教育数据、群众性教育数据，包括上海学习网、上海老年教育慕课等线上平台的教育资源分布、在线学习能力等问题进行了分析。2023 年数据统计及分析报告将于 2023 年底或 2024 年初提交。

四、项目展望

（一）编制《上海老年教育数据标准》，完善数字枢纽功能

基于前期对于国家级和地方级相关标准的研究，以及本市多个平台的调研结果，编撰《上海老年教育数据标准》（初稿）。结合本市老年教育数字化发展需求，从提升老年教育数字化治理水平的角度出发，完成老年教育公共数据库的技术架构设计，完善数字枢纽功能。

（二）以数据解析现象级问题，形成专报

以多维度数据交叉分析的方式，进行解析。如从地区人口结构、机构学位情况、机构三新率（即"新课、新师、新生"）等数据维度，发现问题，并在数据筛查中搜寻数据异常的典型案例，提供指向性线索。

（三）持续利用数据解析机构办学情况

结合"大数据分析系统"手机端的开发应用，运用新的数据模型，为机构做办学画像，以数据方式呈现办学质量年报。

2 老年教育智慧学习场景建设的实验

黄浦区社区学院

一、实验背景

"十三五"期间，上海市老年教育工作实现了老年教育参与人数、老年教育机构总数、老年人学习组织数量、老年教育学习资源翻一番，进一步提升了老年教育服务能力、社会活力和老年教育学习品质。步入"十四五"后，随着"60后""70后"步入退休人员行列，"适龄"学员人数激增，本市老年人整体学历层次、经济水平都有了较大提升，迫切希望通过学习提高生活质量、提升生活品质，在学习中获得快乐。老年人主动顺应和掌握数字化时代带来的新机遇的意愿强烈，高品质老年教育需求成为社会新期盼。同时，老年人日益增长的美好生活需要和老年教育不平衡不充分的发展之间的矛盾日益突出，老年大学"一座难求"的现象屡见不鲜，老年学员"秒杀"名额的火爆场面，丝毫不亚于青少年择校。2021年8月，教育部同意将上海作为教育数字化转型试点区，上海市试点方案中明确了八项主要任务。其中，创新教育场景示范应用首列第一条任务，与此同时，各学段信息化建设标准或指南也相继出台，包括：《义务教育学校信息化建设标准》《高中学校信息化建设标准》《中等职业学校信息化建设指南》《高等学校信息化建设指南》等。

2021年，上海市教委发布了《关于推进本市老年教育数字化发展的意见》，正式提出实施"双百双千"计划。提出到2025年，建设100个老年智慧学习场景，鼓励全市老年教育机构依托特色课程创建各类数字化、智能化学习场景，打造数字化学习新范式。2022年3月，上海市教委发布《上海市老年教育智慧学习场景建设指引》，进一步引导广大老年教育机构开展场景建设。在此过程中，各建设单位在课程、师资、经费等领域面临多重困难，在此背景下，本实验项目通过进一步梳理完善相关场景实例，在过程中总结有效的经验和举措，进一步优化老年教育智慧学习场景建设路径，拓展场景功能和提升服务能级。

二、实验目标

本实验项目通过对老年教育智慧学习场景建设开展实践探索，在前期调研老年教育相关工作的基础上，梳理智慧学习场景设计方案，开展定点走访，分析学习场景与老年教育师资、平台、课程学习资源等的适配，探索典型场景特色化发展路径，促进老年教育数字化转型发展。

三、实验内容

（一）开展老年教育智慧学习场景调研分析

走访多家企事业单位。为积极探索数字驱动的老年教育发展新模式，打造深度老龄化特大型城市老年教育新生态，项目组成员调研了多家单位，走访了上海老年大学"智慧生活体验教室"、上海开放大学"银发 e 学堂"、黄浦区第一中心小学、上海新时达机器人有限公司、上海商汤智能科技有限公司等互联网高新企业，掌握了不同领域的数字化发展新路径、新举措，与管理者、教师和学员深度交流，拓展了老年智慧学习场景建设的理念和思路。

根据 779 份有效问卷的反馈结果，可以发现，在被调查的学习者中，尤其受关注的是学习内容的选择是否自由这一因素，超过 80% 的被调查学习者对所在学习活动场所能够选择自己感兴趣的学习活动内容表示满意。除此之外，学习活动的信息能便捷获得、学习活动方式灵活、师资水平高、组织管理好和学习活动的性价比高等因素对学习者来说也较为重要，选择上述几个选项的被调查学习者的比例分别为 34.27%、41.46%、28.75%、28.75% 和 17.97%，大多数被调查学习者对能够选择感兴趣的学习内容表示满意。

（二）做好老年教育智慧学习场景文件解读

2022 年 3 月，上海市教委发布了《上海市老年教育智慧学习场景建设指引》，提出汇聚老年教育优质资源，打造泛在的智慧学习空间。以区为主体，搭建技术集成、开放共享的老年教育数字基础。创建安全可靠的老年教育基础建设新环境、融合创新的资源建设新体系、多方参与的老年教育信息化新生态、面向未来的数字化学习新范式。文件指出，老年教育智慧学习场景应围绕本市教育数字化转型整体目标，聚焦老年大学"倍增计划"、街镇老年学校优质校建设等工作，整合市民终身学习体验基地、人文行走、社会学习点等特色资源，依托信息技术促进老年教育数字化转型。基于数据分析形成的老年学习者数字画像，围绕体验学习、模拟应用、经验交流等形式，实现可记录、可分析、可控制、可评价等功能，打造"基于老年学习者需求、助力老年学习者融入数字生活"的智能化、沉浸式学习场景。

（三）开展老年教育智慧学习场景建设实践

项目组根据相关文件精神和具体实践，总结老年教育智慧学习场景建设经验，在区域 6 大老年教育智慧学习场景建设实践中，坚持以老年人学习需求为中心，基于老年教育资源集成化的架构，以数字技术为载体，创设面向未来的学习场景、流程和机制，形成了建设案例。同时与华东师范大学老年大学、闵行区社区学院合作，了解高校、兄弟区场景建设情况，跟随市级老年教育场景认定工作组前往崇明、闵行等区开展场景认定，掌握了大量一手资料。

四、实验成效

老年教育智慧学习场景立足于新型的老年人学习空间，打造智慧学习环境，适应信息化条件下的教学需求，推动老年教育线下学习与线上学习的有机融合，实现有效支持个性化、适应性学习的数字化学习支持服务，在智慧学习场景中，信息技术、学习资源、学习主体充分融合，为老年人提供"泛在"的智慧学习时空。

（一）提炼了老年教育智慧学习场景的关键要素

通过典型场景和学习者的调研走访，项目组对智慧学习场景有了进一步认识。学习场景以及基于场景的学习（场景化学习），是一种能带来全新学习体验的学习空间和学习方式，重构了人与时间、空间、学习内容、学习平台的相互关系以及人与人的连接和交互方式，是人们对自己亲身感受到的场景给出的最为直接、最为具体的情感反应。基于真实生活场景，智慧学习场景建设，是为了打造一种智慧学习生态，通过场景的体验性、沉浸性和引导性，帮助老年人融入情境、开展场景化学习。

（1）智能化

各类学习活动的开展都需要一定的载体，智慧学习场景也依赖一定的信息技术以达成体验式、沉浸式学习体验。在开展学习的过程中，学习者是切身参与到学习中来，同时又能体验虚拟的、数字化的环境，在这个过程中，需要运用技术手段做到"虚实有机结合"。

（2）场景化

构建主义理论认为，知识、学习和情景化的活动是相互联系的，智慧学习场景需要智慧空间，借助智慧空间的延展性、变化性，学习者可以完全融入情境不断尝试分析问题、解决问题。2014年，全球科技资深记者罗伯特·斯考伯（Robert Scoble）、谢尔·伊斯雷尔（Chel Israel）在《即将到来的场景时代：移动、传感、数据和未来隐私》（*Age of Context: Mobile, Sensors, Data and the Future of Privacy*）一书中预言：在未来25年，场景时代即将到来。书中特别强调，移动设备、社交媒体、大数据、传感器和定位系统是移动互联网的"场景五力"，场景时代的到来将依托五大技术的支撑营造相应的内容场景，帮助每个个体获得前所未有的学习体验。

（3）体验式

从学习者的特性出发可以看出，当前学习者越来越期待获得更鲜活的学习内容和更新颖的学习体验，希望从参与式、交互式的学习过程中，获得智慧和成长。而传统的学习活动在开展过程中往往被限制在一定的框架内，很难激发学生的学习积极性，而智慧学习场景则突破了原本教学单一、扁平的维度，可以给学习者带来即时的交互体验。

（二）梳理出老年教育智慧学习场景建设基本流程

经过对相关建设方案的梳理，项目组归纳出智慧学习场景建设流程，主要包括规划与设计、建设与部署、应用与推广、管理与维护等环节。规划与设计要在需求分析基础上，确定学习场景的建设目标、总体框架和建设方式。规划与设计要素包含：建设理念、现状分析、建设目标、管理机构、建设内容、实施策略与进展、经费预算和保障措施等。建设与部署由教育主管部门和建设单位协调推进，通过自主研发、委托研发、购买服务、社会合作等形式，统筹基础设施、资源建设以及网络安全、保障体系等领域协调发展，保障网络、计算、存储等服务能力稳定可靠、可弹性扩展，避免出现"信息孤岛"。应用与推广注重推进数字技术与老年教育教学活动深度融合，促进老年教育服务模式与体制机制创新，完善场景建设配套师资，组织学习场景普及应用推广活动。

（三）归纳了老年教育智慧学习场景建设要求

1. 基础配置要求

完善数字化基础设施设备配置，确保教育场所网络覆盖。配备与办学规模相适应的数字终端，以及与老年人智慧学习支持服务相适应的各类智能设备。场景规模具备适应老年教育办学规模、办班数等实际需求，满足老年人了解新事物、体验新科技、普及传统文化，开展科学性、趣味性、娱乐性教学活动和社交活动需要的空间体量，并为未来应对区域人口老龄化发展留有一定的空间余量。

2. 场景形态要求

在学习场景构建的空间选择上，通过物理空间和虚拟空间的结合，打破学习空间与非学习空间的界限，确保空间的连续和贯通。通过空间转变、重组、整合与功能重构，实现空间内部功能叠加复合，空间转换顺畅灵活，为智慧学习场景的构建创造开放、灵动的空间条件。

3. 功能集成要求

目前，通过智慧硬件和空间的集成，黄浦社区学院与星光摄影老年大学打造"星光智慧课堂"学习场景实体已通过市级第一批场景认定。"星光智慧课堂"主要架构包括场景化的设置，即以摄影为主题的"沉浸式博物馆"场景打造，引导参观者学习浏览，以"绿幕摄影＋无人自拍馆"的体验式学习，体验数字智能化的学习方式；可视化的管理，即通过终端显示屏实时展示班级信息、教师信息、课程信息等；数字化的体验，即利用 VR、AI 智能技术，以知识图谱等工具自动解答知识类问题，精准推荐学习资源。

（四）明确了老年教育智慧学习场景建设方式

1. 自主开发

建设单位依据自身条件，充分发挥师资、课程、场所的优势，自主建设与学习场景类型相契合的学习环境，开发具有完全自主知识产权的学习资源，通过数字技术增强学习资源效能，支持教与学方式的灵活多样，实现学习体验的多维感受。

2. 委托开发

建设单位根据实际需要提出需求，在充分调研与评估的基础上，采取购买服务方式实现环境打造和资源配套，或委托具有资质的企业进行定制开发建设，同时完善委托的过程性监督和验收评价。

3. 共建共享

发挥老年教育机构资源整合优势和能力，鼓励、动员相关企事业单位、社会团体、公益组织等共同参与，推动学习环境、学习资源和智能应用等方面的建设。

（五）扩大了老年教育智慧学习场景品牌影响力

为进一步拓展学习场景影响力，社区学院先后在《新民晚报》、《康复》、"学在黄浦"等媒体对老年教育智慧学习场景进行连载介绍，同时结合老年数字教育进社区组织老年学员进行学习体验。此外，在中国成人教育协会指导下，黄浦区社区学院作为组长单位成立了老有所学共同体，通过跨区域组织构架，吸纳有志于老年教育事业发展的各级各类组织。目前已有包括海南省三亚市社区教育指导中心、安徽开放大学、山东省青岛市西海岸新区学区服务指导中心、江苏省苏州市吴中区长桥成人教育中心校、福建南平开放大学（南平社区大学）、上海市松江区社区学院（老年大学）等单位加入，共同推进老年教育赋能提质项目。2023 年 6 月，社区学院到访副组长单位海南三亚社区教育指导中心，以促进共同体发展为目标，重点推进老年教育智慧学习场景领域合作，推进交流与合作。

五、存在的问题与瓶颈

新形势、新技术的发展将对老年教育发展产生持续作用，老年教育智慧学习场景建设任重道远，仍有许多瓶颈需要突破。

（一）场景规模和品牌有待拓展

就目前来看，全市老年教育智慧学习场景第一批认定公布场景 18 个，2023 年 9 月份公布的老年智慧学习品牌 38 个，"十四五"期间计划建设场景数量距目标还有一定差距。相较于日渐完善的老年教育办学网络，囿于经费、场地及人力资源投入的限制，使得围绕老年数字化学习的智慧学习场景以及服务老年数字化学习的特色品牌建设，从数量和规模上还需要进一步拓展。此外，专题课程和学习资源的数量与质量同当前智慧学习场景发展的需要之间还存在很大的缺口。

（二）老年教育经费和专业队伍储备不足

老年教育经费在地方财政教育支出中占比较低，难以满足老年教育智慧学习场景建设需求，制约了老年教育高质量发展。全市首批建成的智慧学习场景大多申请了市教委专项经费，未申请到经费的院校在自筹经费中存在诸多困难，同时场景建设不是一蹴而就的，需要长期持续投入，后续如何合理拓展经费筹措渠道、吸纳社会力量参与也需要进一步思考。此外，能够承担老年教育智慧学习场景教学和管理的专业人才缺乏，信息化素养缺失日益成为老年教育教师队伍培育的突出问题。

（三）场景服务适老化水平有待提升

当前，老年教育智慧学习场景中不乏新技术、新设备、新应用，但是真正遵循老年人学习规律和特点而开发建设的资源却相对不足，部分场景建设中选择不符合老年人身心特点的新技术设备，也使得教师和老年学员之间产生了新的"鸿沟"。

六、后续思考

（一）进一步落实相关保障，完善顶层设计

老年教育智慧学习场景建设，离不开教育数字化整体规划设计，需要完善各项工作制度和资源、经费保障机制，确保老年教育智慧学习场景的规范建设与创新应用。后续要注意场景软硬件的适老化改造，为老年人提供可以自主选择的、适合当前学习内容的场景，利用便捷的操作、简洁的页面、丰富的资源，激发老年人的内在学习意愿。同时要及时关注老年人学习需求的变化，周期性拓展学习场景的内容和模块，保持场景不断更新迭代，从供、需两侧出发进一步加快学习场景建设。

（二）关注场景应用，拓展服务能级

智慧学习场景建设需要进一步聚焦学习体验和应用推广方面的提升，与老年教育机构的特色课程和品牌相融合，与教师教学相贯通，避免出现学习场景与老年教育课堂的剥离，充分发挥智慧学习场景线上线下融合优势，为老年人提供更精准有效、广域普适的学习支持服务，通过场景化学习优势联动激发教师活力、协同提升在线教育能级、数字赋能老年教育生态等功能，通过智慧学习场景推动老年教育数字化转型，进而实现对老年

教育课程资源、学习模式、师资队伍的整体赋能。

（三）不断提升师资素养，强化信息化能力

在当前老年教育师资普遍匮乏的背景下，需要基于社区专技人员特点与老年人学习需求，培养一支精良的社区教师队伍。此外，通过社区教育数字化学习平台搭建和社区师资力量扩展，指导教师在学习和授课过程中挖掘社区老年教育发展的痛点和难点，适应新的环境创新课堂教学。智慧学习场景的打造应该是贯通式的，从软件到硬件，从平台到空间，从学习到服务，同时关注老年人自身的需求与发展现状，做好各方面的支持服务。

（四）探索数据治理，推动数字化转型

数据是连接一切的核心。2021年初，上海发布城市数字化转型实施方案，提出了"整体性转变、全方位赋能、革命性重塑"的目标。上海立足于本地教育发展实际情况，结合上海城市数字化转型要求，坚持"育人为本、整体推进、全面赋能、多元协同、安全稳妥"的原则，提出了教育数字化转型实施方案：以教育新基建为基础，以数字基座为关键点，以教育教学模式改革为核心，通过数字素养提升、教育资源建设、教育评价改革三个抓手，促进教、学、管、考、评、教研、服务、资源、活动和家校互动等场景的全方位转型，政、产、学、研多方协同，共同探索教育数字化转型发展的可行性路径。这也为老年教育智慧学习场景建设提供了方向指导。

3 "添睦智慧阅读"学习场景建设的实验

静安区天目西路街道社区学校

根据上海市教委发布的《关于推进本市老年教育数字化发展的意见》和《上海市老年教育智慧学习场景建设指引》的要求，天目西路街道社区学校始终秉持着"添睦融融，和而不同，美美与共"的理念，紧紧围绕着老年学习者的独特需求与特点，以智能技术为核心，智能设备为载体，精心雕琢，构建了一个数字阅读与智能阅读逐步融合的学习场景。这一场景不仅为老年人们提供了沉浸式的阅读学习体验，助力他们迈过数字化鸿沟，更在打造智慧学习空间、推动天目西路老年教育数字化转型方面，进行了有实际效益的探索。

一、实验目的

一是建设以智能设备为载体的从数字阅读到智能阅读逐步融合的学习场景，增加智能数字听书机和智能朗读亭，增加智慧阅读学习助手；

二是开设相应数字化阅读实用课程；

三是开设传统文化阅读专区，进行沉浸式学习体验，结合国学馆中国诗词、茶艺、香道、花艺等体验活动，让学习者感受书房之美，体悟"善读书"之妙，感受阅读形式的多元化；

四是通过学习、体验、线上或线下分享等路径实现课程理论讲述与实践操作的教学闭环，重点突出智慧阅读中"导学、助学"作用，让老年学习者感受智慧阅读的乐趣，满足老年人的学习需求。

二、实验过程

（一）实验方法

在本次"添睦智慧阅读"学习场景建设的实验中，我们采用了多种研究方法，以深入探索老年学习者的需求。首先，我们采取了调查法，通过问卷调查广泛收集数据，了解老年学习者对数字阅读和智能阅读的态度、习惯以及面临的挑战，为项目实施奠定基础。其次，我们采取了行动研究法，积极参与了学习场景的实际建设过程，与老年学习者亲密合作，从中不断总结经验，调整改进设计方案。最后，我们还采用了个案研究法，选取了若干老年学习者作为研究对象，通过观察、访谈和分析，及时收集优秀的活动个案，将个案中的闪光点加以总结与提炼，再运用到项目实验中，同时，深入理解他们在学习场景中的实际体验和反馈。这三种方法的综合应用，使得我们能够从多个角度全面地了解和分析实验的效果与成效，为"添睦智慧阅读"学习场景的建设奠定了坚实的理论与实践基础。

（二）实验步骤

1. 准备阶段（2022 年 11—12 月）

学习相关文件和理论；查阅有关资料，了解相关研究的现状和研究趋势，进行需求分析；成立项目小组。

2. 实施阶段（2023 年 1—10 月）

包括方案设计与论证阶段，智慧阅读学习场景的设施、设备建设阶段，课程、活动等实施阶段。

3. 结项阶段（2023 年 11—12 月）

对项目进行总结与展望。

三、实验内容

（一）调研结果与分析

实验项目确定启动，项目组在专家和领导的支持与建议下，编制了《关于开展"添睦智慧阅读"学习场景建设的问卷调查》，收到有效样本 108 份。被调查居民中 50 岁以下为 3.7%，51—60 岁为 21.3%，61 岁以上为 75%；其中男性占 18.52%，女性占 81.52%。项目组进行相关数据讨论和总结，并做好数据和意见的统计整理工作。

调研结果展现出了显著的数字化阅读趋势。在所有被调查者中，94.44%的人表现出了强烈的数字化倾向，频繁地使用数字设备（如智能手机、平板电脑）进行阅读。经过进一步分析数据，发现有54.63%的受访者对数字设备上的阅读情有独钟，这一群体认为数字化阅读方式让他们能够更加便捷地获取知识，随时随地进行阅读。另有45.37%的调查对象则坚守传统，更喜欢阅读纸质书籍，这部分受访者特别看重纸质书籍所带来的触感、氛围和实体存在感。老年朋友数字阅读习惯这一调查结果清晰地呈现了数字化时代阅读习惯的多样性，无论是钟情于数字设备的高效便捷，还是倾心于纸质书籍的触感情愫，每个人都在数字阅读与传统阅读之间找到了属于自己的平衡点。这不仅是阅读方式的选择，更是个体审美和生活方式的体现。

同时，调查展示了老年朋友对智能阅读的积极认知。他们认同数字化阅读的便捷性和互动性优势，积极适应现代科技发展的阅读模式。这不仅体现了他们积极的学习态度，也展现了智能阅读对各个年龄层面人群的吸引和影响。

（二）智慧学习场景建设

在天目西路街道社区学校，一场名为"添睦智慧阅读"的数字化场景建设正在如火如荼地展开。这个引人注目的学习场景旨在为学习者打造一个充满创新和科技的学习环境。这个场景中，各类先进的设备被精心布置，以满足学习者多样化的学习需求。在编程领域，C++编程工作站让学习者能够探索编程的奥秘；3D打印设备则激发了创造力，使他们能够将想象变为现实。录播主机和导播系统保障了课程内容的灵活传递，而互动系统、4K教师摄像机和4K学员摄像机则为互动学习创造了更多机会。图像智能跟踪定位系统则能够智能地追踪学生的动态，为教师提供更好的教学支持。

除了以上设备外，移动视频展台和交互智能平板等工具也为学习场景增添了更多的灵活性。在数字化学习支持服务环境方面，全面的网络覆盖，包括Wi-Fi，确保了学习者能够顺畅地获取在线资源。智慧教室和直播教室等智能学习环境的应用，进一步提升了教学的效果和体验感。总之，天目西路社区学校"添睦智慧阅读"学习场景建设将传统的学习方式与现代科技有机地结合，为学习者营造了一个充满活力和创意的数字化学习天地，助力他们在知识的海洋中快乐学习。

整个场景建设将图书馆打造成一个融合了智能技术的学习天地，为学生们创造了更加丰富多样的阅读体验。无论是传统的纸质书籍还是数字化的阅读方式，学习者都能够在这个环境中找到适合自己的学习方式，进一步培养阅读兴趣。

（三）开设传统文化阅读专区，进行沉浸式学习体验

"添睦智慧阅读"学习场景建设从提高老年人的读书兴趣出发，以课程建设为驱动，以资源建设、教材建设和师资教学团队建设为抓手，并通过建设数字化阅读、沉浸式体验的场所与设施设备，即多屏显示、桌面平板电脑，增加智能数字听书机、智能朗读亭和智慧阅读学习助手等，构建一个面向老年学习者的阅读体验学习场景。在这个充满着精致与深度的学习场景中，"添睦智慧阅读"所呈现的讲座内容如同一场华美的文化盛宴，引人入胜。每一个主题都像是一幅细腻的画作，展示着人类的智慧和情感。

四、实验成果

（一）营造"添睦智慧阅读"学习氛围，满足多元化的阅读需求

在营造"添睦智慧阅读"学习氛围，以满足多元化阅读需求时，数字化技术的智慧运用成了引人注目的亮点。特别是智能数字听书机和智能朗读亭的引入，为学习者创造了一个丰富多彩、智慧而贴心的阅读环境。

步入学习场所，你会被智能数字听书机所吸引。这款由机器精心设计的外观，呈现出现代感十足的样貌，让人仿佛置身于未来的图书馆。触摸屏幕，一个个数字化书单呈现眼前，涵盖了从经典文学、科学研究到现代小说等各个领域的内容。不论你是热衷历史，还是迷恋科幻，只需点击几下，一本经典、一个世界即刻展现在读者面前。但智慧阅读不仅仅停留于此。在角落处，智能朗读亭静静地等待着，你可将自己喜欢的书籍或文章拿到朗读亭前，轻轻放置在指定位置。亭子内部传来低吟般的声音，一位仿佛在耳边诉说的朗读者赋予文字生命，那声音仿佛是智慧的化身，引领你穿越文字的迷雾，感受语言的韵律。每一次的阅读，都成为一次身临其境的体验。智能数字听书机不仅增强了视觉的享受，更将文字变得立体、丰满。而智能朗读亭的声音，则仿佛是一种陪伴，将你从拘束的世界解放出来，让你在阅读中感受到真正的自由。

"添睦智慧阅读"学习场所，旨在为每位学习者创造一个兼具深度和广度的阅读体验。智能数字听书机和智能朗读亭的应用，不仅是数字技术的创新，更是对智慧阅读理念的践行。在这里，你将在智能的引领下，自由驰骋于知识的海洋，与文字相伴，与智慧共舞。

（二）搭建"添睦智慧阅读"学习平台，数智赋能激发学习活力

在"添睦智慧阅读"学习场景建设中，数智的力量如一股清新的春风，为学习者注入了新的活力和激情。这个学习场景不仅打破了传统阅读的束缚，更为学习者创造了一个充满活力的数字学习乐园。学习场景的精心构建让学习变得更加身临其境，在虚拟的阅读空间里，你可以选择各类书籍，仿佛置身于一个巨大的图书馆，逼真的 3D 环境让你感觉自己正在翻阅实体书本。而数字阅读和智慧阅读的赋能作用更是平台的一大亮点，通过智能推荐法，平台会根据你的学习兴趣和阅读历史，为你量身定制推荐，让每次阅读都成为一次个性化的探索之旅。同时，智慧阅读工具也能帮助你划重点、做笔记、设置提醒，让你更高效地吸收知识。

无论你是白发苍苍的老人，还是充满朝气的青年，都因"添睦智慧阅读"场景而增添了学习的活力。老年人通过数字化的学习方式重新点燃对知识的渴望，中年人在繁忙的工作之余依然能够通过平台获得新的灵感，年轻人则因为互动性强的学习方式加倍投入。在这个数字阅读的海洋里，学习不再是枯燥的任务，而是一段令人期待的冒险。"添睦智慧阅读"学习场景以数智的力量点燃了学习的火花，为每一个学习者赋予了新的动力，让学习充满了活力和乐趣。这个平台无疑是数字化教育的一次巨大飞跃，为广大学习者带来了一场无与伦比的智慧阅读之旅。

（三）打造"添睦智慧阅读"融汇国学文化的学习场所，润泽心灵，培养博雅情怀

"添睦智慧阅读"融汇国学文化的学习场所如同一座智慧宝库，将数字化阅读学习体验与传统文化融合，润泽心灵，培养博雅情怀。这个场所不仅在数字化阅读方面提供丰富的学习方式，还设有独特的传统文化阅读专区，让人们能够在这个现代的学习胜地中感受到国学的深远魅力。

在学习场景中，学习者会被现代与古典的融合所感染。在学习地图区域，可以选择自己感兴趣的主题，使用桌面平板电脑，深入探索各类数字化学习资源。无论是经典文学、历史考古，还是科学研究，都能在指尖得到满足。智能数字听书机和智能朗读亭为你带来声音的盛宴，让知识通过耳朵渗透到灵魂深处。然而，这里的精髓在于传统文化阅读专区。走进这个区域，仿佛进入了古色古香的殿堂，环境布置充满了古典的气息。在这里，可以感受到国学馆的氛围，沉浸式地学习，进行中国传统手工拓印、香道、茶艺、书法等体验活动。古老的技艺通过身临其境的体验，将学习者带回到了古代的学堂，领略到中国博大精深的文化底蕴。

五、"添睦智慧阅读"学习场景建设的反思

在"添睦智慧阅读"学习场景的建设过程中，我们深刻体会到数字化技术与传统文化的融合所带来的冲击。通过这次实验，我们不仅认识到数字化阅读的便捷性和创新性，还更加明白了传统文化独特的韵味对读者学习体验的丰富和心灵的滋润。

（一）智慧学习场景队伍建设

依托本实验学习场景线上线下融合的特点，除了开设社区学校线上、线下的相关课程外，还组织了若干次体验活动，逐步配齐了教学人员和运行维护服务管理人员，以及志愿者的数字化学习支持服务团队。

其中，教学人员主要由学校专、兼职教师队伍组成，负责课程的常规教学、各类主题活动的讲座、培训等工作；运行维护服务管理人员由学校后勤保障人员以及外聘团队组成，负责学习场景的日常运营和技术性维护工作，并在各类活动中提供支持服务；志愿者包括学校其他教职员工、社区教师和社工，既有能够主讲的教学人员，也有提供支持服务或保障的工作人员。

（二）智慧学习的场景建设

1. 多元化融合

我们首先感受到的是多元化资源融合：来自不同领域的阅读资源的整合，包括书籍、文章、视频等，以满足不同层次、不同兴趣和不同需求的学习者。其次是国学文化融合：学习场景将国学经典和传统文化融入阅读场景，促进学习者对中华传统文化的理解和传承。

2. 数智阅读的强大

在数字化阅读学习体验方面，我们深感技术的巨大潜力。智能数字听书机和智能朗读亭等，为学习者提供了全新的阅读方式。通过声音，我们可以更加深入地理解文字背后的情感和内涵。而数字学习地图、桌面平板电脑等工具，让学习者能够更自主、更高效地获取知识。然而，我们也发现，

技术仅仅是手段，真正能够触动人心的是数字阅读所传递的情感和智慧。

3. 沉浸式体验的魅力

国学传统文化体验区让我们体味到了沉浸式学习的独特魅力。通过国学馆中传统手工拓印、香道、茶艺、书法等活动，我们仿佛回到了古代学堂，感受到了中国传统文化的厚重与美妙。这种实际体验，远比文字和图像带来的体验更深刻。传统文化让学习者更加融入其中，体会到文化的深厚底蕴，从而在学习的过程中获得情感的满足和启发。

通过这次实验发现，数字化阅读与传统文化并不是相互排斥的，而是可以相互融合、相得益彰的。数字化技术为传统文化注入了新的生命，传统文化则让数字化学习变得更具温度。在今天的快节奏社会中，人们需要数字化技术提供便利，但同时也需要传统文化为我们的学习植入灵魂。总的来说，"添睦智慧阅读"学习场景建设，让我们意识到了数字化与传统文化的和谐共生之道。在未来的教育和学习中，我们应当更加注重技术与文化的有机结合，让学习者在数字世界中找到智慧，同时也在传统文化中感受到灵性的滋养。这样的学习场景将更加多样、更加丰富，为学习者带来更深刻、更全面的成长。

4 打造"互联网＋生活"老年智慧学习场景的实验

长宁区终身教育指导服务中心

一、实验背景

（一）区域深度老龄化的严峻形势对社区教育提出了更高的要求

国家统计局 2021 年公布第七次全国人口普查数据显示，我国 60 岁及以上人口超过 2.6 亿，占总人口的 18.70%。"十四五"期间，中国老年人口将突破 3 亿，我国将从轻度老龄化迈入中度老龄化。而 60 岁及以上上海户籍老年人口 533.49 万人，占户籍总人口的 36.1%，成为我国老龄化程度最高的大型城市；长宁区 60 岁及以上户籍老年人口 22.42 万人，占全区户籍总人口的 39.1%，其中 80 岁及以上高龄老年人口 3.99 万，占全区总人口的 6.9%，已经成为上海市老龄化程度较高的中心城区之一。

（二）老年人面临的"数字鸿沟"问题形成了现实发展动力

随着我国互联网、大数据、人工智能等信息技术的快速发展，智能化服务得到广泛应用，深刻改变了人们的生产和生活方式，影响着人们生活的方方面面，新冠疫情影响下这一趋势更为明显。数字技能的缺失和日益信息化的社会使得老年人无法享受到信息化社会中的各种"红利"，老年人成为信息化社会中的典型"数字弱势群体"。而这种现象的凸显迫切需要一系列解决老年人运用智能技术的有效的教育措施，而打造"互联网＋生活"老年智慧学习场景在知识普及、满足老年人精神文化生活等不同层次需求方面能够发挥更大效应，服务老年人享受数字生活。

（三）"互联网＋生活服务"数字化转型的区域发展战略

上海正在整体性推进教育数字化转型、全方位赋能教育综合改革、革命性重塑高质量教育体系，作为上海市首个"教育数字化转型实验区"，长宁区积极对接市教育数字化转型实施方案，明确了区教育数字化转型发展方向，作为教育数字化转型的重要内容，终身教育也需要努力实现"深刻改变教育教学模式，高质量、深层次、全方位地推进教育数字化转型工作"整体要求。面对长宁区构建一个智慧教育生态圈的部署，从终身教育角度打造"互联网＋生活"老年智慧学习场景成为其中不可缺少的重要内容。

（四）长宁区终身教育数字化发展的基础

自 2008 年起，从"数字长宁"到"智慧城区"，长宁区始终坚持一步一个脚印，迭代式、持续性推进"学在数字长宁"从 1.0 到 4.0 的大跨步跃升。长宁区密切关注老年人群的数字化信息素养提升，在推进老年人智慧学习方面开展了新的探索与实践，包括创新推出终身学习云视课堂协同管理平台，降低线上学习门槛，开设系列智慧学习课程服务老年人学习需求等。面对新使命和新要求，长宁区终身教育亦需要打造"互联网＋生活"老年智慧学习场景，增强老年人学习的体验性，助力老年人群跨越"数字鸿沟"。

二、实验目标

（一）打造一系列"互联网＋生活"智慧学习应用场景

打造全覆盖、多场景的终身教育生态体系，通过线上线下的"互联网＋生活"老年智慧学习场景，扩大教学效能和辐射作用，最大限度地满足全社会老年学员对体验式学习的需求。

（二）开发一批系统化、优质化的老年人信息素养提升课程资源

打造一批系统化、精细化、优质化的老年人信息素养提升课程资源，借助生活场景、沉浸体验、分享学习，通过虚拟现实技术，为老年学习者提供一个接近真实的学习环境，通过高度参与互动、训练提升技能，满足区域内老年人的信息素养学习需求。

（三）形成普惠多元、泛在可选的终身学习环境，实现老年教育数字转型

通过打造面向老年人最受用的智慧学习应用场景，以提高区域内老年人的数字化学习能力；通过组织管理、课程建设、教师管理、培训管理等有序推进老年人信息素养提升工作，帮助解决老年人在运用智能技术方面

遇到的困难和提升老年人在信息时代的各种能力，让老年人更好地共享信息化发展成果。

三、实验步骤

（一）第一阶段：前期准备阶段（2021年11月—2022年2月）

实验方案的论证，为项目开题做好前期准备工作。成立打造"互联网＋生活"老年智慧学习场景的领导小组和工作小组，各街镇社区学校成立推进小组，确定人员分工与职责，为场景的打造做好准备。同时开展前期的需求调查与走访工作，为学习场景的打造及沉浸式学习资源的建设提供有力支撑。

（二）第二阶段：中期实施阶段（2022年3月—2023年1月）

积极打造老年智慧学习场景。挖掘各街镇满足智慧学习应用场景所需的硬件条件的点位，并组织专家实地指导，确定项目实施方案，着手进行场景打造。同时结合场景需求打造服务团队并开发建设配套的学习资源，助力老年人跨越"数字鸿沟"。

（三）第三阶段：深化探索阶段（2023年2—6月）

利用五大智慧学习场景积极服务市民数字化学习，着力建设与场景相配套的数字化学习资源，开设数字化学习课程与系列主题讲座，同时邀请专家开展中期指导并进行评审，根据学员们的学习体验不断调整优化5个场景的建设，提高居民的满意度和数字化学习能力。

（四）第四阶段：后期总结阶段（2023年7—10月）

实验项目后期，对"互联网＋生活"老年智慧学习场景的建设、管理、服务和学习模式进行全面梳理，对5个场景的管理人员、体验学习的老年学员进行访谈交流，检测"互联网＋生活"老年智慧学习场景的使用效果。同时增加居民体验次数和开放时间，对存在的问题进行进一步的整改，并对整个实验过程进行分析、总结与思考，完成项目结题报告。

四、实验内容与过程

（一）成立实验项目组，开展前期的需求调查与走访工作

从2022年年初开始，项目组通过走访区域内各个街镇，充分了解各方

优质的社会文化资源，以及空间和设施较为成熟的适合居民学习的优质学习场所，同时借助"互联网＋生活"类企事业单位在技术与资源上的优势，充分挖掘长宁区各街镇满足智慧学习应用场景所需的硬件条件的点位，如社区文化活动中心、为老服务中心、区社区学院、区老年大学等，为智慧学习场景的打造奠定了良好的基础。与此同时，项目组编制了《老年人信息素养需求调查》问卷，对长宁区 10 个街镇的居民进行信息素养需求的调查研究。

（二）积极打造老年智慧学习场景

从 2022 年 3 月份开始，项目组利用长宁区各街镇现有资源，加强区域多元主体合作，开始着手打造老年智慧学习场景。一方面，通过充分挖掘长宁区各街道满足智慧学习应用场景所需的硬件条件的点位，结合各街道现有的设备以及前期调研结果，初步确定建设"移动生活""智慧烹饪""智慧客厅""智慧金融""智慧康养"系列智慧学习应用场景。另一方面，充分发挥"学在数字长宁"优势，申报并成功立项了首批"上海市老年智慧学习应用场景建设项目"，邀请市老年小组办专家进行指导交流。根据专家们的意见建议，进一步完善项目实施方案，积极打造 5 个智慧学习场景，并于 2022 年底顺利完成了场景建设任务。

（三）组建服务团队并开发建设学习资源

智慧学习师资团队和服务队伍是解决老年人运用智能技术困难的关键力量。在打造老年智慧学习场景硬件设施的同时，项目组结合各场景的学习需求，吸纳区社区学院、各街镇社区学校、居委教学点、睦邻学习点等社区教育多级办学网络中的社区数字化工作专兼职教师、数字化推进员，组建智慧学习师资团队和志愿者服务队伍，开展课程研发、教材编制、微课制作等方面的工作，并定期组织相关信息素养提升方面的培训。

（四）利用智慧学习场景积极服务市民数字化学习

自 2022 年底智慧学习场景成功打造并投入使用以来，长宁区依托场景积极开展老年数字教育，进行课程学习与讲座学习，并设置了学习区和体验区，每个学习场景都由专业讲师和热心的志愿者提供指导。老年人先通过导学视频和相关课程学习，再由专业引导员指导进入体验区进行模拟体验，确保老年人可以在实际应用中学习和体验智能技术。

（五）聚焦学习需求，不断优化场景建设

自场景投入使用以来，项目组积极开展各项研究工作，进一步优化场景建设。继续落实《上海市教育数字化转型实施方案（2021—2023）》和《关于推进本市老年教育数字化发展的意见》等文件要求，持续聚焦老年群体智慧学习的新需求，研发了"老年智学手机仿真教学系统"，探索增设了"智慧康养体验""银龄玩转手机"等主题课程，着力建设与场景相配套的数字化学习资源，不断优化5个场景的建设，提高学员满意度。

（六）总结完善，推进场景持续发展

实验项目后期，对5个场景的管理人员、体验学习的老年学员进行访谈交流，根据学员的反馈情况进行课程主题、体验方式等方面的优化调整。增加居民体验次数和开放时间，对"互联网＋生活"老年智慧学习场景的建设、管理、服务和学习模式进行全面梳理，检测"互联网＋生活"老年智慧学习场景的使用效果，对存在的问题进行进一步的整改，并对整个实验过程进行分析、总结与思考，完成项目结题报告。同时，积极落实上海市教委推进教育数字化发展的要求，以老年智慧学习场景为阵营继续整合社会资源，并进一步拓展到其他数字化项目中去，从老年人需求出发，不断打造新的品牌项目，持续推进长宁区教育数字化发展。

五、实验成果

经过近两年的建设，5个老年智慧学习场景已经建成并初见成效。5个场景都聚焦了老年学习的痛点，且各有偏重，在打造的过程中注重教学与实操的结合，同时将课程与数字化学习资源进行叠加，在空间、设备、队伍、学习资源等方面进行了有针对性的打造与配备，以数字化应用场景为抓手，让老年人不仅可看可学，而且可以进行实际操作，为老年人跨越"数字鸿沟"提供了重要支持。

（一）成功打造了系列沉浸式智慧学习场景

打造了"移动生活""智慧烹饪""智慧客厅""智慧金融""智慧康养"智慧学习应用场景。"移动生活"智慧学习场景采用传统授课、网络授课以及沉浸式体验相结合的模式，通过对出行与消费两大主题数字化生活应用场景的模拟体验，现场通过实操教会老年人使用移动智能手机的常用 App。

"智慧烹饪"应用场景通过智能设备升级，优化学习场景，结合家庭烹饪、智能手机、物联网等微课，部署智能厨房，营造一个家庭式的温馨学习环境。"智慧客厅"应用场景综合运用智慧课程学习、应用技术讲座、科技家居展示、场景模拟体验等创新互动模式，将居家体验式教学积极融入数字生活，用通俗易懂、丰富新颖的体验内容和教学形式，让老年人感知数字科技为生活带来的便利。"智慧金融"应用场景通过金融与科技融合，以数字货币为着力点，聚焦老年群体服务，切实解决老年群体运用智能技术的障碍。"智慧康养"应用场景是结合北新泾康养综合服务中心，从老年人的需求出发，围绕康养主题，整合各方资源而着力打造的老年人智慧学习场景。

（二）针对性开发了系列学习资源

根据"互联网＋生活"智慧学习应用场景建设需求，在课程分类上，选取当下老年人群体最感兴趣的数字生活类、数字金融、数字健康课程，建设老年智慧学习资源，让老年人在体验智慧学习场景的同时也可以通过课程参与学习，不定期邀请专家开展相关专题讲座，帮助老年人真正跨越"数字鸿沟"。在课程层次上，根据老年人掌握数字技能的程度开展分层教学，每个系列课程配套对应的导学视频与 AR 增强视频，教师引导老年学员通过实际操作，掌握各种应用软件的使用方法，并答疑解惑。

（三）培育了一批应用场景支持和服务队伍

自实验项目立项以来，已经基本组建了一批专业化的智慧学习支持服务团队，由长宁区社区学院专业教师带队，并结合 5 个场景的特点进行团队个性化定制，定期开展教师培训会、团队管理人员培训会，针对教师的理论、技术、信息素养等方面进行专业培训，保证各个团队各司其职，各有特色。同时，借助社会力量，吸纳并组建了一批老年智慧学习应用场景志愿者服务队伍，成立了公益志愿服务队伍，并定期组织相关信息素养提升方面的培训工作，服务于智慧学习场景，为老年智慧学习应用场景工作的推进提供有力支撑。自教师团队和志愿者支持服务队伍成立以来，共开展老年智慧学习 150 余期，参与体验居民一万余人次。而且随着学习和体验的老年人越来越多，志愿者服务队伍也在不断扩大，今后将会惠及更多的老年人，让全区的老年人都能积极融入数字化学习，真正实现"智慧助老"。

（四）形成了老年智慧学习应用场景学习模式

长宁区老年智慧学习场景建设与运行已通过课程与数字化学习资源的

叠加，以数字化应用场景为抓手，重新规划、设计，实现数据共享和资源整合，逐步形成了智慧学习应用场景的学习模式。借助场景内的智能设施和虚拟现实、增强现实等手段，为老年人提供可以模拟操作和实际操作的设备与程序，提供体验式、沉浸式的学习方式，增强学习的生动性和深入性，激发学习兴趣，提升学习效果。让更多老年人学在数字长宁，乐享智慧生活。

（五）依托智慧学习场景打造了多个"老年智慧学习品牌"项目

为积极落实上海市教委、上海市老年教育工作小组办精神，长宁区发挥自身优势，将终身学习云视课堂与新打造的老年智慧学习场景结合起来，创设了"学在数字长宁"数智生活沉浸课堂，并成功入选上海市"老年智慧学习品牌项目"。课堂围绕老年人日常生活中涉及的高频事项，聚焦智能手机基础操作以及日常生活中的智能化金融服务，将"学"与"习"二者结合起来，形成了虚实一体、立体交互的老年智慧学习"双空间"，帮助老年人跨越"数字鸿沟"。

六、实验创新

（一）创新载体，拓展老年智慧学习新阵地

坚持创新理念，积极探索智慧助老新阵地。在推进老年教育数字化转型过程中，项目组充分协调各方资源，利用其场地与设施，借助区内"互联网＋生活性"企事业单位在技术与资源上的优势，通过深入沟通与协作，打造老年智慧学习场景，并融合场景模拟、仿真学习以及沉浸体验等技术，创设老年智慧学习场景这一新载体。在一定程度上满足了老年人的学习需求，为推进老年教育数字化转型提供了有效载体和新阵地。

（二）创新学习方式，提升老年人学习效能

长宁区依托老年智慧学习场景开展沉浸式、体验式老年智慧学习，同时围绕场景主题配套老年智能手机操作、老年智慧生活（如起居、康养、医疗、消费等）开发和推进相关老年数字学习课程，融合了讲授、演示、实操等方式，将现场讲授与实操体验有机结合。此外，长宁区还将云视课堂与智慧学习场景相结合，打造了虚实一体、立体交互的老年智慧学习"双空间"，扩大了课程的覆盖面，提升了老年学习者的学习效能，不断创新，为老年智慧学习提供适合且有效的学习方式。

（三）多方联动，开展区域智慧助老应用场景的多元合作

在场景建设过程中，长宁区充分整合各方资源，有效调动社会力量。面向老年教育发展目标与需求，积极整合区内特色资源，充分调研区内涵盖教育、医疗、文创、科技等各领域的"互联网＋生活性"企事业单位所能提供的产品和服务，开展多元合作，吸引与鼓励社会力量参与。一方面通过充分沟通与协作，将民政、文化、科普等条线的场地和资源作为重要基础，并最终在服务老年群体上达到合作共赢的目的。另一方面，在设备配备、课程建设、队伍组建等方面，充分利用社会专业力量的参与共同打造，以提升建设品质。例如中国银行在数字金融方面的专业优势、第三方养老机构在智慧康养方面的技术优势等，都成为提高老年智慧学习场景建设质量的重要支撑。

七、实验思考与展望

（一）持续推进老年智慧学习场景新发展

随着科技的进步和时代的发展，智慧学习场景的软硬件设施也需要不断完善。今后智慧学习场景的建设需要我们根据学习者的需求创建更加适配的学习资源，创新终身教育智慧学习全链路闭环，为老年人提供沉浸式、体验式的智慧学习体验，为提高老年人数字化学习能力、提升老年人数字素养、提高老年教育服务水平创设更好的学习环境。

（二）继续扩大老年智慧学习场景的受众面

自智慧学习场景打造并投入使用以来，参与学习的社区居民数字化应用能力和生活品质都有明显的提升，学员们通过沉浸式体验以及配套课程、视频微课等方式，真实感受到了数字化学习的便利。因此，为了让更多的老年人参与到数字化学习中来，一方面需要继续整合社会资源，不断打造新的智慧学习场景；另一方面，可以将已打造的场景资源进一步推广到社区其他数字化项目中，扩大学习群体，让社区居民都能够学用结合畅享数字生活。

（三）积极探索打造新的老年智慧学习场景

智慧学习场景的打造是当前老年人享受信息时代红利的必由之路，老年智慧学习场景以新颖适切的形式，让老年人可以更加生动直观地学会如

何操作常用的智能设备和程序，掌握更多的智能生活技巧。5个智慧学习场景是上海市首批认定的老年智慧学习场景，今后长宁区将多方协同，不断整合社会资源，从老年人的需求出发，持续打造更多适合老年人学习的新阵地，助力老年教育数字化转型。

5　创设徐汇区学生社区实践指导站智慧助老项目的实验

上海市徐汇区社区学院

一、实验背景

志愿服务发展迅速并吸引各年龄段的人群参与，呈现"从青年到全民""从社区到社会"的趋势。其中，未成年人参与志愿服务逐渐形成热潮，也成为中小学生服务学习、体验成长的途径。习近平总书记指出，"从小做起，就是要从自己做起、从身边做起、从小事做起，一点一滴积累，养成好思想、好品德"。在中国特色社会主义新时代，志愿服务成为未成年人通过实践体验培养核心价值观、提升思想道德的有效形式之一。

（一）学生社区实践指导站建设基础

学生社区实践指导站是为了更好地引领未成年人走向社会，在主动接触、了解、参与并服务社会的活动中，形成对社会的积极情感体验，提高思想认识、完善个性，使得未成年人思想道德建设工作抓早抓小抓实，是帮助未成年人扣好人生第一粒纽扣的平台。社会实践活动是社会教育的重要组成部分，它在培育青少年学生的健全人格，提高其综合素质，帮助其完善社会化等方面具有重要作用。

自 2012 年至今，上海市文明办、市教委、市青少年学生校外活动联席会议办公室（以下简称"市校外联办"）已完成建设 100 家市级示范性学生社区实践指导站的任务。2014 年年底，徐汇区全区 13 个街镇完成了区级学生社区实践指导站建设；2018 年，7 个街道建成市级学生社区实践指导站；2021 年有 3 个学生社区实践指导站获评首届市示范性学生实践指导站。学生社区实践指导站让孩子们在实践中锻炼、在参与中提高，取得了良好成效，为未成年人参与社会实践和享有丰富的校外活动搭建了平台、创造了条件。

（二）"亲友团"志愿服务基础

徐汇区社区教育为切实响应国家各部委号召，真切适应老年群体智能产品应用的实际性需求，特挖掘相关"硬件＋软件"学习资源与"亲友团"等各界志愿者服务力量，积极开展相关行动，助力老年人跨越"数字鸿沟"。

2021 年春季学期，徐汇区社区学院、徐汇区老年大学、徐汇区 13 个街镇社区学校以"直播课＋实体课"的形式，积极推进助力老年人跨越"数字鸿沟"社区教育行动。如凌云街道社区学校推出了"老年人手机暑期训练营"，通过较为集中的学习，采用"老师讲台讲授＋高中生志愿者一对一辅导"的形式进行教学，每周 3 次课程，共计 6 堂课的内容教会老人用手机智慧就医、地图导航、交通出行等实用内容，使老年人逐步掌握实用技能、加深学习印象、巩固学习效果。同时，结合学生实践指导站的志愿服务工作，充实高中生的暑期生活，"小老师"在参与志愿服务的同时，也学会了换位思考，为徐汇区学生社区实践指导站开设智慧助老项目的可行性奠定了实践基础。

二、实验目标

应防疫相关要求，项目组因势调整，原定线下开展的服务和培训项目，转为线上活动。本项目通过深化学生社区实践指导站与辖区内中小学实践服务的连接，探索青少年群体参与社区志愿服务"从小家到大家、从社区到社会"的路径，提高青少年群体智慧助老的知识和能力，培养当代青少年群体的社会责任意识，深化敬老爱亲意识，培育公共精神。通过区内项目的开发、运行、总结、反思，探索学生社区实践指导站智慧助老项目开发、资源建设、运行的指导方法，并形成可借鉴可推广的经验。

三、实验过程与内容

（一）开展现状调研

为进一步做好学生社区实践指导站智慧助老项目，徐汇区社区学院发起了"学生社区实践指导站智慧助老志愿服务"问卷调查，了解青少年朋友们在"智慧助老"的服务现状和参与志愿服务的意愿情况，主要包括以下几个内容：

第一部分，青少年受访者及家中老人的基本情况。包括受访者目前的学习阶段、家中是否与老人同住、受访者家中老人的年龄分布情况、使用手机类型、学习使用智能手机渠道、使用智能手机遇到的困难等。

第二部分，了解青少年受访者教老年人学习使用智能手机情况。包括是否教授过家中长辈使用智能手机、教长辈使用智能手机的基本情况和辅导过程中遇到的困难、教学过程中的态度等。

第三部分，青少年受访者参与助老志愿服务情况调查。包括投身志愿服务的动机调查、参与助老志愿服务的频率、参加助老志愿服务之前是否了解老年服务对象的实际需求、参与助老志愿服务岗位意愿强度等问题。

本次调查于 2022 年 7—8 月间通过问卷星发起线上问卷。此次问卷调查的主要对象为上海市徐汇区的青少年群体，共计回收有效问卷 1189 份。

（二）建设培训资源

关注志愿服务对象，建设和优化老年知识培训资源。通过对"智慧助老"志愿服务的调查，较好地了解了青少年群体在日常生活中"智慧助老"的情况，在"智慧助老"领域的服务现状和参与服务的意愿。同时也发现，青少年群体在日常生活中能够自发地协助家中老人使用智能手机，但参与助老志愿服务的频率并不高，仅有不到两成的青少年受访者参与频率为一月一次或两次，并且在辅导过程中都存在诸多困难。实验组通过实地调研，深入了解老人需求，在为志愿者提供的志愿服务培训内容中增设了解老年人的知识培训，包括认识长者、走近长者、亲近长者三个模块。

1. 认识长者

志愿者在服务长者时，须先了解长者在踏入老年期后生理、心理、社会层面上所面对的问题及需要，多了解长者们的情况，以便志愿者能为长者提供更适切的服务。在为青少年志愿者提供"认识长者"模块的培训中，首先界定了老年人的概念，分析老年人的生理特征变化，包括心血管系统、呼吸系统、消化系统、神经系统、肌肉骨骼系统、内分泌系统、泌尿生殖系统等系统的生理变化；其次，分析老年人的心理特征变化，包括感知觉方面下降趋势、记忆力方面变化、老年人对外界各种刺激反应下降、老年人智力方面的变化；最后，和青少年志愿者分析长者在老年阶段的社会特征，老年人生活的主要变化等。

2. 走近长者

在对长者的基本情况有了基本了解之后，为青少年志愿者提供走近长者的技能培训，结合老年人的基本特性，讲解志愿服务小技巧，包含信任、接纳、尊重和同理心。

3. 亲近长者

青少年志愿者与长者交谈时态度要亲切，交谈应保持近距离、弯下腰等给予老人平等重视态度，在交谈过程中说话语速要相对缓慢、语调适中，做到与长者交谈能够用心交流、真诚赞赏、保持足够耐心等。

（三）推广资源应用

学生社区实践指导站智慧助老项目借助不同平台，推荐培训项目，使其成为社区学院的推荐资源、学生社区实践活动的学习资源、青少年助老志愿者自主学习的培训资料。社区学院以互联网为平台，在徐汇区社区教育主题App——"徐汇汇课"志愿服务专栏"汇志汇学"以及"徐汇汇课"微信公众平台上发布《助老志愿服务培训》的相关资源，为青少年助老志愿者提供线上的培训资料。同时，社区学院联动13所街镇社区学校，将资源推荐给各社区实践指导站，社区学校和社区实践指导站联合辖区中小学，将培训资料转达到每位社区青少年，使得资源应用最大化。

（四）倡导志愿服务

疫情期间，线下培训活动、志愿服务活动受到一定程度的影响。社区学院转变思路，通过网络平台向广大青少年群体发出《号召社区青少年主动参与"智慧助老"志愿服务的倡议》。倡议全区社区青少年群体关爱身边老年人，做"智慧助老"的实践者，以实际行动帮助老年人乐享智慧老年生活；参与志愿调研，做"智慧助老"的志愿者，自觉加入宣传"智慧助老"志愿服务的行列中来，提高全社会对应对老年"数字鸿沟"的关注程度；学习培训资料，做"智慧助老"的优化者，积极帮助老年人更好地融入互联网时代，与他们一起享受新生活。

四、实验结论与思考

（一）重视新生力量，为智慧助老注入活力

青少年志愿服务是指青少年志愿者在学校、社会机构和社会组织等引领下，无偿向社会或者他人提供的公益服务。发展青少年志愿服务是我国志愿服务建设总体规划中的重要部分。学生社区实践指导站智慧助老项目看中这一社区志愿服务的新生力量，在适应青少年发展需求之下，根据青少年的特点，倡议青少年关注身边的老年群体，从帮助家中长辈、邻里老人做起，开展智慧助老的志愿服务。老年人的主要生活场景是家庭，家庭成员代际文化反哺和亲友互助对于老年人智能手机应用能力水平的发展起着关键性作用。在学习智能手机软件应用过程中，老年人主要以家中子女教学为学习途径，青少年群体在日常生活中自发积极回应老年人学习智能手机的迫切需求。项目组对青少年受访者参与助老志愿服务调查进行分析，43%的青少年参与过助老志愿服务活动，57%的青少年没有参加过助老志愿服务活动。有八成的青少年在调查中表示他们教过家里的长辈使用智能手机，在没有组织的情况下，自发地参与助老实践活动。

新冠疫情期间，青少年群体参与社区组织的志愿服务机会较少，项目组倡议广大青少年群体关注身边的老人，从主动帮助家中老人做起，在实践中积累智慧助老志愿服务的知识与技能，锻炼个人能力。在助老过程中，青少年也会将服务意识、互助精神逐渐内化，为智慧助老注入活力。

（二）适应发展需求，促进双向功能实现

开发青少年志愿服务岗位和项目，要适应青少年的发展需求，始终以培育合格的社会主义公民为目标，着力于融入社会、体验价值、提升能力、发展自我等。要根据青少年的特点，倡导与青少年发展相关的服务内容和领域，如关爱服务、社区服务、文化教育等。引导青少年服务自己、服务父母、服务家庭。通过青少年志愿服务，推动青少年的家庭、社区建设。

智慧助老项目是青少年群体参与社区志愿服务双向功能实现的途径之一。社区志愿服务是受助者与志愿者之间良性互动的社会实践，志愿者在服务他人、奉献社会过程中不仅仅让受助者获益，志愿者也积累了社会实践经验，提升了自身的综合能力。同时，青少年参与智慧助老服务也是传统美德与志愿服务的完美结合，能够帮助青少年群体更多地关注大国、小家，了解社会、国情，在智慧助老过程中，切实体会如何爱国、爱家，更深层次地激发青少年尊老、爱老、助老的意识和行为。

青少年参与社区志愿服务，有助于提升他们的自我教育和自我发展意识。志愿服务项目以公共服务的形式加强了青少年与社会实践的联系，引导青少年树立社会公德意识，促进青少年的全面发展。首先，就内容而言，青少年参与智慧助老服务注重服务他人，帮助家中长辈、邻居老人学习智能手机应用，强调青少年为社会提供有价值、有意义的服务。其次，青少年在志愿服务的过程中增强了社会主人翁的责任感，并在服务他人、帮助他人过程中学会主动承担社会责任，树立良好的社会服务意识。

从受助老人的角度来看，感受到被关怀、被帮助的温暖，对于缓解因老年生活孤寂而带来的各种负面情绪具有显著作用。同样，家中长辈和邻里老人在接受青少年群体的助老服务中传递着终身学习的理念，老年人积极主动学习智能手机的学习态度和行为也将感染着青少年群体。

（三）优化培训资源，提升志愿服务适老性

学生社区实践的智慧助老志愿服务岗位的核心在于服务项目应符合老年人的需求，即"适老"，在了解老年人群特性的基础上，为助力老年人跨越"数字鸿沟"，实际解决老年人在现实生活中遇到的难题和困难。要避免出现"服务不适老"的问题，开展"智慧助老"志愿服务，应充分了解老年人不同年龄阶段与身体状态等特征，提供适合老年人的服务。一开始，大多数青少年志愿者在没有充分了解老年人的情况下对老年人提供服务，容易出现智慧助老服务水平与老年人的期望脱节，导致助老志愿者未能从根本上回应老年人的诉求，志愿者也未能充分发挥助老的作用。

在智慧助老服务项目中，应关注社区志愿服务精神的思想引领，激发志愿者内生动力，帮助其端正服务态度，充分认识到孝老敬老亲老的助老服务活动的意义和价值，全心全意为老年人提供服务。同时，为了能够精准对接老年人的服务需求，项目组深入了解老人需求，除服务内容的课程培训之外，增设了解老年人的知识培训和与老年人沟通的课程培训，不断优化服务项目，深化学生社区实践岗位内涵，拓宽活动外延。

（四）倡导数字反哺，提高全社会关注程度

面对人口结构越来越"老"，数字形态越来越"新"，我们接受数字化"新"挑战之时，利用社区志愿服务优势，通过针对中老年群体开展"数字反哺，智慧助老"志愿服务，帮助中老年群体普及常用软件及 App 应用操作以提升自身信息素养，使其能跟上数字社会的快节奏，从解决中老年人群体数字生活的"燃眉之急"到跨越"数字鸿沟"，实现中老年群体乐享数字生活。

老年人的人际关系网相对比较狭窄，家庭成员是帮助老年人融入数字化世界最直接最有力的支持。家人的无私关爱与充分支持是老年人突破畏难情绪并向信息化、数字化迈进的重要动力，家人最了解老年人的多向度的信息需求，是引导、帮助老年人了解、熟悉和学会智能设备操作的主体。

除了重视青少年这一社区志愿服务新生力量外，还要倡导中年群体关注父母的需求，及时提供帮助。中年群体，作为老年群体的子女，可以为父母提供的支持类型有很多，如物质支持、情感支持和陪伴支持等，而帮助父母弥合"数字鸿沟"则需要子女的"数字反哺"。

子代对亲代的数字反哺是老年人学习参与互联网最直接有效的途径。面对面、手把手数字反哺的场景在我国众多家庭上演，不仅有助于父母接受悉心的指导，还有助于促进两代关系融洽、家庭氛围和谐。项目组在未来将持续完善智慧助老项目，呼吁中年群体加入智慧助老的行列，充分发挥中年群体对互联网了解的优势，关注家中父母参与互联网进行社会参与的需求，及时给予帮助和指导，进一步协助老年人弥合"数字鸿沟"。

五、小结

智慧助老志愿服务项目符合现代人口老龄化、生活网络化、社会数字化、应用媒体化的时代特征。项目组以智慧助老服务项目为基点，探索青少年群体参与社区志愿服务"从小家到大家、从社区到社会"的路径，挖掘和重视青少年群体这一社区志愿服务的新生力量，开发和指导适应他们发展需求的服务项目，提供智慧助老知识内容，优化志愿服务培训技能，提高青少年群体智慧助老的知识和能力，培养当代青少年群体的社会责任意识，深化孝老爱亲意识，培育公共精神，形成"我为人人，人人为我"的和谐的、友善的社会风尚。

6 智能时代背景下，社区学校助力老年人融入数字生活的实践与探索的实验

黄浦区瑞金二路街道社区（老年）学校

一、实验背景和目的

（一）实验背景

1. 政府呼吁解决老年人智能技术困难

2020 年 11 月，国务院办公厅印发《关于切实解决老年人运用智能技术困难的实施方案》（以下简称《方案》）。

2021 年 4 月，上海市教委印发《关于推进本市老年教育数字化发展的意见》（以下简称《意见》）。

2. 瑞金二路街道是典型的老龄化社区

黄浦区瑞金二路街道下辖 16 个居委点，截至 2023 年 10 月，街道户籍人口总数 63007，其中 60 岁以上的老年人口数 29202，老年人比例达到了 46.35%，是黄浦区老龄化程度最高的社区。

（二）实验目的

1. 扩大数字学习资源的有效供给，实现基层社区资源共享。

2. 打造社区志愿助学团队，提升队伍专业素养。

3. 创设老年智慧学习场景，助力老年教育数字化转型。

4. 提升老年人数字素养与应用能力，推动老年人主动适应数字时代。

二、实验过程

（一）建立实验项目小组，明晰实验开展规划

本次调查采用自编的"瑞金二路街道社区居民手机使用及线上学习情况调查问卷"，共20题，分为基本情况、手机使用现状、手机使用动机与限制、线上学习现状、课程改进需求5个考察维度。量表在瑞金二路社区街道628名老年居民中施测，初测（$n=203$）的内部一致性为0.801，复测（$n=415$）的内部一致性为0.824，可见量表具有较高的信效度。在复测结果中，各因素和总分之间的相关系数大致位于0.69—0.85之间，说明各因素与整体概念的基本方向中到高度吻合，问卷内部一致性高。对20道题目进行验证性因素分析，发现各项拟合指标均达到要求，并且GFI和AGFI系数均大于0.85，CFI、IFL和TLI系数均大于0.9，支持了该量表的结构效度。因此，量表的编制在信效度上均符合我们的要求，达到了研究的目的。

（二）开展实地专题调研，把握老年人使用智能手机的困境及需求

1. 开展线上问卷调查，了解老年人手机使用与数字化教育的共性特征

（1）老年人数字化学习自主意愿较高。

（2）内外因素共同制约老年数字化学习。

（3）网络社交与休闲娱乐使用频率最高。

（4）智能化就医与手机出行是迫切需要学习的内容。

2. 开展半结构化深度访谈，对问卷调查的结果进行延伸和补充

访谈提纲围绕着智能设备使用情况和线上学习现状两方面展开，预设8项问题。访谈共分3次进行，分别以瑞雪社区学习点、延中社区学习点和社区学校为访谈地点，对社区内的老年居民展开访谈。访谈对象共包含18位老人，5位男性，13位女性。借助叙事化的细节，项目组对老人真实的心理状态和个性化的经验进行了更加深入的感知，了解到了限制老人智能手机使用和线上学习的深层原因，获知了老人的具体需求：

（1）课程设置的差异化与多样化需求。

（2）教学方式的适老化需求。为了让老年学员更好地接受新知识，在教学过程中要注重使用符合老年人身心特点的教学方法。

（3）增强线上课程互动性的需求。在线上课程的设计中，仍需要逐步完善现有的课程体验，运用形式多样的现代化辅助教学手段，利用虚拟现实 (VR)、增强现实 (AR) 等技术产品，搭建设计智慧化老年学习的教育场景，进一步增强学习者的互动体验。

3. 以调研汇总结果为参照，制订和调整后续的实验项目

项目组对综合问卷调查和个案访谈的结果进行综合性的归纳与分析，在此基础上撰写调查报告，明确了老人在融入数字生活时遭遇的实质性困难和具体化的需求。其中，缺乏专门指导、不会检索和利用线上学习资源、线上教学缺乏体验感、教学模式与课程设计单调等问题都是项目实践阶段需要攻克的难题。

（三）启动赋能智学系列数字行动，推动老人享用智能红利

1. 加强线上课程建设，推动信息技术赋能传统教学

项目组依托现代信息技术，开设了直播类课程、录播类课程、微课与线上讲座等；共计打造了百余节线上课程，吸引近万人次参与了线上学习，为老年居民提供了更为便利的学习资源。

2. 协同推进技能教学和知识教学，全方位提升老年数字素养

在实用技能方面，开展了老年数字教育进社区活动。依托智慧助老志愿教师进入所有居委学习点，通过人像拍摄体验、手机支付等系列活动的举办，深入了解各居委老人对于智能手机使用的不同学习需求，量身定制，零距离服务，按需送课，开展个性化授课辅导；在知识拓展方面，提出建设"无限通信"社区学习坊的设想，免费向老年学员普及最前沿的信息科技知识。

3. 建设在线学习资源库，实现基层社区资源共享

逐步构建资源库、课程库等学习资源，充实了社区学校在线空间。利用街道、文化中心公众号平台和学校三级微信群等推送课程资源；通过"腾讯会议""钉钉课堂"直播课及线上录播课等形式，将课程推送到班级，并将课程资源打包送到居委学习点，实现资源共享。

4. 注入智慧助学新动力，扩容队伍，提高智慧助学队伍专业素养

开展了"数字化时代开启生活新篇章——瑞金二路街道社区学校助老服务智能技术"教师专业培训，培训主要针对线下面授课情景，同时也涉及了短视频授课的相关技巧，帮助教师送教上门开展个性化教学。

5. 打造智慧学习体验区，优化老人数字学习体验

项目组紧密结合具有社区区域特色的"红色文化"，打造了"遇见·魅力瑞金"智慧学习体验区。依托现代科技和开放多样的沉浸式演绎手段，建成数字文化墙、数字互动屏与学习展示区等。让学习者通过不同功能模块进行多样化体验，实现"足不出户"的云游览、云学习。

三、实验成果

（一）开展了老年数字教育进社区系列行动——赋能智学，数字行动，助力老年人融入数字生活

活动结合了实验项目进行调研访谈与数据采集，在了解老年人痛点的基础上实施精准教学，根据不同老人的学习需求，有针对性地开展个性化课程。

（二）建设了"魅力瑞金"智慧场景——创新体验，为社区老年人智能技术学习提供学习范式

学校以红色文化为主题，形成线上体验式场馆。紧密结合社区的强地缘性，从100多处学习点中精选了30处人文场馆和名人旧居，形成故事、微课介绍，打造了"遇见·魅力瑞金"智慧学习体验区。通过遇见、寻迹、邂逅、相约系列，以数字文化墙、数字互动屏、"静态展示＋数字阅读临展"等形式，展现瑞金地标场馆建筑的历史与故事，让社区居民开展沉浸式学习。"遇见·魅力瑞金"智慧场景已被认定为上海老年教育智慧学习特色类设计方案。

（三）开设了"无限通信"创新学习坊——匹配需求，注重实践，拓展公共文化空间，提升数字惠民能力

2023年"无限通信"学习坊面向瑞金社区居民招募学员，完成了8次课程的学习，累计参与学习200多人次。学习坊由青少年科技探索馆专业教师担任授课教师，邀请东华大学信息科学与技术学院教授、博士生导师、副院长张光林进行无线通信课程授课。

（四）组建了专业数字化服务志愿者队伍——家门口的智能导学，"适老"更"助老"，推动数字教育专业化、个性化和普及化

1. 开展专业培训，提升教师和社区志愿者的数字化教学素养

社区学校针对摸排到的各居委老人的需求，对教师进行了"数字化时

代开启生活新篇章——瑞金二路街道社区学校助老服务智能技术"教师专业培训,帮助教师送教上门开展个性化教学。线上教学软件操作是培训的一项重要内容,若缺少相关软件的使用经验,教师则无法顺利开展线上教学。

线上钢琴课兼职教师王玥就曾回忆自己第一次进行线上教学的经历:"我们的上课软件用的是'钉钉'这个 App,由于之前我对用这个软件上直播课没有经验,因而在第一节课的时候有些小小的慌乱,耽搁了几分钟。"她在之后的课程教学中也曾因为平台操作不够熟练而出现了耽误课时的情况。而本项目组面向专兼职教师和志愿者开展的培训,就是明确地认识到了娴熟使用线上教学软件对高效开展线上教学的重要性,详细地讲解了"钉钉"这款智能移动办公软件的功能与操作流程,参加了培训的专职教师胡蓓蓓表示:"通过培训,老师们基本了解了'钉钉'这款智能移动办公平台,根据指导在手机和电脑上下载'钉钉'并注册和建立班级群。然后通过微信班级群教授学员学会使用'钉钉',从加入班群到如何观看课程,老师们都一步步手把手地在微信班级群中教会了大部分学员,为线上课程的开展打下了基础。"

"居民们学习热情高,老师更是一位难求!"针对社区老人希望学习智能手机的人数较多,学校在积极组织师资力量的同时,发挥老年教育优势,一批学员志愿者纷纷报名参加。

60 多岁的潘伟芳作为志愿者,在其 5 年多的服务时间内始终保持着至少每周 2—3 次进社区的服务频率。"教授最多的就是常用的应用,如线上打车、看病挂号、支付宝付款等,只要是与生活相关的应用我都会教他们使用。有的时候他们忘记怎么使用了我就再重新教一次,忘记一次我就重新教一次,只要大家愿意学习,我都会耐心教他们。"潘伟芳说道:"虽然很辛苦,但是老人帮助老人,感觉很幸福,未来也会一直持续。"

2. 与学校联手,动员学生做老人身边的小老师

在整理半结构化访谈结果时发现,很多受访老人认为集体教授智能手机使用技巧针对性不强,他们更倾向于手把手教授,平时会求助于自己的家属后代进行一对一教学。受其启发,学校将家庭也纳入老年智能化教育体系当中,组织社区青少年学生参与智慧助学队伍,接受智能化教育相关培训后返家进行一对一教学,担任爷爷奶奶数字学习的"家庭教师"。不少参与的老人反映青少年志愿者比专业 / 兼职授课教师更具亲和力和亲切感,

更有耐心；学习起来也更加方便，只要想学，小朋友们在家里随时都可以提供指导。活动通过老少携手的方式，更好地助力老年人融入数字生活。

（五）加强了课程库、资源库建设——创造提供灵活、便捷、多样的智慧学习空间

1. 进一步增加线上课程种类，完善网课体验，充实课程资源

依托现代信息技术，打造数字课堂，已开设了直播类课程累计 18 门，包括英语、声乐等；录播类课程 13 门；微课课程 2 门，包括海派文化、中国民俗；线上讲座累计 30 余场，包括针灸与亚健康，新冠疫情的防御和保护等；开设了直播、录播、云视、慕课、微课等百余节线上课程，近万人次参与了网上课程的学习，包括云讲座、云展览、云舞台、云体验等新型学习方式。多种形式的教学，为居民提供更为便利的学习资源，保证了学员学有所获。其中"走读瑞金"与"软陶"两门微课获评为"第八届全国老年远程教育优秀微视频课程"和"第六届 NERC 杯全国社区教育优秀微课程评选"优秀作品。

2. 依托"瑞金乐学"公众号，扩大课程库、资源库受众

学校累计打造了百余节线上课程，依托"瑞金二路文化中心"公众号中的"瑞金乐学"专题进行发布和推广，并将其转载至公开网站，老年学员和专兼职教师可以随时通过公众号或浏览器等查阅课程视频，打造了一个开放共享的课程库。

3. 构建网上多平台联通社群，最大化共享课程资源

学校在已有平台的基础上，进一步完善各个平台之间的互通互联。云视课堂太极拳课程就是一个典型案例。课程依托腾讯会议开展教学，直播画面导流至"瑞金乐学"小程序，学员可直接通过"瑞金乐学"小程序观看课程内容。扩大了社区的受众面，让只关注了瑞金公众号的"高龄基础网民"也能享受高质量的云视课程，每节课线上学员都有 300 多人，获得了教师和学生的一致好评。本课程的任课教师徐芳骞老师依托各类网络教学平台，现已开展了 118 场太极拳线上教学和交流，他所编写的《太极天地》一书，被评为上海老年教育优秀教材。他表示，"三年多的线上教学，让我感受最为强烈的是由瑞金二路街道社区学校组织开设的'传统杨式 85 式太极拳'腾讯云课程。课程体现了周期长、规模大、管理严格三个方面的特点"，对直播课程建设和管理给予了极高评价。由腾讯会议导流至"瑞金乐学"

基层小程序，为老年学员提供稳定便捷的学习体验，平台的开放性与公众度，让社区学校的相关课程的共享性也得到了极大提升。

四、反思与建议

（一）以需求为导向，构建常态化帮扶机制

社区学校助力老年人融入数字生活关键在于提供精准化、精细化服务，建立可持续的数字反哺机制。一方面，社区应当在广泛调研的基础上，根据不同老年人学习需求和智能设备的掌握程度提炼出普遍的需求，分类、分层配置课程，确保学员"少走弯路"，获得不断成长。通过坚持定期开展兴趣课堂、技能培训等活动，为老年人讲解各类新媒体使用知识。鼓励学员"以老带新"，帮助身边老年群体接触信息技术和科技设备，为生活带来便利。另一方面，建立常态化的志愿服务体系，注重发挥志愿者作用，让社区居家老年人可以通过电话或面对面的方式，寻求志愿者帮助。要主动引导志愿者转变工作职能，从"我帮你"向"我教你"转型，鼓励老年群体主动使用数字产品，进而享受"数字生活"带来的便利和快乐。

（二）融合多种教学模式，优化学习体验

传统的教学模式为线下面对面教授，老年人能够接收到教师的实时指导和支持，建立起对数字技术的基本认识，在出现问题与疑惑时能够及时得到辅导和反馈。随着数字教育的深入发展，在线学习平台和远程教育资源也不断丰富，为老年人提供了灵活的学习机会。老年人可以在家中通过互联网学习数字技术的知识和技能，自主安排学习进度，并随时与教师和其他学习者进行交流和讨论。

另外，各类沉浸式的智慧学习体验，正帮助越来越多的老年群体从容跨越"数字鸿沟"。这同时要求社区学校逐步完善现有的课程体验，运用形式多样的现代化辅助教学手段，利用虚拟现实(VR)、增强现实(AR)等技术产品，不断完善智慧化老年学习的教育场景，持续推进老年教育智慧场景应用，为社区老年人带来更好的数字化学习内容和沉浸式学习体验，创造更加包容、普惠、友好的老年数字生活新图景。

（三）联动社会各界力量，赋能老年数字教育

针对老年人服务与培训的工作多样且庞杂，仅仅依赖于社区内部的工作往往无法充分满足工作要求。基于此，社区学校应当积极依托各方力量，

形成社区、高校、志愿者群体、企业等多方合作伙伴关系，为老年数字教育高质量发展持续赋能。

在项目实施过程中，社区学校联合华东师范大学专业团队共同建立项目组，综合运用实地考察法、问卷调查法、行动研究法、访谈法等研究方法，开展老年居民智能设备使用及线上学习情况调研，制订针对性策略，切实提升老年人对互联网的使用能力；依托上海星摄文化发展有限公司的星光摄影城，进行拍摄体验、无人机学习体验以及移动课堂等互动学习；邀请东华大学信息科学与技术学院教授、青少年科技探索馆专业老师开设文化传承及科学创新社区学习坊，向老人们全方位解密高科技奥秘与智慧生活实用技能；借助当地青年人才集聚的优势，组织青年志愿者走进邻里中心，开展公益直播、开发课程资源，让老年人足不出户就能在数字化发展中拥有更多获得感、幸福感和安全感。

因此，社区学校在助力老年人融入数字生活时，需要社会各界的大力支持与通力配合。社区教育应总结开展老年人智能技术运用能力提升教学遇到的难点与问题，并分析成因，争取多方合力逐一解决。只有多方合力，才能让老年人在科技强国的快车道上不掉队，并享受智能技术带来的便利。

第五篇　社区治理篇

SHEQU ZHILI PIAN

1 党建引领下，社区教育助推新南村乡创中心建设的实验

新场镇社区学校

一、基于实践需求的实验背景分析

实验地新南村地处新场镇区西南首，与静谧古朴的古镇隔大治河相望。村域总面积396公顷，耕地面积197.6公顷。全村总户数1265户，户籍人口3021人。近年来，在党建引领下，新南村在村容村貌、乡风文明、产业发展等各方面都取得了明显的成效。

二、实验目标——聚焦乡创中心

一是通过实验项目的实施，使新南村党总支在乡创中心建设工作中发挥引领作用。

二是通过实验项目的实施，新南村乡创中心进一步提升能级，加快乡村产业转型发展，助力乡村振兴。

三是通过实验项目的实施，在回乡创业的青年中培养骨干队伍。

三、实验过程

（一）实施方式

1.组建实验项目工作领导小组

项目伊始，由新南村党总支书记、新场镇社区学校校长组成实验项目工作领导小组，制订项目实施计划，召开会议明确分工和职责，研究、制订实验项目方案，部署实验项目开展的具体工作和要求。

2.摸底调查，厘清乡创中心现状

新南村"乡创中心"运行现状进行摸底调查，了解乡创中心人员组成、工作状态、组织培训情况、返乡青年实际需求及发展预期等相关信息，为完善实验项目的实验内容指明方向、奠定基础。

3.协调沟通，多元主体协同

组成由新南村办学干部、新场镇社区学校相关教师构成的实验项目联络沟通组。联络沟通组在项目推进过程中，及时与新场镇乡创办公室、新场镇团委、新场镇文化公司等相关单位联系沟通，取得相关单位的支持协助，确保实验项目有效实施。

（二）实验内容

实验内容即实验项目的核心环节。本实验紧紧围绕项目目标，主要是以"发挥党建引领作用、培育乡村振兴人才、提质乡村产业、繁荣发展乡村文化"为主要内容，进一步推动新南村乡创中心取得新成效。

1.发挥党建引领作用

新南村党总支结合"乡创＋"的发展路径，加强党建引领，做实党群服务阵地的多功能建设，实现阵地布局再优化、服务资源再整合、服务品质再提升、乡风文明再提高，不断增强全体村民的获得感、满意度。

（1）打造"带得走"的阵地

以地域相邻、资源共生、服务互补为原则，依托村级"1＋7"家门口服务体系，即1个"家门口"服务中心和7个"家门口"服务站，均衡布点覆盖全村的党群服务阵地。坚持以"百姓的事就是自己的事"作为行动指南，延伸党群服务触角，村党总支先后推出"两卡一站"机制，打造村民"带得走、可移动"的党群服务微阵地。一张"民情联系卡"列清村"两委"班子成员姓名、职务、分工、办公电话、手机号码等信息，送到家家户户；一张"便民服务卡"印有村各部门人员和各类救助员姓名、职责和联系电话，水电维修、民政医疗、就业等日常服务"一call到位"；一座"民情气象站"搭建起村"两委"和村民之间的沟通桥梁，社情民意及时听，群众诉求及时解。

（2）嵌入"用得上"的功能

在党群服务阵地建设中，规范化地设置了组织生活室、书记工作室、两代表接待室、党员谈心室、民主议事厅等，承担、承载着多种功能。与此同时，融合市民事项受理站、联勤联动站、文化服务站和村卫生室空间、服务、资源，持续更新完善服务项目清单，增加村民喜闻乐见的文艺演出、为农特色服务等。

（3）展现"看得起"的风采

农村党群服务阵地不仅是一个服务平台，也是深化党组织战斗堡垒、展现党员干部先锋模范作用的示范窗口，更是广大群众参与治理的载体阵地。

2. 培育乡村振兴人才

（1）选好乡村振兴"领路人"

乡村要振兴，人才是关键。选好乡村振兴的"领路人"至关重要。新南村以选拔培养人才为抓手，提升干部队伍素质。结合村"两委"换届，大力选拔政治素质好、创新意识强、做事本领高、带富能力强的大学生、返乡"农二代"、有志青年等充实到村干部队伍中。2021年新南村"两委"班子换届，又吸纳了5名年轻人加入，目前村班子成员都是"80后""90后"的年轻人。也正是因为年轻人的加入，新南村村委班子变得更有活力了。

（2）开展多元化学习活动

新南村乡创中心与新场镇社区学校通力合作，开展针对返乡青年、艺术青年的多元化学习项目，全面提升乡村创客能力。

3. 提质乡村产业

（1）实施生态循环农业项目

在传统种植业的基础上，为村民搭建生态循环农业学习平台，培育乡村实用型农业技术骨干。推广以南德合作社为代表的生态循环农业技术，以点带面引导村民学习，把农业废弃物、生活废弃物（干湿垃圾）等通过特殊技术转换成农田需要的优质有机肥，免费提供给村民。

（2）开展"非遗＋居家就业"项目

为了让土布焕发新的生命力，让非遗文化与美丽乡村互融共生，新场镇社区学校与新南村联手打造了集手工生产、体验、展示于一体的浦东非遗"土布乡创基地"，将本村织布能工巧匠组织起来，组建新南织布传承小队，传帮带本土织布技艺，打造"土布工坊"能手。同时面向村民开设土布产品（土布包、玩偶、餐巾纸盒、杯垫等）的手作及制作培训课程。通过年轻创客的创意设计，将传统土布运用到现代家居布艺品、收纳品、服饰产品的设计中，研发出既有中国传统特色，又有现代气息的中式时尚的传统土布手工布艺品。引导和鼓励农村妇女参与土布产品的手工制作，并通过乡创平台宣传推广，将这些产品推向市场，帮助村民实现居家就业，增加村民收入。到目前为止，共研发了 5 大类土布产品（包类、家居类、茶事类、文具类、香囊类）共计 58 款。带领农村妇女与她们亲手制作的乡创产品亮相两会；参加全国妇女手作创新创业大赛选拔赛，让新南村的乡创产品呈现在全国舞台，亮相"浦东新区第二届农民丰收节"。乡创中心入驻相关创客团队携新南土布乡创产品 86 件参加位于陆家嘴活力 102 空间举办的"'活力·守艺'文创新场非遗土布文化展"。由新场本地村民手工缝制的新南乡创产品入驻线上店铺。

（3）培训导师助力桃产业发展

依托浦东品牌瓜果产业片区（南汇水蜜桃新场示范基地）项目建设，以区人大代表何明芳为新南乡创学院培训导师团的成员，把先进优质的水蜜桃种植技术传授给广大农民群众，实现培育、种植、管理、销售一体化产业体系，解决乡村富余劳动力问题，带领广大桃农掌握标准化的先进种植技术，拓宽销售渠道，带头致富，促进农民增收，助推乡村振兴发展。

（4）试点艺术家工坊建设

引进社会资源，利用村民闲置用房，发展"艺术家工作坊＋民宿"。目前建成的"喜壤小院"，就是由中华艺术宫《清明上河图》主创人员、艺术家王峰创办的。该团队通过对本地产业状况进行深入了解，经过文化赋值，开发出具有一定吸引力的农产品且持续销售，建立农产品平台并持续运营，帮助村民卖桃、卖菜带动村民增收，助力乡村振兴。同时注重对在地文化的研究与推广，挖掘自然环境景观及历史文化资源，结合实际举办了一系列乡村活动，获得社会广泛关注。激发乡村活力，深入挖掘村史、桃文化、农耕文化，发动村内能工巧匠对闲置废弃的农机、砖瓦、水缸等资源进行二次利用，结合美丽庭院"微景观"建设，打造富有乡村文化内涵的特色景观。

4. 繁荣社区教育活动

（1）社区能人"用起来"

新南村一直以来关注本村文化人才，通过调查摸排建立起村文化人才档案，招募老干部、老教师、老专业技术人员、乡村创客等作为社区教育志愿者。在开展各类社区教育活动时，除有必要聘请一些外来的专家学者之外，其余的基本从本村的文化人才库中选用。

（2）社区教育活动"办起来"

作为浦东新区科普示范社区的新南村，科普教育活动也是本村社区教育活动的一大特色亮点。新南村每季度开展一次科普活动，同时利用全国科技节及全国科普日，围绕"节约资源、保护生态环境、美化家园、创新创造促进乡村振兴"等主题，积极开展各项"贴近实际、贴近生活"的科普活动，例如流动科技展、科技小制作、生态微景观、健康科普知识讲座等加大科普宣传力度，把各种科普知识及科普元素辐射到每个村民家中，增加村民的科普理念和文明素养。在由新南新星小学改建而成的乡创学苑内开展乡村科普体验活动。借助新南乡创学苑资源，开展"特石生态基地实地调研""园艺新南——绣球花扦插""金融助力——建行政策宣讲""生态新南——湿垃圾资源化"等活动培养新三农人。随着人口老龄化发展速度加快，老年人口的社会抚养和照料问题日益突出。"居家养老"模式的推行，养老护理人员需求量越来越大。新南村依托乡村振兴综合示范村建设，筹备建设了新场镇第二家老年人日间照护中心——新南村老年人日间照护中心。新南村老年人日间照护中心于2022年年底开始运营，运营后需要一定数量的养老护理人员。新南村联合新场社区学校为本村的农村富余劳动力"送教上门"，2020年共开设了2个"养老护理员"职业技能培训班级，为日间照护中心储备了急需的上岗人员。"人文行走"是终身学习中的一种学习方式，即游走游学。依托古镇资源，新南村作为新场古镇人文行走开发的"人文学习点"，组织动员村民积极参与"人文行走"活动，让本乡本土的农民领略感受新场古镇的红色文化、江南文化、海派文化，还让村民进一步感受到自己家乡俨然已经成了上海市民眼中的"网红村"，近两年组织了800多名市民进行终身学习的体验。"人文行走"打破学科、空间、角色、年龄的限制，形成"人人要学、时时可学、处处能学"的生动局面。在疫情期间，新南村借助社区学校的学习资源为村民推送了养生、健身等方面的微课，实现了"学习在指尖"的线上学习新方式。村组建起的沪剧表演队、腰鼓队、锣鼓书队、时装表演队、健身操队等多支文体团队，经常与社区学校的老年学员携手在重大节日为村民们开展文艺演出，切实增强村民们的幸福感、获得感，有效打造了村文化阵地。文化服务站的"非遗一起吧"，成为古镇文艺团队、手作匠人送文化进村的平台，不断引进新的优秀资源，丰富村民的文娱生活。

（3）社区文化服务"动起来"

新南村通过实施基层治理、美丽乡村建设等工程，在村域内开辟多个休闲广场，并打造了7个健身点，安置健身器材，如扭腰器、跨步器、蹬力器等。鼓励村民树立起科学、健康、文明、向上的生活态度，安排专业的指导人员向村民传授科学健身、科学生活的方式方法，指导他们掌握各种动作和要领，受到了村民们的欢迎。新南村在家门口服务站、村文化活动室内分别打造了80平方米的多功能室、150平方米的活动空间。建设的农家书屋藏书1200余册，工作日8:30—16:00免费对外开放。2021年新南村农家书屋荣获"第九届全国服务农民、服务基层文化建设先进集体"称号。

四、实验成效

作为建立全市首个乡村创客中心的新南村是返乡创业青年和有志于乡村创业年轻人的头脑风暴场、创新策源地、技术培训课堂，形成"三农"人才新社群。实验项目运行以来，取得了一些阶段性成效。

（一）建立新机制，带动增收致富

一是坚持党建引领，探索"党建＋社会组织＋创客"的社会治理模式，开展助困帮困、清洁家园等30多场公益活动，800多人次参与。举办家门口招聘会、乡创助农预售桃子等活动，推出20多个就业岗位，预售桃子7万斤，有效增进新老村民融合。二是建立村运营保障机制，成立新场乡创公司，举办3场产业推介会，不断导入各方资源，带动村集体经济发展和村民增收。一年来，村集体通过闲置资产出租、土地流转等途径增收150余万元，村民通过农业合作社、新业态等带动增收约600万元。如"非遗土布＋居家就业"项目，有1万人次参加培训，带动村民就业30多人，人均年增收3万元。

（二）探索新路径，吸引人才回归

当一些地方出现"空心村"时，新南村却迎来了本村青年纷纷回乡创业的可喜景象。近年来，年轻人因为看到了农村发展的希望，已吸引了50多名返乡青年、艺术青年回乡寻梦，为乡村创客中心提供了源头活水。他们中有在村委会工作的"90后"小伙，有在合作社工作的"90后"职业农民、"80后"新南村媳妇，还有从人民调解员转行到村里做农庄"管家"的"85后"姑娘，更有辞掉事业单位工作在村里开起多肉植物馆的有为青年。这样一批回归新南村创业或工作的"农二代"带来了新技术、新理念、新业态，为新南村的发展带来活力。通过乡创中心平台，为他们提供再学习的机会，让返乡青年永葆新农村发展的"科技底色"，让他们不仅带着技术回乡，也让他们在这里学习到新的技术，更大限度地推动了新南村的农业现代化发展。

新南村创新乡村人才引进培养方式。采用"政企结合、市场主导"的投入运营方式，新建乡创孵化中心、乡村振兴促进中心、乡创学苑和乡伴创客公寓，为青年创新创业提供一站式服务。启动由建设银行、建信住房公司投资的"建融新南家园"乡村人才社区建设，为乡创人才提供住房保障。目前入驻新南村的创业团队有 16 家，涉及创意办公、工坊民宿、非遗美食等业态，带动就业 100 多人。与上海市公共政策研究会合作开展"现代化国际大都市乡村振兴之路"课题研究，与同济大学联合主办"大都市地区的乡村振兴"学术交流会，以新南村为样本，共同探讨乡村振兴的路径和模式。

（三）挖掘新潜力，推动产业融合发展

一是做强桃产业。村内主栽的品种新凤蜜露曾获国家农业部金奖，桃林下立体种植的"新场青"（矮脚青），获全国创造发明金奖。延伸桃产业链，从育桃、品桃、桃衍生品等 10 个方面，拓展、赋能全产业链，RIO 桃鸡尾酒、第一楼桃花酥等成为网红产品。二是加快智慧农业建设。与上海市数字产业促进中心合作建立"5G 技能湾智慧农业基地"，成为全市首个与 5G 产业相结合的农业技能人才培养基地，新建 5G 乡村演播室，启动直播电商班课程培训。三是探索新型农业经营模式。新建农产品展示展销中心，打造"浦农优鲜"全区首个乡村旗舰店，发挥新场桃顺农业合作联社平台优势，整合全镇优质农产品资源，形成销售、经营、生产一体化的产业联合体。通过科学生态农业技术培训，培育新型农民，依托创客带动农产品销售，积极推进农业科技进步，切实转变农业发展方式。

（四）激发新活力，实现镇村一体化发展

新南村坚持古镇和乡村联动，举办上海市桃花节、古镇文化体验季、人文行走等活动，开通"古镇＋乡村"旅游线路，带动乡村人气，新南村年接待市民、游客约 10 万人次。实施"艺术家进乡村"计划，吸引 10 多位艺术家到乡村发展，由喜壤艺术家创意设计的"大地秀场"在长三角公共文化空间创新设计大赛获奖。国家百部重点剧目电视剧——《浦东人家》

在新南村取景拍摄，吸引越来越多的人打卡、回乡。

五、实验展望

在社区教育的助推下，新南乡创中心经过两年的探索实践，取得了一定的成效。接下来我们将继续围绕学习型乡村建设不停努力和探索，联合乡创学院，提升能级，形成乡创联盟，成为年轻人创新创业的乐园。继续秉持"古镇＋文创＋乡旅"的发展理念，结合新南村发展乡旅经济、民宿经济的构想，进一步发展"数字化＋"数字乡村建设，不断催生内生发展动力，吸引更多创客团队和多元投资主体，进一步培育乡村发展新动能，实现以"产业兴旺"持续带动"生态宜居、乡风文明、治理有效、生活富裕"乡村振兴总体要求，成为新场乡村振兴道路上的示范者和引领者。

2 读书活动助推儿童友好社区持续发展的实验

古美路街道社区学校

一、实验背景与意义

（一）实验背景

古美社区位于闵行区，交通便捷，辖区面积6.5平方公里，常住人口近16万，有41个居民区。该社区先后获得全国文明单位、上海市先进基层党组织、上海市文明社区等称号。古美路街道社区学校注重内涵建设，被评为上海市学习型组织、全国社区教育示范街镇、上海市优秀成人院校。社区教育已形成完整体系，是重要的教育文化阵地。2017年启动了"儿童友好型社区建设"实验项目，2021年被确定为上海市儿童友好社区示范点。前期实验成果为社区教育和各地落实《中国儿童发展纲要（2011—2020年）》目标开拓了可行路径。

（二）实验意义

"读书·最美"市民读书活动已连续举办九届，旨在激励居民参与阅读，推动全民学习。古美路街道社区学校根据实际情况，与多方联动，开展了多种读书活动。这些活动成果共享于儿童友好社区建设，培养阅读习惯，激发阅读兴趣，促进儿童健康发展，共建书香社区。

二、实验概况

（一）概念界定

1. 读书活动

读书活动是群众性活动，以阅读书籍为主，融入思想政治教育。本实验中的"读书活动"是在儿童友好社区发展理念下，定期开展多样、丰富、有主题的读书活动。着重培养儿童及家长阅读习惯，激发兴趣，营造亲子阅读氛围，促进儿童健康，共建书香社区。

2. 儿童友好型社区

儿童友好型社区是指最有活力的、更适合居住的、有利于儿童健康成长的、并为成人营造更有幸福感的社区。《上海妇女儿童发展"十三五"规划》提出，要"进一步优化社会公共环境、营建儿童友好型城市"。上海创建儿童友好社区的内涵是坚持儿童视角，以儿童优先为原则，优化配置、整合统筹社区内儿童活动场所和服务项目，依托全市各街镇、居村资源，为儿童打造一个环境友好、设施齐全、服务完善的 15 分钟社区生活圈，增强儿童及其家庭对社区的归属感、获得感和幸福感。

3. 儿童友好社区持续发展

可持续发展是指既能满足当代人发展的需要，又不影响人类后代满足其自身需要和发展能力的发展方式。本实验中的持续发展，主要是指社区充分发挥儿童服务空间，通过各类各层次的读书活动引领儿童爱上阅读，引导家长学会指导儿童读书，促进儿童养成自主阅读等终身学习的意识与能力，不断提升家长的家庭教育能力，增强"儿童友好"的社区发展理念和价值观。以读书活动的开展助推政策友好构建、空间友好构建与活动友好构建的突破与跃升，促进儿童友好社区的持续发展。

（二）实验目标

以儿童友好型社区持续发展为目标，整合资源，建立机制与策略。尊重儿童主体性，形成参与机制。通过读书活动引导儿童和家长积极参与，培养儿童自主阅读等终身学习能力，提升综合素养。增强儿童对社区的获得感，同时提升家长家庭教育能力，增强家庭对社区的归属感和幸福感，实现可持续发展。

（三）实验内容

1. 社区读书活动现状梳理与调查分析

梳理现有的读书活动内容，了解其成效与意义，探索适合儿童或亲子家庭的读书活动。

2. 创新读书活动设计与实施的策略探索

根据儿童发展需求，设计一系列有主题的读书活动，并利用社区资源推动活动开展。实验目标强调"儿童友好"不仅限于儿童，而是包括整个家庭和社区。活动覆盖儿童、父母、祖辈等参与者。

3. 读书活动助推儿童友好社区持续发展的机制探索

营造儿童友好社区氛围，凸显育人理念，搭建实施平台，建立长效实施机制，分层推进。多元融通，多方联动，深化儿童友好制度，拓展儿童友好空间，提升儿童友好服务，促进儿童友好参与共建，助推儿童友好社区可持续发展。

（四）实验方法

1. 文献分析

运用文献分析法，研究读书活动、儿童友好及社区教育三者之间的关系，明确新时代背景下社区教育的新任务与要求，重新审视社区儿童教育在建设学习型社区中的功能与作用。

2. 调查梳理

通过选择社区家庭亲子阅读等促进家庭和社会和谐的典型案例，开展实践调研，掌握儿童教育团队在建设学习型社区中的经验和做法。

3. 实践行动

发挥实验项目的引领指导作用，强调时间顺序，总结成功经验，针对"儿童友好社区"项目在建设学习型社区中遇到的困惑和问题提出改进策略，纠正偏差并解决问题，提出依托学习型社区建设的工作思路和行动策略。

（五）实验思路

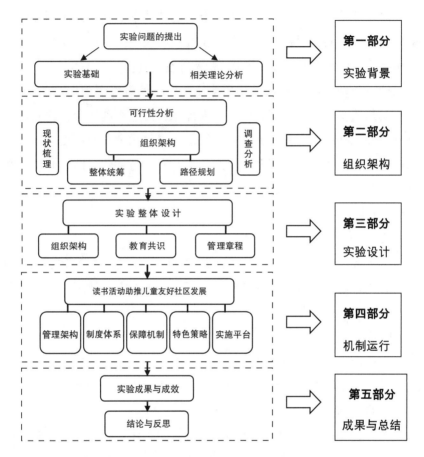

图 5-1　读书活动助推儿童友好社区持续发展实验思路

三、实验过程

（一）实验启动阶段（2020 年 10 月）

1.开展现状调查分析

古美路街道以儿童为重点人群发展社区教育，符合社区特点和居民期望。儿童的生活与教育，是居民关心的重要话题。古美社区长期坚持"儿童优先"的发展、管理原则，为儿童创造良好的社区环境、文化氛围。

读书活动是推动儿童友好社区持续发展的适切实验项目，基于社区实际，对明确未来发展具有重要作用。为了开展实验项目，我们设计调查问卷，累计回收有效问卷3769份，并访谈了近50个家庭。

调查结果显示，目前读书活动在推动儿童友好社区发展方面存在以下问题：一是较少从儿童需求出发，儿童参与度不高，对自主阅读能力培养不足；二是家庭教育能力指导、引导孩子自主阅读的策略较单一；三是读书活动的空间、平台、资源挖掘与利用不充分，作用未得到持续发挥。

针对这些问题，我们设计了实验内容，完善实验方案，并积极推进项目的实施。

2.进行统筹规划，落实整体实验设计

在项目的实践运行中，由社区学校（下文简称"社校"）层面进行统筹规划和设计，然后再将任务和工作分配或下放给各分管领域负责人，再由项目对接小组、推进小组、反馈小组分步实施。为剔除麻烦与烦琐的流程，推动各项任务与项目顺利进行，我们优化了自身的架构设计。

（1）依托学术力量，确保实验项目的有效性

本实验项目成功立项之后，马上成立项目实验组，由校长担任组长，其他教师为组员，并依托一系列学术性的非行政性组织，如学术专业委员会、名师工作室等助推项目的顺利开展。同时，积极构建校外科研专家智库，发挥他们的理论与实践优势，帮助提升基层教师科研能力。

项目组依据实验目标与内容，进行了整体的设计与策划，包括方案的制订、活动的主题与内容、实施的部门、过程的监控、效果的评价与反馈等，促进了实验项目的顺利开展以及实验效果的达成。

（2）架构核心组织，打造三方合力的实验格局

在"社校领导、各校协同、社会助力、共同参与"的"多元融通"式家校社联动机制的探索中，经过校内、校外的多轮磋商，设立核心组织机构，包括"核心推进小组"和"核心组织"。

"核心推进小组"以"第一主持人"为原则，设立项目推进小组，为项目开展的决策机构。设总责任人1名，由社校常务副校长担任；设副责任人5名，分别由各分管领域负责人担任。"核心组织"以"三方合力"为原则，融入街道层面、教育系统、社会三方力量，家校社三方联动，为项目开展的组织、策划、实施机构。群策群力，整体策划，保障实验质量。

表 5-1　核心组织与主要职责

序号	来源	主要单位或部门	主要职责
1	古美街道	学区办公室	沟通协调
		社区学习点（41 个居委）	组织宣传
2	教育系统	上海市实验学校西校	（中）家校社互动
		闵行区平阳小学	（小）家校社互动
		上海市万源路幼儿园	（幼）家校社互动
3	社会力量	大众书局古美店	亲子体验
		专家、学者	专业指导
		家庭教育志愿者	辅助开展

（二）实验实施阶段（2020 年 11 月—2022 年 10 月）

自实验项目启动以来，学校围绕如何通过多种主题化、系列化读书活动，为助推儿童友好社区持续发展进行了全面探索。

1. 凝心聚力形成儿童友好社区文化共识

（1）政策：全面普及理念共识，搭建系统制度体系

结合推出的亲子阅读活动，紧扣儿童安全、个性发展等热点问题，普及儿童友好理念；建立完善机制，引导更多的社会力量参与，建立有效的社会服务体系；建章立制，开堂授课，传播正确的教育价值观、优化儿童的成长和教育环境。

（2）空间：创设良好公共空间，培育良好人文环境

从儿童的视角出发，建立有益于儿童活动的公共空间；针对儿童、教师、家长三大对象开展培训指导、参与式活动，通过知识和理念的传授，将儿童家庭、学校、社区紧密相连，整体提升儿童所处的人造环境及人文关系环境。

（3）服务：凝聚丰富服务资源，开展系列服务活动

对不同年龄、不同类别儿童的多种需求（如基本生活照顾、健康照护、良好家庭生活、学习、娱乐、心理发展、人际交往等需求），设计不同的

服务项目和方案，尽力使社区里的所有儿童及其家庭都能得到普惠服务的支持。

2. 校内外共同驱动，探索运行机制的建立

（1）各领域"第一主持人"制度

在项目运行中，学校实行"第一主持人"制度，校长担任教科研的第一主持人，其他团队成员则负责各自分管领域的教科研工作。各领域的"第一主持人"在总体教科研目标任务下，对其分管领域进行策划、组织、反馈和反思。这一新策略与制度的实施，增强了管理人员在实践研究中的责任感与主动性。同时，家校社联动实行"常态互动和节点推进"实施机制，确保实验的有效运行。

（2）"常态互动和节点推进"的实施机制

在实践中，根据社区特点，采取"常态互动和节点推进"机制来推进读书活动。家校社多方联动，加强日常沟通，定期召开联合会议，共同商定推进项目。节点推进则是在常态互动基础上，各推进小组以学期为单位，策划推进节点专题活动，提升核心领域工作品质。

3. 创新读书活动，形成特色运行策略

（1）满足儿童需求，创新"四学"活动

即便是在疫情常态化期间，读书活动也践行了"线上＋线下"的双通道模式，从儿童需求出发创新开展"四学"活动。

小神兽课堂提供丰富的儿童假期活动，包括诗词鉴赏、绘画、音乐等，以寓教于乐的方式拓宽儿童视野，促进亲子互动，培养创意思考能力和探索能力。

360体验活动让孩子们尝试各种职业，如图书管理员和生命安全体验员，以此提升孩子们的动手能力、协调统筹、团队合作和战胜挫折等能力。

金话筒诵读专场讲座在多个邻里中心举行，吸引了众多参与者。现场气氛活跃，主讲人指导朗诵和古诗词诵读，分组指导和现场示范表演获得好评。线上诵读展示活动收到131个作品，最终选出15个优秀作品进行宣传展示。

阅读马拉松活动与小鹅通平台合作，设置21天打卡机制，旨在帮助孩子养成阅读习惯，提高阅读自主性。

（2）创建多元平台，提升家长养育能力

当今社会，家长和祖辈在照顾和教育孩子方面承担着重要责任。作为孩子的第一任老师，家长的角色至关重要。我们通过家校社联动，利用亲子阅读和家庭教育等方式，教授长辈们如何正确教育孩子，帮助年轻父母正确引导孩子成长，成为真正合格的家长。

每周三读书会：已进行到第 84 期，辐射 1200 多户家庭，惠及 4500 多名居民。活动内容丰富，包括共读书籍和 4 场 P.E.T 父母效能特辑沙龙。读书会得到官方和上海市家庭教育实践基地的支持。为解决线下活动人数限制的问题，我们开通了线上直播，让更多社区居民参与。

"社校＋居委"悦读悦美书会：现有成员 47 名，由古美社区学校 6 名专职教师牵头，古美街道所属 41 个居委会教学点各派 1 名干部组成。团队成立以来，定期组织在线阅读和发表读书感言，组织诵读比赛，推动社区读书活动的开展。鼓励各居委各层面成立具有社区特色的基层社区学习组织。

"咨询＋疗愈"解忧心驿站：为缓解家长教育孩子的压力，聘请专业芳香理疗师定期指导家长做芳香冥想，邀请心理学老师带来音乐冥想与放松的专题讲座，并设置"云信箱"模式，为家长提供咨询渠道。

"家庭＋社区"友好大课堂：为促进亲子和谐相处及为家长赋能，推出家长在线课堂系列专题讲座"友好大课堂"，由古美路街道办事处主办，古美路街道社区学校承办，上海市实验学校西校、上海市古美学校协办，丰富了家长及孩子们的暑期线上活动内容。

（3）依托各方力量，拓展学生阅读空间

①多元融通，整合儿童友好型空间资源

因社区学校场地有限，因此要充分整合辖区内现有的儿童友好型公共空间等资源，如大众书局、邻里中心、教学点等，同时积极开发新的场地，开展读书活动，扩大活动影响力与覆盖面。

为引导和鼓励广大社区居民分享好书、传递好书、共享书香，社区想方设法建立图书角、微型图书馆等。如古美路街道办事处就专门设置了"守书阁"。同时发挥各个邻里中心的有利空间，推进全民阅读、终身学习，展示文化的力量，共建书香社区。

②点面结合，发挥学校主阵地育人作用

社区儿童日常都在幼儿园、学校上学，因此，中小幼是儿童读书的重要阵地，为了进一步推动活动的开展，社区学校联合街道力量，共同策划多元的读书活动。如推动上海市实验西校的读书活动，邀请了市级著名的朗读专家、古美街道领导和全校师生共同参与读书活动。

为了拓宽师生的文化视野，学校开展了不同主题的读书文化节的系列活动。如六年级的"益智明理——我们爱读书"，七年级的"开卷有益——我们多读书"等。

为了更好地展示读书活动的成效，学校开展丰富多彩的汇报活动。如"寓情于演，快乐阅读"的课本剧表演活动；"珍惜阅读　吟诵经典"的名著经典语段的诵读与摘录展示；"怎样的人生最精彩"名人故事演讲等。

通过活动，师生在阅读实践活动中感受文化的魅力，丰富了知识，开阔了视野，充实了课余生活。同时推动了学习型班级、学习型家庭、学习型学校的建设，积极创建书香浓郁的和谐社区。

（三）总结阶段（2022 年 10 月）

汇总整理实验过程中的照片、录像、文字等资料，并形成文本，进行实验总结、撰写实验终期报告，接受终期验收。

四、实验成效

通过本项目的实施，读书活动在街道已经形成风气，帮助儿童及家长养成了阅读的习惯，提高了阅读的有效性，普及了儿童友好的理念，形成了儿童友好的社区氛围，助推儿童友好社区持续发展。

（一）培养了儿童自主阅读的能力，增强了儿童的获得感

读书活动的设计是以儿童需求为导向，以"寓教于乐"为宗旨，通过趣味性读书活动的开展，培养儿童阅读的自主性，引导儿童成为阅读活动的参与者、表述者，从外驱力转化成为内驱力。如悦读马拉松，累计有 500 余名儿童持续打卡，在线分享阅读感言，自主阅读能力得到很好体现。

（二）提升了家长的教育能力，增强家庭的归属感与幸福感

在两年的实验过程中，我们开展多元读书活动，引领家长学会指导孩子读书。近两年，我们开展了 16 项活动，参与达 11253 人次。

表 5-2　2021—2022 年家庭教育活动表

序号	时间	人群类型	合作单位	主题内容	体验形式	人数（人）
1	2021.07	儿童	阳贝教育	绘画带我"飞" 暑期亲子绘画创作活动	线下	25
2	2021.03—09	父母	大众书局	家庭教育读书会（每周三）	线下	80
3	2021.01			"家育手拉手"寒假主题活动 三分天赋七分教育	线上＋线下	270
4	2021.01			——用脑科学破解育儿难题	线上＋线下	234
5	2021.06			什么是高质量的陪伴？ ——做家长的四层次与有效陪伴的三原则	线下	35
6	2021.07			"家育手拉手"暑假主题活动 三分天赋七分教育	线下	15
7	2021.08		心之泳心理工作室	P.E.T 父母效能课程	线上	890
8	2021.08			亲密关系中的沟通	线上	963
9	2021.03	隔代	本校	怎样更好地关爱下一代	线下	20
10	2021.07	亲子	大众书局	"我爱我家"创意纸雕	线下	20
11	2022.07	父母	笑岚教育	友好大课堂：智慧父母系列讲座	线上	2678
12	2022.07	亲子	笑岚教育	友好大课堂：学做人际交往达人	线上	1518
13	2022.07	亲子	笑岚教育	友好大课堂：好习惯好未来——赢在初中	线上	1663
14	2022.07	亲子	笑岚教育	友好大课堂：扣好人生第一粒扣子 ——幼升小升学指导	线上	1596
15	2022.07—08	亲子	笑岚教育	巧手体验课	线上＋线下	238
16	2022.09	亲子	笑岚教育	友好大课堂： 《上海市未成年人保护条例》解读	线上	1008

家长参加我们的读书会，通过言传身教去感悟，带领孩子一起成长和进步。当家庭关系和谐了，居民对社区的归属感和幸福感也越来越强了。

（三）形成了以读书活动助推儿童友好社区持续发展的机制

本项目围绕读书活动如何助力儿童友好社区的持续发展展开深入研讨，重点在于探索机制与制订策略。我们采用家校社联动的"三方合力"模式，成立"核心组织"，负责活动的组织与策划。实施过程中，采用"第一主持人"制度，各领域的"第一主持人"在总体教科研目标下，按学期自主策划、组织、调研、反馈和总结。新管理策略与制度的实施增强了管理人员在实验过程中的责任感与主动性。在上述机制与策略下，活动取得了显著成效。例如，"绘画带我飞"活动结合时事热点，引导低龄和高龄儿童了解神舟十二号飞船和蛟龙号载人潜水器相关知识，并以此进行绘画创作。该活动被中国教育电视台和上海教育电视台报道。

图 5-2　"绘画带我飞"活动采访

在活动过程中，从社区家长群体中选拔、发现有号召力的家长代表，把他们培养成具备专业能力的社区公共服务实践人才，以此充实志愿者队伍，成为保障儿童友好社区持续发展的中坚力量。儿童友好社区项目自 2017 年启动，并以此为基础申报为市级的实验项目，用理论来支持项目的开展。

表 5-3　实验项目汇总表

序号	标题	是否结题	获奖情况
1	《以社区教育为载体 构建儿童友好社区》	是	2018 年度上海市社区教育实验优秀项目
2	《儿童友好社区构建助推社区治理的实验》	是	2020 年度上海市社区教育实验优秀项目
3	《树"悦音古美"品牌 助友好社区发展》	是	2021 年度上海市社区教育实验达标项目
4	《读书活动助推儿童友好社区持续发展的实验》	结题阶段	

五、结论与展望

本项目以儿童为中心，整合社区教育资源，形成家、校、社三方合力，以读书活动为载体推动教育理念和实践的深化。我们关注儿童主体性，建立参与机制和实施机制。特色读书活动引导儿童和家长积极参与，形成有效的运行机制。经过两年实验，书香社区氛围浓厚，学生自主阅读能力提高，家长家庭教育能力提升，逐步形成"儿童友好社区"教育特色与品牌。在"双减"背景下，我们将深入思考"儿童友好"内涵建设，整合资源、探索研究，持续提升服务水平，建设友好、稳定、充满活力的儿童友好社区。

3 建设村居学堂，助力美丽乡村的实验

上海市金山区廊下镇社区学校

一、实验背景与基础

（一）实验背景

金山区廊下镇位于上海市西南部，地处长三角交通枢纽，是上海市连接浙江省的主要门户。这里环境优美，交通发达，农业旅游资源丰富，也是上海市最大的现代农业园区和新农村建设示范窗口。廊下镇有 12 个行政村、2 个居委会、1 个特色民居，总面积 46.87 平方千米，户籍人口 30879 人（2019年），其中老年人口占比 33.6%，未成年人有 1644 人，外来登记未成年人511 人。虽然上海农村百姓物质生活水平高，但农村地区老年人和未成年人较多，年龄跨度大，且学习方面的需求较大。廊下镇希望通过有效手段提供多样便捷的学习资源，满足村居民的精神文化需求，提升文化素养，创造农村群体活动的公共空间，让农村老年人跟上新时代步伐，营造和谐有爱、老少互学的良好氛围。

（二）实验基础

廊下镇是全国社区教育示范街镇，围绕区"十四五"规划，以"绿色田园、美丽家园、幸福乐园"三大工程为抓手，推进学习型社区建设。在党的群众路线教育实践活动中，廊下镇党委实施"三到头"联系服务群众工作法，解决"最后一公里"问题。廊下社区教育融合社区治理，紧密联系实际，以"15分钟学习圈"为基础，探索"建设村居学堂 助力美丽乡村"的实施项目。开办村居学堂，拓展教育阵地，扩大受教育面，营造了良好的社区氛围，形成社区教育特色，推进新廊下建设，为终身学习体系奠定基础。

二、指导思想

《美丽乡村建设指南》定义了美丽乡村为经济、政治、文化、社会和生态文明协调发展的可持续发展乡村。该指南强调贯彻落实党的十九届五中全会精神和习近平总书记重要讲话精神，坚持"人民城市人民建、人民城市为人民"的理念。社区教育培训应围绕终身教育体系和学习型社会的要求，创新模式和工作机制，发挥在弘扬社会主义核心价值观、推动社会治理体系建设、传承中华优秀传统文化、服务人的全面发展等方面的作用，为建设学习型社会、助力美丽乡村做出贡献。

三、实验目标

以"需求为本"为前提，深入了解村居现状；增强村民的归属感；以"面向人人，泛在可选"为目标，提供便捷的教育服务；以"链接资源"为根本，培养领头雁，实现学习成果反哺；以"平台搭建"为核心，整合资源，建好村居学堂，助推乡村振兴。

四、实验方法

（一）行动研究法

了解多方意见，并对意见进行归纳、整理与分析。通过实践方法，边学习、边研究，边修改、边完善，旨在分析并解决问题。

（二）调查研究法

项目组探索村居学堂如何助力美丽乡村建设，通过座谈、访谈等多形式、多层面深入了解情况，使实验结论更具科学性、合理性和可操作性。

（三）经验总结法

借鉴其他典型案例的经验总结，同时对实验项目进行阶段性经验总结。

五、实验内容

在镇党委、政府和区教育局支持下，社区学校指导村居先后建设了5所村居学堂，分别是中联崇本学堂、山塘启发学堂、南陆怡善学堂、光明牌场学堂、勇敢育英学堂，融合社区治理，办"有温度""有特色""有故事"的村居学堂。

（一）"三重"保障，确保常态长效

1. 组织保障

社区学校与村居及村民形成一对一的管理工作机制，设立村居学堂教育工作小组，由村支部书记担任总负责人，班子成员负责具体工作。小组有专人负责对接和运转，明确工作职责，制订工作计划，并建立自上而下和从下到上的沟通渠道。

2. 经费保障

各村居两委在人、物、财上全力支持学堂，将活动经费纳入预算，确保经费充足，培育学习团队，保障学堂运行。结合社区学校及结对单位资源，提升软硬件条件，优化教育环境，为村民参与培训和活动提供场所。

3. 制度保障

制订适应各地区的学堂管理制度，明确工作计划和目标。坚持"以人为本"，定期更新各类表格和半年课程计划。通过"4表1计划"确保活动有序进行，并做好相关记录。安排专人负责各项准备工作，建立规章制度，强化规则意识。与社区紧密合作，满足村民教育需求，提升自治能力。

（二）"硬核"环境，优化学习资源

1. 共创学习方式，营造"时时能学"的学习环境

（1）结合各类线上平台，深入推进全民学习

在新冠疫情背景下，架起"空中课堂"。以5个学堂为远程学习点，开设线上直播课程，开展"820云体验"活动。

通过"山塘一家亲"微信群积极推送区级、镇级和村内各类学习资源，增进了村民之间的互动与交流。截至2021年10月，微信群已超过210人，成为开展社区教育管理和联系服务村民的重要平台。积极推送"美丽山塘"微信公众号，每周推送日常工作、重点工作开展情况和相关学习资源，帮助村民掌握实时信息，开阔视野与眼界。

南陆怡善学堂按照每年的教学计划开展线下教学，同时结合各类学习平台让居民时时充电，开展线上学习。"线上＋线下"双模式深入推进全民学习，利用廊下社区学校微信公众号、"耕读南陆"公众号等在疫情期间组建线上学习小组，在线上进行学习。利用"学习强国"等App组织党员进行线上学习。

（2）多元素融合，提升活动效率

光明牌场学堂结合文化活动，探索体验式学习，从农村实际出发，共享多部门学习资源，以讲好身边故事为宗旨，推出特色课程，实现资源共享和优势互补，丰富村民精神生活，提高村民幸福感。

山塘村党总支参加知识竞赛，荣获全镇第三名。结合季度主题党日活动，南北山塘开展学习教育，共同开展党团联建活动。

南陆怡善学堂作为文化礼堂和市民修身学习点，整合资源用于各类学习教育活动。针对不同群体开设特色活动，特别是"姚家故事讲堂"，传承家训、家风和典型人物故事，倡导文明乡风和正能量。

勇敢育英学堂因地制宜，打造"3＋X"运转模式，包括三堂课和多样化活动。依托"15分钟学习圈"等活动载体，整合资源提升学堂多元化和灵活性。

2. 共建学习阵地，营造"处处可学"的学习环境

在原有的基础上，因地制宜，开发村居学习地图，构建多维、立体、广覆盖的学习阵地。

中联崇本学堂是金山区老年教育场所，于2019年初建成，设有书屋、阅览室、多功能学习厅、文化展示厅和书法活动室。该学堂以村居民需求为本，提供受居民欢迎的技艺、养生、书画等课程，获得优秀村居学堂荣誉。

南陆村怡善堂曾被战争摧毁，后于2018年重建，还原了其内涵和外貌。2019年6月，怡善学堂作为传承姚氏祖训和乐善精神的场所正式开讲。

勇敢育英学堂通过招商引资、社会共建等方式筹措资金，提升软硬件条件，为村民提供了良好的学习和活动场所。

山塘启发学堂拥有室内和室外两大活动区域，为沪浙两地儿童提供更优化、更健康的成长环境。党建展示馆内利用信息化技术，提供沉浸式、全景式体验。

光明牌场学堂是建在宅基头上的学堂，设有室内学习活动室、露天活动场地和民俗文化展示区。牌场记忆摆放了老物件，增添了历史厚重感和文化韵味。

3. 共享学习资源，营造"人人皆学"的学习环境

挖掘村居文化底蕴。结合廊下镇红色文化资源、自然资源等，以"尊重主体，凸显特色；自主运转，引领风尚"为原则，通过"情景营造""故

事讲述""实地探寻"等方式，让文化资源成为人文教材，打造特色教育，提升乡风文明建设。

（1）红色文化资源

廊下镇山塘村是全镇现存老兵最多的村庄，被誉为"英雄山塘"。学堂深挖红色文化资源，包括参观资源、视频资源和课程资源。参观资源包括政务讲解团队带领的明月山塘景区参观，体验"一脚跨两省"和"三古"（古校、古桥、古街）文化学习之旅。视频资源包括《英雄山塘》《毗邻共融 奏响村美民富歌》和《你好 山塘》等宣传片。课程资源包括明月山塘宣讲团开设的"百年党史与明月山塘"等课程，打造"老街上的党课"品牌。截至 2022 年 6 月，共宣讲 30 场，受众达 1875 人次。

（2）历史文化资源

南陆村"怡善堂"由明朝万历年间刑部尚书姚士慎创办，以纪念他的曾祖父并造福村民。学堂主要展示姚家祖训、南陆历史和姚家有影响的人物。学堂还开设相关课程，以弘扬好家风和好家训。

光绪年间，勇敢村人何静渊创办育英公学，成为金山县最早的公学之一。廊下小学的校歌即关于此公学的英雄人物张鲜军，其舍己救人的壮举激励了人们。何鄂同、方正之、何穆等英才也被记录在村史中。育英学堂的理念是培养英雄和英才，为勇敢精神赋予新的内涵，并培育更多能人。

学堂还针对镇属部门和年轻干部开展活动，如"铁廊头·每月开讲"和"铁廊头·育英学堂"，旨在提升他们的思想觉悟、党性修养和综合素质，为廊下镇的发展提供人才支持。

（3）土布特色文化

廊下镇继承传统，注重感恩，传承文化，提升生活品质。该镇以土布文化为核心，成立土布创意学习团队，将土布用于创意设计，制作零钱包、笔记本、杯垫等，使土布文化更具艺术气息。这些作品多次走进上海教育电视台，如结合廊下习俗"种好黄秧 望望爷娘"创作的土布贴画作品。光明牌场学堂则开设土布系列微课堂，将土布文化转化为时尚品，通过面对面授课指导开发土布工艺品，引导农民致富。

（4）莲湘特色文化

廊下是中国莲湘文化之乡，学校致力于莲湘文化的传承和弘扬，与镇党群服务中心合作推出"廊下莲湘"和"传统莲湘操"系列微课。他们还创作了一幅莲湘长卷，长 5.6 米，主画 3.6 米，卷首和卷尾各 1 米，融合了金山农民画技艺、莲湘元素和廊下郊野公园景点。长卷用于课程学习，可缩小为 1.5 米版用于临摹和宣传，也可分解为 9 幅小画用于学习临摹。中联村是莲湘发源地之一，其莲湘文化馆开展了亲子家庭绘画、制作莲湘棒等体验学习活动。

（三）"师资"优质，提升办学效率

村居学堂由社区学校老师、乡贤能人、大学生志愿者组成，开设多元化课程，提升办学效率。例如，光明牌场学堂引导老年人自主参与和管理，树立典型，激发自我教育、自我管理的主动性。

以"链接资源"为根本，多部门联合，培育学习团队，实现学习成果反哺。寻找相关部门合作，在团队组建、培育、服务上下功夫。加大宣传"四治"意识，激发村民参与美丽乡村建设的积极性。

"祖辈课堂"项目以"快乐学习　精彩生活"为理念，以知识宣讲为主，以生动活泼的方式，让村民听得懂、学得进、受教育、见行动。

"大雁行动"项目播种"学习＋"的理念，引导全民树立主动学习的意识，倡导多元化学习。通过"祖辈课堂"和"大雁行动"项目，将社区治理和村容整治融入学习活动中。

（四）学习成果反哺

村居学堂是"15 分钟学习圈"的关键部分，它通过建立基础设施，发掘村庄特色，并以线上线下结合的方式开展各类小型学习活动。在建设过程中，学堂培养了一批宅基带头人，他们不仅组织村民活动，收集意见，更是家庭建设的榜样。例如，吴迪观创作了歌颂共产党和新农村建设的表演；高杏华每天带领村民跳广场舞；陈连中作为宅基管家，组织村民美化环境并带领孩子们阅读书籍；蔡仁英负责祖辈课堂活动并带动村民参与文化活动；何献忠是党建活动的领导者，其家庭被评为"最美文明家庭"。

六、实验步骤

（一）实验探索阶段

1. 第一阶段：2021 年 1—4 月

（1）收集相关情报资料，挖掘文化资源。

（2）召开座谈会，访谈相关部门负责人，探索项目的可行性。

（3）成立实验项目课题组，制订实验方案。

（4）在镇辖 15 个村居内，试点 5 个村居，并选择村居学堂的地址，确定研究开发方向。

2. 第二阶段：2021 年 5—6 月

（1）整合资源，加大投入，提升学堂基础设施建设水平。

（2）拟定村居学堂的规范标准，建立组织管理机构。如村居学堂管理制度，包括安全管理、日常环境卫生综合管理、课程备课制度、课程报名制度等。

（3）根据已有材料和目标任务，对村居民的学习需求做调研分析。

（4）根据村居居民的学习需求，整合学习资源，列出村居学堂课程计划。

（二）实验的发展阶段

1. 第一阶段：2021 年 7—12 月

（1）配备 1 名志愿者任专职管理员，社区学校选一名专职教师任联络员，日常教务工作由社区学校和村委共同管理。为了做好学堂管理，每季度上报活动情况，每学期对专职管理员进行业务培训。

（2）统计报名情况和课程，做出课程安排，开展教学活动。

（3）与政府、社事办等相关部门合作，开展各类学习活动及主题教育，加大政策宣传。

（4）暑假期间，面向青少年开展学习活动。

2. 第二阶段：2022 年 1—3 月

（1）召开实验项目中期研讨会，总结反思上一年村居学堂建设的经验与不足，听取上级领导、各部门、教育联盟、各村居的意见与反馈，制订下一阶段工作计划。

（2）整理上一年收集的材料、案例、教案等。

3. 第三阶段：2022 年 4—8 月

（1）新冠疫情期间，通过学校微信公众号，展示上一年学员学习成果，营造浓厚的学习氛围。

（2）根据各村居的反馈，因地制宜，继续挖掘村居特色文化，开发特色课程，制作村居学习地图。

（3）由社区学校教师对各村居进行点对点的辅导，线上线下相融合，向各村居学堂配送课程。

（三）实验的总结阶段：2022 年 9—10 月

1. 召开总结表彰会，评选优秀村居学堂、志愿者、学员等。

2. 整理材料，提炼升华，撰写实验总结。

七、实验成效

（一）拓展学习阵地，扩大了社区教育受益面

通过建设村居学堂，深化 15 分钟学习圈内涵，有效拓展教育阵地，扩大受众面。许多村民反映，村里以前从来没有过这样的活动，也从来没听到过这样的教学内容。此实验覆盖了那些地处偏僻宅基上的老年人和行动不便的村（居）民，以及识字不多的老年人，使他们能近距离接受文化教育。

（二）丰富学习资源，满足不同类型人群的个人学习需求

村居学堂为不同人群提供定制化学习资源，让学习不再枯燥。中老年人常觉得学习与年龄不符，传统模式也让人感到厌倦。而城市郊区和农村居民的文化生活相对匮乏。为此，廊下镇根据农村特点设置学习内容，提供丰富多彩的曲艺、棋牌、诗画等活动，丰富村民休闲生活，提升其生活质量，促进其身心发展。

（三）创造公共空间，满足人们参与群体活动的社会性需求

村居学堂是村民交流互动的公共空间，可以提升他们的安全感和满足感。学堂让村民生活更丰富，满足其社会性的需求。参与活动的老年人主要诉求是被社会接纳，不被边缘化。村居学堂使老年人增加了交往频次，提高了社会活动能力，促进了身心发展。村民唱诵经典老歌、革命歌曲，回忆往昔，肯定了自身价值。

（四）创新社会治理，培育向上向善的文明风尚

村居学堂的师资队伍中，许多成员成为自发团队的领袖。这些领袖不仅维持团队运行，还利用威望和信任，通过协商解决社区难题，为社区治理提供新路径。村居学堂是实现农村社会治理模式创新，满足居民自我管理、学习、娱乐、提高需求的重要方式。它缓解了学习场所不足与高文化需求之间的矛盾，成为村民就近学习的延伸，突破了场所的限制，提高了参与率。此外，"15 分钟学习圈"凝聚了村民团结互助的精神，营造出和谐的氛围。

八、努力方向

（一）社区教育与社会治理相结合

村居学堂是农村社会治理的创新模式，是提供居民自我管理、学习、娱乐和提升的平台。

（二）社区教育与百姓生活相融合

村居学堂拓展了村民学习空间，缓解了场所和学习需求的矛盾，成为业余生活的延伸和突破场所限制的有效学习方式。

（三）培育一村居一特色

为解决社区教育"最后一公里"问题，学校选址建设5个村居学堂，以"面向人人　泛在可选"为目标，挖掘文化底蕴，设置百姓喜欢的课程和活动，打造特色教育，提升百姓综合素养，促进社区治理，让百姓有所学、有所乐，拥有更多的获得感和幸福感。学校将以此为引领，打造乡村文化，培育乡风文明，赋能乡村振兴。

4 社区教育参与社区矫正，助力社区治理的实验

中山成人中等文化技术学校

一、实验背景及意义

（一）政策背景

党的十八届三中全会将"社会管理"改为"社会治理"，并提出"创新社会治理"的要求。党的十九大报告又提出"加强社区治理体系建设""打造共建共治共享的社会治理格局"，加速社会治理创新成为我国新时代社会建设发展的重要目标。2016 年，教育部等九部门《关于进一步推进社区教育发展的意见》中提出，要"推动社区教育融入社区治理"。

（二）现实问题

1. 缺乏适合矫正教育的学习资源

实验初期，中山司法所 48 位矫正人员，分布在中山街道的 22 个社区，他们普遍存在严重自卑心理，面临着家庭即将瓦解、被就业单位排斥等问题，光靠他们自己，无法解决这些问题，这也导致这个群体难以维持正常生活。

中山司法所现有法律咨询、安全教育、心理教育、时事政治等学习资源，但这些学习资源内容匮乏、形式单一，远远无法满足社区矫正人员的学习需求。因此，司法所迫切需要转变原有的教育模式，让矫正教育内容更丰富、形式更多样。

2. 缺乏适合矫正教育的专业队伍和教学模式

中山司法所的成员大多从狱警中选拔，少部分是通过参与事业编制考核后选拔出来的。他们原有的工作和教育模式是直接从监狱管理模式照搬而来的，更适合服刑人员。而社会上没有针对矫正教育从业人员的专业培训。

因此，司法所需要一支专业化的矫正教育队伍，使这支队伍能够运用多元化的教学手段开展矫正教育。

（三）现有条件

1. 社区学校具有教学资源

中山街道社区学校拥有一定的教育资源，包括课程体系、工作队伍、设施设备等。学校建立了社区教育学习菜单，现有37门课程、6间教室和一支由11位专职教师、54位兼职教师、22位办学干部组成的教学队伍，服务着在校的700多位学员。学校有足够的人力、物力为司法所提供矫正教育教学保障。

2. 社区学校与其他部门有着丰富的共建经验

近几年，中山街道社区学校与中山街道服务办、妇联、党群服务中心等多个街道职能部门合作，开展过"府城记忆 中山风范"主题教育活动、"中山好家长"、"中山好少年"等教育项目，在辖区范围内取得了良好的教育效果。《新民晚报》《松江报》等媒体也多次进行专题报道。这为学校与司法所合作建立了良好的工作基础。

为了对矫正人员进行有针对性的、人性化的教育和管理，帮助社区矫正人员更加顺利地回归社会，中山司法所与中山街道社区学校联合开展"暖阳行动"项目。

二、理论依据

（一）国内外对社区教育参与社区治理的研究动态

1. 国外研究动态

美国芝加哥大学（University of Chicago）首任校长罗伯特赫·哈钦斯（Robert M. Hutchins，1968）在《学习型社会》一书中首次明确提出，社区教育具有直接提升社区全体居民的综合素质，促进整个社区和谐健康有序发展的积极意义和重要功能。联合国教科文组织（1996）的研究报告《学会生存》中再次明确指出，在终身教育思想的积极倡导下，社区教育作为终身教育的重要组成部分，具有有效维护社会稳定，实现全体成年人全面健康和谐发展的重大意义与重要功能。Masanobu Okayama，eiji kajii（2011）认为，开展社区教育具有充分整合驻地事业单位人力资源、提高居民满意度、维护居住者社区和谐稳定、促进社区经济健康发展等多个方面的功能。

2.国内研究动态

徐中振在对上海社区建设进行了具体分析后，指出自上而下的行政建设和自下而上的自治建设要始终同步推进，这是上海社区建设全过程中的两大结构性力量。通过从社会性、行政性和市场化三个领域进行考察，分析上海基层社区治理现状，提出进行"居委会自治家园"的尝试，结果显示这一尝试在很大程度上提升了基层社区治理能力。社区建设是一种社会治理能力的培养和提升，是一种善治的过程和方法，作为我国基层自治组织的管理机制，社区治理需要居民、社区组织和政府三方的良性互动治理结构，还需要一系列能够提高居民参与度的治理工具，诸如高效能社区服务和高效率社区机构等。作为新公共管理运动的继承和发展，治理理论对我国社区治理模式同样具有重要意义。

（二）概念界定

社区治理是指政府、社区组织、居民及辖区单位、营利组织、非营利组织等基于市场原则、公共利益和社区认同，协调合作，有效供给社区公共物品，满足社区需求，优化社区秩序的过程与机制。

社区矫正，是指将符合社区矫正条件的人员置于社区内，由专门的国家机关在相关社会团体和民间组织以及社会志愿者的协助下，矫正相关人员的犯罪心理和行为恶习，并促进其顺利回归社会的非监禁刑罚执行活动。

本实验中的社区教育助力社区治理是指通过对社区矫正人员开展系列教育，改变矫正人员的思想、心理，提升他们在社会中的生存能力、正确处理人际关系的能力、犯罪认识能力、道德素养水平和自我认识水平，帮助他们顺利回归社会，这对预防和减少犯罪起到了巨大作用。

三、实验目标

一是形成社区矫正人员社区教育模式。

二是建立社区矫正教育课程体系。

三是探索多部门联合开展社区矫正的工作模式。

四、实验方法

（一）调查研究法

本实验采取的调查研究法是指研究者采用问卷、访谈、观察、测量等方式对现状进行了解，对事实进行考察，对材料进行收集，从而探讨教育问题、教育现象之间联系的研究方法。在实验前期，对中山街道矫正人员的学习需求，进行走访、问卷调查，并将获取的信息进行分类与合并，从而有针对性地开展学习活动。

（二）行动研究法

行动研究法是教师和研究人员针对实践中的问题，综合运用各种有效方法，以改进教育工作为目的的教育研究方法。通过实验项目工作小组专人专项跟踪负责，在实验过程中，多次发现问题，如现有课程无法直接使用、教师面对矫正人员有心理压力、矫正人员不适应现有的教学模式等。针对上述问题，工作小组多次研讨交流，调整实验方向，保证实验项目的顺利推进。

（三）文献研究法

通过查阅党的十九大报告、《上海"十四五"规划》、《教育部等九部门关于进一步推进社区教育发展的意见》等文件，了解社区治理相关政策要求，在中国知网上查询其他单位在社区教育助力社区治理方面做出的理论研究和实际探索，以改进本实验的工作方法。

五、实验过程

实验初期，成立了以负责人为组长、全体教师为组员的实验项目工作小组，共同制订工作方案。建立实验项目工作群，定期在群内交流实验过程、反馈过程中存在的问题，及时调整工作内容，具体推进情况汇报如下。

（一）建章立制，明确双方责任分工

成立了以中山司法所、中山街道社区学校全体成员为组员的"暖阳行动"工作小组，落实责任到人，保障项目的顺利开展。双方联合制订《"暖阳行动"项目实施方案》，签订《"暖阳行动"教育活动合作协议》，明确分工，促进社区矫正人员的学习教育严格有序、科学规范地开展，积极推动社区教育融入社区矫正工作落地见效、行稳致远。具体分工如下：

中山司法所负责管理人员、考勤记录、跟踪了解等工作，采用线上管理（给每个矫正人员建立电子档案，要求矫正人员一天三次线上签到）、线下管理（不定期到矫正人员家中随访）、线上线下相结合管理（定期电话联络，要求矫正人员到司法所线下报到）等三种模式，全方位了解矫正人员的思想、心理情况、家庭现状和社会关系。

中山街道社区学校负责教学资源建设等工作，即改造课程、培训队伍、改变教学模式等，建设适合矫正人员学习的教学资源。

（二）开展调查，摸清学习现状情况

编制《"暖阳行动"矫正人员学习需求调查问卷》，下发 50 份，回收 48 份。数据显示，受调查人员年龄分布：20.8% 为 30 岁及以下，77.1% 为 31—54 岁，2.1% 上为 55 岁及以上。学历情况：6.25% 为小学及以下，41.7% 为初中至高中，43.75% 为大专，8.3% 为本科及以上。

在学习形式上，41.6% 的受调查者喜欢讲座类，81.25% 喜欢课程类，87.5% 喜欢活动类，95.8% 喜欢体验类，83.3% 喜欢数字类，10.4% 的选择了其他。

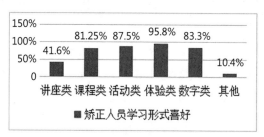

图 5-3 受调查者学习形式喜好数据

在学习时间上，6.25% 的受调查者选择周一至周五白天，85.4% 的受调查者选择了周一至周五晚上，100% 的受调查者选择了节假日及双休日。

在学习内容上，68.75% 的受调查者选择社会科学类课程，60.4% 的受调查者选择健康教育类课程，75% 的受调查者选择文化素养类课程，52.1% 的受调查者选择艺术修养类课程，95.8% 的受调查者选择实用技能类课程，66.7% 的受调查者选择体育健身类课程。

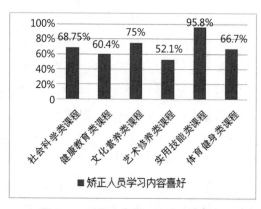

图 5-4 受调查者学习内容喜好数据

（三）加强培训，打造矫正教育队伍

工作小组以"改变理念，志愿服务"为目标，从社区学校专职教师、兼职教师、助学志愿者等三支队伍中选拔出心理承受能力及适应能力均较强的12位成员，组建了"暖阳行动"矫正志愿者队伍，负责矫正人员的教学服务工作。

学校对矫正志愿者实施三种培训模式：一是成立"心灵花园"工作室，邀请心理专家为矫正志愿者出诊，帮助他们完成从普通教师到矫正志愿者的身份转换；二是举办"教学专题"培训课，让矫正志愿者学习在教学过程中使用灌输式、启发式、自觉式、唤醒式、辐射式等五种社区矫正教育模式；三是组织"信任之旅"交流会，让矫正志愿者与矫正人员了解彼此，增进双方的感情，消除双方的心理隔阂。

（四）创造条件，搭建矫正教育平台

学校为矫正人员搭建了"乐学中山"系列四个平台，方便矫正人员参与学习。一是学习平台，由中山街道社区学校线下课堂学习平台、腾讯会议直播间和微信公众号线上学习平台组成，为矫正人员营造了良好的学习氛围。二是活动平台，由同舟社会学习点、云间粮仓体验基地和府城文化体验点组成，提高了矫正人员参与学习活动的积极性。三是交流平台，由"关爱一对一"心理指导室和矫正人员学习交流微信群组成，帮助矫正人员调整心理健康、共同进步。四是展示平台，将矫正人员的优秀学习成果展示在学校的文化走廊内，调动矫正人员的学习热情。

（五）制订菜单，打造矫正课程体系

根据调查问卷数据汇总，工作小组针对矫正人群制订《"暖阳行动"学习菜单》，菜单内共有28个学习资源，分为人文素养类、职业技能类、家庭教育类、安全教育类、时政法治类、心理健康类等6个类别。自2021年1月开始，共有120余位矫正人员参与学习，工作小组共计开展学习活动104次，培训约4850人次。

表 5-4 "暖阳行动"学习菜单（简版）

序号	资源类别	资源内容
1	人文素养类	书法、府城文化故事、朗诵、府城文化中的斗争精神、礼仪知识、"老规矩里学家风"微课程、"松江老地名的故事"微课程、"府城记忆 中山风范"微课程、"松江民俗与名点"微课程、公民道德教育、参观金山廊下社区学校、参观 G60 科创走廊规划馆
2	职业技能类	西点、茶艺
3	家庭教育类	家庭教育、如何培养孩子的学习兴趣、亲子绘画活动、参观明治巧克力工厂、参观天诚智慧家居体验基地、府城文化"人文行走"活动
4	安全教育类	疫情防控教育、安全教育、防电信网络诈骗教育
5	时政法治类	时政教育、法治教育、十九届五中全会宣讲、十九届六中全会宣讲
6	心理健康类	心理健康

（六）分类实施，探索矫正教育模式

根据不同的矫正人群的学习特点，工作小组进行分类矫正，以实现矫正效果的最大化。

1. 灌输式教育

组织矫正人员参加集体学习，邀请律师、心理咨询师等专业人士进行讲学，讲授内容包括：法律知识讲座、职业技能培训、心理辅导讲座等。通过理论学习、案例分析、互动交流等学习方法，向矫正人员灌输正确的理念，传递正能量，使其形成积极向上的价值观、人生观。

2. 启发式教育

在矫正教育中，辅助人员、指导老师扮演引导者的角色，通过案例分析、现场情景演绎等体验式学习的方式，启发引导矫正人员在交流讨论、实践体验过程中自行获得知识。

如：某次爱心教育讲座上，工作小组向矫正人员展示了中山街道几个特殊家庭的困难现状，目的是培育矫正人员服务社会的意识，让更多矫正人员加入志愿服务社会的队伍中。这次讲座起到了良好的启发教育效果。

3. 自觉式教育

组建"暖阳行动"互助学习小组，通过先进带后进的方式，提高矫正人员的学习主动性，让他们在学习中感悟，自觉认识和改正自身错误。

如：王某，因信用卡诈骗罪被判缓刑。原先，他认为自己是被陷害的，银行负有不可推卸的责任，不愿意接受司法行政机关的监督。参加"暖阳行动"防诈骗知识讲座后，他意识到了自己的问题，不仅心里的抵触情绪消除了，还爱上了学习，成为学员中的积极分子。

4. 唤醒式教育

通过体验观摩、红色教育、亲子互动等学习形式，引导矫正人员发现家的温暖，唤醒对生活的热情，激发他们的学习积极性。

5. 辐射式教育

社区矫正辐射式教育是将教学内容、方式加以拓宽，不仅仅停留在理论知识的学习层面，而且还有实践体验、亲子活动、志愿服务等一系列多样化的教育活动。通过系列教育活动，提高矫正人员的学习主动性，把"要我学"变为"我要学"，最后转化为"我来教你学"。

（七）实验中遇到的困难及解决方法

在实验过程中，工作小组发现了在课程建设、队伍建设、教学模式上存在的一系列问题，原有的社区教育教学资源无法直接给矫正人员使用，因此，进行了以下几步操作，以达到实验的最佳效果。

1. 完善学习课程

学校开设的 58 门社区教育课程中，多数课是人文素养类课程，对于矫正人员的生活帮助不大。因此，我们只选择了一部分具有松江特色的人文素养类课程（如府城文化系列课），加上技能类课程（中点、西点）作为矫正人员的主要学习课程。

2. 完善服务队伍

实验初期，我们在招募矫正工作志愿者时发现，大家对服务矫正人员存在心理障碍，诸如"他们都是违法犯罪分子，我是普通市民，课堂上万一说错话了气势上会不会被他们压过去了？我能教好他们吗？"之类的困惑，导致他们参与矫正工作的积极性不高。

3. 完善教育模式

实验初期，我们发现原有的社区教育模式无法直接适用于矫正人员，他们在学习中积极性不高。工作小组采取了以下方法改进教育模式：一是单一转换，在对矫正人员运用灌输式教育时，我们发现矫正人员普遍存在心不在焉、昏昏欲睡等状态，就把灌输式教育改为体验式教育，通过开展体验实践活动，矫正人员的学习积极性马上就提高了。二是多元转换，在对矫正人员运用启发式教育时，我们发现部分矫正人员存在学习注意力不集中等现象，就引入唤醒式、辐射式模式，通过多种模式融合的方法，帮助矫正人员集中注意力，从而掌握知识与技能。

六、实验成效及成果

（一）实验成效

1. 建立社区教育参与社区矫正，助力社区治理的工作机制

中山街道社区学校与中山司法所联合开展社区教育融入社区矫正的探索工作，明确社区学校和司法所各自的工作职责，使社区教育融入社区矫正工作更规范化。

2. 形成一套社区矫正教育课程体系

工作小组根据矫正人员的学习需求制订了《"暖阳行动"学习菜单》，矫正人员可以根据自己的兴趣选择学习内容与学习形式，提高了矫正人员在社会中的生存能力、正确处理人际关系的能力、犯罪认识能力、道德素养水平和自我认识水平。这既能满足矫正教育的学时要求，又能让矫正人员学到知识和技能，帮助他们重新融入社会。

3. 形成不同类型的社区矫正教育模式

实验过程中，工作小组对不同矫正人群采用不同的矫正方法，共形成了灌输式、启发式、自觉式、唤醒式、辐射式等五种社区矫正教育模式，形成了2个工作案例和5个学员案例。五种教育模式受到矫正人员的认可和欢迎，他们通过分类学习，提升了自身的综合素养，矫正教育也取得了良好的效果。

4. 探索社区教育助力社区治理的新模式

本实验探索了社区教育助力社区矫正工作的新途径，通过打造矫正志愿者队伍、建设针对矫正人员的课程体系、搭建线上线下相结合的矫正教育平台、实施多元矫正教育模式等方法，探索了具有社区教育特色的、以课程学习、体验实践、活动为主要形式的新型社区矫正教育工作模式。

（二）实验成果

矫正人员优秀学习案例及成果。

5 "双减"背景下提升社区教育功能，助力社会治理的实验

上海市青浦区社区学院

一、实验背景

2021年7月24日，中共中央办公厅、国务院办公厅印发了《关于进一步减轻义务教育阶段学生作业负担和校外培训负担的意见》，"双减"政策的落地，对于义务教育阶段学生的发展，对于校内的学习、校外的培训，都有了明确、规范化的要求。"双减"政策的出台，在落实立德树人，提高教学质量，促进学生德、智、体、美、劳全方面发展等方面有着重要的意义。但"双减"政策的实施也带来一些现实冲突：家长"望子成龙"心态与"双减"政策的冲突，家长繁忙工作与学生闲暇时间较多的冲突等。

众所周知，社区教育是为了社区的教育，是属于社区的教育，是通过社区的教育，这要求社区教育必须以社区需求与终身学习为导向，充分整合社会资源，为社区居民提供各种学习机会，增强社区居民的社区参与意识，促进他们产生社会归属感。因此，"双减"背景下如何进一步发挥社区教育的服务、推进、整合等功能，助力缓解家庭矛盾以及加强家庭家教家风建设，进而推进政策落地，发挥社区教育在社会治理中的作用，是项目组需要尝试去思考和探索的问题。

二、实验目标

（一）以"双减"落地为契机，有针对性地开展社区教育课程资源建设

计划在项目周期内打造不少于 2 门社区教育新课程，并完善相应的配套设施，整合配送相关主题的微课，更好地满足家长、学生在"双减"背景下的学习需求。

（二）探索"双减"背景下社区教育学习活动的设计和开展，缓解"双减"背景下家校矛盾、亲子矛盾

形成一定学习活动特色案例。计划在项目周期内开展活动逾 50 次，形成学习活动特色项目不少于 2 个。

（三）积极探索构建社区、社区学校、家庭共同联动的家庭教育新模式

为社区家庭教育赋能，进而为社会治理助力。

三、实验内容

（一）设计调查问卷，开展问卷调查

对学生、学生家长开展问卷调查，旨在了解"双减"背景下学生及其家长的困惑与需求，为本项目稳步开展打好基础，提高项目实施的有效性和精准度。本调查方法为典型抽样调查。

（二）以任务为驱动，梳理社区教育资源

有针对性地进行社区教育课程资源的梳理、应用和建设，更好地满足"双减"背景下的家长、学生的需求，为社区教育功能的发挥提供课程资源保障。

（三）整合社会资源，开展丰富多彩的学习、体验活动

让家长在活动中，正确理解相关政策、掌握科学育儿方法、提高育儿能力；引导学生在活动中树立正确的三观，促进学生德、智、体、美、劳全面发展。通过开展活动丰富家庭生活、增进亲子关系，让家庭成为社区、社会和谐健康发展的试点。

四、实验进展

（一）项目申报立项（2021 年 11—12 月）

成立项目组，明确成员分工。组建主要由区社区学院社教办教师组成的项目组，明确各自的分工和职责；要求项目组成员加强学习，领会"双减"政策精神，思考如何把各自的岗位工作与实验项目有机结合起来，为制订项目实施方案出谋划策。项目牵头人负责梳理、汇总集体智慧，形成项目实施初步方案，提交立项申报材料。

（二）项目论证（2022 年 1—6 月）

深入街镇学校，广泛听取意见，确定项目实施方案，邀请社区教育专家"问诊把脉"，提出修改意见，项目组集思广益，完善实验目标和实验内容，优化实验方案。

（三）项目实施（2022 年 7 月—2023 年 9 月）

1. 问卷设计与调查

设计调查问卷，了解"双减"政策实施后家长、学生的思想变化和应对需求以及社会对家长、学生的期许和要求；确定调查对象——青浦区义务教育阶段中小学学生及家长，覆盖青浦城区及街镇；确定调查方法和形式——采取抽样方法选取调研对象，并以问卷形式展开调查。调查以匿名、自填方式进行，收集有效调查问卷 2747 份。问卷内容从"双减"背景下，学生、家长的困惑与需求出发，主要分为基本情况、困惑和需求以及社区教育如何助力三个部分。最后，通过材料整理、数据汇总、分析思考，形成调查结论。

调查结论具体如下。

（1）学生、家长对"双减"政策普遍知晓并持支持的态度以及支持的原因。

学生、家长对于"双减"政策普遍"知道"并持支持态度，但仍然有一部分停留在"听说了"，并无深入了解。学生支持的原因："可以减轻作业负担""可以有更多休息玩耍的时间""可以不用参加校外培训"。家长支持的理由：政策出台以前，"孩子睡眠不足、日常体育锻炼缺失""孩子课业负担过重""培训费用负担过重""送孩子培训奔波劳累"。

（2）"双减"政策落地后的影响，主要有：①学生作业量减少，作业负担减轻；②参加校外培训时间减少，双休日空闲时间增多；③对家长的主要影响体现在"家长教育观念发生变化"以及"减轻家长负担"；④家长在家庭教育指导和自我提升方面有切实的需求，其中"陪伴孩子成长的有效方法""做好孩子的教育规划"需求较大。

（3）关于社区学院的资源配送和活动开展：①超过9成的学生、家长对于社区学院配送资源和开展活动表示欢迎；②学生最感兴趣的内容依次是体育类、科学类、艺术类和综合实践，家长最感兴趣的内容依次是家庭教育、心理健康、教育规划；③活动类型方面，学生、家长选择最多的依次是技能锻炼、参观体验、专题学习；④在时间安排上，学生、家长大部分选了双休日、暑假、寒假。

2. 探索与实践

针对上述调查结论，项目组联合各方力量，主要从学生和家长两个维度，围绕知识学习、实践体验、家庭教育等内容，通过资源供给和活动支持等形式进行有效探索和实践，具体做法如下。

（1）资源建设与配送

资源建设方面：

①社区学院划拨专项经费，设立种子课堂、萤火虫基地。种子课堂和萤火虫基地目前分别开设在朱家角镇周荡村和金泽镇岑卜村。种子课堂于2022年10月起创立，将科普教育与农耕文化深度融合，设计契合孩子的学习空间，将包括水稻、大豆、西瓜等近百种植物种子标本陈列在"种子博物馆"中，激发学生的好奇心，感受种子世界的乐趣。课堂设有种子科普专栏，形象地介绍了"种子的结构—种子的传播—种子的成长条件"，进一步阐述种子和人类、自然的关系。课堂还设有农耕体验区，让孩子能触摸泥土，与植物对话，感受食物背后凝结的智慧结晶和辛勤汗水，同时提升孩子们的劳动实践能力。萤火虫基地于2023年7月创立，目前完成了基地的基础设施建设，制作了萤火虫科普纪录片，开设了萤火虫知识课堂等亲子科普活动。

②开设家庭教育公众号专栏。由区社区学院与重固镇社区学校主办，2022年9月开播，第一期"家庭教育之隔代教育"计划共分30讲，目前已完成27讲。讲稿由学校一线资深教师和相关家庭教育专家撰写，内容较好地结合了《中华人民共和国家庭教育促进法》中规定的家庭教育的9种方法和6项内容，所引用的实际事例多数发生在我们身边的家庭中。第一期

30讲结束后，项目组对讲稿进行整理汇编，印制成读本册子，以满足家长的学习需要。陆续推出家庭教育的其他主题，如亲子关系、未成年人心理、品德教育等，同时覆盖到各个街镇社区学校公众号。

资源配送方面：

对现有资源进行梳理，筛选出适合"双减"的家庭类课程资源5个主题，内容包括：心灵沟通、孩子家庭教育、赏识教育、亲子关系及如何帮助孩子健康地成长；读本类资源包括祖辈养育、家庭教养读本、家庭与法律、亲子关系等内容。对于家庭教育类的课程资源，项目组充分利用青浦市民学习网及青浦市民学习港的"家庭教育"专栏进行推送；对于其他类课程资源，结合"云帆课堂"等渠道进行推送。同时，项目组充分利用市级优质资源，通过青浦市民学习港"资源配送""科普驿站"等专栏进行推送。另外，区社区学院还向部分中小学、社会家庭教育机构、市民学习团队等赠送相关读本，指导他们组织学生和家长开展自主学习。

（2）活动组织与开展

①开展"家庭教育进企业"系列培训活动，对家长进行家庭教育、心理、文化素养等方面的知识和技能的传授，提高家长应对"双减"背景下产生的家庭教育问题的能力。随着"双减"政策的全面落实，中小学家长面临着更多教育问题，如：如何正确理解"双减"、如何培养孩子的自律能力与时间管理能力、如何促进孩子的全面均衡发展以及如何正确处理孩子成长过程中的心理问题等。虽然各中小学校也在开展各种形式的家庭教育，但一些企业职工作为特定家长群体还面临着到校参与培训时间少、自身家庭教育水平不足及子女的升学指导规划不清晰等诸多个性化问题。针对职工家长需求，让家庭教育走进企业，以此开展个性化家庭教育指导。

②启动家长学习沙龙组建工作。目前已初步建立家长学习沙龙，稳步开展自主学习活动，为家长进一步学习、沟通、交流搭建平台。多次组织著名教育专家与家长面对面展开讨论、咨询，主要针对父母、祖父母进行家庭教育，使家长能处理好家庭关系并进行正确的亲子沟通，进而能够更好地与家人、他人相处，最终能够与孩子更好地相处，给孩子树立良好的榜样。

③组织家庭教育指导专题研修活动。研修活动主要面向社区教育专兼职教师，旨在加强家庭教育指导师资队伍的建设，发掘、培养一批掌握丰富家庭教育知识的家庭教育指导师作为师资储备。《中华人民共和国家庭

教育促进法》的颁布意味着新时代教师应具备家庭教育指导力。提升家庭教育指导力，是每一个教师的责任与使命。通过研修活动，为社区教育专兼职教师提供新时期家庭教育理论和知识体系学习，用"专业支撑"进一步提升指导和服务家庭教育工作水平。截至 2023 年 10 月，区社区学院邀请教育专家面向专兼职教师进行专题培训共计 5 次。

④ 设计并开展符合不同学段学生特点的活动。青浦区社区学院联合中小学、人文行走学习点、市民终身学习体验基地、社会学习机构等区域资源，以青浦特有的"三色"（红色、古色、绿色）文化体验传承为主线，遵循学生身心发展规律，设计符合不同学段学生特点的活动，活动形式有亲子人文行走、体验学习、艺术欣赏、劳动实践等。活动包括：

其一，依托人文行走学习点、市民终身学习体验基地开展亲子活动。

青浦区社区学院依托区人文行走学习点、市民终身学习体验基地开展各类体验学习活动。2022 年暑期以来在人文行走学习点——练塘东庄村开展红色教育和劳动体验亲子活动，带领学生参观陈云纪念馆、认识农作物、体验插秧、学做粽糕等。2022 年以来依托市民终身学习体验基地——上海印刷博物馆，组织丰富多彩的线上线下活动。活动有：全国科普日主题活动"科创未来，美育人生"，穿梭印刷世界亲子活动，石头里的印刷秘密——非遗探秘亲子活动，城市里的工业遗存之匠心考古线下亲子活动，非遗的非常之旅等。孩子们通过观看科普短片、参观博物馆、馆内知识问答探秘，增进文化知识和艺术鉴赏能力；也通过自己动手制作印刷品，体验雕版印刷、活字印刷、石版印刷的魅力。通过微信公众号开展"艺起前行""印彩青春"云展览活动。

其二，联合中小学开展校外系列学生活动。

与学校共同开展节庆活动，例如：与御澜湾小学联合开展"学雷锋"志愿行动，组织学生走进社区或者村居进行捡拾垃圾、清洁草地等志愿服务，用实际行动践行雷锋精神，培养孩子参与社区治理的责任感和使命感。清明节期间，青浦区社区学院与豫英小学共同开展祭奠英烈扫墓活动，并邀请市民体验基地研究员罗盘老师给孩子们带来微党课，讲述解放军的故事。五一劳动节开展以"小种子旅行记"为主题的劳动节活动，使学生理解劳动的意义，收获劳动的快乐。与区实验小学、"知道书院"联合开展了以"中秋团圆品诗意，灯火星辰寄思情"为主题的中秋汉服游园会活动，让孩子们感受传统文化之美。其他活动，例如：2023 年 4 月由社区学院联合徐泾中学开展人文行走活动，组织社区学院人文行走导学志愿者带领 50 多名学生开展"走进千年青龙古镇"人文行走活动，探寻上海文明起源。

其三，联合社会学习机构开展学生活动。

联合上海慈田蔬果专业合作社，并结合社区教育教师开发的"二十四节气与农事"课程开展劳动实践活动。通过根据时节种植、收割不同农作物的实践活动，学习掌握果蔬种植、收获的基本技能，提高学生的实践能力，同时了解二十四节气与农业生产、日常生活的密切联系，引导学生从书本走向生活、从课本走向田间地头，在实践中感受传统文化的魅力，弘扬优秀传统文化。

（四）项目总结（2023 年 9—10 月）

收集、整理实验过程性资料，撰写实验终期报告。

五、实验成效

通过 2 年的实验探索，在以下几个方面获得了一定的成效。

（一）在课程资源建设和配送方面

1. 面向学生

设立种子课堂和萤火虫基地。项目组提供软件和硬件等设施保障，目前已形成常态化的教学课程。这些课堂和基地满足学生和家长个性化学习体验需求，助力"双减"，让更多学生和家长亲近大自然，拓展知识领域。

2. 面向家长

开设家庭教育公众号专栏 1 个；配送家庭类课程电子资源 5 个主题，配送纸质读本 10 册，共辐射家长人群超过 2 万人。这些资源的建设与配送在拓展学生、家长的知识面，引导家庭健康生活、增进亲子沟通、改善家庭关系等方面起到了积极作用，为孩子和家长的共同成长创造了良好条件。

（二）在各类活动开展方面

1. 面向家长

开展"家庭教育进企业"活动、组建家长学习沙龙，共开展各类活动20 余次，服务人数逾千人。

2. 面向学生

联合中小学共展开节庆主题活动 5 次，联合社会学习机构开展农事学习活动 5 次。

3. 面向亲子

依托人文行走学习点、市民终身学习体验基地开展人文行走活动 11 次，开展科普主题活动 25 次，云展览活动 50 余次。

4. 面向社区教育专兼职教师

开展家庭教育主题培训 5 次，引导社区教育专兼职教师向家庭教育专业化方向发展。

项目组整合区域资源，开展系列家庭教育学习活动，通过"双减"政策解读、小学初中升学指导、家庭教育策略探讨、家庭育儿经验交流等方式，提升了家长育儿能力以及社区教育教师的家庭教育服务水平。面向学生与家长开展的形式多样的学习体验活动，有利于学生培养兴趣，增长知识，提高技能，学会做人，同时进一步拓展了学习方式，丰富了学生的课余生活，创设了良好的亲子互动场景，进而增进了家庭亲子关系。还吸引学生和家长走出"小"家、融入"大"家，积极参与和谐社区、美丽乡村等建设，增强了社会归属感。在此基础上，形成了特色活动案例，如"二十四节气与农事""家庭教育进企业"等。

（三）探索社会、学校、家庭联动协作的家庭教育新模式（"社区教育＋"的新模式）

探索以社区学院为主导，整合多方资源，联动社会、中小学、家庭，形成共同合作、相互支持的家庭教育新模式。社区学院从多角度入手，提供多元家庭教育服务。邀请教育领域内的知名专家，结合实际需要，为家长们提供多种类型的家庭教育讲座、组建家长沙龙等，帮助家长应对各类家庭教育问题。学院依托青浦区的各类学习点以及市民学习体验基地、社会学习机构等资源，开展各类学生活动以及亲子活动。结合人文行走工作，发挥纽带作用，连点成线，为学生劳动体验、社会实践、科普教育创造了条件。同时，与区域内的中小学紧密联系共同推出劳动节、清明节、中秋节等主题活动。社区学院通过构建家庭教育"立交桥"，在充分挖掘社区教育各项资源的基础上，打破各行业、组织之间的壁垒，调动各种社会力量积极参与，组织资源整合、协作交流，促进社区教育服务功能的发挥和治理能力的提升。

六、实验反思与展望

（一）继续加强社区教育课程资源建设，推动社区教育与学校教育更好地接轨

"双减"政策提出后，我国教育生态环境优化取得了实质性成效，社区教育作为我国教育体系的重要组成部分，需要构建全面的、有针对性的课程教育资源体系，为"双减"政策落地添砖加瓦。首先，结合学校教育现有课程体系，进行社区教育课程资源体系的设计，涵盖"德、智、体、美、劳"五个方面，尤其是"劳动教育""美育""体育"等容易被家长忽视的方面。因此，应该在学校教学内容的基础上，扩大学校知识内容范围，帮助学生开阔视野，实现均衡发展。其次，加强社区教育实践资源与学校教育课堂知识讲授的结合。当前学校教育仍然是以知识讲授为主，而社区教育由于场地、时间较为自由，因此可以更好地开展实践教学。社区教育在资源建设过程中，应该进一步补充实践教学，开展实践活动。

（二）继续加强社区教育师资队伍建设，促进专业化、稳定化的社区家庭教育指导服务

目前社区教育的对象以老年人为主，活动内容及实施要求相对单一，若要拓宽社区教育的对象，并加强对青少年学生和家长群体的关注，则必须扩充社区教育内容、提升现有教师队伍的专业化水平。家庭教育指导是一项专业性很强的工作，《关于指导推进家庭教育的五年规划（2021—2025年）》明确指出，"家庭教育指导专业化、规范化水平有待提高"，对家庭教育指导服务的专业化、规范化提出了要求。社区教育中家庭教育指导的专业化水平仍有较大的提升空间，专业化水平不足或成为限制家庭教育指导服务工作有效性的重要原因之一。在新形势下，需要有计划地系统培育家庭教育指导服务队伍，发展壮大一批立足当地实际、具备一定专业知识的指导服务队伍。首先，要培育好专职队伍，鼓励支持专职教师报考"家庭教育指导师"。近两年，获得家庭教育指导师证书的专职教师在社区学校中承担了家庭教育板块的内容，弥补了之前家庭教育板块的缺失。其次，要建设好兼职队伍，应通过社区募集与开发，充分挖掘和培训区域范围内的教育人力资源，尤其是社区内的具有家庭教育专长的人力资源。通过宣传动员、报名选拔、上岗培训等，动员更多优秀人才加入社区教育队伍，

提升社区教育功能，满足新时期的发展需求。

（三）继续加强家校社的联动协作，建立稳定、可持续的发展机制

争取党政支持，进一步做好联动工作。广泛联动教育局、妇联等部门，聚焦家庭需求，聚焦各自工作擅长领域，形成涉及面广、形式多样、功能全面、内容丰富的服务菜单。签订合作协议，形成基本框架，未来需要在项目提质增效方面加大工作力度，这离不开稳定的工作机制。由于实验项目工作涉及多个部门，现有的合作方式是临时的，甚至是基于人际关系的，其制度关系还不够紧密。为了实验项目后续的可持续发展，需要在政策和法规规定的前提下，逐步形成多部门联动的发展机制。因此，还需要进一步凝聚力量、拓宽思路，扩展项目深度与广度，形成分工协作、优势互补、取长补短的联动机制，为实验项目后续的可持续发展打好基础。

（四）继续做好特色案例工作，积极推动项目品牌建设

通过本项目的实施，青浦区社区教育积累了一定的经验和资源，初步形成了若干特色活动。后续应选取或开发具有代表性的个体或机构进行重点扶持，同时注重创新、凸显特色。通过树立典型、打造样板的方式，以点带面，推动青浦区社区教育"双减"品牌建设的全面展开。

6 赋能"新乡贤"，助力学习型乡村建设的实验

奉贤区社区学院

一、实验背景

（一）学习型乡村建设是持续推进乡村振兴的着力点和突破口

乡村振兴的核心是人才，如何吸引和留住人才是实现乡村振兴的关键。学习型乡村作为一种教育实践形式，能够提升乡村人口的人力资本，为乡村产业和治理优化提供支撑。新乡贤的回归能够直接促进乡村与外界的交流，推动乡村经济、文化和政治的繁荣。

（二）吸纳"新乡贤"参与乡村建设成为政策诉求

党的十八大以来，创新乡贤文化在一号文件中被多次提出，如何以乡情乡愁为纽带吸纳新乡贤参与到家乡建设中来成为政府工作的重点之一。2017 年，党的十九大强调，乡贤作为重要治理主体，对于推动乡村治理向多元主体协同治理和更高层次的服务协调转变有着重大作用。2018 年，作为深化基层自治的重要实践，新乡贤再次被写入中央一号文件，文件中明确指出，要"积极发挥新乡贤作用"。2023 年，中央一号文件明确，要加强乡村人才队伍建设，实施乡村振兴人才支持计划，支持培养本土急需紧缺人才。

（三）"新乡贤"具有自我情感归属与独特的功能优势

在外求学、务工、经商的新乡贤，他们不仅追求更好的生活，还怀有反哺家乡的情怀。这种乡土情结，源于血缘、亲缘和地缘关系，促使他们回到家乡，为家乡做出贡献。在乡村建设中，"新乡贤"发挥了独特的功能优势。根据文献梳理，许多学者从功能主义视角探讨了"新乡贤"的作用。徐勇认为，新乡贤是基层村民自治机制的创新性补充，有助于开辟协同治

理的新态势；许源源等将新乡贤视为农村公共文化服务供给的重要主体之一；黄文记则认为新乡贤在重塑自治、引领法治、践行德治三个方面发挥了独特作用。总的来说，"新乡贤"是乡村建设的重要推动力量。

（四）紧扣"贤文化"主线，与奉贤地域文化相适应

奉贤区位于上海市南部，因孔子高徒言偃曾来此讲学而得名。这里形成的"贤文化"，使人们敬奉贤人、见贤思齐。奉贤乡贤名士辈出，他们在文化、政治、经济等各领域建树颇丰，并怀有乡情。乡贤身上的道德力量与"贤文化"、社会主义核心价值观相呼应，成为奉贤弘扬"乡贤文化"的动力。将"新乡贤治村"思维引入"学习型乡村建设"，通过社区教育赋能新乡贤参与乡村治理和公益实践，激活乡村发展新动能，落实乡村振兴战略，践行新时代文明实践，提振乡村可持续发展。

二、实验目标

1. 构建乡村发展共同体，通过滚雪球式调研挖掘和汇聚"新乡贤"力量，培育志愿者骨干队伍。

2. 提高"新乡贤"服务效能，探索新乡贤参与学习型乡村建设的路径和乡贤培育的有效机制。

3. 依托"社区教育名师工作室"，通过行动研究和智慧研讨，梳理和树立典型案例，纳入项目总结报告。

4. 以贤促贤，以点带面，带动全域内的新乡贤形成服务乡村的行动共同体，激励更多"新乡贤"加入志愿服务队伍。

三、实验方法

1. 文献研究法：整理关于"新乡贤"的法规、理论和实践，根据实际情况界定研究对象，为后续研究奠定基础。

2. 调查研究法：通过实地走访和访谈了解奉贤区"新乡贤"的基本情况。

3. 行动研究法：组建"新乡贤有为团"，制订行动方案，动员理论研究者和实践工作者进行系统研究。

4. 个案研究法：摸底考察多位"新乡贤"，遴选出与学习型乡村建设更契合的"新乡贤"，持续追踪观察并记录其发展变化过程，形成典型案例。

5. 经验总结法：收集"新乡贤"个人成长档案，汇编成实验成果集，归纳可借鉴及可推广的经验。

四、实验过程

（一）找准前提基础，确定行动路径

1. 解构关键概念，厘定群体范围

新乡贤具有三个特点。

时代特征的"新"：新乡贤不仅继承了中华传统文化的美德，还展现了社会主义核心价值观的时代面貌，体现了建设现代化国家的时代追求。

身份属性的"乡"：新乡贤不受地域限制，既包括本地出生、成长的人，也包括外来人士。他们与乡村有紧密联系，并得到当地认可。

能力要素的"贤"：新乡贤具备德行、才能和威望。他们事业有成，或有资本、善管理，或有一技之能。他们口碑好、威望高、知名度高，为乡村的公益事业、文化进步或建设发展做出贡献，并得到村民和地方政府的认可。

综上所述，新乡贤是乡村精英，他们以乡愁和责任为服务家乡的情感基础，依靠自身的道德、文化、资源等综合能力为家乡发展做出贡献。

2. 厘清内在逻辑，明确行动目标

返乡的新乡贤经历了"在乡""离乡"和"返乡"的过程，构建了资源双向流动的渠道，特别是优势资源"入乡"。他们通过经济、政治、文化等多方面的反哺和创生，满足情感归属和身份认同的需求，实现个体价值和社会价值的统一。在乡的新乡贤基于对"熟人社会"的认知和反哺情怀，利用当地风土人情和已有资源优势，快速融入和渗透乡村建设。新乡贤须针对学习型乡村的建设指标，综合考虑先天优势和后期阻碍，推动合理嵌入乡村建设，助力学习型乡村的形成与发展。新乡贤参与学习型乡村建设的行动路径包括经济、政治和文化的多方面反哺，最终指向产业兴旺、村庄善治、乡风涵育等关键要素，如图 5-5 所示。

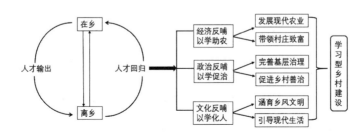

图 5-5　新乡贤流动轨迹及参与学习型乡村建设的行动路径

（二）以"三有"赋能新乡贤，增强其渗透力

1. 构建联动机制，组建行动网络

该实验由奉贤区社区学院通过召开各镇成人学校校长联席会议，解读该实验项目，并布置对属地新乡贤的现状摸底。在此过程中，协调社区教育志愿服务工作站、各镇成人学校、镇新时代文明实践中心、镇域学校及街道、居委社区教育干部，就推荐与选拔标准达成共识，并由他们推荐阵地和人选。

2. 深入阵地调研，遴选"新乡贤"人选

农村宅基睦邻"四堂间"是面向农村留守老人的活动阵地，提供就餐、学习、议事、休闲等服务，促进乡村社区的可持续发展和乡村振兴。联络小组将"四堂间"作为"新乡贤"参与乡村建设的主阵地，加强"新乡贤"的"在乡性"和扩大教育功能。联络小组对现有"四堂间"进行摸底，推荐和选拔"新乡贤"人选，与堂主和教育干部沟通项目的实施目的及方案，并分批走访推荐的"新乡贤"人选。联络小组根据调研情况及选拔标准，商议决定"新乡贤"人选。

表5-5　奉贤区"新乡贤"汇集

序号	所属镇域	单位职务	姓名	遴选标准
1	金汇镇	"假日学校"创办人	李逢凤	
2	金汇镇	志愿服务队队长	李翠华	
3	四团镇	柏芝混凝土搅拌有限公司党支部书记	石玉哲	
4	四团镇	民福村"红色故事讲解员"	姚爱华	
5	海湾镇	"中港百姓坊"主讲	狄三英	
6	南桥镇	华严村村民委员会主任	曾 耀	
7	南桥镇	原奉贤区农业委员会主任	李伯才	符合"新乡贤"的基本特征
8	南桥镇	"南桥撕纸"非遗传承人	何秋红、何玉玮	
9	南桥镇	"家风小课堂"主讲人	顾海林	
10	奉城镇	华兵雕刻传承人	徐华兵	
11	庄行镇	杨溇村"乡村领头雁"	戴社会	
12	庄行镇	牡丹里居委干部	张 芸	
13	社区学院	"一云书画"负责人	唐逸赟	
14	社区学院	"中银常青树"学习团队骨干	周生娟	
15	青村镇	李窑村"英语角"开创者	杨勤芳	
16	柘林镇	海韵居委负责人	沈玉琴	

3. 提供培育支持，激活内生动力

依托社区教育名师工作室，对"新乡贤智囊团"开展分类管理和指导。根据"新乡贤"自身优势以及宅基睦邻"四堂间"里老人对教育服务供给的实际需求，我们将"新乡贤智囊团"分为"红色故事讲解团""文明新风倡导团""老有所学成长团""文娱休闲快乐团""乡村治理有为团"，然后依托社区教育名师工作室分类管理和指导，以促进其更好地适应角色转变，实现优势最大化发挥。包括：

集中理论学习：邀请专家解读《指导意见》，阐释新乡贤的时代使命和工作方法，提升能力。

田野式观察：组织"新乡贤智囊团"学习其他志愿者老师经验，实地走访华严村乡贤馆等。

阶段性过程交流：定期召开总结会，研讨阶段性项目进展、学习成果和实际调研问题。

个性化需求反馈：倾听"新乡贤智囊团"对教育供给的反馈，适时调整和优化。

（三）多渠道盘活人力资源，调动其行动力

根据"新乡贤"功能优势及地域发展需求，为"新乡贤智囊团"提供服务契机。主要为：

"新乡贤＋时政微课堂"：利用"聊天的客堂"，向村民解读当前国家时政要闻。结合村庄每天发生的鲜活案例，引导村民主动表达并重塑其价值观。

围绕党的二十大精神，在全区范围内开展"喜迎二十大　永远跟党走"社区教育志愿服务专项行动，其中包括"红色故事讲解团"，他们走进宅基睦邻"四堂间"，大力宣传爱党爱国爱社会主义的时代主旋律，引导村民坚定跟党走的信念。同时，还有"翠华上党课"志愿服务队。此外，退休教师姚爱华，深感家乡革命先烈之伟大，主动承担红色教育基地的宣讲工作，向各地团员、党员和中小学生讲述党的光荣历史和模范人物事迹，培养他们的爱国主义精神。

"新乡贤＋乡村微治理"：利用"议事的厅堂"，向村民广泛宣讲村规民约，与村民共同解读社区治理案例，与村民共同商讨乡村公共事务，与村民共同开展乡村治理行动等。

以李伯才为代表的"乡贤治理有为团"及以顾海林为引领的"文明新风倡导团"，围绕乡村人居环境整治等方面重点突破，在此过程中激活村民的主人翁意识，增强村民自治能力，积极寻求乡村改变。以李伯才为例，他利用自己老宅闲置房屋，进行基础设施"再改造"，成立了灯塔村洪宝三组"睦邻四堂间"，并实施网格化管理。由堂主担任组长、6名村民为组员的网格化自治小组，各自分管4—5户人家，并以宅基会议形式反映宅基网格的动态情况，及时解决村组出现的问题，提供村民需要的服务。

"新乡贤＋匠心微传承"：利用"学习的学堂"，向村民解读并带领村民体验那些承载着地域优秀文化基因的传统工艺品，引导村民感悟深厚的地域文化底蕴以及匠心精神。

以何秋红为引领的"老有所学成长团"，在活动内容上，突出一个"新"字，力求做到与时俱进、丰富多彩。

以何秋红为例，他成立了"何秋红南桥撕纸"工作室，组建起一支四五十人的骨干教师团队。走入奉贤区青少年活动中心、上海市未成年人管教所以及奉贤区各中小学，充分利用社区课堂来增强撕纸的渗透力，并在传统的基础上进行突破，不管是撕纸的技法、色彩还是构图，都进行了全方位的创新。如以线上线下相结合的方式，用撕纸技艺为百姓展现了北京冬奥会吉祥物"冰墩墩"、共迎"兔年盛世"、共庆"五四青年"等。

"新乡贤＋热心微公益"：利用宅基睦邻"四堂间"，发挥自身优势，示范、引导村民养成现代生活方式、掌握智慧生活技能；利用自身影响力，组建、带领或协调村庄内部的活跃力量，为行动不便老年人或有需求老人开展多样性便民服务。

以戴社会为代表的"文娱休闲快乐团"，其主要特征表现为"广参与"和"自组织"，由于活动内容本身并不具备很强的专业性，且活动目的旨在通过共同参与来营造欢愉的气氛，进而缓解老人的孤寂。其中，参与者的情绪调动和情感体验尤为重要。因此，对于组织者和带领者而言，"共情力"则是他们最基本且最重要的能力。杨勤芳的"英语角"正是以此为基础慢慢发展起来的。

（四）分模块记录成长轨迹，稳固其发展力

在对"新乡贤智囊团"进行系统培训和指导的基础上，我们为其建立个人成长档案，记录他们在社会服务中的成长轨迹。成长档案分为四个模块：

参与学习、服务学习、反思学习和变革学习。新乡贤既是引导他人学习的导师，也是自我发展的学习者。无论学习还是教学，都是乡贤在乡村建设中的价值体现。成长档案肯定他们的自我价值，激发他们持续作为。

（五）全方位展示典型事迹，提升其持续力

为激励新乡贤的积极作为，奉贤区每年评选"十佳学习型乡贤"，表彰他们在个体发展和学习型乡村建设中的示范作用。活动采用"乐学积分卡"记录学习活动，将其兑换为"学习成果"进行表彰。典型案例在活动周上分享交流，引领更多新乡贤参与农村社区教育。同时，利用信息管理平台和公众号等宣传新乡贤的贡献，扩大其影响力。

五、实验成效

一是通过新乡贤个人成长档案的记录和追踪，成功组建了一支高效、可靠的新乡贤志愿者队伍。这支队伍在社会各界的支持下持续壮大，形成了自发的乡贤组织。

以华严村为例，该村的"乡贤促进会"在村民委员会主任曾耀的带领下，由近40名来自不同企业的贤达组成。他们积极参与村级治理，导入优质资源，筹措发展资金，并通过设立常规活动日，将原来的不定期活动转变为定期活动。他们还建立了睦邻共学机制，组织各种结对帮困和睦邻共学的活动，营造了一个充满活力和温暖的社区氛围。这些乡贤已成为支持华严村乡村振兴和美丽乡村建设的重要力量，不仅提供了智囊团的支持，还通过各种赞助和活动为社区带来了温暖。在他们的支持下，《华严村村志》顺利编撰并发行。

二是厘清学习型乡村建设与"新乡贤"培育间的内在逻辑，并基于实践探索，提炼出了一条新乡贤参与学习型乡村建设的路径，以及学习型乡村发展中促进乡贤培育的有效机制（见图5-6），具体囊括：宣传与选拔、培育与发展及激励与追踪。根据目前学习型乡村建设实践，新乡贤培育和嵌入，这是充分展现乡村精英使命和职能的过程，也是服务乡村治理的贡献度持续提升的过程，其应与乡村振兴战略同频共融，并指向乡村发展的方方面面，即以"新乡贤＋时政微课堂"打开"知外之窗"；以"新乡贤＋乡村微治理"引导村民自治；以"新乡贤＋匠心微传承"弘扬工匠精神；以"新乡贤＋热心微公益"涵育乡间温情。通过赋能、盘活、服务与宣传，不断为新乡贤发展积蓄力量，包括渗透力、行动力、发展力和持续力，以此提升其服务乡村的贡献度。

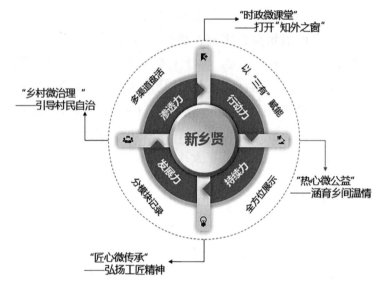

图 5-6　新乡贤的培育及嵌入路径

三是建立起"互为支撑"的协同力。在促进"四堂间"成为新乡贤的重要阵地时，利用"新乡贤志愿有为"助力学习型乡村建设。经过前期培育和后期追踪，部分新乡贤能够结合乡村需求，发挥自身优势，实现个人价值与社会价值的统一。2022 年成功申报的学习型乡村及试点村有 6 个，其中柘林镇迎龙村和南桥镇光明村是"新乡贤"的重点阵地。此外，南桥镇华严村、奉城镇木雕、金汇镇"假日学校"等亮点工作也已纳入奉贤区《社区教育助力乡村振兴案例集》。同时，"家风小课堂"及李窑村"英语角"作为《奉贤"四堂间"——乐学乡村，共育美好》宣传视频也在区域内传播。

六、实验反思

（一）参与深度应如何保障

建立管理过程和运行机制是"新乡贤"队伍可持续发展的保障。目前"新乡贤"队伍管理制度和运作机制仍需完善，如联系指导、例会、经费保障等制度；准入、退出等建设方面的制度；活动学习、考核表彰、档案留存等运行方面的制度等。这些制度需进一步梳理和完善，以确保管理目标、活动要求、档案资料、评优奖励等方面的补充。

（二）参与限度应如何把控

伴随着"熟人社会"向"半熟人社会"甚至是"陌生人社会"的演变，新乡贤对乡村的陌生及村民对乡村治理主体的信任感弱化，致使村民对新乡贤返乡动机存在质疑，甚至产生排斥和抵触情绪。这对具有反哺情怀且期望在乡村有作为的新乡贤而言，无疑需要慎重把控自身的参与程度，尤其当新乡贤嵌入村民公共事务之中，形成"新乡贤治村"时，其身份逾越有可能影响乡村治理格局。

（三）实验朝向：聚焦和深度

学习型乡村建设不是一蹴而就的过程，涉及乡村发展的方方面面，也亟待多方力量的协同、优势资源的集聚及个人终身学习观的渗透。如此大而广的工程，仅仅依靠"新乡贤"的嵌入和支撑，其影响力和持续力相对有限。因此，后续将聚焦新乡贤功能中的一点，将其做深做实，辅之以更多的个案研究，在推进项目走向更深层次的同时，进一步彰显实验成效。

7 以长效机制为引领，职业院校致力探索打造居民家门口的"共享学堂"的实验

上海行健职业学院

一、实验背景

（一）职业教育政策号召强化参与终身学习

2019 年 1 月，国务院印发《国家职业教育改革实施方案》，在"完善国家职业教育制度体系"这一任务中明确提出，"推进高等职业教育高质量发展"，强调"高等职业学校要培养服务区域发展的高素质技术技能人才，重点服务企业特别是中小微企业的技术研发和产品升级，加强社区教育和终身学习服务"。

2020 年 9 月，教育部印发《职业教育提质培优行动计划（2020—2023年）》。将"完善服务全民终身学习的制度体系"作为重点任务之一，并提出"健全服务全民终身学习的职业教育制度""推动学历教育与职业培训并举并重""强化职业学校的继续教育功能"三项计划，指出要"落实职业学校并举实施学历教育与培训的法定职责，面向在校生和全体社会成员开展职业培训……支持职业学校承担更多培训任务"，同时"鼓励职业学校积极参与社区教育和老年教育"。

党的二十大报告提出，要"统筹职业教育、高等教育、继续教育协同创新"。习近平总书记在主持中央政治局第五次集体学习时强调，"以教育之力厚植人民幸福之本，以教育之强夯实国家富强之基，为全面推进中华民族伟大复兴提供有力支撑"；"要建设全民终身学习的学习型社会、学习型大国，促进人人皆学、处处能学、时时可学，不断提高国民受教育

程度，全面提升人力资源开发水平，促进人的全面发展"。新征程上，我们要把终身学习理念贯穿大学教育全过程，积极促进大学生养成终身学习的良好习惯，不断自我更新，优化知识结构，为未来的职业发展、人生发展奠定良好基础，更好满足社会对于创新创业人才的需求，早日成长为党和国家的栋梁。

（二）满足市民个性多样学习需要职业教育

"社区学校课程太简单，想进一步提高但没有资源""老年大学报名有些课程经常报不上""社区钢琴数量太少，不够练""有些社区老师不够专业"……随着市民终身学习需求日益旺盛，现有的学习内容、学习场所、方式、师资等难以满足市民的需求。如何推动市民终身学习社会化、学习资源多样化、学习途径便捷化、学习方式自主化，构建"时时能学，处处可学，人人皆学"的学习型社会，需要高职院校积极发挥服务功能，勇担社会责任。

二、实验基础

（一）学院服务全民终身学习具备优良传统

上海行健职业学院前身为上海市闸北区业余大学，1992年成立社区教育工作机构"区服务办公室"；2001年转型为全日制高职院校后始终坚持为区服务；2002年和2008年先后成立区市民学习指导中心、培训与鉴定中心，开展社区教育和技能培训；2014年成立社区教育工作委员会，优化服务社区体制机制。学校专业得到长足发展，成果显著：2011年以来获评一流（培育）专业3个，市级教学团队10个，市级精品（在线开放）课程13门，市级专业教学资源库3个，雄厚的专业、师资、课程、资源支持为服务全民终身学习奠定了坚实基础，服务全民终身学习成为推动学校专业建设的杠杆。

学校持续为社区教育开设钢琴班、图像后期制作班、古琴班等课程班，为辖区居民的进一步学习提供良好条件，课程班报名火爆，受到居民的热烈欢迎。每年承办或协办区读书日、终身学习活动周、人文行走等大型终身教育活动，从活动策划、组织协调、现场保障等方面提供支持和服务，提高了学校在区级层面的知名度和美誉度。学校还在社区教育课程建设方面进行了持续探索，目前已在书画、古琴、茶艺领域进行了微课建设探索，完成了书画系列微课、古琴入门微课和茶艺入门微课的建设，并在区级、市级和国家级平台上进行配送和展示，拥有服务社区的经验和良好基础。

（二）立项开启服务全民终身学习新篇章

2011 年，学校"数字化市民学习港建设与运行的实验"项目立项市教委社区教育重点实验项目，同时于 2012—2013 年立项原闸北区人民政府实事项目。学校基于高职院校资源优势，紧密对接市民学习需求，对标终身教育内涵要求，由点及面多维度开展学习服务，探索打造开放式、数字化、公益性、多元化的终身学习服务载体和平台，为满足区域市民学习需求、推动区域学习型城区建设、构建服务全民终身学习的教育体系发挥积极作用。坚持"共商共建共享"的服务理念，实现职业教育与终身教育互利共赢。

（三）逐渐完善的参与机制

2014 年 3 月 3 日，学校成立社区教育工作委员会，规定由市民学习指导中心牵头开展社区教育工作，服务区域建设与发展。主要探索加强高职学院部门院系的整合联动，集中技术力量、教师资源及优质课程，从体制上有力支撑学院更好地发挥服务社区功能。市民学习指导中心对外是学校服务社区的窗口部门，对内是协同各系部的纽带，部门的设立及人员配备为学院开展社区教育工作提供了扎实的机构力量保障。

随着提质培优计划的实施，学校正在进一步完善社区教育工作委员会的工作机制，力争形成集组织保障、制度保障、经费保障、队伍保障、资源保障于一体的五维运行保障机制，更好地服务社区教育工作。

三、实验目标

（一）打造以职业院校为主阵地的居民家门口的"共享学堂"

建立"时时能学，处处可学，人人皆学"的学习型社会需要充分开发和利用全社会教育资源。相较于社区教育，职业院校无论在场地资源、师资力量、设施设备、教学方式还是教学资源上，其丰富程度和专业性都具备良好优势，可以充分弥补居民学习路途遥远、场地条件受限、师资力量不足、教学设备落后、教学方式单一、教学资源不够等方面的不足。因此，打造以职业院校为主阵地的、居民便捷可用的家门口的"共享学堂"，让职业教育资源辐射社区教育领域，意义重大，也是本实验的首要目标。

（二）提炼职业院校参与社区教育的长效机制

实践的探索需要长效机制的引领，上海行健职业学院在服务社区教育过程中积累了良好的经验，形成了独特的机制，但目前多为点状铺开，尚未形成系统化的机制总结，难以进行推广应用和借鉴。本实验旨在通过实践探索和总结，将职业院校参与社区教育的现有机制进行总结提炼，形成系统化、可复制的机制路线图，以供同类职业院校参考借鉴，增加社区教育的参与力量。

四、实验内容

（一）梳理现有机制，形成可视化经验供借鉴

建设高职院校参与终身教育的"共享学堂"运行机制，是学习型社会建设持续有序运行的重要保障条件，学校形成了包含保障体系、支持体系、服务体系等在内的完善机制，且在具体运行中应当动态地遵循，不断调整、完善。

具体机制见图5-7。

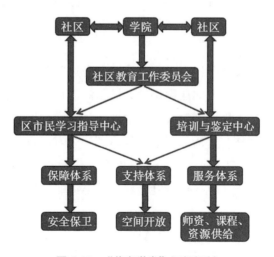

图 5-7　"共享学堂"运行机制

此外，随着《职业教育提质培优行动计划（2020—2023年）》的推进，学院积极优化保障机制，建立完善了包括组织保障、制度保障、经费保障、队伍保障、资源保障在内的五维运行保障机制，以"制度落实，必作于细"的态度，落细落实举措，强化机制建设。

（二）打造"人文学堂"传经典

整合、梳理、挖掘各专业可落实、可渗透的中华优秀传统文化课程资源，

打造社区教育优秀文化专题课堂，由经管系、艺术系专业教师发挥专业特长，为社区居民开设茶艺、扎染、剪纸等课程，通过现场示范、专题讲解、实际体验等方式，打造言传身教、双向互动的课堂体验，帮助社区居民体悟中华优秀传统文化魅力，坚定文化自信。

例如，利用学校茶艺教室资源，组织茶艺课程教师，为居民开展茶艺文化体验活动。活动主要分初识茶香和待客茶艺两个部分。老师先简单介绍茶文化的起源和基础的六大茶样，讲解几种常见绿茶的识别及冲泡知识。接着表演一整套待客茶艺，从茶盘、茶盅、水盂等器具的选择，到烫杯、取茶、冲泡、闻香、奉茶的过程，大家都认真地学习着，静候茶香。最后，在老师的指导下，居民们亲身体验茶艺之道，不仅体悟到茶艺静心神、修身性的平和安静，也激发了对传统文化的热情，感受到了博大精深的茶文化。

（三）打造"展馆学堂"搭平台

整合学校图书馆、大师工作室等文化场馆资源，发挥教育功能，开展系列展示展陈活动，设置非遗文化专题讲座和体验，推动单向讲座模式向多元互动的展馆模式转变，将文化展馆打造为复合课堂，转化为社区教育的立体教科书。

例如，在学校大师工作室举办"非遗在身边"非遗技艺体验活动，海派传拓技艺传承人符海贤向居民讲解并展示海派传拓技艺；细刻技艺传承人周誉坤在显微镜下展示细刻技艺，并展示最新细刻作品。居民分组体验了传拓技艺和细刻技艺，活动现场气氛热烈，学习兴致高涨。学校大师工作室长期开展系列活动，通过定期课程和活动，传承非物质文化遗产技艺，营造共同保护非物质文化遗产的社会氛围，促进非遗保护工作进一步深入发展。

（四）打造"社区学堂"重体验

组织师生志愿者进社区，打造社区学堂，为社区居民开展传统文化体验课程。

例如，针对社区老年居民智能手机操作的学习需求，组织学生深入辖区白玉兰馨园居委会、悠和家园居委会等居民学习点，为老年居民开展智能手机使用、手机 App 操作课程，在每个学习点至少开展 1 个系列（共 4 次）活动，确保老年居民真正学会使用现代化信息手段。

艺术系师生进社区，组织居民开展制作剪纸、宫灯、蒲扇等具有传统艺术特色的课程，化身"小老师"，带领居民欣赏形式风格不一的扇面，并从中汲取灵感。指导他们选取国画中的花鸟、山水等元素进行创作，利用专业知识帮助居民设计草图、巧妙构思，用剪、刻、撕等方法表现图画，充分发挥想象力，运用画笔描绘出山峦、河流、仕女等具有国风特色的内容，提高传统文化素养。

（五）打造"线上学堂"广辐射

结合"健康中国2030"行动纲领，联合上海教育报刊总社《康复》杂志社，开展静安区社区健康行系列活动。聘请三甲医院的医生，通过网络以线上直播课、录播课、电子书《静安区社区健康行——健康知识随身学》以及线上巡展等形式为全区14个街镇社区居民开展健康科普系列活动，在14个居委学习点进行海报专栏宣传，配送1200册《健康知识随身学》，活动参与人数超5000人，累计服务居民过万人，项目荣获2022年度社区健康大学堂最佳贡献奖。

对接上海申爱社会工作发展中心，组织开展静安区民政局"桥计划"项目——"两小时的伙伴"线上服务计划，主要为受新冠疫情影响、缺少教育资源的家庭子女提供线上辅导。共服务学习者284人次，服务时长超过568小时。

英语专业学生发挥专长，创办公益绘本公众号"春天的花儿"，为受疫情影响无法到校学习的儿童提供线上双语绘本讲解服务。共累计发布58期，目前设有绘本讲解员30余名，累计阅读量达5000人次。

（六）打造"微课学堂"强资源

为了满足居民能够简单易懂地学会自己喜爱的课程需求，学校发挥场地、师资优势，建设书画、茶艺、古琴在内的社区教育微课，丰富传统文化学习资源。

2022年共完成12门"乐学书画"系列微课制作，并连同前期制作的茶艺、古琴微课资源进行刻盘，送至社区学校，为社区居民提供学习服务。尤其在新冠疫情期间，社区教育线下活动受阻，学校建设的微课资源更是成为居民居家学习的有效载体，在"学习强国"平台和"乐学静安"微信公众号等平台上一经发布，就深受社区居民喜爱。

（七）打造"培训学堂"练技能

扩充培训课程资源。当前学校开展职业技能等级认定项目的专业有学前、网络、软件、机电、汽修、电商、商务外语（日、英、德、法），为打造个性化职业技能线上课程资源库，学校充分挖掘高职各系各专业与职业技能等级认定项目有关的线上课程资源，建设以视频课件、线上题库练习、章节测试、腾讯会议直播答疑为主的线上课程资源库。目前已建设完成职业技能等级认定项目课程资源库的项目有学前教育专业育婴员、保育师、电商专业电子商务师和机电专业电工4个项目。

推行职业技能线上培训。为解决社会学员工学矛盾，提升学习成效，学校采用学习通平台，结合线下课程开展混合式教学培训。2022年开设职业技能线上培训班20个，培训人数1219人。

把握政策适应新趋势开展职业技能培训。根据学校专业发展，主动适应技能人才评价制度、标准、方式的变革，积极申请补贴培训项目和等级认定项目考核点。目前已完成电工、汽车维修工、育婴员、保育师、钳工等级认定项目申请，承接上海市托幼协会、上海市商业联合会和公安部第三研究所社会评价项目的职业技能等级认定。

主动对接行业协会和企业开展合作培训。积极主动把职业技能培训与区域经济就业紧密结合，坚持就业导向，开展各类合作培训。2022年完成合作培训班4个，547人参加培训。

五、实验成效

学校深耕全民终身学习服务，取得了实打实、沉甸甸的成绩，提高了社会服务能力，拓展了开放服务格局，推动了制度型开放，构建了广泛资源圈，探索了高校与社区协同发展的新路径，实现了高校社区互利共赢。

（一）破墙联手，创新高职教育与终身教育融合发展理念

突破了目前高职院校社会服务普遍存在的缺乏意识、有意识缺行动、有行动不长效等种种局限，坚持"向社区开放、为社区服务"的办学理念，通过建设"共享学堂"，突破围墙，由单纯的高校人才培养延伸到社区全民，实现高等教育功能"外溢"，促进高等教育与区域经济社会发展良性互动，让人民群众共享发展成果，实现社校联动、共享共赢。

（二）磨剑不辍，创新服务全民终身学习机制保障

率先组建跨部门推进的领导体制和工作机制。2002年率先建立区市民学习指导中心，2008年建立培训与鉴定中心，2012年制订《上海行健职业

学院社区教育工作考核标准》，2014年成立社区教育工作委员会，把打造居民家门口的"共享学堂"提升到"影响学校品牌声誉的事业"的标准和高度。2022年起将"服务社区教育"与"第二课堂"学分考核挂钩，营造"愿意做、主动做、规范做"的人文氛围。

（三）利他悦己，创新高职院校服务全民终身学习的"行健"模式

通过实验的探索和总结，形成了极具特色的高职院校服务全民终身学习的"行健"模式，即包含资源共享、师资支持、制度保障在内的，区别于社区场域的差异化、优质化服务模式。社区成为学生专业发展的第二空间，与校园共同形成"双空间"育人平台，反哺专业建设和人才培养，推动高职教育教学改革，增强办学活力。

六、实验反思

（一）进一步凸显高校的社会公共属性

我国高校是以政府财政拨款作为运营经费，为社会培育输送高级知识分子、提供社会服务等行为的公办组织，具有鲜明的社会公益性质。上海行健职业学院作为一所区办高校，其区属的公共属性更为凸显，应该更加注重凸显公共属性，打破传统教育教学的物理空间壁垒，注重融入区域环境，联通社会服务；注重实现社会公共利益，为社会提供公共服务、实施公共职能，牢牢把握为国家和地方经济发展、社会发展服务这一大局观。

（二）进一步满足居民多样化学习需求

目前学校"共享学堂"的构建雏形初具，但其内涵仍需进一步丰富，尤其是如何在现有探索的基础上进一步突破，持续关注居民最现实、最迫切的终身学习需求，需要我们花费更多的心思。只有为居民供给、共享真正适需的优质教育成果，才能把"共享学堂"真正建设好。

（三）探索社区反哺高校的双向互动模式

目前，"共享学堂"的主要提供者为上海行健职业学院，单向供给现象明显，而社区对高校的反哺和促进较少。要实现长期良性发展，必须建立高校与社区互利共赢的双向互动模式。如果高校在走向社区的过程中，同时能够吸引社区企业、社会团体参与联合办学，开拓办学多元化道路，并在学生培养、专业设置、社会效应等方面有所受益，一定会更加有利于"共享学堂"的长远发展。

（四）顺应数字化趋势加速发展

党的二十大报告提出，要"推进教育数字化，建设全民终身学习的学习型社会、学习型大国"。数字技术的快速迭代和发展，开启了一场影响深远的社会变革，对终身教育也提出了新要求。我们将加快实现数字化转型和智能升级，在课程体系、学习方式、教师角色、评价体系等方面进行数字化尝试和完善。积极探索与数字技术相适应的教学模式，推动教师向学习的设计者、组织者和启发者转型，创新应用发展性评价、个性化评价、无感知评价等新型教育评价方式，带给学习者更便捷、更高效的学习体验。

第六篇　多元主体参与篇

DUOYUAN ZHUTI CANYU PIAN

1 家校社共育　推动家庭教育融合发展的实验

徐汇区教育局

一、实验背景

（一）政策背景

近年来，国家重视家庭教育，强调家长在家庭教育中的主体责任。2018年，习近平总书记在全国教育大会上指出，办好教育事业，家庭、学校、政府、社会都有责任。家庭是人生的第一所学校，家长是孩子的第一任老师。2019年，教育部部长提出，将家庭教育纳入基本公共服务体系，形成政府、家庭、学校、社会联动的家庭教育工作体系。2022年，《中华人民共和国家庭教育促进法》正式施行，家庭教育成为有法可依的"国事"。

（二）区域背景

徐汇区是海派文化的发源地，也是中西方文化交汇地，拥有丰富的教育、文化、医疗、科技资源。家长们为了给下一代提供良好的教育和生活环境，即便房价高昂，仍选择在徐汇安家。这造就了徐汇区家长群体知识分子多、文化层次高、家庭教育意识强的特点。

为满足市民对家庭教育的需求，徐汇区教育局、妇联于2010年颁布了《关于进一步加强徐汇区家长学校工作的指导意见》，建立区、街镇、学校三级家长学校管理网络。区层面成立领导小组，办公室设在教育局学习办；街镇层面以社区为单位成立领导小组，社区家长学校办学实地设在社区学校，由社区学校校长在街道家长学校工作领导小组的部署下开展工作；以社区内中小幼学校作为分校，发挥家庭教育指导主阵地的作用。

（三）现实需求

经过多年实践，徐汇区各级家长学校在提升家长的家庭教育水平方面发挥了独有的优势和功能，1所区级家长学校、13所社区家长学校与学校家长学校在教学内容、教学时间、教学方式上互为补充，助推了和谐家庭、和谐社区建设。

2020年新冠疫情暴发以来，家庭教育更是成为社会关注的热点。对于家庭教育三级管理网络来说，家庭教育指导工作被摆在了更加突出、更加紧迫的重要位置。然而，目前家长学校发展中普遍存在课程资源及师资匮乏现象，各类指导资源的来源随意性大，缺乏常态有效的资源供需机制，由此带来各家长学校之间发展不平衡的问题。此外，每一代父母、孩子都有各自的特征，因此，家庭教育指导永远在路上，家庭教育指导工作必须结合社会发展新情况，必须适应不同时期家长的新需求，与时俱进，不断突破创新。

二、实验目标

一是培育100个服务社区的家庭教育指导师，形成区、街镇两级家庭教育品牌项目，为社区家长提供有效的、有针对性的教育服务。

二是建设线上学习资源库，满足家长在线学习需求。

三是在区域范围内形成多方力量共同推进社区家庭教育的合力，建立常态化管理运行机制，为不同年龄段的学生家长提供全方位家庭教育指导。

三、实验内容

（一）健全体制机制，加强制度保障

健全体制，保障有力。徐汇区充分发挥社区活力，以社区家长学校为阵地，推进家、校、社协同育人。2020年11月，徐汇区教育局《关于进一步加强徐汇区学校家庭教育指导工作的实施意见》指出，"积极构建区域学校、家庭和社会多元协作、深度合作的区域家庭教育工作新格局……形成具有徐汇特色的家校社共育绿色生态圈"。多项促进青少年健康、全面发展的工作被纳入徐汇区终身教育发展"十四五"规划、年度工作计划、社区学校绩效考核指标方案中，比如学生社区实践指导站、市民终身学习

体验基地等。同时，徐汇区教育局对各街镇进行专项拨款，有力保障相关工作落实推进。

多方合作，齐抓共管。徐汇区在机制方面不断探索，逐渐形成了一套横向沟通连接、纵向深入推进的家校社共育运行机制。在横向跨部门合作方面，加强与区文明办、区妇联、区民政局等部门的协作，统筹各级各类教育资源，实现点面结合、资源共享、项目共推、活动共建。在家社融合发展方面，区教育局、区妇联积极引入社会力量助力家庭教育，通过融合社会专业力量，增强家庭教育的科学性和专业性。在校社融合发展方面，社区学校积极与中小幼学校进行互联互通、资源共享，社区学校将优质课程和师资送入中小幼学校，丰富学生课外活动；中小幼学校也将优质师资送入社区学校，缓解师资短缺问题。

条块结合，细化落实。在纵向深化发展方面，徐汇区致力于完善三级家长学校组织架构，形成有效的管理运行机制。主要措施包括：加强区级家长学校品牌建设，整合教育资源并引领社区和校级家长学校；建立社区家长学校长效工作机制，制订家庭教育工作计划并组织活动；加强中小幼学校建设，制订家庭教育工作方案，开展家、校、社共育活动和课程资源开发。这些措施旨在指导家长科学理性地开展家庭教育。

（二）建设品牌项目，激发教育合力

徐汇区注重培育具有区域特色的家庭教育品牌，通过社区学院和家长学校，结合本土资源优势，开发了各具特色的家庭教育品牌。在这些品牌引领下，开展了一系列高品质、有特色的社区家庭教育活动和亲子活动。2021年，徐汇区共举办了137场家庭教育讲座和亲子活动，惠及上万个家庭。

徐汇区妇联依托"家中心"打造了"汇家源"主品牌以及"品质汇家""幸福汇源""温暖汇美"等子品牌的服务品牌，为妇女和家庭提供了涵盖家庭文明、家庭教育以及家庭服务等多方面的资源和项目，累计服务人数达到千余人，取得了良好的社会效益，成为凝聚家庭、服务家庭的有效工作阵地。

搭建平台推进家庭教育品牌发展。徐汇区"家庭文化节"是徐汇区的一项重要品牌活动，已连续举办19届。2021年，该活动以"红色百年　家风流芳"为主题，由徐汇区妇联、区委宣传部（文明办）、区教育局联合举办，并表彰了各级最美家庭（个人）。2022年，活动以"喜迎党的二十大　共建和谐最美家"为主题，发布了《徐汇区家庭公约》，并建立了首家家风馆。经过多年发展，家庭文化节已成为深入群众家庭的精神文明建设品牌项目，提升了家庭的参与感、获得感和幸福感。此外，2022年5月，徐汇区第二十四届家庭教育宣传周系列活动顺利举办，为全区家庭带来了丰富的家庭教育活动。

线上线下融合拓展家庭教育新空间。随着时代的发展和新冠疫情的影响，各街镇逐渐开始创新品牌发展，以重塑品牌生机。"虹梅家长汇"是徐汇区发展多年的知名家庭教育品牌项目，尝试了以家庭学习衔接为主、以系列课程为主、以亲子活动为主等不同主题来组织各类活动。近两年，"虹梅家长汇"促进了"线上线下融合"的大发展。2020—2021年期间，共举办了13场活动，线下受益人群超过500人次，线上直播、录播以及上海热线媒体等平台辐射到的参与家长超3万人次。凌云街道社区学校精心设计的"艺术家庭日"品牌项目自启动至今，举办活动122次，参与家长和孩子有18975人次，将社区打造为学校和家庭之外的第三成长空间，并将"古法造纸"非遗传承项目与家庭教育活动相结合，丰富了"艺术家庭日"的品牌内涵，活动多次被"学习强国"报道，还接受过《新闻晨报》《东方教育时报》等多家媒体采访。

（三）打造专业队伍，提升指导水平

注重顶层设计，整合资源，共享优质培训资源，促进队伍成长。除了区本培训外，重点打造三支不同层级家庭教育指导服务队伍，构建"顶层专家引领、中层梯队衔接、基层全员参与"格局。由区教育局与上海市家长学校合作，组建专家智库，提供专业化指导。

培育中坚力量，开展家庭教育指导师培养工程，选拔组建专兼职教师队伍，提供讲座、咨询与服务。如徐汇区每年开展培训，2021年217名教师学员通过考核，获得合格证书，为社区和学校提供了师资保障。

加强基层保障，招募、选拔、聘用家庭教育指导社会志愿者并组建队伍，提高专业化水平。开展"家庭教育指导优秀家长"培训，将优秀家长纳入志愿者队伍，发挥优秀家长对广大家长的教育作用，宣传科学的家庭教育理念、知识和方法。

（四）畅通线上资源，满足多元需求

搭建线上平台。徐汇区注重线上学习资源的建设，区教育局搭建了"光启e学堂"线上学习平台，建立起"汇e学"云校。"汇e学"云校建设被纳入 2022 年徐汇区政府实事项目。数字化学习资源的建设充分考虑亲子家庭学习需求，实现随时随地线上学习。2021 年，徐汇区社区学院充分利用"徐汇汇课"App、微信公众平台等网络学习平台，开发和建设、推广"慧育惠家家庭教育"系列微课。该系列微课涵盖了学龄前、学龄期及青春期学生家长系列课程内容，该项目以"身、心、社、灵"为主题，联合不同领域专家学者提供权威指导，整合专业知识，开发建设系列微课、资讯等多形式的课程资源，以家庭教育之智慧，助力家长孩子共同成长，实现慧心育人，惠及万家。2021 年，"汇 e 学"徐汇终身教育云校联合"慧育惠家"项目推出了精品讲座，如《家庭教育中，不可缺席的爸爸》《家庭教育中，父母如何让孩子爱上艺术——访著名钢琴家柴琼妍博士》等。

推广品牌课程。2020 年徐汇区统筹的"超级家长会"系列活动，累计点击量超 130 万，单场最高点击量超 47 万。2021 年围绕"双减""中招新政"等主题的"超级家长会"，点击量超 150 万。长桥社区家长学校开展的《"双减"之下如何双赢》系列讲座，于 2022 年再次上线，并邀请心理专家呈现了 10 个主题的课程。据统计，长桥社区学校开展的"清和家长课堂"系列讲座受益约 2 万户家庭，有 200 组家庭参加亲子活动。

开展主题活动。徐汇区妇联举办了"棒棒星体适能游戏营"——线上亲子微课堂活动，帮助家长更科学、有效地进行儿童家庭体育教育。漕河泾社区家长学校 12 年来，每年开展 4 场次的专题育儿讲座，每月一次的"宝宝乐"主题活动，使辖区家庭受益良多。据统计，漕河泾社区家长学校举办的"宝宝乐"育儿讲座近 150 场次，平均每场参与 20 人次；漕河泾辖区各类学校以学生家长会、校班会的形式开展家庭教育指导 30 场次；居委开展的小型家庭教育讲座和主题活动近 720 场次。

（五）搭建学习平台，赋能家庭成长

学生社区实践指导站。徐汇区在全区全面推进学生社区实践指导站建设工作，建设 13 家市、区两级学生社区实践指导站。在街镇层面形成了"1＋X"的"一站多点"的学生社区实践活动网络。比如，长桥街道形成"1＋32＋N"社区资源共享圈。学生可以在家长的协助下在寒暑假、节假日参加社区实践指导站（点）开展的微课、训练营、体验活动等。徐家汇学生社区实践指导站以"海派之源徐家汇"品牌建设为目标，推出具有地域特色的志愿服务公益劳动岗位和人文行走、职业体验、劳动教育等社会实践活动。

2021年寒假推出的"走近徐光启"讲故事比赛，共收到故事视频150份，学生们在家长的带领下走进徐家汇4A旅游景区——徐光启纪念馆，用讲故事的形式抒发对徐光启的崇敬，深化了家长与孩子的共同体验。

亲子人文行走项目。通过挖掘、整合徐汇丰厚的文化教育资源以及各街道的特色资源，区教育局和各街镇社区学校相继设计出了多条主题鲜明、具有特色和教育内涵的人文行走线路。比如，以黄道婆纪念馆为辐射点的江南路线、以"徐家汇源"为核心的海派寻源路线、以武康路为主轴的名人故居路线、以永嘉路为主轴的红色路线、以"西岸文化长廊"为辐射点的徐汇滨江路线等。通过开展未成年人人文行走活动、亲子人文行走活动，每年吸引近万名中小学生和家长参与。2021年，徐汇区教育局联合区文明办、区文旅局组织开展了"人文行走线路设计'我行我秀'邀请赛"，吸引了辖区内300多名中小学生参加，收到微视频、绘画、摄影作品共计150份，39个作品、72名学生获奖，不少学生家长参与了学生作品的创作，来领奖时纷纷表示，"活动非常有意义，提供了一个家长与孩子交流和合作的平台，未来还想继续参赛"。

寒暑假亲子活动。每年的寒暑假，区级平台和各街镇家长学校纷纷举办亲子活动，抓住假期这一增进亲子关系的绝佳时机，服务辖区家庭。比如，2021年暑期，华泾社区家长学校"家油站"携手敦煌艺臻馆开展暑期亲子沙龙活动，活动内容包括《正面管教：和善并坚定》家庭教育讲座和参观敦煌艺臻馆。虹梅社区家长学校举办"七彩虹梅——园区人文行走"暑期亲子活动，36个家庭共计70人在园区人行走中，感受智慧城市的工业变迁。2022年7月，徐汇区妇联在暑期以"喜迎二十大，共建幸福家"为主题，开展暑期亲子劳动、亲子阅读短视频征集和亲子公益征文活动。2022年8月，徐汇区"家中心"举办"汇家源"线上主题活动，面向6—10岁亲子家庭，开展了5期"暑期美育绘画课堂"系列课程，参与活动人数近200人。

四、实验成效

（一）丰富了区域内家庭教育资源的供给

徐汇区基于本区历史文化建筑丰富、教育理念先进、教育氛围浓厚的优势，统筹整合各类教育文化资源，通过健全体制机制、打造专业师资队伍、建设品牌项目、搭建线上线下学习平台，建立起一个较为完善的家庭教育师资库、学习资源库，基本满足了当前阶段家庭教育的需求。线下资源的挖掘为家长和孩子提供了沉浸式学习、亲身体验的机会，线上资源的共享让家长和孩子能够体验时时处处学习的便捷，打破了家庭教育线下学习的时空局限，让家庭教育走上"云端"，成为随时随处可见的教育方式，极大地拓展了家庭教育的空间范围，丰富了家庭教育的资源供给。

（二）促进了街镇社区家长学校品质化发展

徐汇区在推进家庭教育融合发展的过程中，各街镇社区家长学校牢固树立品牌意识，着力打造特色化、个性化的家庭教育品牌，促进了社区家长学校家庭教育工作的品牌化、品质化发展，家长学校的影响力和社会美誉度明显提高。在品牌创立、更新和创新的过程中，涌现出一批有口碑、有品质、有影响力的家庭教育项目，极大地促进了家庭教育工作的区域特色化发展、品质化发展，用品牌树立示范典型，用品牌引领家长学校品质化发展，徐汇区社区家长学校逐渐探索出一条新的品质化发展之路。

（三）提升了区域家长的整体教育素质

家庭教育的融合发展使得家长学校的办学能力得到显著提升，家长参与家庭教育的获得感显著提升，徐汇区家庭教育活动的参与人数、人次也显著上升，说明家长对家长学校的认可度、接受度较高。徐汇区通过开展家庭教育工作，深度连接了父母与孩子、家庭与社区、家庭与学校、社区与学校，家长在不断学习中逐渐了解自己、了解孩子、了解家庭教育，教育观念得到刷新，教育行为不断改变，自身教育素质得到提升，逐渐学会用科学的方法教育孩子，用合理的方式与孩子沟通，建立起友好和谐的亲子关系和家庭教育氛围。

五、问题及思考

（一）家庭教育工作的体系化设计要更加完善

家庭教育工作的开展虽历经多年探索并取得一定成绩，但仍处于初步发展阶段，政府相关部门需要进一步明确家庭教育工作的顶层设计思路，完善家庭教育的体系化设计，配套相应的保障措施，促进家庭教育体系化、专业化发展。

（二）家庭教育的参与主体要更加多元

家庭教育目前以政府部门主导推进为主，处于相对单一的发展模式，资源供给能力有限，需要吸引更多社会力量加入家庭教育领域中来，扩充家庭教育资源，丰富家庭教育形式，为家庭教育的发展注入新活力，催生新动能。

（三）家庭教育指导师培育要更加深化

家庭教育指导工作具有复杂性、多变性和情境性，对家庭教育指导师的成长有极高的要求。当前家庭教育指导师的培育主要停留在理论学习阶段，需要搭建实践平台，让指导师在实践中应用和深化理论，锻炼其在行动中思考、学习和发展的能力。通过开展具体的指导活动，逐渐提升专业能力，解决实际问题。

2 整合区域资源，促进社工基地提质培优的实验项目

普陀区业余大学

一、实验背景

（一）社会背景

基层社区是党委和政府联系群众、服务群众的神经末梢，是城市治理的"最后一公里"。《普陀区创新社会治理加强基层建设 2018 年重点工作项目安排》明确提出，"加强居委会主任、社区工作者骨干以及新招聘人员的培训，提高队伍业务能力"。为区域培养出一批具有"全岗通、百事能"服务能力的基层治理优秀人才，成为各级政府部门的共同关切，社区工作者队伍建设成为提高区域基层自治水平的重要抓手，这支队伍做实了就会产生强大的政策执行力，做强了就会产生广泛的社会影响力，做优了就会焕发磅礴的民心凝聚力。

（二）实践背景

2018 年 10 月，经区委、区政府批准，普陀区社区工作者培训基地落户普陀区业余大学。按照不同类别和工作岗位，基地针对新进社工、资深社工和骨干社工，分别制订了"助力启航""乘风远航"和"创新领航"培训方案。培训内容分为通用课程、业务课程、综合课程和提高课程 4 大体系，下设 24 个模块，紧密贴合社区工作者日常工作实际。基地成立 4 年来，整合了区域内众多优质资源，为基层社区治理输送了一批优秀人才。

二、实验目标

本项目旨在充分发挥社区工作者培训基地的示范引领作用和资源集聚效应，打造满足各层次、各阶段社工学习需求的培训课程，搭建推动区域社工队伍走向成长、成熟、成功的大平台。实验目标具体分为以下三点：

一是广纳优课良师、拓展业务触角，实现"资源整合"；

二是推进平台建设、革新培训理念，实现"课程提质"；

三是打造品牌项目、提升服务效能，实现"基地培优"。

三、项目实验方法

（一）调查问卷法

通过线上问卷调研和居民区实地走访等方式，摸排社工学员的培训需求。其间共计调研培训需求4次、实地走访3次、调研培训满意度4次。

（二）行动研究法

通过实验项目的计划和实施，认识、总结、提升社区工作者培训基地的课程教学和管理服务水平。

基地以社区工作者能力培养（统筹协调能力、改革创新能力、依法治理能力、服务群众能力、组织共治能力、引导自治能力、信息化运用能力）为目标，结合各街镇重点工作，通过多种形式开展培训。项目团队在总结反思各课程教学效果的基础上，着力打造了三大品牌项目；并通过六大转变实现了培训模式创新，提升了基地的管理服务水平。

（三）归纳总结法

对实验项目的成功做法和有益经验进行整理，评估了实验目标的实现程度，并形成了一套具有复制和推广意义的区域社工培训案例。

在课程体系建设方面，总结了4大模块、24个类别、近500课时的培训资源，以提供全面和系统的培训。

在制度建设方面，与民政主管部门领导和专家学者共同制订了《管理文件汇编》，规范了培训计划、教学计划和管理条例等规章制度，以确保培训的顺利进行。

在队伍建设方面，基地积极承办区内各级各类社工竞赛，选拔出一批优秀案例和先进单位，旨在发挥先进典型的桥梁纽带和示范引领作用。

四、项目研究过程

（一）组建项目团队

本项目立项后，受到校领导高度重视，组建了由校长室牵头，非学历教育部和公共管理系教师共同参与的项目团队。

表 6-1　项目团队成员及分工

工作职责	姓名	职务 / 职称
项目负责人	徐骏	非学历教育部主任
理论指导	徐文清	校党总支书记、校长
实践指导	张凤芳	校党总支副书记、副校长
文献梳理	李炳金	公共管理系教师（副教授）
项目策划和实践推进	吕品一	非学历教育部教师（讲师）

（二）开展社工培训

根据培训对象所处的不同成长阶段，基地将其划分为新进社工、资深社工和骨干社工，结合调研，以通用、业务、综合和提高四大模块为导向开发培训课程，开展具体的社工培训实践。

1. 调研培训需求

采取线下走访和线上问卷相结合的方式开展需求调研。

（1）新进社工培训

以"普陀区 2021 年度新当选居（村）委会主任集中培训班"为例，本培训班于 2021 年 7—10 月如期举行。2021 年 5 月下旬，普陀区完成 2021 年度居（村）委会换届选举工作。为使新一届当选居（村）委会主任快速进入角色，根据《关于进一步创新社会治理加强基层建设的意见》中提出的社区工作者能力要求，结合调研数据，最终确定分理论、实操两大主题开展培训。

（2）资深社工培训

以"普陀区桃浦镇 2021 年度线上社工培训班"为例，本培训班于 2021 年 7—10 月如期举行。团队于当年 5 月实地走访桃浦镇社区党建服务中心了解需求。据悉，下列年度政府实事项目与社工日常工作密切相关：包括帮助长期失业青年就业 50 人次，帮助成功创业 65 人，全镇失业登记人数控制在 1620 人以下；完成 2 个小区微更新；完成 8 个老旧小区室外充电设施的安装；新增 1 个老年助餐点；为 500 名 85 周岁以上独居老人赠送银发无忧老年人意外综合保险。在调研的基础上，拟开设必修类课程（四史学习、电梯加装、民法典解读等内容）和选修类课程（建党 100 周年专题学习、化解停车难、文明养宠等内容）。

（3）骨干社工培训

以"普陀区万里街道居民区社工 2021 年度'领航计划'培训班"为例，本培训班于 2021 年 6—8 月举行。万里街道居民区社工"领航计划"培训班于 2019 年启动，已完成 2 期的年度培训任务。培训采取小班教学，旨在帮助街道社区工作者骨干完成从"执行者"到"领导者"的角色转变。为精准掌握学员需求，项目团队设计调研问卷收集数据。共下发问卷 20 份，回收有效问卷 19 份，有效率为 95%。

基于问卷结果确定课程方向，即培养学员自主解决实际问题的能力。

2. 开发培训课程

基于调研数据，项目团队多次邀请业内知名专家学者和学员代表共同开展讨论，为每个项目分别研发适需的培训课程。确定课程清单后，基地充分发挥资源集聚优势，积极联系区内外优秀师资，完成课程的研发。

（1）新进社工培训

表 6-2　新进社工培训课程及讲师

主题	培训课程	培训讲师
理论	超大城市党建引领社区善治的实现路径	叶敏 华东理工大学 社会与公共管理学院副教授
	社区冲突管理与矛盾化解	汪仲启 中共上海市委党校 公共管理教研部副教授
	党建引领与基层治理	李威利 复旦大学 马克思主义学院副教授
	社区公共危机管理能力建设	俞祖成 上海外国语大学 国际关系与公共事务学院副教授
实操	如何当好居委会主任	梁慧丽 党的十九大代表
	党建引领，三驾马车分工协作的社区治理机制	林龙全 上海市第十五届人大代表
	社区治理离不开工具	金安国 虹口区曲阳街道副调研员
	党建引领下的社区自治与共治	尚艳华 全国"节俭养德民约行动先进个人"

（2）资深社工培训

表6-3　资深社工培训课程及讲师

培训课程	节段数	学分
党史专题学习	8	5
十九届五中全会精神专题学习	7	5
"奋勇争先　比学赶超"专题学习	8	5
解读"民法典"专题学习	13	5
公文写作专题学习	8	5
舆情应对专题学习	2	2
情绪管理专题学习	6	3

（3）骨干社工培训

表6-4　骨干社工培训课程及讲师

类别	培训课程	培训讲师
主题讲座	"土豆书记"和"金点子"工作经验分享	林龙全 上海市第十五届人大代表
	"最美城乡社区工作者"工作经验分享	胡文瑾 2020年度"最美城乡社区工作者"
专项能力工作坊	民法典在物业管理中的运用	伊晓婷 上海开放大学公共管理学院副院长
	基层社会治理中的家庭教育	程福财 上海社科院社会学研究所研究员、副所长
	居民楼组公约拟定和撰写	赵一凡 上海宁远社工事务所资深顾问
领航沙龙	岗位适应	书记工作室代表
	领导力、统筹协调能力	书记工作室代表
访学研修	黄浦区五里桥街道：新"三会"制度学习	五里桥街道负责人
	长宁区华阳街道：新"四百"群众工作法学习	华阳街道负责人
活动策划	设计阶段	顾霖 普陀区社工协会副会长
	准备阶段	
	实施阶段	何筱琳 上海慈善基金会项目部部长
	总结阶段	

五、项目主要成效

（一）以党建引领为核心，为基层治理提供人才保障

基地以党建为引领，加强基层治理人才队伍建设。通过培训，提升社区工作者的治理能力，并整合资源提升培训效果。同时，发挥党组织作用，强化联动协同，提升社工的组织力。基地还推进人才制度建设，优化培训系统，提高治理水平，为基层治理提供坚实保障。

（二）立体化整合资源，构建完善的社工培训课程体系

作为上海首个区级社工培训平台，普陀区社区工作者培训基地自成立以来始终坚持广纳区内外各类优质课程与名师资源，业已建成内容丰富、形式多样的培训资源库。

1. 纵向挖掘资源深度

（1）课程内容丰富

经过不断完善迭代，基地目前已积累了4大模块、24个类别、近500课时的培训课程资源。

（2）课程形式多样

访学研修：组织学员实地考察基层治理优秀街镇。

导师工作坊：学员自主规划课题，完成实践报告和项目书。主题包括垃圾分类、志愿者管理、文明养宠等，解决实际问题。

（3）师资专业权威

在区民政局的指导下，基地制订了严格的教员管理规程，对讲师进行资质核验并建立师资库。基地四年来广泛招募人才，组建了一支由社会贤达、业界专家和职教名师等专业人士组成的强大团队，并持续壮大。

2. 横向拓展资源广度

在全面整合培训课程和师资的基础上，基地还积极开展、承接各级各类社区工作相关活动。

（1）承接招录考试

自2019年以来，基地主动承接区内8个街道的社区工作者招录工作，年平均服务考生突破4000人次，以实现"城区治理高效能、基层治理现代化"为目标，为社区一线源源不断输送新鲜血液。

（2）举办竞赛评选

以"普陀区'走百家门、知百家情、解百家忧、暖百家心'百日竞赛"为例，基地联合区社区办、区人社局、区居村协会共同筹备为期4个月的竞赛活动，评选出若干普陀区"四百活动"优秀案例和"四百活动"先进单位等奖项。

（三）推进制度建设，持续规范促进社工成长

根据区委、区政府的要求，基地结合《普陀区关于规范居村功能、畅通为民服务的实施意见》的文件精神，制订了《普陀区社区工作者培训基地管理文件汇编》，包含《普陀区社区工作者培训规划（2020—2022年）》《普陀区社区工作者培训基地教学计划》《普陀区社区工作者培训基地管理章程》三部分内容，旨在加强社区工作者队伍建设、培养专业人才。

（四）以品牌打造为抓手，为基层社区培养优秀人才

按照岗位类别和工作职责，基地针对不同层次社工分别制订了项目方案，满足差异化学习需求。通过开展具体培训班，进一步优化了项目方案，着力打造具有普陀特色的社工品牌项目，并以此为抓手为基层社区输送优秀人才。

1. "助力启航"品牌项目

针对新进社工的岗位适应培训，学员须在3个月的时间内完成不少于40学时的学习。

在课程设置上，该项目重点围绕《街道办事处工作条例》、《居委会工作条例》、国情市情区情应知应会知识点、社区建设基础理论、社区治理基本方法等开展专题培训，帮助新录用人员适应社区工作要求。

首轮"助力启航"项目帮助全区300余名新当选居民区党组织书记和居委会主任熟悉岗位工作，夯实基层干部的理论和业务基础，顺利完成角色转变。

2. "乘风远航"品牌项目

针对资深社工的能力提升培训，学员每年参与的选修课和必修课学习合计不得少于40学时。

在课程设置上，根据《普陀区"百事能"工作指导手册》内容，聚焦各类岗位职责要求，重点围绕团队建设、继续教育、能力拓展等方面，全面提升社区工作全岗接待能力等6项实务能力。具体业务上，通过需求调研有针对性地开设了《新媒体运营》《应用文写作》《压力与情绪管理》

等呼声较高的专题讲座。

四年来，"乘风远航"项目已在桃浦镇、长风街道、真如镇等地全面铺开，累计服务学员逾 3000 人次，辐射效应初步显现，正进一步形成长效机制。

3. "创新领航"品牌项目

针对骨干社工的拓展进修培训，学员每年参与的理论和实践学习时长合计不得少于 40 课时。

课程设置上，围绕社区建设前沿理论、公共政策等内容，着力提高骨干社区工作者的组织领导能力、服务群众能力等。此外，不定期组织各类职业水平证书培训。

三年来，随着项目推进，60 余名骨干社区工作者提升了执行力，树立了大局观，走上了领导岗位，成为管理社区的当家人、服务居民的贴心人。

4. 人才培养成效

在区民政主管部门的引领和基地团队的努力下，普陀社工培训的品牌效应日益凸显，培养了众多优秀基层治理人才。以张群丽为例，她自 2018 年起参与基地培训，先后获得多项荣誉。在疫情严重时，她住进居委会办公室，带领党员志愿者队伍奋战在抗"疫"一线。她冲锋在前，团结带领小区的党员同志和居委干部，践行"我是第一责任人"的政治担当。

在推进上海"一江一河"建设中，中远两湾城居民区打造红色楼组，将办公地点前移至居民家门口，居民支持率迅速提升；风荷苑小区通过党建引领，仅用 3 个月的时间实现 75 部电梯成功签约，加梯推进速度领跑全市。这些成就得益于基地对社区工作者的培养，以及"小巷总理"对初心和使命的坚守。

（五）适应基层治理体系建设，推动社工培训模式创新

社区工作者队伍日益职业化、专业化、年轻化，吸引了众多优秀人才。为提高他们的专业素养和岗位胜任力，基地不断总结反思，以理念革新提升培训质量。

1. 从简单整合课程到定制开发课程

目前，基地已开发了多门专题类课程，包括"五违四必"区域环境整治、垃圾分类、社区工作新模式、美丽楼组建设、停车难矛盾化解、文明养宠和电梯加装等。这些课程受到参训社工学员的欢迎，他们认为这些课程非常实用，有助于解决实际工作中遇到的问题。

2. 从提供短期培训到提供系统方案

基地主动承接了普陀区社区工作者招录、普陀区桃浦镇储备社工招录等工作的试卷命题、组织实施、阅卷登分等考试任务，连续4年组织"普陀区社区工作者百事能业务在线考试"，承办了主题为"走百家门、知百家情、解百家忧、暖百家心"的"普陀区四百竞赛"决赛阶段的比赛。目前已具备提供专业的考试招聘、业务培训、赛事组织、质量评价、决策参考等综合服务能力。

3. 从关注个人能力到支撑区域发展

基地成立之初，分管区长在实地调研时提出要求："要始终把社区工作者队伍作为强化党和政府的执政基础、有效服务人民群众的重要力量。这支队伍，做实了就会产生强大的政策执行力，做强了就会形成广泛的社会影响力，做优了就会焕发蓬勃的民心凝聚力。"为此，基地将培训目标定为支撑区域发展，邀请了多位知名专家学者和业内专家授课，开展主题培训。培训内容从个人能力提升扩展到通过培训促进社区工作，进而支撑区域发展。

4. 从依靠经验支持到依靠数据驱动

普陀区下辖街镇众多，居民区差异显著。面对未来风险，应从现实和实践出发，依靠数据驱动。以万里街道为例，基地课程设计团队走访街道办事处、居民委员会、书记工作室，开展座谈和在线调查，掌握培训需求。开创"导师工作坊"教学环节，解决学员实际工作问题，定期交流互动、讨论解决方案并评价实施效果，受到了学员的一致好评。

5. 从提供理论培训到支持实践学习

在做好理论培训的同时，基地也十分注重实践教学环节。以垃圾分类专题为例，基地多次组织学员赴凌云街道生态家、静安区天目西路街道、老港垃圾填埋场等地进行现场教学。凌云街道科学地利用湿垃圾制作酵素，由此创立了全国闻名的"绿主妇"和"一米菜园"项目。

6. 从传统面授主导到线上线下并重

新冠疫情给社会各界带来了巨大的挑战。由于线下培训受限，基地积极开发线上学习平台，与北京爱迪科森教育科技公司合作建立了普陀区社工在线培训平台。该平台整合了全国优质社工培训资源，为普陀区桃浦镇和真如镇提供了线上培训。经过两年多的发展，线上教学已成为主流，为基地实现混合式教学模式变革提供了新路径。

六、存在的问题及展望

（一）存在的问题

1. 教学模式改革有待探索

满意度调研显示，基地的线下与线上课程存在割裂。线上教学的效率、效果和效益有待提升。目前缺乏数据和经验支持，线上线下有机融合的混合式教学模式需要进一步实践探索。

2. 基地与学校工作融合度有待加强

普陀区社区工作者培训基地依托区业余大学运行，主要业务由非学历教育部开展。学历教育规模逐年萎缩，而社工队伍有学历提升需求。基地培训与学校教学有融合空间，但受基本教学任务、部门行政工作等影响，教师参与基地教学、管理工作的积极性较低。如何从政策和措施层面促进基地与学校工作的融合是需要思考解决的问题。

（二）今后发展的展望

普陀区发布的《普陀区深化党建引领基层治理"靠谱力"提升行动方案》，旨在健全"平战结合"动态衔接的基层治理机制，建设"同心家园"。基地将发挥资源优势，助力社区工作者成长。未来工作，基地有两方面展望。

1. 服务全民终身学习

联合国 2030 年可持续发展目标提出"确保包容和公平的优质教育，让全民终身享有学习机会""到 2030 年，大幅增加掌握就业、体面工作和创业所需技能，包括技术性和职业性技能的青年和成年人数"等要求。今后，基地将在建立社区工作者专业人才队伍的基础上，促进专业研究者、专业理论的产生，助推相关学科与行业发展。

2. 推进基层社会治理

今后，基地将站在基层治理全局角度，致力于帮助学员了解普陀区发展的区域规划和社会治理情况，倡导学习者形成积极助人、奉献社区的精神理念，并积极参与各类可持续发展社区行动，为社区发展做出更多努力与贡献。

3 推进社会学习场所建设，织密居民学习经纬网的实验

石湖荡成人中等文化技术学校

一、实验背景

（一）推进社会学习场所建设是社区教育发展的时代之需

进入新时代，人民群众对学习的需求不断增强，迫切需要建立服务全民终身学习的教育体系，满足人民群众需要，保障全民享有终身学习的机会。《中国教育现代化 2035》提到，要扩大社区教育资源供给，加快发展城乡社区老年教育，推动各类学习型组织建设。

（二）推进社会学习场所建设是织密本镇学习经纬网的现实之需

1. 学习距离较远，学习经纬网不够密

石湖荡镇位于松江区西南处，总面积为 44.07 平方公里，共有 10 个自然村和 3 个居委会，13 个村居办学点，3 个社会学习点，形成"1 ＋ 13 ＋ 3"的社区教育办学场所。从目前来看，学习场所较少，居民学习经纬网较疏，远远无法满足居民的学习需求。同时，到校学习距离基本在 2 公里以上，距学习点较远、交通不便的村居民几乎很少参加社区学校学习活动。另外，由于受办学点教育资源相对贫乏、学习资源较少、学习形式较单一等因素的影响，导致他们不愿意参加学习。

2. 人口结构多元，学习经纬网覆盖不够广

目前，石湖荡镇常住人口（常住户籍和外来人员）达到 52124 人，其中外来人口 36072 人，占常住人口的 69.72%。在外来人口构成中包括外来劳动力人口和家属。60 岁以上老年人口是 15804 人，占常住人口比例的

30.3%，老年人人口比例高，老龄化现象突出。人口结构较为多元，包括普通社区居民、老年人、外来务工人员、外来务工人员家属、新农民、青少年等，但社区教育的群体还是以低龄老人、普通社区居民为主，因此，居民学习经纬网覆盖面较小。

3. 学习内容有限，学习经纬网延展不够深

从石湖荡镇社区教育目前的课程内容来看，以健康教育、文化素养、艺术修养和体育健身等方面为主，社会科学课程涉及较少，实用技能课程基本没有，因此要提升学校的办学水平和办学质量，还应进一步丰富学习内容。

（三）现有条件

1. 社会力量赋能居民学习经纬网构建

政府主导，社会力量广泛参与是社区教育蓬勃发展的重要途径，社会力量是社区教育发展的重要力量支撑。石湖荡镇虽然是以农业为主的小镇，但是企业、民办教育机构、科普基地等资源不少，如鹰峰电子、浦江之首水文化馆、农业合作社等。如何盘活现有社会教育资源，赋能社区教育发展，将现有资源转换为教育资源，将社会力量转换为社会学习场所，最终织密居民学习经纬网将是实验项目组需要思考的问题。

2. 居民参与建设学习场所的积极性高

为了推进社区学习场所建设，织密居民学习经纬网，不仅需要依托社会力量，更要依托家庭。因此，我们以农户家庭为阵地，在13个村居学习点进行宣传与推介，希望建设学习户（互）助点。经过一个月的宣传，居民反响热烈，纷纷表示愿意将自己的房子作为阵地开展学习活动，包括自建房、商品房，甚至还有学员将自己的店面贡献出来，作为学习场所。

3. 各方为学习场所建设提供人力、物力支持

学习场所建设还需人力、物力的保障。首先，项目组得到了企业、村委会、教育基地等的大力支持，安排专人负责学习场所的建设，提供人力、物力帮助；其次，项目组得到兼职教师与管理员的大力支持，他们愿意克服交通困难到居民家中和社会学习场所开展社区教育活动。

二、实验目标

（一）建立户（互）助点学习场所，织密学习经纬网

项目组希望在摸索与规范中，实现每个村至少1—2个户（互）助点建立，

将学习的元素加入家庭中，在家中开展教育活动，变传统的家庭为学习型家庭，真正实现家门口社区教育目标，真正织密居民学习经纬网。

（二）培育户（互）助点学习场所建设队伍，提供学习经纬网人力支撑

为了扎实推进社区教育基层工作，石湖荡镇建立了 6 支队伍，包括专职教师队伍、兼职教师队伍、办学干部队伍、管理员队伍、宣讲团队伍、终身教育推进员队伍等，但在具体工作中发现各支队伍的作用未得到有效发挥，尤其是终身教育推进员队伍和宣讲团队伍。因此，项目组希望通过社会学习场所建设，充分发挥社区教育各支队伍作用，在农村中促进全民学习氛围营造，提升社区教育的辐射面，同时向实现横向和纵向资源联动迈进。

（三）打造户（互）助点社会学习场所学习主题，拓宽学习经纬网覆盖范围

我们立足居民喜欢的学习主题。从居家美德、居家美食、居家文化、居家健康等主题逐步拓宽到居家科普、居家艺术等各式学习主题，不断孵化具有各类主题特点的学习团队，引导市民参与社区教育。

三、实验内容

（一）构建社会学习场所建设工作机制

在教育主管部门、镇政府的支持下，建立社会力量广泛参与的社会学习场所建设工作协调机制，形成项目工作组，包括居委会、企业、非政府组织、户主等，指导和推进社会学习场所建设，推动学习共同体建设。

（二）探索户（互）助点建设方式

建立《石湖荡镇户（互）助学习点三年行动计划》，包括试点阶段、规范化阶段和推广阶段。从管理制度、经费办法、评价激励方案、队伍建设、学习内容设置等方面进行实验。

（三）建设社会学习场所人才队伍

一是社会学习场所的工作推进人员，包括专职教师、专家等，管控社会学习场所建设，及时发现建设问题，研讨建设方案等。二是教师队伍，负责教育活动开展，如健康教育、生命教育、文化教育、在职人员培训等。三是管理人员队伍，基本上是企事业单位、社会组织等负责人、户主或家庭成员，负责宣传推广、学员招募、学习联络、学习组织等，是社会学习场所建设的关键力量。四是学习团队孵化，即参与学习的人群组成的学习团队。

（四）探索"自上而下＋自下而上"的学习形式

学校作为实验的推动者和建设的组织者，可自上而下提供建议，但最终目的是让居民学会自主学、自发学，而不是依赖学、被动学。因此，项目组在摸索中确定学习形式，如讨论式学习、展演性学习等。

（五）探索学习机制，形成学习菜单

我们将根据居民的学习需求，形成"一场所—方案—菜单"的学习机制，从而真正实现学习内容来源于居民需求，学习菜单由居民确定，学习基于居民兴趣。

四、实验过程

（一）成立项目组，形成工作机制

2021年伊始，学校班子成员就对项目进行酝酿与讨论，建立工作机制。率先成立项目组，由校长室为领导核心，事业办制订实施方案，专职教师、办学干部作为一线组织者，直接负责学习场所工作人员的招募和联络等。

（二）制订实施方案，初步形成运行机制

经过几次协商，制订《石湖荡镇社区学校户（互）助学习点建设方案》，确定"由学校总体负责，制订实施方案和各项制度，由村居学习点广泛发动，居民自愿报名，经村居同意后向社区学校递交申报表。学校进行授牌，与户（互）助点负责人签订合作协议，正式开展学习活动。学校安排联络教师进行指导和管理，保障学习活动有序进行"的基本思路。

一是设计户（互）助学习点管理手册，形成台账，由户（互）助点负责人填写；二是建立户（互）助学习点管理制度，包括学习规范、学习主题、学习频率、学员管理、学员考勤、学习安全等；三是设计学习主题，第一批包括居家美食、居家美德、居家健康、居家文化四个主题；四是设计户（互）助点申报表，明确户（互）助点场地条件、学习主题和需要学校提供的资源；五是制订合作协议，学校与户（互）助点负责人签订协议，维护合作双方的权利和义务；六是制订经费使用办法，主要为户（互）助点人员经费和学习耗材项目经费，规定户（互）助点负责人80元/月，一个月不少于2次学习活动、课时费75元/课时，一次2个课时、每个学习点经费1000元/学期。

（三）发布招募公告，试点打造第一批户（互）助学习点

1. 招募户（互）助学习点负责人

首先，发布招募公告，在全校学员中进行动员。其次，召开办学干部、社区教育推荐员座谈会，发动办学干部和社区教育推进员，广泛招募户（互）助点负责人。经过广泛发动，得到 11 户居民支持。学校与 11 位户（互）助点负责人签约。基本确定一个户（互）助点、一个学习主题、一名管理员、一本台账和一项制度"五个一"的工作机制。

2. 各方动员，招募学员

首先，学校为各个户（互）助点充分提供咨询服务和师资保障、物资保障，选派一位专职教师负责联络和指导。其次，为解决户（互）助点负责人的后顾之忧，师资力量不够的学习点可由学校派教师授课。再次，户（互）助点得到村居的支持，部分学习主题因场地受限，可以借用村居活动室。最后，户（互）助点负责人热情参与，积极招募，很快把村民组织起来，每个点学员人数基本在 15—20 人。

3. 制订学习计划，开展学习活动

户（互）助学习点负责人根据要求固定学习时间，制订学习计划，组织开展活动，做好学习记录。2021 年 9 月 29 日开始，户（互）助点陆续开展常态化学习活动，每隔一周开展一次集体学习活动。按照要求，户（互）助点负责人把学习照片分享在"户（互）助点微信群"，每月查验一次工作台账。

在实践中，主要采用 3 种学习方式：第一种是团队的自主学习，由负责人组织学员进行集体自学，负责人每周三组织大家在村委会议室跟着视频学习拳操动作，组织大家每天晨练拳操，把一套套动作熟练掌握，并进行演出排练。第二种是户（互）助点负责人具备专长，能担任大家的指导老师，对团队进行指导。第三种是需要学校派送兼职教师进入学习点进行指导，做好学习引导，户（互）助点负责人主要负责管理工作。例如，在剪纸户（互）助点，第 1、2 次学习，由学校选送剪纸兼职教师进行授课，设定学习方式，之后该户（互）助点负责人便自己承担了剪纸指导工作，能独立组织团队进行学习。

（四）总结经验与不足，规范打造户（互）助学习点

1. 完善管理制度和实施方案

首先，召开座谈会，听取专职教师、办学干部、户（互）助点负责人的意见和建议。其次，完善《石湖荡镇成人（社区）学校户（互）助点管理手册》，进一步规范户（互）助点各项管理。制订《石湖荡镇成人（社区）学校户（互）助学习点各类经费使用暂行办法（试行）》，对人员经费进行更加细致的规定，例如："户（互）助学习点的学员若与学校长班班级学员重复率达到总人数的1/3，则取消课时费。"设定评优评先奖励制度，划定奖励标准，要求优秀比例不超过全员的30%。户（互）助学习点负责人年度考核奖励优秀300元/人，合格200元/人；学习团队五星级800元，四星级600元，三星级400元，二星级200元，一星级100元。二是实行准入、退出机制。对场地要求、负责人各项素质进行审核，设定准入要求。同时也允许不符合规定的户（互）助点退出，比如学员人数太少，学习内容不符合要求，学习频率太低等。三是学习团队孵化制度。包括学员招募、信息报道、活动开展、经费保障、成果展示等，要求各个户（互）助点学员纳入上海市老年教育信息化管理平台，积极参与学习成果展示，进行团队孵化和升星。四是学习方式更为多元。通过学校号召，户（互）助点负责人积极组织学员参与在线学习和远程教育，有利于消除数字鸿沟。

2. 继续招募，规范打造第二批户（互）助学习点

增加居家艺术、居家手工、居家科普等更多的学习主题，发布户（互）助学习点负责人招募公告，对新一批户（互）助点进行签约挂牌。经过准入与退出，第一批退出4个，第二批新增5个，第二批较为成熟，打造了12个户（互）助点。

3. 探索"自上而下＋自下而上"的学习管理，孵化群众性学习团队

一直以来，学校成果展示主要是由学校组织、策划，学员、团队参与。在户（互）助点建设中，户（互）助点负责人自发组织、策划成果展示和文艺演出。具有代表性的有两种，其中一种是"居家健康"户（互）助学习点自发组织的一次拳操展演，学员自己担任主持、场务，自己做好后勤。学校教师、古松居委会办学干部和社区居民等全程观摩。随着户（互）助点规模的扩大，"庆祝中国共产党成立100周年文艺汇演"在古松公园举行，活动由3个户（互）助点、2个村的学员自发组织策划，并得到居委会、联

防、城管等多家单位的支持，居委会主任亲自挂帅，组织居委会工作人员提供后勤和安全保障。同时，在庆祝建党百年之际，各个户（互）助点积极参加剪纸、衍纸、编织等静态类作品展示，积极地展示各自的学习成果。

4. 在线学习融合户（互）助学习点，做到停课不停学

户（互）助学习点产生在新冠疫情的背景下，因而学校有大量的在线学习资源可供选择。通过学校号召，户（互）助点负责人积极组织学员参与在线学习和远程教育。一是组织大家开展智能手机、腾讯课堂、腾讯会议、"随申办"App 培训；二是大家可以通过手机，观看学校的直播课；三是培训远程教育户（互）助学习点，开展远程收视；四是组织大家收看金色学堂。

（五）推广户（互）助学习点经验，营造互学助学氛围

1. 经过两轮的户（互）助点建设，基本形成了户（互）助点的建设路径

在调整和完善后，第三轮户（互）助点建设把控好招募关，加强户（互）助点负责人培训，要求负责人具备较高的管理能力、安全意识、法律常识等；继续丰富主题，从 4 个主题陆续增加到 10 个主题；关注课程资源开发，对"居家美食"户（互）助点的课程内容进行整理，结合区域特色，组织团队开发《居家美食》校园读本。

2. 推进资源整合，助力新时代文明实践工作

与各村居党总支开展党建共建，协同开展户（互）助学习点建设，开展送教等志愿服务活动，学校为社区提供优质的师资和志愿者，提供助学指导，助力村居委新时代文明实践工作。2021 年，先后有洙桥村、新姚村、金胜村、泖新村、张庄村与学校共建，签订共建协议，协同开展多项工作。例如，黄浦江南面的洙桥村，距离学校 10 公里，进村也只有允许一辆车通过的公路，交通十分不便，学校兼职教师和志愿者克服重重困难，到村里送课，渐渐地，村里有了自己的广场舞小天地，让村民精神面貌焕然一新。

五、实验成效

（一）形成户（互）助学习点运行机制，织密学习经纬网

通过两年三轮打造，从试点到规范到推广，形成了规范的户（互）助点运行机制，成功打造出 13 个户（互）助学习点，从"1 + 13 + 3"的学习场所布局升级为"1 + 13 + 3 + 13"的学习场所分布，学习距离从原来

的到校 1 小时缩短到距离户（互）助点 10 分钟的便捷学习场所，丰富社区教育社会学习场所，织密学习经纬网。尤其是洙桥村、泖新村等一些偏僻的村庄，因为户（互）助点的成立，为村居带去了优秀的师资，解决了学习距离远的难题，老年人参与老年教育的意识逐渐被唤起，村居内形成爱学、尚学和助学的良好氛围。

（二）形成"自上而下组织和自下而上选择"的学习管理方式

户（互）助点自上而下根据学校规划，以农户家、公园、村居活动室为阵地，户（互）助点负责人通过走访了解居民学习需求，确定学习主题，招募学员，定期组织学习活动；学员根据学习兴趣，选择学习主题，开展自主学习。管理上，户（互）助点接受社区学校统一管理，学校对户（互）助点进行规范管理、经费支出、人力支持、学习资源支持等。户（互）助点则自主开展学习、筹划活动等。

（三）壮大社区教育队伍，形成资源联动

通过户（互）助学习点的打造，对社区教育推进员、办学干部的力量进行进一步挖掘。同时，组成了一支管理能力强，有奉献精神和专长的户（互）助点负责人队伍，补充社区教育推进员力量和志愿者力量。同时，户（互）助点为村居送去优秀师资和志愿者；村居进行资源整合，村居新时代文明实践站积极利用户（互）助点的资源，开展丰富多彩的活动，为新时代精神文明建设贡献力量。

（四）解决了疫情期间线下学习难题

疫情期间，社区学校很长一段时间实行线上教学，然而重归校园是老年人们呼声最高的诉求，农村老人更渴望能聚在一起面对面学习。户（互）助学习点的成立便满足了这些需求，学员在负责人的组织下可以聚在家中、公园、村居进行集体线下学习，满足了他们的精神需求和学习需求。

（五）扩大了学习人群，实现社区教育公平普惠

通过户（互）助点的打造，孵化了 13 支上海市一星学习团队，2021 年参与户（互）助点学习的学员达 10254 人次，2022 年参与户（互）助点学习的学员达 8723 人次。通过建设户（互）助点，负责人在家中开展学习活动，在家庭中进行学习元素布置，组织学员学习的同时也影响到家人，带动家人一起参与终身学习，实现学习型家庭建设。同时，通过户（互）助点，那些腿脚不便、交通不便、时间不能固定、忙于家务等的居民选择在户（互）

助点进行学习。

（六）增强了居民自主学习意识

通过户（互）助学习点打造，居民自己定学习主题，自己选择学习菜单，自己写学习计划，自己写学习记录和总结，居民自主学习的意识和能力逐步得到加强。一开始，户（互）助点负责人会问学校："我们这个点要学什么？"后来，户（互）助点负责人或者自己进行教学指导，或者直接要求学校配送哪些资源，他们从不知道学什么，向"我要学什么、我想学什么"转变。

（七）丰富学习内容和形式，推动课程资源建设

户（互）助点学习主题中，我们从 4 个主题扩大到 10 个主题，学习主题日益完善。同时，将线上学习与线下学习相融合，丰富学习形式。在学习中，项目组依托居家美食户（互）助点还形成了《居家美食》校园读本，一定程度上丰富了学校课程资源。该读本是对传统文化和美食文化的传承，既能勾起本地人的回忆，让他们更加了解当地美食，也是外来人员了解本地饮食文化的重要资料，有利于他们更好地适应当地文化。

六、实验反思

（一）户（互）助点管理力量需要进一步提升

户（互）助学习点不是民间行为，是有组织的学习活动，学校对户（互）助点负有安全管理责任。同时，户（互）助点学习场所的质量水平和学习组织成效很大程度取决于负责人，这就需要加强户（互）助学习点负责人培训，强化管理意识和能力，提升管理质量，提升户（互）助点的办学水平，真正实现学习氛围的营造。

（二）通过户（互）助点建设反思社会学习场所建设可持续性

受新冠疫情影响，我们将社会学习场所建设聚焦在户（互）助点上，通过户（互）助点建设，织密居民学习经纬网。在两年建设中，户（互）助点时建时停，但始终坚持发展，并对社会学习场所建设的可持续性进行思考。为了保障社会学习场所建设的可持续发展，长久的经费、人员及场地支持是前提条件，师资质量与水平、课程内容的设置、负责人的管理水平等是保障社会学习场所建设的核心要素；新的学习元素、新的学习理念是实现社会学习场所可持续的关键所在。例如，挖掘更多的社会学习场所中开展"智慧助老"项目，不仅能织密学习经纬网，更能够让学习有温度、有成效。

4　多元融合，以学促质——杨浦学习型企业育成的实验

杨浦区学习型社会建设与终身教育促进委员会办公室

一、实验背景

（一）基于国家对继续教育精神的贯彻和落实

2021 年，恰逢庆祝中国共产党百年华诞和我们党提出"构筑终身教育体系，创建学习型社会"战略主张二十周年。党的二十大报告中提出，推进教育数字化，建设全民终身学习的学习型社会、学习型大国。由此可见，对教育事业要"优先"，对建设学习型社会要"加快"。构建服务全民终身学习的教育体系，形成全民学习、终身学习的学习型社会，促进人的全面发展，是关系到中华民族持续发展、实现民族复兴大业的战略问题。

（二）基于"十四五"规划的学习与解读

上海市学习型社会建设推进大会上提出了"终身教育泛在可选，让每一个学习者都能得到全面而有个性的发展、都能享有人生出彩机会"。上海作为联合国教科文组织 2021 年学习型城市奖获奖城市之一，坚持包容、可持续的发展理念，以学习者为中心，增进对各类人群的关注，聚焦满足不同人群个性、多元的学习需求，打造形成终身教育的对象、资源、途径、机制四者（人、物、道、场）泛在互生、包容可持续的教育生态体系，借助本项目实验的开展，能够更好地学习与解读"十四五"规划，并将之转化为杨浦特色经验成果。

（三）基于杨浦在学习型企业培育方面的实践基础

创建学习型企业是推进杨浦区学习型城区建设的一个重要途径，更是

推动上海创新驱动发展，打造全球卓越城市的重要保证。近年来，杨浦区学习办以全民终身教育理念为指导，以学习型企业创建为延伸，通过积极的探索和有益的实践，把抓好创建学习型企业作为一项重要举措，让学习型企业创建工作成为引领杨浦企业和经济发展的重要引擎，进而助力杨浦学习型城区建设，为上海市学习型社会建设做贡献。

二、实验目标

该实验的目的旨在整合区域优质学习培训资源，深化产教融合，以各类型企业不同需求为出发点，以党建为引领，以多元资源为依托，以机制保障为基石，以指导意见为创建依据，培育形成一批拥有特色企业文化、浓厚学习氛围、优质学习体验的学习型企业，最终梳理形成有组织、有内涵、有标准、有特色的学习型企业育成的标准化路径。

三、实验步骤（2021 年 11 月—2023 年 11 月）

（一）第一阶段：前期准备（2021 年 11—12 月）

1. 成立杨浦区学习型企业建设联盟秘书处。

2. 设计调研问卷并发放、回收、分析。

（二）第二阶段：前实验阶段（2022 年 1—9 月）

1. 设计创建项目方案。包括核心理念导入，愿景与文化的提炼；以愿景为导航，用"五项修炼"激活企业团队；用活出生命意义激活全员积极性。

2. 召开多方听证会。

3. 制订学习型企业创建标准 1.0 版。

4. 召开项目启动大会。

5. 理念导入。

（三）第三阶段：后实验阶段（2022 年 9 月—2023 年 6 月）

1. 通过深入企业，及时跟进创建单位。

2. 分析研究创建过程中遇到的难题，将难题变课题。

3. 设计符合企业需要的学习培训方案。

4. 已创建单位案例分享交流。

（四）第四阶段：总结提炼阶段（2023年6—11月）

1. 评选创建学习型企业标杆单位。

2. 撰写实验终期报告。

3. 汇编学习型企业创建优质案例。

4. 初步形成学习型企业创建标准2.0版。

5. 汇编党建工作案例集。

四、实验内容

（一）以"党建引领"为核心，助推杨浦企业红色文化品牌项目

通过构架党建共建体系，发挥党建的政治引领作用。聚焦企业党建工作的政治引领作用，通过实验的深入开展，以学习型企业联盟党建工作为切入点，进一步引导企业树立正确的企业价值观、发展观，明确正确的发展方针路线，形成健康且可持续发展的良好态势，强化企业的社会责任感，共建和谐社会。加强基层组织建设，构建和谐奋斗、健康向上的组织文化，提升组织内部管理水平，提升员工归属感，提升企业品牌形象，形成员工对企业文化的共识，引领各项工作健康发展，不断提升企业核心竞争力。进一步抓好企业党员队伍建设，发挥党员的先锋模范作用，带动广大员工共同攻坚克难，提升工作效率，完成本职工作，打造企业品牌。挖掘各企业党建特色与亮点，在典型模范的示范引领下进一步营造良好的红色文化学习氛围，助推杨浦经济社会的稳步发展。

（二）以"双元＋1"为推手，打造"多元联动"品质学习模式

1. 发挥区域高校优势，形成"杨浦区学习型社会建设项目研究联合体"

杨浦区学习办以实验项目为核心，与区域内各高校、企业、社区建立协商和沟通机制，将各方资源集聚起来，共同参与到推进学习型企业建设中。着力整合"三区"教育资源，深化"三区"教育合作，并由区学习办牵头成立"杨浦区学习型社会建设项目研究联合体"。依托联合体成立"杨浦·高校社区教育超市"，作为高校、企业、社区之间的教育资源整合和运转平台。教育超市中的资源包括高校课程资源、高校讲座报告资源、高校期刊资源等，通过组织学习，对提升职工素养、建设企业文化等起到重要作用。与此同时，梳理企业培训需求，深化产教融合，促进产学一体。2021年10月至2022年11月"杨浦·企业学院"顺利完成第一期培训班活动。2023年4月，第二期培训班已开班，培训学员由 17 家杨浦区学习型企业建设单位的骨干力量组成，截至 2023 年 10 月已开展了 7 次培训。

2. 搭建共享交流平台，组建"杨浦区学习型企业建设联盟"

基于为杨浦企业创建学习型企业搭建学习、交流与合作的平台，由杨浦区学习办牵头在区域内组建起具有一定规模和影响力的"杨浦区学习型企业联盟"，并初步确定了由区学习办、财政、人保、教育、总工会、国资委、科委、投资促进办、明德学习型组织研究所等单位代表组成的"杨浦区学习型企业建设联盟联席会议"成员单位，借由联盟体的成立与发展，实现企业间学习资源的互助共享，助力学习型企业创建工作有序推进。通过制订科学规范、职责明确、体统科学的联盟体章程，形成"平台共建，资源共享，项目共商，发展共赢"的理念，共同推进杨浦区学习型社会建设。

3. 提升优化学习品质，组建"国内外专家智库"

针对塑造企业文化、提高企业的专业层次与文化格局的需求，实施"服务＋文化"举措。我们通过合作进行课题研究，著书立说，形成中国特色的现代管理理论体系，借助亚洲学习型组织联盟平台，举办国际研讨会，构建国际专家智库，为企业学习型组织创建进行专家把脉，进一步找准问题、攻克难题，开展高层次的专题交流和专题培训、课题研究、先进评选等活动，提升学习品质。

（三）以个性化需求为目标，整合区域资源构建特色共享专题学习模块

1. 注重企业领导者学习理念的培养，搭建企业文化交流共享平台

特色、优质、浓厚的企业学习文化是学习型企业最重要的基础和根本，通过"论坛""沙龙"等形式，以企业领导者人群为主，共享、研讨在企业文化、学习理念、优质做法等方面的经验。通过前期的调研，借力大中型企业专业培训模块，加强学习型企业联盟间的结对互助，进一步形成共同关注的专题内容，通过共享经验，攻坚焦点，从而进一步培育特色企业文化，拓展领导者在提升企业学习力、创新力与竞争力方面的思考，进而提升企业文化的品牌影响力。

2. 聚焦企业骨干队伍培养，探索联盟体骨干成长培训模式

通过对学习型企业联盟成员骨干的培训，完善区域骨干梯队建设，承担区域学习型企业骨干队伍均衡优质发展的责任和义务，探索适合学习型

企业联盟成员骨干成长的培训模式。以专业化标准为基础，帮助学习型企业联盟成员骨干逐步掌握先进的管理理念，完善自身的素质结构，激发向上的工作热情。通过专业引领、行动跟进和实践反思，帮助有意愿的企业建设一支乐于研究、勤于实践、敢于创新、个性鲜明的企业骨干队伍。

3. 加强职业技术培训，助力员工岗位建功

创建学习型企业就是要以"学以立德、学以增智、学以致用"为目标，通过开展全员全过程的持续学习和持续修炼，围绕促进企业发展、提高企业自主创新能力和员工综合素质这些目标，积极开展技术培训，优化培训方案，指导各类企业广泛开展学习交流、劳动竞赛、岗位练兵、文化娱乐等学习活动，促进企业和谐的文化建设，激励员工主动学习、岗位建功，进一步增强企业竞争发展能力。

4. 关注白领精神需求，提升白领文化素养、职业幸福感

"杨浦区白领学堂"通过创新的办学模式、多元的学习内容、个性的课程设置、全面的学习服务，让"白领学堂"成为众多生活、工作在杨浦的白领人士获得技能、开阔视野、培养情怀、扩大社交圈的特色学习阵地。组织广大青年白领积极参与杨浦区学习型社会建设，以昂扬的精神状态和高尚的综合素养投身于杨浦区"四高城区"建设中，为上海迈向具有世界影响力的社会主义现代化国际大都市贡献智慧和力量，不断增强职业幸福感。

（四）以"机制保障"为基石，实现学习型企业育成系统化

1. 建立学习型企业创建联合领导机制

学习型企业的建设与探索是突破终身教育以老年群体为主这一壁垒的有效尝试，杨浦区在该项工作中始终秉承"联动融合"的理念，积极组织引导区域各个职能部门纳入工作体系，形成杨浦区职工素质工程建设领导小组，推动区域各基层工会分别建立本系统、本地区的领导小组。形成完善的组织保障机制，打造良好的学习型企业软件环境。

2. 形成学习型企业教育附加金保障机制

区学习办会同区人社局、财政局、总工会三部门努力规范教育附加专项资金管理和使用保障机制。努力规范专项资金管理，优化审批流程，扩大资金受益面，整合社会优质资源，为企业提供更多的支持，提升他们的市场竞争力和自身软实力。拨付补贴经费从 2019 年的 400 余万元上升到 2022 年的 1300 余万元，惠及企业 113 家，职工逾 2.2 万人次。

（五）以"科学标准"为抓手，探索形成规范化学习型企业育成路径

1.制订杨浦区学习型企业联盟体章程，规范联盟体企业创建工作

成立"杨浦区学习型企业联盟"，该联盟在区学习委的指导下，由区内具有一定规模和影响力的科创型企业、两新组织等自愿结成，是有助于开展学习型企业创建、推进杨浦区学习型社会建设的工作平台。联盟体秉承"坚持以学习力提升创新力，以创新力增强竞争力"的理念，以提升学习型企业创建水平，加速促进企业自身的发展壮大，助力杨浦"三区一基地"建设。同时勇于承担企业责任，坚持"平台共建，资源共享，项目共商，发展共赢"的理念，共同推进杨浦社区教育发展，制订联盟体章程，进一步规范创建工作。

2.出台《杨浦区学习型企业创建指导意见》，助推企业达标优质发展

基于国家及市相关学习型企业标准化建设的相关指导意见与精神，杨浦区学习办通过组织学习型企业联盟理事会会议并召开专家听证会，出台《杨浦区学习型企业创建指导意见》，采用"666评估法"（见表6-5），从创建的变化感、创建的成长度、创建的持续力这三个方面对企业进行阶段性评估，使企业能够对标要求高速、优质发展。

表6-5 "666评估法"

创建的变化感	创建的成长度	创建的持续力
团队精神	领导力	创建阶梯的设计
快乐工作	员工成长	企业文化的塑造
主动反思	共同愿景	资源开发与共享
创新氛围	开放环境	激励机制的完善
授权程度	绩效考核	信息化学习平台的建立
学习力	创建模型	核心竞争力形成

3.形成第一批达标企业，示范引领后续企业共同发展

区学习办在"学习型企业建设联盟"的成员单位中积极发现和挖掘优秀的学习型企业领导，组建成立"学习型企业建设联盟"理事会，为联盟的建设和推进工作出谋划策。通过树典型，立标杆，率先形成第一批达标单位，带动区域内其他学习型企业建设工作的全面深化与共同发展。

4.强化达标企业辐射引领，形成"一企一品"的品牌打造

通过对标评选形成的标准化"学习型企业"，努力凝练自身特色，以"一企一品"为抓手，鼓励达标企业加强自身的辐射作用，形成自身特色培训课程体系。为达标企业搭建展示交流宣传的平台，并通过学习型企业联盟体进行互动交流，经验分享，为后续学习型企业创建打下扎实基础。过程中总结经验和不足，在更高的层面进行分享和交流。

五、实验的主要成效

（一）围绕中心任务，形成资源集群

建立了学习型企业创建服务平台，为企业提供一站式学习资源服务。同时，整合"三区"教育资源，深化"三区"教育合作，搭建了多元化的学习平台，为企业提供丰富的学习资源和技术支持。此外，收集了企业的相关案例，并对这些案例进行深入解析和剖析，注重案例的实际意义和可借鉴性，最终汇编形成了《杨浦区学习型企业党建案例集》和《创建学习型党组织基层案例与研究成果集》，为学习型企业提供了成功案例和经验分享，促进企业之间的交流与学习，推动杨浦区学习型企业的整体发展。

（二）基于个性需求，组织多元培训

为满足企业多样化的学习需求，构建了特色共享专题学习课程，为企业员工提供了更加全面和个性化的学习资源，培养其学习能力和自主学习意识。同时，通过建立杨浦区学习型企业联盟体，为企业员工提供了更广阔的学习平台。联合举办培训班、会议、学术研讨会等活动，为企业创造更多学习、交流、展示的机会，进一步促进企业内部的知识共享和人才培养，加强区域内学习型企业的联动和协同发展，形成集体智慧，拓宽视野，提升企业员工的整体素质和创新能力。

（三）探索培育路径，规范载体建设

为了实现学习型企业的良性发展，探索出可复制和可推广的学习型企业育成路径，在机制和评估方面加大了投入力度。通过建立学习型企业创建联合领导机制和教育附加金保障机制，为学习型企业的建设提供机制保障，提升他们的市场竞争力和自身软实力。同时，制订了《杨浦区学习型企业联盟体章程》和《杨浦区学习型企业创建指导意见》，进一步规范了学习型企业的创建和发展，探索了规范化学习型企业育成路径，成立了第

一批杨浦区学习型企业。同时，对学习型企业进行评估和认证，帮助企业发现存在的问题并及时加以解决，不断提升学习型企业的建设水平。

六、反思与展望

立足实验研究成果，杨浦区探索了一条适合本地区的学习型企业培育新路径。通过实施多项创新举措和有效措施，如构建平台资源、组织多元培训、提供机制保障等，为企业提供了全方位的支持，成功引导和推动企业加强学习和创新能力，提升企业自身的竞争力和核心竞争力，加快了区域内企业的发展和进步，学习型企业创建工作得到了有力的推动和深入的开展。

创建学习型企业已经成为杨浦提升区域发展层级、加快城区转型升级、壮大重点产业能级的重要途径。未来，杨浦区将进一步推广实验成果，将学习型企业培育体系应用到更多企业，助力全区经济持续发展和创新。通过持续总结经验，不断优化学习型企业培育方式，了解杨浦企业的真实需求，充分挖掘高校、社会等资源，发挥好供需关系的媒介作用，为企业提供私人定制版学习资源与培训课程。同时，进一步完善指导意见，邀请专家，继续探索具有杨浦特色的学习型企业创建指导意见。孵化出更多的学习型企业，以期在更高层面推动区域内学习型企业的建设，为杨浦区乃至全国的学习型企业发展提供借鉴和示范。

5 整合优化社区资源 打造家门口的 "社会大课堂"的实验

上海市金山区廊下镇社区学校

一、实验背景与基础

（一）实验背景

金山区廊下镇坐落于上海西南的东海之滨，处于长三角交通枢纽位置，是上海连接浙江的主要门户。村民居住地以自然宅基村落为主，这里环境优美，交通方便，农业旅游资源丰富，是上海市最大的现代农业园区、社会主义新农村建设的先行区和示范区，是新农村建设示范窗口。

廊下镇辖 12 个行政村、2 个居委会、1 个管委会，共 15 个村居，户籍人口 29965 人（2023 年），其中 60 岁以上人口 11684 人，老年人口约占比 39%，老龄化程度较高；未成年人有 1465 人，其中外来登记未成年人 527 人。随着社会经济的快速发展和城市化进程的加快，上海农村百姓在物质生活上远优于全国农村百姓的平均生活水平，但是大量年轻人涌向城镇，农村地区留下的老年人和未成年人相对较多，且年龄跨度比较大。老年人在田间劳作之余，有更多时间和兴趣愿意投入到职业技能、文化休闲、社会实践等各类学习活动中；未成年人在周末和寒暑假期间也有课外学习需求。在实施长三角一体化高质量发展和乡村振兴战略形势下，廊下镇也希望通过整合优化社区资源，来提供多样便捷的学习资源，拓宽农村居民参与社会实践活动的渠道和平台，构建多类别、多层次的社会大课堂服务体系，营造和谐友爱、老少互学的良好学习氛围。

（二）实验基础

廊下镇是全国社区教育示范街镇，廊下镇社区学校是上海市首批优质校。围绕区"十四五"规划中提出的"聚焦廊下三大工程"（即绿色田园、美丽家园、幸福乐园）、打造"乡村形·都市芯"的上海乡村振兴示范镇以及全国农业旅游示范点，扎实推进社会大课堂建设。廊下社区教育认真贯彻落实镇党委的工作要求，以"15分钟学习圈"特色品牌为基础，探索了"整合优化社区资源　打造家门口的'社会大课堂'"的实施项目，鼓励社会多元力量参与，培育了10余个社会学习点和社会实践基地，建设多功能社会实践教育平台，注重整合教育资源，合力推进社会大课堂建设，为镇域社区教育、老年教育和未成年人校外教育提供项目服务。探索开放、可持续的资源共享模式，为广大居民提供更方便、快捷、优质的学习服务，为打造百姓家门口有温度、有特色的"社会大课堂"奠定基础。

二、指导思想

教育部、中共中央宣传部、中央网络安全和信息化委员会办公室等十部门联合印发《全面推进"大思政课"建设的工作方案》，方案要求充分调动全社会力量和资源，建设"大课堂"、搭建"大平台"、建好"大师资"，其中很重要的一条是要善用社会大课堂，要求构建实践教学工作体系，组织开展多样化的实践教学，建好用好实践教学基地，推进"大思政课"建设。社会实践活动是推进"思政小课堂"同"社会大课堂"相结合及坚持理论性与实践性相统一的具体体现，是挖掘新时代改革开放和社会主义现代化建设这一"富矿"的必修课，是善用社会大课堂的有效方式。把握"社会大课堂"教育属性和内在价值，明晰与"思政小课堂"的相互关系，可以更好地挖掘"社会大课堂"中思想政治教育的要素、资源，构建"社会大课堂"育人共同体。

三、实验目标

（一）探索多方联动机制，加强阵地建设

立足自身办学优势、历史文化、办学资源等因素，依托社会资源，建立联合社会实践基地，有序管理，形成规范运行机制，打造多元的家门口的"社会大课堂"阵地。

（二）丰富项目课程体系，提升内涵建设

寻求多方合作机制，实现"一群人""一群基地"，共同研发"一群课程"，多学科、多角度地给各类人群提供丰富的学习资源，营造"时时能学、处处可学、人人皆学"的良好氛围，达到文化育人、课程育人、实践育人、活动育人、协同育人目的。

（三）研究项目运作模式，打造特色品牌

多维推进特色品牌项目建设，组织丰富的社区教育活动，让孩子们拥有童趣，让年轻人拥有梦想，让老年人乐享生命，打造特色品牌项目，全力推进全民终身教育，深入思考项目的运作模式，在社区教育中形成可复制可推广的项目实践经验。

四、实验方法

（一）调查研究法

通过实地探访、座谈等方式对辖区内的教育资源进行梳理，选出一批优质的社会实践基地，构建社区实践管理网络。同时对廊下镇村居民参加社区实践活动的现状进行调查研究，通过抽样问卷的方式，了解村居民的兴趣与需求，为社区实践项目方案的制订与落实提供借鉴和帮助。

（二）实验研究法

通过开展实验，了解社区实践工作的重点和难点问题。探究适合不同年龄段村居民发展的社区实践活动的新思路、新方法、新举措，为时代新人的培养提供借鉴与经验，发挥桥梁作用。

（三）行动研究法

通过实践特色项目的推进，优化社区实践活动的目标，丰富社区实践活动的内容，创新社区实践活动的方法，让村居民能在体验中发展，在感悟中成长。

五、实验内容

（一）整合优质社会资源，建设多元实践阵地

共建学习阵地，营造"人人皆学、处处能学、时时可学"的学习环境。为更好地发挥社区教育资源的作用，在管理布局上，形成"一站多点、全

面覆盖"的模式，强化综合保障。

1. 完善项目机制，加强社会大课堂的功能建设

成立工作组，明确工作职责，提供经费保障和日常运行经费，加强人才队伍建设和志愿者招募，实现社会实践基地和项目的按需对接配送，建立规范的工作流程，在"15分钟学习圈"建设的基础上，打造"1＋15＋X"的多元学习阵地，充分利用15个村居学习点、45个宅基学习点、8个村居学堂、6个体验基地、6个农业基地学习阵地，建立健全管理体制、运行机制、动力机制、评价机制、保障机制、调控机制，形成可持续的实验项目运作模式，不断推进社会大课堂的功能建设。

2. 借助社会力量，为社会大课堂提供有效支撑

根据《金山区终身教育社会学习点实施方案》要求，廊下镇社区学校鼓励社会多元力量参与，牵头廊下镇党群服务中心、毗邻党建展示馆、"爱之家"养教结合点、廊下镇儿童指导中心、上海联中食用菌合作社、上海廊下郊野公园旅游开发有限公司、上海农业科普馆金山馆、野外观测基地等十余家单位，加强合作，培育金山区社会学习点和社区学习坊，拓展社会实践资源与渠道。

3. 发挥沪浙毗邻优势，联动强化社会实践资源供给

紧扣"长三角一体化"和"乡村振兴"两大主题，切实发挥"沪浙毗邻"的地理优势，实现共建共享，共造区域品牌。金山区廊下镇、张堰镇、吕巷镇与浙江平湖新仓镇、广陈镇组建了长三角"田园五镇"联盟。

（二）立足四方合作机制，拓展社区教育资源

立足政府、学校、家庭、社会四方合作机制，廊下镇社区学校结合已有特色课程（二十四节气、土布文化等）和品牌项目（大雁行动、祖辈课堂、向阳花开），整合校务委员会、教育联盟、社会资源的力量，以培育学习团队为抓手，面向多类人群，创意开展"祖辈课堂·百姓讲堂"、高中生志愿服务实践活动、菜单式送课等特色活动，拓宽了社会实践的平台，增加了社会实践的渠道，丰富了社区教育内容。

（三）研发创新活动课程，打造地域特色品牌

1. "棉花的一生"一校一品项目

根据《金山区社区（老年）学校"一校一品"建设指导意见》，廊下镇社区学校高度重视，充分挖掘、集思广益，立足自身办学优势、历史文

化、办学资源等因素，通过打造"棉花的一生"特色品牌学习项目，将学校原有特色节气文化、土布文化进一步做特、做强。通过开发"棉花的一生"特色课程群，充分发挥民俗文化体验基地、学生实践指导站教育功能，进一步提高师资队伍、学习团队水平。

2. "向阳花开"志愿服务实践项目

"向阳花开"志愿服务实践项目整合优化社区资源，以红色基因指引志愿服务价值导向，开设多元志愿实践岗位，开发丰富的课程与学习活动，提高青少年劳动技能和实践水平，推动青少年"理想信念、政治认同、组织意识、道德品行、精神品质"等核心素养的形成，形成亲子共学、老少互学的氛围，让青少年融入社会、认识社会、服务社会，能够爱学习、爱生活、爱劳动，形成亲社会意识，赋能社区教育内涵建设。

六、实验阶段

（一）实验准备阶段：2022 年 1—3 月

1. 收集相关资料。

2. 受新冠疫情影响，召开线上会议，与相关部门负责人进行访谈，探索项目的可行性。

3. 成立实验项目课题组，制订实验方案。

（二）实验探索阶段：2022 年 4—6 月

1. 开展调研，了解"社会大课堂"开展的现状与学员需求。

2. 整合资源，加大投入，提升社会实践学习阵地基础设施。

3. 拟定社会实践学习阵地的规范标准，建立组织管理机构。如实践基地的管理制度，包括安全、日常环境卫生综合管理、课程备课制度、课程报名方式等。

4. 根据已有材料和目标任务，对村居民的学习需求做调研分析。

5. 根据村居民的学习需求，整合学习资源，做出课程规划。

（三）实验的发展阶段

第一阶段：2022 年 7—12 月

1. 整合多方资源，与政府、高校、企业、农业合作社合作，建实践基地、师资队伍、志愿者队伍等。

2. 建立工作机制，形成项目小组，对实验分工进行细化。配备 1 名志愿者任专职管理员，社区学校选一名专职教师任联络员，日常教务工作由社区学校和社会实践学习点位共同管理。为了做好管理，每季度上报活动情况，每学期对专职管理员进行业务培训。

3. 统计报名情况和课程，做出课程安排，开展教学活动。

4. 与镇党群、镇文明办、镇团委、各村居等相关部门合作，线上线下相融合，开展各类学习活动及主题教育。

5. 暑假期间，面向未成年人开展社会实践活动。

第二阶段：2023 年 1—3 月

1. 寒假期间，面向未成年人开展社会实践活动。

2. 召开实验项目中期研讨会，总结反思上一年社会大课堂建设的经验与不足，听取上级领导、各部门、教育联盟、各村居的意见与反馈，制订下一阶段工作计划。

3. 整理上一年收集的材料、案例、教案等。

第三阶段：2023 年 4—8 月

1. 推进"棉花的一生"一校一品项目。

2. 与镇党群、镇文明办、镇团委、各村居等相关部门合作，线上线下相融合，开展各类学习活动及主题教育。

3. 线上线下相融合，组织开展社会学习点实践活动。

4. 暑假期间，面向未成年人开展社会实践活动。

（四）实验的总结阶段：2023 年 9—10 月

1. 调查参与项目的各方所反馈的情况和项目运行效果，撰写结项报告初稿。

2. 召开总结表彰会，评选优秀社会学习点、优秀学堂、优秀志愿者等。

3. 整理材料，提炼升华，撰写实验总结。

七、实验成效

（一）整合优化社区资源，形成更为高效的联动机制

社区大课堂的建设需要以社区居民的需求为出发点，注重整合优化资源，充分利用社区及周边资源。社区资源包括社区主干道、广场、公园、课堂、图书馆、博物馆等，需要根据不同的活动和课程，充分选用合适的场地和设施，搭建适合的教学平台。同时还要和村居民建立良好的沟通机制，

以了解他们的意见和建议，反馈信息，不断改进教育大讲堂的服务和质量，服务好社区终身学习体系的建设。

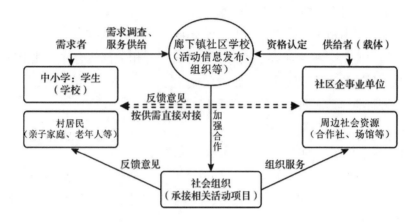

图 6-1　实验项目运作模式示意图

（二）拓展学习阵地，打造多元社会实践大课堂

在原有"15 分钟学习圈"建设的基础上，借助企事业单位、高校、社会力量，搭建社会大课堂平台。

（三）挖掘社区教育资源，丰富了社区实践课程内容

基于廊下镇地域文化、社会实践、党建引领，学校将节气文化、农耕文化、土布文化、纺织文化和学生劳动教育等有机融合，形成廊下镇社会大课堂的课程体系。（详见表 6-6）

表 6-6　廊下镇社会大课堂的课程内容框架

课程模块	课程主题	活动内容
德 （德华课堂）	红色教育	红色人文研学行走线路（寻访"英雄山塘""红色中华"红色足迹） "英雄山塘"，由南北山塘参战老兵亲口讲述作战经历 "毗邻共融　奏响村美民富歌"，由原山塘村第一书记杨立平讲述南北山塘毗邻共建的故事 红色故事宣讲："百年党史与明月山塘""入党誓词的变迁""龙虎二兄弟的故事""马惠斌家书"
	家庭教育	挖掘本土家风家训资源。廊下"姚家南陆"历史悠久，是廊下之根，通过"邵氏义塾""书法家陆居仁""姚家祖训""姚氏故事"的地方特色课程，让大家了解廊下的由来、南陆的历史、培养祖训意识，弘扬好家风、好家训

续表

课程模块	课程主题	活动内容
智（启发课堂）	安全教育	红十字救护、火灾逃生、地震避险、踩踏防护、生活安全、防诈骗等
	场馆研学	上海农业科普馆金山馆，学习"当种子遇见土壤" 上海联中食用菌专业合作社，学习"蘑菇培育盒子" "棉花的一生"土布学习坊，学习"棉花的一生" 野外观测基地，学习"能说会'稻'"
	民俗文化	节气民俗文化；传统莲湘文化
	棉花科普	属于"棉花的一生"文化类课程，通过"一朵'花'的中国故事"了解棉花背后的历史和价值 "'金山话'话棉花"，讲述棉花变成土布的过程
体（阳光课堂）	户外运动	趣味乡村游戏、乡村骑行等
	非遗运动	开展"小手牵大手，家家学打莲湘"活动，中、小、幼学生向大人们传授莲湘艺术，全力推进"家家学莲湘"普及工作，让莲湘文化走进学校、家庭
	国防教育	国防安全教育、认识武器装备、真人 CS 等，体验军人生活
美（融美课堂）	非遗文化	廊下文化三枝花：剪纸、莲湘、农民画，加强动手实践
	研学手册	以二十四节气为主线，了解棉花的一生
	创意手工	属于"棉花的一生"工艺类课程，主要包括棉花创意画、棉花插花等
	布艺手工	属于"棉花的一生"经济类课程，通过欣赏土布艺术展览，运用美学的创意设计，将土布应用到生活中，制作成生活中的艺术品，让土布活色生香
劳（田间课堂）	自然教育	依托"农林水乡"和"墨翠烟霭"项目，综合开展郊野地区生态整治修复科普教育，开设"昆虫记""稻香村""湿地之旅""节气里的棉花""一朵'花'的神奇之旅"等特色自然教育课程
	农艺棉田	走进棉花基地，动手实践，体验从一粒粒棉籽到一朵朵棉花的过程
	传统技艺	土布织造技艺属于"棉花的一生"技艺类课程，了解从一朵朵棉花到一匹匹土布的过程，并动手实践，体验土布织造技艺

（四）开展多样活动，推进项目内涵的创新发展

1."棉花的一生"项目化学习活动

土布的源头是棉花，"棉花的一生"从种植—培育—采摘—纺织—土布，有着丰富的课程资源。廊下镇社区学校与廊下镇中小幼学校、景红林民俗文化体验基地和友好村联合，借助华东师范大学高校资源，以"劳动创造美好　学习点亮生活"为理念，将景红林作为棉花种子孵化基地，将棉花带到中小幼学校和村居学堂，以点带面，下沉到校园里、村居中，扩大辐射面，实现五育并举，融合育人。

2. "向阳花开"高中生志愿服务活动

为了增强资源运作的可持续性，廊下镇社区学校不断挖掘社区优质资源，开展内容鲜活、形式多样、内涵丰富的学习活动和实践探索，最大限度地为学生创造社会实践学习的条件，使社区实践活动形式多元化、门类多样化、方式灵活化，全面提高辖区内学生的参与率，扩大覆盖面，提升学生对自然、社会和自我之内在联系的整体认识，具有价值体认、责任担当、问题解决、创意物化等方面的意识和能力。

3. 祖辈课堂·百姓讲堂

2023 年 5—6 月，廊下镇社区学校联合廊下镇社区卫生服务中心和廊下镇派出所开展"祖辈课堂·百姓讲堂"系列活动，将"党的二十大精神宣讲""老年数字教育""棉花课程""健康养生""红十字救护""全民反诈"等课程讲座配送到村居学习点和村居学堂，丰富"15 分钟学习圈"内容，提升村居民综合素养。

表 6-7 "祖辈课堂·百姓讲堂"课程信息表

序号	课程	授课教师	部门
1	党的二十大精神微宣讲	王洁玲	廊下镇社区学校
2	民防教育	蒋连军	
3	二十四节气与茶点	顾一帆	
4	红十字救护	曹可欣	
5	节气里的棉花	余文娟	
6	老年数字教育进社区	智慧助老团队	
7	尚警讲坛·全民反诈	陈波	廊下镇派出所
8	尚警讲坛·交通安全	陈波	
9	骨骼健康	沈英	廊下镇社区卫生服务中心
10	脑卒中早期识别	金杰锋	
11	糖尿病足的预防	杨迎春	
12	认识老年痴呆症	姚光军	
13	糖尿病自我监测	陈钦丽	
14	胰岛素家庭使用	包胆胆	
15	爱牙小课堂	黄仙霞	
16	合理用药	陈可以	
17	传染病防治	王治源	
18	居民心理健康	尹鹃	

4. 廊下镇"8·20"体验日活动

2022 年 8 月 20 日，廊下镇社区学校面向社区居民，开展了"乐学金山　快乐体验""8·20"市民终身学习"云体验"活动。社区居民通过"乐学金山"小程序，居家网上学习"8·20"专题系列微课。为方便更多村居民参与本次活动，学校在 5 个村居学堂（中联崇本学堂、山塘启发学堂、南陆怡善学堂、光明牌场学堂、勇敢育英学堂）设置了远程学习点，现场通过"腾讯会议"App 远程连线进行学习体验"节气土布笔袋"直播课，制作属于自己的节气土布笔袋。

5. 廊下镇全民学习节系列活动

在举国上下庆祝党的二十大胜利召开之际，廊下镇第十五届全民学习节开幕了。活动时间为 2022 年 10—12 月，廊下镇社区学校以"劳动创造美好　学习点亮生活"为主题，组织开展丰富多样的学习节系列活动，线上线下相融合，宣传终身教育思想，激发终身学习热情，教育资源开放共享，在社区内形成良好的氛围。

（五）注重课程建设，强化资源要素的支撑力量

出版教材读本。学校团队通过 3 年的精心收集整理，以 163 种土布的织造方法为核心，将廊下土布发展、土布的织造工序和织造工具以及土布的应用等内容融合，汇编成册。2022 年 3 月，《廊下织梦——廊下土布织造技艺》社区教育读本由上海浦江教育出版社正式出版，成书存档以保护和传承其织造方法，作为"棉花的一生"课程的教材。

开发数字微课。目前已有"'金山话'话棉花"6 节、"棉花的一生之布艺手工"6 节、"棉花的一生之创意绘画"4 节、"棉花的一生之节气里的棉花"5 节等系列数字微课，其中"棉花的一生之布艺手工"系列微课入选"学习强国"上海学习平台；"棉花种植""棉花插花""棉花创意画""土布手腕包"4 节特色课程走进上海教育电视台。此外，在 2022 年新冠疫情期间，学校利用景红林民俗文化体验基地种植棉花，与之建立工作微信群加强联系。志愿者们通过拍摄记录种植棉花的过程，及时以视频或图片的形式发送至微信群，形成具有地方特色的课程资源。另外，每逢节气推送"节气农事说"系列微信，内容由"节气@谚语""节气@农事""节气@棉花"组成，形成具有地方特色的课程资源。

（六）创造公共空间，满足了百姓的社会需求

人是群体性动物，除了吃饱穿暖这些基本生理需求之外，群体活动的社会需求是一个更为重要的基本需要。社会大课堂是村民群体生活的重要载体，它创造了一个让村居民交流和互动的公共空间，村居民在这里求的是"朋友圈"，是群体生活带来的安全感和满足感。有了社会大课堂，村居民的生活更加丰富，有更好的平台和载体来满足其群体活动的社会需求。参与学习点实践活动的村民中，尤其是已经退休、远离社会主流群体、子女不常在身边的老年人，其主要的诉求就是他们仍然渴望被社会接纳，不要被边缘化为"独居老人"。

八、努力方向

（一）进一步加强社会大课堂的数字化功能建设

数字时代是一个全新的时代，随着智能数字空间的发展完善，工业革命以来形成的班级教学模式有望被新型教学模式所取代。

（二）进一步加强社会大课堂的资源开发和利用

下一阶段，学校将以"开发一课一亮点、培育一村居一特色、打造一校一品牌"为抓手，多学科、多角度地开发特色课程和精品课程，同时引进国家、外省市和市、区级优秀课程及品牌课程，逐步建立具有科学性、系统性、实用性的社会大课堂课程资源库。

（三）形成长效机制和可复制推广的经验

为更好地促进社区教育助力社会大课堂建设，下一阶段，学校将深入挖掘社区特色资源，进一步完善评价反馈机制，对项目推进过程中存在的问题进行反思与总结，最终形成长效机制和可复制推广的经验。

6 社区教育支持服务下企业职工双元制教育探索的实验

上海市奉贤区社区学院

一、实验背景

企业是区域发展的重要经济支柱和命脉。奉贤区在中小企业科技创新活力区建设和"东方美谷＋未来空间"现代产业体系建设过程中，既需要一批高精尖人才和科技创新领军人物，更迫切需要解决面广量大的中小企业职工队伍综合素质不高、发展能力不足的短板问题。

为此，奉贤区积极贯彻党的十九大以来关于"完善职业教育和培训体系，深化融合、校企合作"的战略要求，聚焦职工学习力和发展力提升，教育、工会、人社、财政等部门和行业形成合力，并要求以奉贤区社区学院和区职工学院为主要供给和服务平台，持续实施全域的企业在岗人员学历提升工程。其间，奉贤区社区学院坚持学历教育、职业培训、社区教育相融合，不断深化对企业职工教育的供给侧结构性改革，开启了与企业及职工发展需求相对接的职工教育模式的探索，在校校联动、校企合作等机制建设方面初步积累了一些实践经验。然而，作为区域成人继续教育、社区教育的龙头和核心，作为区域实用人才培养和人力资源素质提升的重要阵地，社区学院如何进一步丰富针对企业及职工队伍多样化教育需求精准对接的职工继续教育供给模式，不断完善和拓展制度化、常态化的校企合作教育模式，从而不断有效提升企业职工队伍的综合素质和发展能力，这是社区学院面临的重大现实问题。

基于上述主要背景，奉贤区社区学院根据上海市教委等七部门《关于推进新时代职工继续教育创新发展的意见》提出的"加强区级继续教育机构与各区行业企业深度合作，贴近区域发展特色，与企业共建职工继续教育基地"和"重点聚焦'五个新城'的产业发展以及上海新经济新业态新产业的岗位学历和技能需求，整合各区、企、校等优势资源，共建'双元制'继续教育专业，量身定制各产业需要的高技能人才培训项目，建立岗位技能人才共育机制"的精神，借鉴职业院校与企业的"双元制"教育模式，结合企业及其在岗职工发展的现实需求，开展本实验项目。

二、实验概述

（一）实验目标

本实验项目围绕区域中小企业创新发展的人力资源新动能培育，由奉贤区社区学院依托区教育局、总工会、人社局、财政局统筹规划、协调联动、政策支持等合力优势，联合区域工会系统职工院校，对接企业发展和职工素质提升需求，深化企业在岗职工的继续教育支持服务，探索具有区域特色的学校和企业双元制的企业职工教育模式。

其愿景为：形成社区学院与工会系统职工院校相结合的教育"双空间"载体；建立社区学院教师与行业企业兼职教师相结合的"双师资"队伍；建设社区学院课程菜单与企业需求订单"双衔接"的课程体系；搭建线下与线上并进的教育"双途径"；促进企业职工学历与技能"双提升"。

（二）实验内容

一是区域企业及职工教育需求调研。

二是社区学院与职工学院协调互通的机制建设。

三是企业职工教育讲师团建设。

四是企业职工教育课程体系建设。

五是线下和线上企业职工教育平台建设。

六是教师教学状况与职工学习成果评价机制建设。

（三）实验方法

1. 文献法。通过查阅相关文献资料，厘清相关概念、政策依据和理论依据，同时借鉴相关的研究和实践成果。

2. 调查法。通过调查问卷，对收回的问卷进行相应统计和分析，了解企业和职工的教育需求，为课程体系建设和运行机制创新提供现实依据。

3. 行动法。按照实验方案开展实验,对在真实的实验环境中遇到的问题,综合运用多种实验方法与技术,与专家合作,将新出现的问题纳入实验系统进行研究,在实践中解决问题,并在实验中反思,通过反思不断完善。

4. 案例法。在实验过程中,认真做好案例收集和分析工作,为实验提供实践和实证依据。

5. 总结法。全面梳理、总结实验工作,提炼实验成果。

（四）实验步骤

本实验方案是在近几年区域职工教育实践,尤其是在奉贤区在岗人员学力提升工程基础上形成的。项目被立项后,按照实验的规范要求以及实验目标和内容,既梳理和归纳前期的实践,又主要对实验的变量施以操作,并检测其结果变量。

1. 立项阶段（2021年9—10月）。建立实验小组,拟定实验方案,确定人员分工,邀请专家论证,立项申请。

2. 实施阶段（2022年1月—2023年8月）。组织项目组成员学习有关理论和相关政策法规,开展实验培训;会同区总工会、人社局等开展企业需求调研;在梳理和归纳前期的实践成果的基础上,对社区学院与职工学院协调互通的机制、企业职工教育讲师团、企业职工教育课程体系、线下和线上企业职工教育平台进行建设和完善;以伟星集团上海园区为实验点,进行校企合作实践探索;进行中期论证和专家咨询,完善实验工作;进行相关评价工作。

3. 总结阶段（2023年9—10月）。对实验过程中的材料、阶段成果、典型案例,进行全面科学的总结,完成结项报告。

三、实验过程

（一）开展企业职工教育需求调研

在2019年奉贤区社区学院、区总工会、区人社局联合形成《奉贤区美丽健康产业培训需求与实策调研报告》的基础上,社区学院、总工会于2022年1月又开展了奉贤区职工职业培训需求与实策调研。本次调研一方面通过各镇总工会对具有代表性的企业和职工进行信息采集,了解奉贤区中小企业布局、生产经营、发展趋势等基本情况。另一方面,围绕职工教育培训现状、存在问题、发展需求,随机抽取了93家企业发放调查问卷,收回有效问卷93份，其中民营企业44家、国有企业24家、外商投资企业8家、其他性质企业17家；围绕对企业教育培训工作的事实评价、参与态度、个体需求，随机抽取了962名职工发放调查问卷，收回有效问卷962份，其中企业部门（车间）非技术工人164人，技术工人171人，专业技术人员137人，服务人员58人（约占6%），一般行政办公人员161人，班组长80人，中高层管理人员108人，新就业形态劳动者17人，其他工作岗位人员66人。

调研结果显示：

1. 企业对职工培训的需求多样，发展空间大。据企业样本统计，93.6%的企业认为职工培训非常重要，需要得到进一步加强，而且对职工教育期望比较高，希望逐步建立适应本企业的培训体系和培训激励机制。有近80%的企业提出了针对职工进行综合素养、职业技能、岗位能力的培训需求，同时表示限于中小企业生产经营千头万绪，缺少精力搞培训，最为头疼和焦虑的是企业自身的教育培训课程、师资等资源以及经验相当缺乏，希望得到相关学校、培训机构和行业的支持。

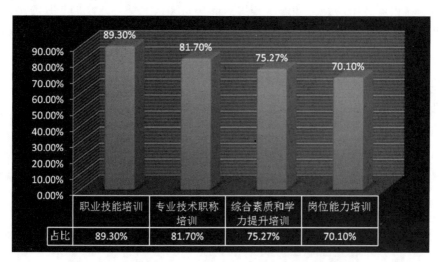

	职业技能培训	专业技术职称培训	综合素质和学力提升培训	岗位能力培训
占比	89.30%	81.70%	75.27%	70.10%

图6-2 企业样本：企业对职工培训内容多项选择统计

2. 绝大多数企业职工具有通过教育培训提升自我的愿望，而且有个性化的选择。职工样本表明，80%以上的职工认为在知识经济时代和就业、岗位、薪资等公平竞争日益激烈的背景下，只有不断地学习和提高，才能帮助自己积累竞争的资本。目前社会上提供的培训日益增多，但符合自身需要的却不多，并且工学矛盾突出。加之企业培训较多的是以会代训或者是"大锅饭"式的老一套，效率不高，学校应办到企业里，让大家在做中学、学中做。另据职工样本"喜欢的培训方式"多项选择统计，由高到低依次是企业内部和外部讲师相结合，线上和线下相结合，外部信息和企业实际相结合，知识、技能学习和岗位练兵（比武）相结合。

图 6-3 职工样本："喜欢的培训方式"多项选择统计

（二）形成社区学院与职工学院协调互通机制

为了更好发挥工会在企业职工教育中的组织和牵引功能，奉贤区总工会早在"十二五"期间就建立了职工学院，并形成了区职工学院、街镇（开发区、工贸集团）职工学校、规模企业职工教学点、车间（班组）职工课堂的"院校点堂"网络体系，同时也形成了具有工会特点的企业职工教育供给空间。目前全区职工学校 46 所，规模企业固定教学点或百人以下企业联合教学点1003 个，车间（班组）课堂 5600 多个。奉贤区社区学院以此作为向企业提供教育支持服务的重要依托，加强了两个学院之间的协调与互通，形成合力。

1. 建立联席会议制度。在社区学院领导与总工会领导加强紧密联系、共商区域企业职工教育发展，并与区财政、人社部门实行企业职工教育专项经费统筹的基础上，社区学院、职工学院每年召开联席会议，回顾前阶段工作，商讨下阶段工作，尤其是针对区域内中小微企业多、层次低、分布散、教育培训困难多的现实问题，形成了职工学院负责组织发动和规定课程下达，社区学院负责课程、师资提供的分工合作举措。

2. 建立联合教务处。将职工学院教务处设在社区学院，与社区学院职业培训中心合署办公，负责职工学院教育培训的总体规划、调度和管理，同时明确其对职工学校和企业教学点的调查研究、分类指导、考核督查、课程开发等功能。几年来，联合教务处制订了职工学校建设标准、优秀职工学校评价标准，构建了工会系统企业职工教育"5＋X"规定课程体系，"5"即职业道德、时事形势、法律法规、科学文化、劳动安全，"X"即结合企业实际，充实丰富上述5门课程内容。

（三）建立企业讲师团

师资是企业职工教育的重中之重，教育质量的高低关键取决于师资力量的强弱。为适应企业职工教育需要，切实解决企业职工教育师资短板问题，奉贤区社区学院抓住区域深化中小企业科技活力区建设，培育经济发展壮大新动能的契机，结合学院自身转型发展的需要，着力建设企业讲师团。

1. 积极鼓励社区学院教师转型。社区学院根据教师转型发展要求和企业需求实际，鼓励学院专业教师发挥自身专业优势，结合企业生产经营实际和职工素养、技能培养要求，将自身教育教学专业知识和能力不断向职工教育方向迁移，向双师型、多师型发展。同时，组织教师深入企业了解需求，并要求教师参加上海开放大学的非学历教育教师专业能力培训，还聘请专家开展企业培训者的培训。

2. 精心挑选行业企业专业人员担任企业讲师。社区学院一方面在本院所有教师中挑选兼职企业讲师，另一方面通过总工会、人社局、行业协会等渠道，向社会招募并挑选专业人员、具有某方面专长的人员、能工巧匠担任兼职的企业讲师。同时，对他们进行课程开发、信息技术、微课制作等方面的专业培训。

表6-8 行业企业专业人员担任企业讲师一览表

姓名	单位任职	联系方式	所属单位
邓 奎	董事长兼 CEO	18512******	东方美谷时尚中心
葛大忠	会计中级	15317******	上海亚红模具股份有限公司
胡建国	会计师	13564******	奉贤区卫健委
胡新春	主任科员	18116******	奉贤区财政局
金雪均	注册会计师	15921******	上海通用电气广电有限公司
龙 涛	高级化妆师	13262******	奉贤东方美谷企业集团

续表

姓名	单位任职	联系方式	所属单位
马照发	二级人力资源管理师	18772******	永固集团
潘辉勇	企业讲师	13671******	上海交通实业有限公司
裴顾燕	会计师	13472******	奉贤区财政局
孙玉宇	高级会计师	13321******	奉贤区审计局
夏伟	科长	18917******	奉贤区总工会
张铖	副主任科员	18016******	奉贤区财政局
张丹	汇算科副科长	13916******	奉贤区税务局
张冬健	会计中级	15921******	日氟荣高分子材料（上海）有限公司

3．完善企业讲师团管理制度。社区学院在明确企业讲师团建设指导思想、目标任务、岗位职责的同时，完善了团建组织纪律、团队交流研讨、绩效考核奖励等一系列的规章制度，尤其是加强了企业培训的过程管理和评价反馈，如每一次的培训资料、教具、多媒体课件等必须事前准备充分，确保无误；每一次培训过程由班主任和企业教学点负责人按统一形式进行记录，并提出评价反馈意见。

（四）构建企业职工教育课程体系

课程是企业职工教育的灵魂，教育的适宜度、实效性的根本在于课程。其实，企业自有一杆秤，他们下教育培训订单前，首先考虑的是该课程是否适应本企业、是否能满足企业需求。基于此，奉贤区社区学院在职工学院向企业下达"5＋X"规定课程的同时，联合职工学院，遵循符合企业和职工需求、符合职工学习认知规律、符合职工联系实际进行学习等基本原则，组织企业讲师团进行了基于需求调查数据分析的企业职工教育课程建设工作。

1．注重知识性、实践性、发展性的融合。一是紧扣知识点重构内容，强调课程的知识点必须科学正确，而且要小、细，避免讲"大道理"使职工产生认知和理解上的疲惫；二是强调课程内容紧扣职工的工作实际，能让职工联系实际工作情景，或者联系工作中遇到的问题，使职工得到启发，学有所得；三是课程在强调满足职工解决当前或近期知识和技能短板问题的同时，与职工的职业发展有机联系起来，考虑职工技能和学历后续发展的培养，有选择地开发"双证融通"课程。

2．注重课程模块化架构。根据职工参加企业组织的培训服从性强、随意性大、专注度差、持续力弱等特点，从激发职工学习积极性、提高教育培训实际效果出发，对课程进行了"知识传授＋案例讨论＋体验活动＋微课推送"的模块化架构，强调知识传授简练到位、案例讨论各抒己见、体验活动活跃气氛、微课推送方便职工随时随处碎片化学习。

3．注重课程反馈与跟进。一方面，组织行业专家和企业人力资源管理人员，对编制的课程进行了科学性、适用性、可行性论证，听取他们的意见；另一方面，选择企业开展课程试点，留意培训效果，发现课程缺陷和不足的地方；同时，在面上课程实施中收集企业及职工对课程的满意度和改进意见等信息。通过各层面的意见反馈，不断改进、调整和完善课程。

（五）丰富企业职工教育培训平台

教育培训平台是企业职工教育课程实施不可或缺的载体，也是职工学习和提升的重要途径和渠道。经过多年来职工教育发展，尤其是经过近几年的在岗人员学力提升工程历练，奉贤区社区学院在区域职工教育"院校点堂"的基础上，不断丰富了企业职工教育培训平台。

1．用好工会系统职工院校平台。社区学院会同职工学院通过课程"菜单"与企业需求"订单"相结合的方式，组织开展"百堂讲座进企业"，企业可以根据社区学院课程"菜单"自主选择课程签下培训"订单"，包括内容、时间、形式，也可根据自身特殊需要，要求社区学院为其量身定做培训课程及实施形式。而在每一次的"百堂讲座进企业"后，都有班主任进行跟踪管理，并向讲师团及时反馈，从而使企业教育培训更加贴紧贴实企业及员工的实际需要。

2．构建新兴龙头产业专业实训基地。社区学院主动适应区域发展"东方美谷＋未来空间"现代产业体系的要求，加强与区总工会、相关行业企业的深度合作，贴近"东方美谷"产业人力资源建设需要，不仅与东方美谷产业园共建了职工教学点，而且引导重点骨干企业发挥人才资源优势，共建了专业人才培养的实训基地。

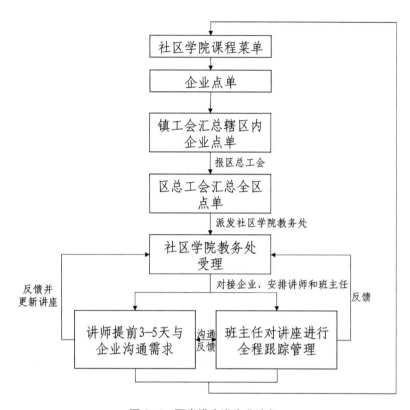

图 6-4　百堂讲座进企业流程

3. 拓展小微企业培训基地功能。根据区域中小微企业聚集的特点，社区学院会同财政局合作建立小微企业财务管理及会计人员培训与咨询基地，集聚实践经验丰富的会计专业人士，共同开发专业课程，共同实施培训和咨询。同时，针对区域内小微企业多、企业单个开展教育资源难度大，且也不适宜独立举办教育培训的实际情况，通过拓展小微基地功能，或者建立小微企业联合教学点，满足小微企业的教育培训需求。

4. 建设线上学习平台。社区学院积极顺应"互联网＋"时代要求，同时积极应对疫情常态防控之需，充分发挥基于移动技术的远程教育特点和优势，创建了适应企业职工岗位学习、移动学习、碎片化学习等特点的 PC 端和移动端学习平台，并以线上线下相结合的方式扩大企业职工的教育培训参与面。

（六）建立企业职工教育评价激励制度

企业职工教育的评价激励，不仅有利于教育目标的达成和教育管理的完善，而且有利于判断职工学习成果的价值和激发继续学习的积极性。由此，奉贤区社区学院建立了学院与企业相结合的评价激励制度。

1. 对企业讲师的评价激励。一是要求企业讲师必须磨课、必须试讲，并组织评价活动，经评价认为成熟后才能向企业推送，以确保进企业施教的前置质量。二是建立企业职工教育班主任团队，对教师课程实施质量情况进行监督、记录、反馈、建档，同时听取企业和受训职工对教师的反馈意见，两者一并作为对讲师进行星级评定的重要依据。

2. 对受训职工的评价激励。一是由企业将职工受训的态度、成绩以及所产生的岗位绩效，作为生产奖励、薪酬评定、岗位变动和职位晋级的重要依据。二是对参加由社区学院组织的岗位资格、能力培训的职工进行考核，考核合格可申请学分银行学分，其中符合上海开放大学学历教育学分认定的，可获得对应专业的学分，给予对应课程免修免考免费。

四、实验效果

本项目在前几年实践积淀的基础上，经过近两年的实施，取得了良好的进展和成效。主要体现在：

（一）基本形成了企业职工教育"双空间"

奉贤区社区学院与区职工学院在师资、课程、平台以及运行上实现了两端协调互通、有机融合、相得益彰。在社区学院供给端，以企业在岗人员学力提升工程、百堂讲座进企业（已完成面授讲座613场，惠及企业300多家、近22000人次）、培训与学历证书学分互认的"职场共赢"千人培训计划、小微基地等为抓手，扩大了企业职工教育的供给空间。在职工学院需求端，以职工教育的"院校点堂"为抓手，构建了区域全覆盖的企业职工教育网络，以及职工教育指导服务供给体系。两者并举，而且有机融合，使企业拥有了职工教育的"双空间"。

（二）组建了企业职工教育"双师资"队伍

奉贤区社区学院抓住学校转型发展的契机，并根据形成学历教育与非学历教育并举的开放办学格局发展要求，建立了企业讲师团，并通过团队和平台的培养，讲师能主动适应企业职工教育的需求，了解企业职工教育的特点，掌握开展企业职工教育培训的方法和技能，从而在职工教育课程开发、设计、实施以及课件、微课制作等专业技能上不断成熟和提升。目前，企业讲师团由社区学院专职教师和行业企业专业人员等构成，11支专业团队，共计39人。

（三）建设了"双衔接"课程体系

奉贤区社区学院所建设的企业职工教育课程，在课程理念和课程内容上，都能充分体现企业及其职工的真实需求，注重企业职工专业和技能要求以及实现高质量就业创业的时代要求，注重企业职工作为社会人的人文素养发展要求。目前已建成营销、法务咨询、班组建设、团队打造、小微财务、文明礼仪等133个专题的课程，并形成了融知识性、生活性、实践性和发展性于一体的课程架构。在课程实施载体、方式上，主要采用"菜单"与"订单"相结合，"知识传授＋案例讨论＋体验活动＋微课推送"的"百堂讲座进企业"形式。在此基础上，为提升职工学历进修积极性，同时减轻工学矛盾压力，建成了"职场菜鸟晋升宝典""职场共赢""美在职场""做崇贤向美的职场人""乐学英语"5个学历教育学分认定系列课程，而且每一个课程都配备相应的教学视频和微课，已惠及学员2300多人。

（四）建成了企业职工教育"双途径"及运行机制

在社区学院的企业职工教育运行中，不仅有"百堂讲座进企业""学分认定千人计划"、职业资格和技能培训、"双证融通"培训等多种线下途径，也有奉贤终身学习网、社区学院职工培训网站和微信公众号等线上途径，而且形成了课程菜单与企业订单相结合、学历教育与技能培训相结合、专业培训与咨询服务相结合、送教上门与线上推送相结合的"四个结合"运行机制，从而使企业职工教育超脱了传统单一模式，同时使企业职工教育的"双元制"得到了体现。

（五）促进了企业职工学历与岗位技能的"双提升"

奉贤区社区学院为企业员工持续实施学历证书与职业技能证书相结合的"双证融通"培训，有获得学历教育学分的校企合作"千人培训计划"，也有针对职工开设的经济师中级、人力资源管理、CAD、电子商务师、供应链管理师、互联网营销师、叉车工、电工、汽车维修等多个职业技能证书培训项目，合计培训学员1181人。在此基础上，已在试点企业伟星集团上海园区从学历教育、岗位能力培训和工匠培养三个维度，实施为期三年的"千人工匠培养计划"。

五、实验反思

（一）需要进一步思考与探索"双元制"企业职工教育制度化建设

虽然本项目的"双元制"不同于职业院校所普遍推行的"双元制"，但是后者的校企合作制度与规范保障值得借鉴。需要思考与探索的问题应侧重于校企双方在课程建设、师资落实、参训人员组织、教育秩序维护、教育培训效度等方面的职责与制度。

（二）需要进一步建立广泛联合的企业职工教育资源共享平台

从对企业和职工的发展需求调研来看，满足企业和职工教育需求的教育资源提供分属于不同的部门和行业，目前社区学院一时难以全面了解掌握并找到依托部门，企业也难以找到相应的归口部门并与之联系与合作，所以非常有必要在区域政府的协调下，建立广泛联合的企业职工教育资源共享平台。

（三）需要进一步开发建设技能类的企业职工教育课程

企业工种、岗位多样，而且各个工种、岗位都有其相应的技能素质要求和标准，而本项目所形成的课程，目前大多仅涉及职工普适性的基本职业素养和人文素养方面，需要在充分了解需求的基础上，组织相关专业技术人员和企业技师、工匠等予以开发建设技能类课程。

（四）需要进一步加大校企合作开展中小企业人才培养的探索力度

中小企业密集是奉贤区产业构成的一大特点，要培育中小企业科技创新活力，必须要有强有力的人才支撑，目前高精尖人才可以引进或聘用，但工匠、技术能手需要在企业生产中培育，而我们目前的"双元制"企业职工教育尚处于普遍提高职工素质阶段。对此，奉贤区社区学院虽然已在伟星集团上海园区启动校企合作开展"工匠培养计划"，但涉及面小、层次低，投入力度也不大，需要积极开展过程性的总结和反思，努力取得成果、积淀经验，并逐步在区域推广。

7　社区教育视域下家庭教育亲子营项目建设的实验

上海市少年儿童佘山活动营地

一、实验背景

（一）立足社区教育，完善营地家庭教育的功能建设

自党的十八大以来，以习近平同志为核心的党中央高度重视家庭教育，强调父母应当树立"家庭是人生的第一个课堂、父母是孩子的第一任老师"的责任意识，承担对未成年人实施家庭教育的主体责任，用正确思想、方法和行为教育未成年人养成良好思想、品行和习惯。

（二）满足家长需求，提供家庭教育指导的有效支撑

家庭教育是一切教育的基础，是教育的重要组成部分，它在孩子成长、发展过程中承担着独特的、终身的教化作用。目前，受家庭教育理念的变化、家校关系的调整，以及家庭关系变革等因素的影响，当代家庭面临着复杂的家庭教育困境，如亲子陪伴质量较低、家校关系错位等。

近年来，家庭教育指导服务的需求日益增加，社会上以营利为目的的家庭教育指导机构大多服务质量不高，不仅增加了家长的焦虑，而且还有可能产生误导。而由政府主办的家庭教育指导机构多侧重于家庭教育知识的普及，如开展家庭教育讲座等，缺乏直接服务家庭的个性化指导，难以吸引年轻父母的参与。家庭教育需要回归生活，回归自然，按照顺天时、符人性的教育方式来培养孩子，营地的项目实践活动正是提供了这样的平台，以丰富多彩的亲子活动课程建设，提升项目实践的趣味性与教育意义。

（三）深化项目建设，推进营地教育内涵的创新发展

营地的项目实践活动始于2014年，曾被立项为上海市中小学生社会实践优秀项目，并荣获2018年上海市未成年人暑期工作优秀活动项目。多年来，先后接待的本市家庭超过了3000户，上万人次的家长和孩子从中获益。

二、实验目标

（一）丰富项目课程体系，提升内涵建设

立足营地家庭教育亲子营项目建设的经验，在现有项目课程的基础上，结合特色主题，拓展项目课程的内容与形式，形成丰富多彩的项目课程体系，并推进项目活动实践，进一步创新家庭教育指导服务的模式。

（二）探索三方合作机制，拓展课程资源

立足社区教育，了解社区、学校等对家庭教育指导服务的需求，进一步整合营地内与营地外的课程资源，深入推进项目课程建设，形成社区、学校、营地三方合作机制与资源整合模式，助推多元主体参与家庭教育。

（三）研究项目运作模式，打造活动品牌

通过项目实验，以"亲子活动"为载体，围绕内容研发、资源整合、实施策略、制度机制等，深入思考项目的运作模式，在社区教育中形成可复制可推广的项目实践经验，探索家庭教育的社会化服务体系。

三、实验内容

（一）研发项目课程，开展项目建设的实践活动

梳理以往开展的项目活动内容，立足时代发展和社会热点，设计项目活动，形成具有户外营地特色的家庭教育亲子营项目课程体系。

（二）立足三方协作，形成项目建设的资源体系

面向社区家庭、学校等开展调查研究，了解家庭参与家庭教育指导服务的途径和效果，调查对营地项目的需求，拓展项目建设的资源，如营地周边的自然资源、人文资源、专业教育资源等。围绕社区教育，推进营地作为公办校外教育机构与社区、学校之间的联动机制，形成优势互补，资源共享，共同推动营地的项目建设，为社区家庭服务。

（三）完善项目机制，探索项目建设的运作模式

围绕项目目标、内容资源、实施策略和评价方式等，探索立足社区教育，家庭教育亲子营项目的实施路径和运行模式，打造具有示范引领作用的营地家庭教育指导服务项目，并以此为基础，推进项目课程建设、资源建设、队伍建设和机制建设。

四、实验过程

（一）成立项目小组，开展前期分析

1. 建立项目实验小组

2. 开展理论政策研究

通过分析家庭教育指导的理论、家庭教育的策略研究、儿童友好型城市建设、家庭教育与亲子互动的研究、家庭教育与社会支持的研究等，项目实验小组围绕上述内容开展文献研究，为实验项目奠定了基础。

3. 梳理项目优势经验

（1）场地和师资优势。

（2）时间安排上的优势。

（3）开展活动的经验优势。

（二）开展调查研究，满足社区需求

1. 问题分析

一是家庭教育指导服务的多元化需求有待进一步满足，随着社会的发展，家庭结构和功能的变化，儿童监护缺失、家庭教育缺位、重学校教育轻家庭教育等问题不断涌现，独生子女家庭、二孩家庭、单亲家庭及祖辈家庭等多种形态并存，各种类型的家庭对于家庭教育指导服务的需求各不相同。二是家庭教育指导服务的参与积极性有待进一步提高，社会需要通过提供深入、个性化的家庭教育指导服务提高家长参与的积极性，进一步改变家长的认知偏差，有效解决社会压力下家庭教育中产生的各种矛盾。三是家庭教育指导服务的普及与覆盖面有待进一步扩大。

2. 对策举措

一是针对家庭不同情况和对指导服务的不同需求提供精准服务，增强家庭教育指导服务的有效性，从家庭发展的多样性和特殊性出发，针对不同类型的家庭开展分类的、个性化的指导服务，以解决实际问题为导向，

定期了解家庭的需求，包括不同年龄段的孩子在成长中面临的不同困惑，设计家庭分层指导服务内容，思考如何为参与对象提供更为精准的课程，进一步提高家庭教育指导服务的有效性。二是丰富家庭教育指导服务的内容与形式，提升活动的教育意义和趣味性，以营地为例，要把家庭教育亲子营项目作为家庭教育指导服务的重要阵地。

（三）总结项目经验，形成课程体系

项目实验小组总结梳理已有的项目课程内容，结合社区家庭的需求、社会发展的要求以及教育热点，整合资源设计开发项目活动，围绕"立德树人，五育并举"的教育目标，推进项目体系的形成，结合不同的教育主题，旨在培养儿童的综合素养，在活动中亲近自然，开展学习，感悟快乐，增进亲子感情，形成以"五育课堂"为特色的家庭教育亲子营项目，体现营地服务家庭教育的独特价值。

1. 项目目标确定的原则

（1）突出特色主题。结合社会热点与教育时事，不断创新活动主题，如居家生活安全、楼宇火灾逃生、日常交通安全、食品卫生安全、弘扬传统文化、倡导垃圾分类、党建主题教育等，项目实验小组结合不同的主题，紧扣社会需要和时事热点，不断丰富活动主题。

（2）关注创新发展。项目活动注重在亲子互动中激发孩子的好奇心、想象力和创新思维，鼓励他们勇于探索、大胆尝试、创新创造。

（3）强调家庭参与。项目活动以家庭的合作参与为主要形式，体现了父母与孩子进行双向交流和学习的过程，强调父母与孩子在平等的情感沟通的基础上双方互动，对增进亲子关系，促进孩子身心健康发展有极大益处。

2. 项目内容体系的构建

表 6-9　营地家庭教育亲子营项目内容框架

项目模块	项目主题	活动内容
德·家庭教育红色课堂	亲子定向	西佘山定向越野活动（长征记忆、传递密信、非常时刻、传承辉煌、绿色征程、绿水青山），通过闯关活动，深化党史知识的学习
	亲子诵读	参观营地党史宣传墙，讲述百年党史，感悟家国情怀

续表

项目模块	项目主题	活动内容
智·家庭教育探索课堂	安全教育	火灾逃生、紧急救护、地震避险、踩踏防护、居家安全等，依托营地资源开展体验活动
	场馆研学	"探索我的宇宙"走进天文博物馆和天马射电望远镜，"建造不倒的房屋"走进地震馆，"我是小小考古家""我是文物修复师"广富林研学等
体·家庭教育户外课堂	航空科技	航空课程、亲子制作、模拟飞行驾驶等，开展科技体育活动
	户外运动	亲子马拉松、趣味体育游戏、登山踏青等
	野外生存	辨识方向、搭建帐篷、烧煮食物等，培养生存能力、意志品质与团队合作精神
	国防教育	走进军营、亲子军训、认知武器装备、真人 CS 等，体验军人生活
美·家庭教育艺术课堂	非遗文化	糖画、剪纸、皮影戏、造纸、脸谱等，动手实践，体验传统文化的魅力
	自然笔记	认识佘山植物、开展自然笔记活动，制作叶贴画
劳·家庭教育实践课堂	农耕游戏	"挑担小农夫""你抛我接""水果连连看"等，围绕传统的挑担、沙包、农耕等项目开展游戏活动
	农田劳作	走进营地"开心农场"，认识农作物，体验播种丰收采摘的乐趣

（四）结合项目实施，探索模式策略

项目实施的几年来，营地面向社区家庭开展了近 20 场次的项目活动，其间，受新冠疫情影响，活动一度中断，2023 年营地全面推进了项目活动的开展，不断丰富活动的形式与内容，服务本市家庭约 500 户，取得了良好的教育效果，并基于活动时间，不断探索了项目实施的模式策略。

1. 紧扣时代主题，拓展项目活动的内容形式

项目实验小组将家庭教育的理念融入亲子活动，结合社会热点不断丰富教育主题，在项目实践的过程中不断凸显自然教育、安全教育、传统文化和红色教育等理念，围绕不同的主题，创新特色活动。

2. 创新实施模式，深化家庭教育的内涵理念

（1）注重亲子体验，提升家庭教育的有效沟通。营地的项目活动结合了户外营地的特色进行了创新，融游戏、创意、指导于一体，活动的组织实施突出了亲子家庭的体验与感悟，在游戏活动、情景体验、闯关任务等过程中，强化了父母与孩子之间的有效沟通。

（2）结合拓展游戏，增强家庭教育的趣味性。项目实验小组将家庭教育的主题与营地本身特有的户外活动、拓展游戏相结合，增强了活动的趣味性。

（3）倡导亲子教育，形成家庭教育的良好氛围。项目实验小组在项目活动中始终倡导亲子教育，活动理念上，注重多元互动和亲情交融；活动模式上，强调亲子合作和有效沟通；活动方法上，运用模拟体验和角色互换，通过系列主题活动，引导家长掌握正确的育儿方法，形成科学的育儿观念。

3. 整合周边资源，形成更为优质的联动机制

营地项目活动的开展充分利用了周边的资源，项目实验小组最初以营地内的项目活动为主，不断拓展对于周边资源的利用，其中包括自然资源、人文资源和风土文化。后来通过资源整合，形成联动机制，逐步打造具有营地特色的项目活动内容，具体包括：

（1）自然资源。佘山的自然资源，如佘山森林公园、广富林郊野公园、上海辰山植物园等。利用森林公园的资源开展亲子定向越野活动，利用广富林郊野公园的资源开展亲子野营的活动，利用辰山植物园的资源开展关于植物认知的探索活动等，利用佘山的自然资源设计项目活动，使亲子家庭在项目活动中走进自然，体验亲子互动的快乐，培养对大自然的热爱之情。自然资源不仅是活动内容，而且还是活动方式，项目组将一些原本在营地开展的活动置于大自然的环境中，可以收获更好的活动效果。

（2）人文资源。佘山的人文资源包括天文博物馆、地震科普馆、圣母大教堂等，这些人文资源体现了科学、人文、艺术等多学科交叉的学习价值。例如，天文与自然的结合，在天文博物馆学习天文知识，并在大自然的环境中去体验与实践；地理与自然的结合，在地震科普馆学习地质地貌与防震避灾的知识，并在大自然的环境中探索自然；人文艺术与自然的结合，在圣母大教堂学习宗教文化与建筑特色，并在大自然的环境中感悟与分享。

（3）风土文化。营地周边蕴含着丰富的历史与文化，其活动要能够传

承与发扬特色的风土人情，培养亲子家庭的文化认同、环保意识和绿色生活的习惯。以佘山为例，利用山、竹的文化开展德育活动，通过走进群山，感受它的奇妙、奇幻；认识竹子，了解竹子的用途、代表的精神品质，并且学会烧制美味的竹筒饭等。在认识与探索自然的过程中，灵活运用本土化的资源，体现营地亲子教育的独特性。

五、实验成效

（一）推进了项目课程建设的系统化

在项目实验前，营地的亲子活动无论在主题还是内容上都比较零散，在推进项目实验的过程中，我们对开展过的项目课程进行了全面梳理，以立德树人为目标，建立起了五育融合的课程体系，使项目课程更加系统化、模块化。今后，我们将在这个基础上不断丰富课程内容，形成品牌系列活动。

1. 系列教材读本的编制与应用

项目实验小组开发了《家庭亲子应急避险活动指导手册》《家庭亲子应急避险项目活动课程》《家庭教育亲子营项目课程指南》等教材读本，引导家庭开展自主学习，对营地教师和相关工作人员开展了教材读本使用的培训，提升项目活动组织的专业性，帮助亲子家庭更全面地了解营地项目活动开展的情况，提升活动效果的辐射效应。同时，通过课程的设计与开发，积极推动营地项目工作模式的推广，促进品牌影响力的形成。

2. 相关社会资源的拓展与建设

项目实验小组积极争取政府、社会团体等参与到项目活动中，充分挖掘和调动文化体育、户外拓展、儿童教育等社会各界力量的积极性和可持续性，为项目活动开展提供课程资源、体验场所、专业师资和活动志愿者等。近几年来，依托市妇联的平台，积极联动各区县妇联，深入社区、企事业单位等开展项目活动，并不断拓展项目活动的内涵，依托市妇联"邻家妈妈"关爱项目，开展了"少年自强，复兴有我，喜迎党的二十大"亲子红色主题游学活动；依托十鹿九回头、蚂蚁亲子、索飞航空等专业拓展公司，创新项目活动课程，丰富活动内容，提升教育专业性，相继开展了"广富林小小考古家""我是文物修复师""佘山军事训练营""非遗课程体验""小小稻农丰收节""航空科技主题营"等体验项目。

（二）加强了项目师资队伍的专业性

项目实验小组在开展项目活动的同时，重视营地教师队伍的家庭教育能力建设，夯实师资力量，其中包括家庭教育指导培训、亲子项目活动设计，以及围绕具体教育主题开展的专项培训。项目实验小组依托市妇联的专业平台，连续多年组织营地教师参加上海市家庭教育指导者培训，邀请专业人士来营地开展丰富多彩的项目培训等，旨在提高营地教师家庭教育及项目活动设计实施的能力等。项目实验小组将相关培训纳入营地教师校本培训计划，设定了相应的课时和实训学分，计入知识技能考核项目中。项目实验小组围绕家庭教育建设，以营地的亲子营项目建设为依托，不断丰富项目课程体系，同时，促进围绕项目活动的校本研修模式制度化、规范化，推进家庭教育指导服务的师资队伍建设。

（三）提升了项目管理的制度化

一是制度管理，在项目建设的全过程中，明确各部门以及个人的具体职责。结合项目工作，推进内控制度建设，包括预算管理制度、合同管理制度、项目管理严格执行制度要求和相应的流程，围绕项目目标，推进教学硬件设施建设、活动组织实施、后勤服务保障以及监督管理等工作。二是活动管理，根据活动主题，讨论研究活动方案，并通过试教不断修改完善。在每次开展项目活动的时候，认真做好活动的签到，教师及项目志愿者的管理，做好项目资料的收集和评价反馈等工作。三是安全管理，制订项目活动的安全预案，落实交通、饮食、景点活动等安全工作，保障项目活动安全、顺利进行。

（四）提升了资源整合的有效性

家庭教育法中指出，各级政府应当指导家庭教育工作，建立健全家庭学校社会协同育人机制。教育部等十三部门《关于健全学校家庭社会协同育人机制的意见》中指出，要完善社会家庭教育服务体系，将家庭教育指导作为城乡社区公共服务重要内容，推进社会资源开放共享。营地以项目活动作为载体，充分发挥家庭教育指导服务的作用，积极探索家庭、学校、社会三方合作育人的机制。一是强化资源整合，通过以亲子活动为协同育人的主要形态，实现社会资源与家庭需求的精准对接，着力开发以满足家庭需求、促进亲子关系为主要目标的亲子活动课程。二是形成教育合力，充分发挥营地的资源优势，围绕家、校、社协同育人的目标设计项目活动，如营地的"小手拉大手，永远跟党走"家庭教育亲子营活动，引导亲子家庭做到知史爱党、知史爱国，自觉传承红色基因，弘扬好家风、传承好家教、建设好家庭。三是打造活动品牌，依托公益服务项目的平台，深化品牌建设，提升项目活动的影响力，努力使家校社合作机制长效化、常态化。项目实验小组总结开展项目实施的经验，以"活动"为载体，将亲子项目"送进社区、送进学校"，推动项目建设，激发项目品牌创新工作的内在活力，增强品牌的辐射作用，促进家、校、社协同育人的深度融合。

六、实验思考

（一）挖掘与整合资源，进一步丰富项目课程体系

立足社区和营地周边的资源，结合亲子活动的特点进行思考，创新丰富课程内容。结合市妇联服务本市家庭、儿童工作开展的需要，联动妇联系统内的相关单位、社会组织等，共同参与营地的项目活动，扩大品牌影响力。

（二）调研与回应需求，进一步提升项目的精准服务

在前期的实践经验中，我们发现参与亲子活动的家庭大致有独生子女家庭、二孩家庭、单亲家庭及祖辈家庭等几种类型，各个类型的家庭对于活动内容等各方面有着不同的需求，包括不同年龄段的孩子在成长中也有着不同的困惑。下一步需要思考如何为参与对象提供更为精准的课程，进一步提高家庭教育亲子营项目的教育成效。

（三）师资培训与建设，进一步推动项目的可持续性发展

在构建家校社合作育人的过程中，营地教师既是学习型教育的实践者，又是反思型教育的实践者，需要掌握开展亲子教育的活动理论和具体方法。同时准确把握亲子活动中孩子和家长的需求，发现活动中的问题，不断反思改进，从而不断提升营地教师的家庭教育指导服务水平，推动家庭教育的科学发展与可持续发展。

8 校社联动 助推社区教育优化的实验

盈浦成人中等文化技术学校

一、实验背景

党的十九大报告强调办好继续教育，建设学习型社会，提高国民素质。教育部等九部委在《关于进一步推进社区教育发展的意见》中提出，"坚持社区为根，特色发展"，立足城乡社区，面向基层，办好居民家门口的社区教育，推进社区教育特色发展。

盈浦街道位于青浦区中部，面积 25.14 平方公里，下辖 32 个社区。常住人口 109538 人，其中 65 岁以上老年人 8359 人、16 岁以下未成年人 43000 人。各社区虽每年开展各类社区教育活动，但受场地、资金和教育资源等因素影响，开展的质量、水平参差不齐。可归纳为三类：第一类是开展得较好的，社区定期开展多类活动，形成特色项目；第二类是开展得一般的，能定期开展常见活动，但项目较少；第三类是开展得较为薄弱的，活动少，以完成上级要求为目标，这类社区主要是新建社区和村组社区，缺乏活动开展经验和教育资源。

综上所述，盈浦街道的社区教育发展存在差异，需要加强资源整合和特色发展，以满足居民的学习需求。

二、实验目标

（一）总目标

项目组旨在把盈浦成校的优质资源辐射到每个社区，通过实践与研究，有效解决社区开展教育活动所面临的困境，实现各社区教育活动丰富多彩，满足居民多元化学习需求，从而推进学习型社区建设。

（二）分步目标

（1）重点扶持社区教育相对薄弱的社区。结合社区特点，培育1—2个符合社区居民学习需求的社区教育活动项目。

（2）扶持社区教育相对一般的社区。帮助社区解决或部分解决场地、资金和教师等资源，培育特色项目。

（3）提升社区教育相对较好的社区。针对已经成熟的、有特色的、固定的社区教育活动，盈浦成校与社区联手，将活动内容共同开发成特色课程，适时进行推广。

（4）优化现有兼职教师队伍。通过实验，挖掘社区中的能工巧匠并将其不断充实到兼职教师队伍，使兼职教师队伍更趋年轻化、专业化，同时专业更完善，为各社区开展教育活动提供优质的教师资源。

三、实验内容

（一）对盈浦街道32个社区的教育开展调研

由课题小组骨干成员针对社区开展社区教育基本情况、特色以及碰到的困难等因素设计调查表，由课题小组成员（全体教师）进社区开展调研，与社区办学干部共同完成调查表。

（二）对各社区开展教育活动的情况和面临的困境进行分析

由课题小组骨干成员对收集的信息进行分析、归类。根据社区开展教育活动的情况，将社区分为三类：较好、一般和较薄弱。按社区面临的困境，可以分为两类：一类是学校能帮助解决的，如师资；另一类是学校无力帮助解决的，如场地。

（三）挖掘各社区中的教育资源

教师和课程是社区教育质量的重要保障。为满足居民多元化学习需求，由社区办学干部摸排本社区各行各业的专家、能人，然后推荐给实验项目小组，再由学校对这些人进行培训，最后纳入社区教育兼职教师队伍。课题小组通过调研，掌握到社区中有特色、成熟的项目，逐步将这些社区教育项目转化为社区教育课程资源。

四、实验方法

（一）调查研究法

通过座谈、问卷、实地调查等方式，获得各社区开展教育活动情况的第一手资料，经过整理、分析和研究，为本课题研究方案的制订和实施提供有力的依据。

（二）文献研究法

通过对网络、文件等资料的查阅，了解与本课题相关社区教育的资料，为本课题的研究提供理论基础。

（三）经验总结法

通过对社区教育活动中的具体情况进行归纳与分析，对有效的做法进行经验总结，并进行推广。

五、实验过程

（一）准备阶段（2020年11月—2021年3月）

主要任务：

一是成立课题组，责任到人；

二是建立健全制度；

三是实地调研，制订课题研究方案。

本阶段主要做好实验项目有关准备工作，争取有关领导支持，发动全体教师参加，提高对实验项目的认识。组织的健全能保障实验项目的有效开展，因此，本阶段要健全实验项目组织，完善管理机制，落实项目相关人员。通过学校调研，组织全体教师参加，同时成立实验项目领导小组，落实项目负责人、联系人，建立和完善规章制度。

（二）实施阶段（2021年3月—2022年6月）

主要任务：

一是召开项目小组会议，布置实验项目实施工作；

二是完成调查研究和相关资料的查阅工作；

三是全面实施课题研究；

四是根据实施中的具体情况，适时调整、完善课题研究计划，对课题做进一步的实施研究。

本阶段主要任务是召开实验项目小组会议，部署实验项目具体工作和要求，并全面开展实施。项目工作小组根据进程和实施过程中碰到的困难，进行总结、分析，并根据具体情况进行适当调整、完善本实验项目的目标、计划和方案，确保实验项目完成。

（三）总结阶段（2022年7—10月）

主要任务：

一是完成课题研究总结报告的起草、讨论和结题工作；

二是听取有关领导和专家意见；

三是完成课题研究总结。

本阶段主要任务是认真听取区社区学院、社区教育指导中心有关领导与市有关专家的意见，并结合实际情况，广泛听取各方意见和建议，进一步规范和改进实验项目操作方法，形成总结报告。本项目的成果将进一步常态化，为丰富多彩的盈浦街道社区教育活动顺利开展保驾护航。

六、主要做法

（一）加强调研工作力度，提高项目实效

调研是实验项目研究的前提和基础。本项目组成员多次到对接的社区开展调研，深入了解社区关于社区教育开展活动情况、教育资源以及相关诉求，及时掌握第一手资料。项目小组骨干成员对不同阶段收集的信息进行分析、对比和归类，根据社区面临的困境和需求的变化进行分析和总结，适时动态调整实验方法和实验目标，修正项目实施方案。

（二）加强教育资源供给，加大服务力度

依据前期项目小组调研结果，学校为缺乏场地、资金、课程和师资的社区提供相应的教育资源。

1.校级资源。学校为盈港社区、绿舟社区、西部社区和复兴社区配送沪剧课程、配备任课教师和班主任，满足居民学习地方戏的需求；活动场地少是老旧社区共存的问题，针对此问题，学校为城北书画站学习团队准备书画专用教室，为庆华社区开展各类讲座提供通用教室；为补齐社区教育在乡村的短板，结合天恩桥村优势，学校给予天恩桥村划龙舟培训班一定的扶持；结合政府重点工作推进对市民的素质能力要求，下沉社区，全面推动"新时代文明实践课程进社区""跨越数字鸿沟　乐享智慧生活"

等教育培训项目，开展相关课程宣传培训和资源应用工作；同时，结合"幸福社区"建设，以提升居民生活品质感和幸福感、推动社区治理创新为导向，根据社区学习需求，因地制宜，以课程配送形式开展个性化、针对性教育服务，如盈中社区开设"创意手工"课程。

2. 市级资源。依托市级课程资源，学校为居民提供量大、质优的学习资源。一方面，学校通过微信公众号为市民推送"乐学书画""快乐减肥""学做智慧家长"等线上学习资源，让市民不受时间和空间的限制，畅享学习盛宴，获取智慧力量。另一方面，学校以网上读书活动为载体，提供电子书籍、视频、音频等各类学习资源，满足多元化学习需求。

（三）加强优质课程建设，提升服务品质

项目组立足社会发展的需要和市民学习需求，多措并举，建设不同类别和模式的课程资源，不断拓展社区教育内容、优化课程质量、丰富课程载体。

1. 校社合作，推广社区优质课程。根据前期调研的结果，"十全十美"是绿舟社区的特色课程之一，该课程内容主要是家常美食，已经开设多期，每期都十分火爆。经讨论研究，项目组认为该课程贴近居民生活，实用性强，适合推广。因此，盈浦成校与绿舟社区联动，将该课程作为盈浦街道社区教育特色课程。同时，项目组考虑到推广的广度、深度和效果，将课程名称改为"一菜多吃"，制作成10个单元共30集微课，并在学校公众号进行推送。

2. 因时制宜，建设数字化课程。学校围绕各社区创建"幸福社区"这一重点工作，聚焦"新时代文明实践"和"智慧助老"两大主题，开发线上线下一体化教学资源，进一步推动市民核心素养提升，服务社区自治管理，助力防疫工作有效落实。学校先后完成了"践行文明新风尚，我们同行""智慧助老·长者智能生活实用技术"系列微课程，以全媒体形式呈现，整合图文和视频等媒体，以数字和纸质媒介形式分别在线上、线下同步发布，方便市民随学随用。

3. 规范建设，申报学分银行课程。为更好地推广和实施校本课程，提高课程规范化建设水平，盈浦成校积极组织和激励教师结合自身专业、兴趣爱好开展学分银行课程建设，加强课程大纲、课程内容、课程实施方案以及教学PPT等教学文件和资料的编制，现有23门课程已经申报并通过认证，全部进入上海市终身教育学分银行课程体系。

（四）加强辐射指导，提升服务成效

发挥好学校辐射、服务社区各学习点的作用，服务、指导、激励各学习点完善管理制度、开展学习培训项目、注重经验总结宣传、做好过程资料积累，不断提升学习点建设水平，打造百姓家门口的"乐学温暖家"。

1.提升学习点规范化建设整体水平。定期开展学习点办学干部工作会议及培训，制订居村委学习点年度工作提示，根据工作任务及要求，形成年度工作评优指标，加强工作目标导向和任务驱动；完善制订居村委学习点联络员制度，加强学校专职教师对对口联络学习点的服务指导，落实"社区教育服务指导手册"记录；开展年度优秀学习点、社区教育特色学习活动（培训项目）等评选活动，以评促建，激发学习点建设活力，促进辖区内各类社区教育活动及工作的经验推广和宣传展示，扩大区域社区教育工作的影响力。

2.推动示范学习点及特色学习点创建。按照《上海市老年教育居村委示范学习点建设指导标准》要求，以创建"示范学习点"为目标，推进学习点在组织管理、制度建设、教育资源、工作队伍、教学活动、学习团队、特色品牌等各方面的建设，不断提高社区居民对学习点的知晓率、参与率、满意率；同时，引导示范学习点以创建"特色学习点"为目标，结合自身基础和优势，以课程、教学、师资、团队、管理等核心要素之一为切入口，培育具有教育意义的特色项目，服务和覆盖广大老年人提升学习的获得感和幸福感。

3.加强学习团队分层管理培育。以"多样化、规范化、特色化"为导向，以分层管理培育方式，开展"纳入规范运行—差异化指导—星级申报评选—优秀团队宣传"的学习团队建设模式，设计编制《盈浦街道市民学习团队年度活动记载手册》，帮助学习点加强社区学习团队的指导和管理，完善学习团队章程、年度学习计划、学习活动记载等规范化建设，加强对区域内学习团体组织的引领、合作和服务，使学习团队"上者有品，中者有格、下者有样"。同时，组织开展社区学习团队信息征集工作，及时掌握社区学习团队发展动态，并根据团队成果成效和社会影响力等综合情况，选出优秀团队进行"乐学带头人"培训、"请进来、走出去"学习活动、学习成果交流展示、活动经费资助等多种形式的扶持和培育，助力学习团队高位发展，扩大社会影响力。

（五）加强兼职教师储备，提升服务能力

组织开展社区教育助学志愿者招募工作。面向社区开展助学志愿者招募，充分挖掘社区内专家学者、能人贤士、能工巧匠等各类人才资源，充实社区教育师资力量，后续分类建立街道层面的队伍数据库，实现街道辖区内资源共享，切实解决居村委学习点的师资短缺问题。

七、项目成果

本项目通过校社联动，充分发挥了学校的辐射指导作用，促进了社区教育资源优化和服务供给，进一步推动了社区教育可持续发展。

（一）培育了新的社区教育项目，助推薄弱社区教育发展

经过调研和分析，在社区教育薄弱的 6 个社区中，天恩桥村具有河道天然资源优势，结合村民爱好，学校为社区开展划龙舟培训项目，学员招收和班级管理由社区负责。此项目使该社区的固定社区教育项目实现从 0 到 1 的突破。

（二）按需提供了社区教育资源，助力社区教育活动开展

项目组根据社区开展活动的需求，为盈港、绿舟、西部和复兴 4 个社区配送沪剧课程师资，为学校附近的城北、庆华 2 个社区提供教学活动场所，为盈中、上达和淀山浦等 5 个社区配送"智慧助老长者智能生活实用技术"课程。同时，学校和盈中社区联合开设"创意手工"班，社区提供场地，学校提供课程和师资，共同将盈中手工团队发展推上一个新台阶。

（三）形成了区域品牌课程，提升社区特色课程质量

"十全十美"是绿舟社区特色课程，为将该课程推广应用，项目组聘请专业团队将课程改造升级，建设成盈浦街道社区教育品牌课程"一菜多吃"，并制作成微课。学校积极响应教育部社区教育"能者为师"特色课程推介共享行动、职成司终身教育数字化学习资源征集工作，将该课程上传申报。

（四）改善了兼职教师队伍结构，优化兼职教师队伍

实验期间，通过社区学习点办学干部的挖掘和推荐，学校共招募兼职教师和助学志愿者 20 名，涉及的专业领域有法律、形体、英语、美容和信息技术等，平均年龄为 42 岁，本科学历占比 95%。新鲜血液的注入，改善了原来的兼职教师队伍青黄不接、专业单一的局面，加强了盈浦街道社区教育师资力量。

八、实验思考

社区教育是大教育，是对社区居民进行全员、全程、全面的教育，其工作纷繁复杂、面广量大。目前，盈浦街道社区学校办学条件有限、专职教师队伍年龄老化和资金不充裕，要达到社区教育进一步优化的目标，除了校社联动外，还需不断加强以下几个方面：

（一）对内聚力

1. 进一步加强教师队伍建设

百年大计，教育为本；教育大计，教师为本。为全面贯彻落实《关于全面深化新时代教师队伍建设改革的意见》精神，学校在发展过程中通过文化培育和价值引领来凝聚思想，通过刚性制度和人文关怀相结合来规范行为，通过教学研修和管理实践来提升服务能力，做强教师队伍。在现有条件下，学校要充分发挥好教师队伍的作用，办好老百姓家门口"乐学温暖家"。

2. 进一步加强优质课程供给

时代的变迁和科技的高速发展驱动社区教育创新发展，引发了教育观念、教学方法、学习内容、学习方式、教学管理机制等方面的深刻变革。在应对社会发展提出的新要求时，以课程构建为切入点，构建科学性、时代性、开放性课程体系，多样化设置课程、精细化规范管理、品质化提高质量、特色化开发课程，从而满足多元化、个性化学习需求，进而达到教育教学改革的目标要求。

（二）对外借力

1. 进一步加强与相关部门的联动

充分挖掘和整合区域内的有效教育资源，拓展社区教育的广度和深度。学校要不断加强与街道社区文化活动中心、党群服务中心、健康教育促进部门等相关部门联动，协调整合、共建共享区域内各类优质社会公共教育资源。通过资源组合、拓展、开放、共享和优化，把社会资源转化为市民学习资源，实现借力聚力开展组团式教育服务，把社区教育工作做实做细。例如，把"文明实践课程"宣讲与街道社区文化活动中心的"盈浦故事"相结合，使宣讲形式更多样、内容更生动、效果更明显。

2. 进一步加强探索联动合作机制

为提高学校终身教育服务能力，必须不断拓展市民学习途径、增加市民学习资源、丰富社区教育内容、创新社区教育形式。因此，要充分整合社会优质学习资源，通过市民终身学习体验点、人文行走学习点建设项目，激发社会活力，引导和融合各类质量高、声誉好、有责任心的社会组织参与社区（老年）教育公益服务，扩大学校的教育供给，更好地满足居民多样化的学习需求。

第七篇　特色品牌培育篇

TESE PINPAI PEIYU PIAN

1 民间手工技艺的活态传承与创新发展的实验

徐行镇成人中等文化技术学校

一、实验背景及设计

（一）实验背景

黄草编织起源于新泾桥一带，以黄草为原料，工艺精美。唐代起即为贡品，至今已有千余年历史。然而，在市场经济压力下，纯手工制作难以与机械生产抗衡，徐行草编日渐衰落。此外，土地资源紧张导致黄草种植面积减少。手工制作成本高、产量增长慢、人才短缺等问题加剧了徐行草编的困境。尽管徐行草编被列入市级非物质文化遗产保护名录，但仍需加大保护力度。徐行草编对于调整农业结构、增加农民收入、满足市场需求具有重要意义。

（二）实验目的

国务院办公厅《关于加强我国非物质文化遗产保护工作的意见》规定，非物质文化遗产保护工作应遵循"保护为主、抢救第一、合理利用、传承发展"的指导方针。为了保护嘉定区徐行草编工艺，本项目引入"活态传承"理念，旨在非遗不断发展的背景下，促进其传承和创新，使其在生产、生活中得到传承和发扬。非遗具有活态性、生产性、传承性和实践性特征，需要在传续过程中加以保护。

本项目旨在：

（1）在不破坏徐行草编非遗项目的原真性和完整性的前提下，充分挖掘和利用其优质资源，进行合理开发利用，提高徐行草编工艺的活力及转化率。

（2）通过有形或无形的方式，以活态形式展现徐行草编工艺技巧，帮助人们认识、体验和了解其技艺。

（3）活态传承在丰富大众精神生活和传播非遗文化方面发挥重要作用，同时尝试将徐行草编融入生产、走近生活，产生多样化的表达方式。

（4）通过产品类别、表现方式、传播途径和营销手段等多种创新路径，实现徐行草编技艺的创新转化，提升市场认可度与接受度。

（三）实验内容

1. 打造徐行草编文化 IP

通过提取徐行草编的文化符号与内容，挖掘手工艺非遗特色，整合历史事件、人物、故事等多个维度，搭建立体化文化 IP。

2. 形成徐行草编活态传承课程

开发走进生活的草编课程，激发青少年对徐行草编的喜爱。

3. 建设徐行草编活态传承体验基地

发挥草编博物馆和 DIY 工作室的作用，对全市中小学生开放"草编之旅"项目。

4. 鼓励民间手艺人创新发展

搭建徐行草编展示中心和市民互动体验中心，让传承人交流技艺，提高徐行草编的技艺。

5. 完善徐行草编保护方案

完善徐行草编的活态传承与发展政策，提供长期的人力、政策法规及经费支持，将徐行草编的保护落到实地。

（四）实施步骤

本项目实施总体上分为三个阶段进行，具体安排为：

第一阶段：筹备策划（2020 年 12 月—2021 年 4 月）

（1）成立项目小组，确定研究目标、方法和人员分工，由分管镇长任组长，社区学校、社区办负责人任副组长，社区学校教师参与，并聘请专家指导。

（2）深入调查，制订实施方案。

第二阶段：实施（2021 年 5 月—2022 年 10 月）

（1）探索徐行草编活态传承管理模式和机制，制订相关规章制度。

（2）组织开展体验活动，要求实施方案翔实、流程清晰、方式便捷。

（3）完成徐行草编体验式课程开发、设计、分享展示，课程要与社会发展和市民需求结合。

（4）形成徐行草编文化 IP，发挥示范引领和辐射作用。

第三阶段：总结评估（2022 年 10—12 月）

（1）对实验目标、进程和结果进行对照研究，调整实验方案，完成各项任务。

（2）收集统计数据资料，进行总结、检查和自评。

（3）分析资料，编辑活态传承课程。

（4）完成实验报告，接受市社区教育领导小组检查与验收。

二、徐行草编文化 IP 建设项目

（一）草编文化 IP 的概念起源

1. 草编文化历史

草编是中国农耕文化和手工艺文化的产物，有上万年的历史。嘉定区徐行草编是江南文化的代表，是民俗工艺的重要支柱，拥有深厚的人文底蕴。2008 年，徐行草编被列为国家级非物质文化遗产，徐行镇也被评为民间艺术文化之乡。传说，很久以前在徐行的新泾村有个叫黄茅草的姑娘，从小给财主家放牛割草。她穷得没鞋穿，老黄牛给了她一把黄草，她编了双黄草鞋穿上后出嫁了。其他姑娘效仿她，称她为"草编仙子"，后来这个村改名为"蒲鞋村"。

2. 文化 IP

文化 IP 是一种融合各类文化产品的符号，具备高辨识度、自带流量、强变现能力和长变现周期的特征。本项目明确了文化 IP 的核心特征：

第一，提供差异化的持续内容：内容必须具有核心性和独特性，且具有持续性，能不断更新。

第二，人格化设定：需要具有鲜明的人设和性格，与人产生共情。

第三，参与感：让受众互动，实现内容共创，提高代入感和粘连度。

（二）草编文化 IP 建设方案

1. 草编仙子 IP 形象定位

图 7-1　"草编仙子" IP 形象定位

（1）联动力。"草编仙子"不仅是文旅地标，更具备仪式感。她以传统工艺技能为核心，由当地百姓孕育，因此体现了勤劳聪慧获取好运的赋能。

（2）尽管"草编仙子"源于传统故事，但我们要避免过于传统，同时为其赋予一些"神力"，保持时尚性以吸引更多共情的消费者。

（3）人物设定上，"草编仙子"具有飞升和超脱的追求，但又不脱离人间烟火。除主体人物外，还将配备水牛、发箍、草精灵等素材，增加可爱、灵气的元素。

（4）为促进"草编仙子"的后续发展，我们将在人物设定中加入导师大姐姐成分，提供指引和启示。这需要系统的信仰和哲学体系支撑，导师代表人性潜意识自我升华的渴求。

图 7-2　农家古装草编仙子 IP 形象

将"草编仙子"设计为活泼调皮的邻家小妹的形象，惹人怜爱。

人物特性：

邻家小妹、爱笑、古灵精怪、调皮、爱交朋友、富有热情、善良

个人信息：

姓名：草编仙子

性别：仙女

身高：162cm

年龄：18

口头禅：我们一起来玩草编吧～

IP 形象（Q 版人物）

图 7-3　Q 版草编仙子 IP 形象

将"草编仙子"定义为活泼调皮的邻家小妹。又设计考虑了 Q 版人物，使其更容易受到各年龄层的人的喜爱。无论是古代还是现代的服饰搭配，都能展示出多样的形象。

人物特性：

邻家小妹、爱笑、古灵精怪、调皮、爱交朋友、富有热情、善良

2.草编小精灵

将小精灵设计为 IP 萌宠，从此草灵儿受到小精灵的庇佑，过上幸福的生活。

图 7-4　草编牛小哈

（三）草编文化 IP 应用图景

图 7-5　草编仙子故事海报

　　"活态传承"强调对非物质文化遗产在生成发展的环境当中进行保护和传承，是一种在人民群众生产生活过程当中进行传承与发展的传承方式。为了增进民众对于草编文化的认同，尤其是增强青少年对于草编文化的认同与传承，基于草编仙子形象开发了系列性草编仙子故事海报，以草编仙子的传说为根基，以有趣、有益的方式，通过各类项目展演向市民推广草编文化。

1. 微信公众号宣传

图 7-6　Q 版草编小精灵公众号推送

当前，微信公众号宣传与推广成为自媒体主流。项目组与"徐行之声"微信公众号合作，将 Q 版草编小精灵融入自媒体链接，推广草编文化 IP，让市民在阅读推送时了解草编文化形象。

2. 创设表情包

图 7-7　衍生表情包

项目组开发了草编仙子系列表情包，设计生动可爱，不仅用于宣传草编文化，还免费向公众开放。表情包受到草编爱好者的喜爱，增强了市民对草编文化的认同。

三、推行徐行草编活态传承课程

（一）开发徐行草编系列课程

图 7-8　草编过程

嘉定徐行以草编工艺闻名，使用天然黄草手工编织，形式多样、美观，被誉为民间工艺一绝。1958 年，刘少奇副主席曾给予高度评价。进入新世纪，政府重视并扶持徐行黄草编织业，使其逐渐复苏。2008 年，"徐行草编"被列入国家级非物质文化遗产名录。随着消费者审美水平的提高，传统款式已不能满足其需求。新上海人对徐行草编有浓厚兴趣，开设草编学院等宣讲活动，旨在传承这项国家级非物质文化遗产，培养继承者。

1. 课程性质

（1）本课程属于上海社区教育课程体系，属于传统手工艺类课程。

（2）内容以技能性为主。

（3）徐行草编课程分为初级和中级，初级课程主要涉及传统草编编织方法，中级课程则注重创意，加入不同元素，具有时代特色。

2. 课程时数

课程共 8 个单元，建议总学时为 24 课时。

3. 课程对象

适用于徐行地区社区市民。

4. 课程目标

（1）了解徐行草编的文化背景和经济、艺术价值。

（2）吸引对徐行草编感兴趣的社区市民，在指导下创作优秀作品。

（3）通过课堂教学和主题活动，让学员体验徐行草编的魅力，感受匠心精神，激发保护和传承非物质文化遗产的责任感和使命感。

5.教学内容

第一单元 徐行草编概况

第二单元 草编的主要原料——黄草

第三单元 草编的基本编法

第四单元 杯垫的编织

第五单元 拖鞋的编织

第六单元 提包的编织

第七单元 创意草编

第八单元 反馈考查—创作

（二）为市民开设指尖上的非遗慕课

徐行草编课程通过完善实施，有助于传承这一具有千年历史的民间技艺。它对草编生产、创作和市场拓展产生重大影响。此课程让市民学习国家级非遗工艺，体验匠心精神，并培养继承者，为传统文化注入新活力。此外，社区学校和文体中心推出线上草编学院，传承人王勤和草编艺人教授编织方法，手把手教学员制作草编杯套、包和果盒等，带领学员领略徐行草编的艺术魅力。

（三）定期开展草编非遗传承人培训

徐行镇自 2019 年起，联合上海公共艺术协同创新中心、上海美术学院美育教学工作室和徐行镇文化体育服务中心，为徐行草编传承人开展"活态传承"培训。培训结合艺术理论与草编实践，理论课程由上海美术学院规划，实践课程由徐行镇草编名师工作室设计。学员来自不同年龄段，希望将徐行草编传承下去。培训结束后，徐行镇将选拔优秀学员继续培养，发展成真正的"活态"传承人。

四、打造徐行草编活态传承体验基地

（一）面向市民开放草编名师工作室

1.名师工作室简介

徐行草编工作室由王勤老师负责，王勤是"国家级非物质文化遗产——徐行草编"上海市级传承人、上海工匠。

徐行草编名师工作室多年来积极参与非遗主题的大型活动、展览和培训座谈，致力于推广和传承徐行草编非遗文化。他们受邀参加了"春动徐行"民俗文化之旅、非遗嘉年华、第二届中国国际进口博览会等大型活动与展览，并面向社会各界开展交流及培训活动，接待市、区级各类团体实践学习。草编名师工作室通过挖掘编织能手，开设徐行草编传承人学员培训班，扩大传承队伍，优化年龄结构，吸引更多人加入草编研究和传承工作，鼓励老艺人带徒授艺，加强中青年艺术骨干人才的培养。

2. "活态传承"新理念下的名师工作室运作模式

（1）改革创新传承模式，寻找研究传承新方式。根据市场需求，拓展草编品种类，增加文化要素，满足潜在消费者需求；对草编作品进行挖掘与包装，提高手工作品价值，探索创新；完善草编学科体系，发展多样化、层次化的综合工艺品制作体系；将产学研一体化纳入徐行草编制作中。

（2）加强阵地队伍建设，增加中青年传承人数。随着多元新生事物的不断涌现，如今很多人对草编文化知之甚少，同时草编手艺者青黄不接、后继乏人。完善草编人才培养机制，做好编织人才、种植手的梯队建设，是传承与发展草编文化产业的不竭动力。开设徐行草编传承人学员培训班，传播草编文化，手把手传授草编技艺。鼓励老艺人带徒授艺，加强中青年艺术骨干人才的培养。

（3）传播草编文化，加强交流学习。积极参与非遗主题活动和展览讲座，推进非遗进校园、进企业，加强长三角非遗文化交流合作，为徐行草编注入新活力。利用网络、电视等媒体宣传非遗保护知识，营造保护氛围。与专业院校和单位合作，探索草编工艺创新与作品研发，选材多元化，种类向装饰品领域拓展。

（二）成立徐行草编队，推动"活态传承"

徐行草编工艺作为国家级非物质文化遗产，以"创一流文化服务团队"为目标，深入社区、学校、企业开展草编文化服务。为提升徐行草编在文化工艺品市场的竞争力与影响力，团队以拓展草编学科为主要发展思路，通过培训交流、观摩学习、展览展示等活动，全面推动徐行镇非物质文化遗产的保护与传承发展。

1. 建立草编传承队伍，包括名师工作室传承人、草编能手工作坊、阳光工坊学员和传承人学员班。这些人员将研习新技法，创新草编艺术品，并在草编展览中展示。同时，开设草编传承大课堂，为学校和其他单位提供培训、讲座和展示。

2. 与艺术类院校合作，吸引大学生参与草编创新，开展创意征集大赛，评选优秀作品并在非遗嘉年华活动中发布。

3. 利用徐行草编流动展厅，开展传承技艺活动，深入社区、校园和企业，加强与其他街镇的非遗文化交流，让更多人了解草编的历史和发展方向。

4. 举办徐行草编特色活动，如展示徐行草编吉祥物"徐宝"、民俗文化之旅和草编大赛。同时，开展"非遗嘉年华"活动，展示徐行和其他非遗项目，并在活动中进行颁奖和揭牌。通过各种形式宣传草编文化，提高公众知晓率。

（三）举办丰富多样的市民草编学习活动

1. 开展 "文化和自然遗产日"主题活动

徐行镇以"传承文化根脉，共筑民族未来"为理念，每年举办"文化和自然遗产日"系列活动，并扩大非遗传习点，打造特色图书馆，开展培训及体验活动。同时，中英文对照版《徐行草编连环画》面市，并向各村居、学校图书室、农家书屋赠送。草编连环画传播草编文化，让更多人了解接触。

2. 开展非遗文化摄影展

徐行镇历史悠久，文化底蕴深厚。这里的人文与自然和谐共存，传统与现代相互融合。非遗和民俗文化项目如草编、风筝、蒸糕、武术、戏曲等在此地得到充分展现。徐行镇这片肥沃的文化土壤孕育出独具特色的文化风貌。在"文化和自然遗产日"来临之际，徐行镇还将举办非遗摄影展，通过摄影作品展示徐行的非遗民间文化，包括徐行草编、风筝、蒸糕、武术、戏曲等特色文化及传承人的真实记录。此次展览将有助于观众更深入地了解徐行的地域文化和人文精神。

3. 组织人文行走活动

面向市民开放"传艺春晖"草编展，组织市民开展结合人文行走活动。"原来土土的味道不见了"，这是不少市民参观后的第一反应，取而代之的是时尚、靓丽、不拘一格的草编新形象。厅内展出了120件草编艺术的精品，其中既有传统的生活用品，也有创新结合的文创作品，时间跨度超过了半个世纪。

五、优化徐行草编保护方案

当前，政府充分认识到徐行草编文化遗产保护的重要性，并采取了多种措施：

（一）出台优惠政策，鼓励做大做强草编文化

黄草作为草编原料至关重要。政府积极鼓励农民种植黄草，扩大种植面积，并培养种植人才。在伏虎村农业示范点开设黄草种植基地，宣传种植技术，配备专业人员管理。此外，政府还推进黄草编产业化发展，以适应市场经济需求，打造文化产业品牌，将徐行草编文化作为嘉定名片。

（二）建立"流动草编展览厅"，面向市民开展草编艺术教育和文化宣讲

由于徐行草编逐渐淡出人们的生活，导致文化情感的疏远和交流的缺乏。因此，建立"流动草编展览厅"，让民众零距离接触徐行草编艺术品，促进年轻人对徐行草编的了解，激发文化共鸣。同时，实施"普及＋提升"的培养模式，将草编艺术教育纳入现代教育体系，设立"草编非遗传承基地"，鼓励学生学习和传承草编。社区学校开设草编体验课程和专修课程，建立中小学和社区教育为一体的教育体系，扩大徐行草编文化的继承面。此外，落实徐行草编文化的研究工作，通过教材编写和出版，推动文化的传承。

（三）依托名师工作室，推动草编活态传承

徐行草编的发展离不开名师的引导。通过成立名师工作室，依托草编大师研究草编文化与工艺，推动其在现代背景下的新发展。高校是工作室创建的平台，也是研究与发展徐行草编文化的重要途径。比如，上海工艺美术职业学院创设有黄草编工作室，邀请名师传授技艺和文化，高职学生可以进入工作室学习。此外，草编文创馆为草编艺术品提供展示平台，推动市场和品牌建设，也是徐行草编艺术设计、产品研发和品牌发布的重要场所。

（四）延续祖辈传承机制，培育未来的文化传承人

以"小手牵大手"的发展新思路，延续传统工艺文化"祖辈相传"的习俗，草编文化从娃娃抓起，让儿童在成长中接触草编工艺，逐渐了解草编文化的重要价值。

六、实验推广成效

（一）草编文化迸发出新的生命力

通过本实验项目，推动"徐行草编保护"成为社会主流话语，让草编回归生活文化。草编文化IP的打造，使草编从小众发展成大众文化符号，保持其独特性。草编仙子形象受到大众喜爱，提升市民对草编文化的接纳度，

激发他们参与传承的意愿。

（二）草编产品形态不断推陈出新

近年来，徐行草编的发展不尽如人意。为了促进发展，徐行镇采取了一系列措施。在资金投入上，拨付了200万元草编专款用于扶持推广；在传承发展上，成立了专业的"草编传承人工作室"和"草编传习所"，扩大传承人队伍，并设立了草编传习社以满足市民学习需求；在种植规模上，增加了黄草的种植面积和产量；在创新合作上，与多所艺术院校对接。

推行"活态传承"理念后，徐行草编取得了显著进步。与上海艺术品博物馆建立战略合作关系后，草编制品在创新设计、材质混搭以及应用领域取得了突破，首次尝试将黄草与其他材质融合。让草编在现代生活中得到了广泛应用，如拎包、锦盒、镇纸、屏风、台灯、iPad保护套等。

徐行草编的发展已逐渐适应时代的需求，焕发出新的活力。

（三）市民广泛参与草编文化活动

2019年10月至2020年10月，接待大学生社会实践学习30人次。为多家机构进行草编培训102场次，参与人次达1735。2021年，再次接待大学生社会实践学习30人次，并为多家机构进行草编培训102场次，参与人次仍为1735。

（四）非遗传承人持续参与推广"活态传承"理念

徐行草编队积极参与中国非物质文化遗产传承活动，与上海大学等高校合作设计草编作品，受邀参加多场非遗宣传推广活动，开展非遗进社区、进校园、进企业活动。年内创作草编新品，设计制作与疫情有关的作品致敬一线医护人员。成员在中国妇女手工创业创新大赛中入围半决赛，荣获多个奖项。参与嘉定区非遗月活动和草编DIY活动，推出线上课程和抖音直播等云课程，有千余人参与。

七、问题与思考

本实验项目系统梳理了徐行草编的历史渊源、工艺价值与美学价值，明确了活态传承路径，进行了两年实践探索。实践推广中，我们思考如何激发文化生产力、建立文化自信，积极培养当地人才，借助互联网推广，让更多市民了解和喜爱非遗文化。本项目对非遗文化的活态传承产生了以下思考：

（一）利用数字技术保护和传承非遗文化

在信息化时代，非遗文化的数字化保护和传承成为趋势。城市化使非遗文化生态环境发生改变，许多传统手艺逐渐消失，年轻人对其了解少。非遗文化是国家和民族的文化根基，需要借助数字化技术储存信息，结合创新思维再处理和再创造，保留原始技艺，转化为新产品，实现保护的目的。

（二）采用多样化方式让非遗文化融入市民生活

徐行草编作为工艺精良的非遗文化，难以批量商品化。应对其进行数字化信息采集和文化再创造，不拘泥于"独角戏"传承模式，结合传统媒体与新媒体优势，与影视、游戏等结合，打造草编文化IP，生动融入市民活动，开辟传承与保护新思路，提供更多可能性。

（三）加强项目融合，提升乡村振兴中的文化内涵

保留徐行本地农宅、客堂汇资源，创编以草编文化为核心的艺术展演、文创产品，规划"草编文化创意村落"项目，推行"徐行草编之旅"展示游览体系。通过农村浸润式体验参观方式，让市民实地感受草编魅力、耕读传统、非遗文化的深远影响。

2 社区健康教育背景下市民医学传播路径的实验

"达医晓护"医学传播智库

一、实验背景

健康是人人应享有的基本权利，是社会进步的重要标志和动力。社区健康教育，是以社区为单位，对社区居民的健康和生活方式进行有计划地教育。社区健康教育，涉及个人、家庭和重点人群的身心健康，作为"医疗、预防、保健、康复、健康教育及计划生育服务'六位一体'"社区卫生服务的重要组成部分，通过提高全体居民的健康知识知晓率、健康行为形成率等重要措施，促进居民健康知识的普及、倡导健康文明生活方式，是促进社区居民健康的重要途径。

社区健康教育的路径，贯穿于三级预防，渗透于社区卫生服务的各项工作，直接决定健康教育的范围及成效。现有社区健康教育的主要途径包括：张贴墙报、开辟健康教育专栏、发放健康宣传手册、健康宣教、开展健康讲座等。作为培养自身健康的第一责任人与第一管理者的重要途径，社区健康教育路径的落实更进一步推动了"健康中国"的实施，成为公民素质教育与终身教育不可或缺的组成部分。

"健康中国"大力倡导健康教育，提高全民健康认知，进而提升全民健康意识和健康素养。但调查显示，我国居民具备基本健康素养的比例仅为 14.18%（2017 年数据）。这同我国现有社区健康教育，特别是社区健康教育路径滞后有关，现有社区健康教育或开展不充分，或路径单一滞后，对市民（尤其是老年人）健康认知的引导不足。而造成该现状的重要原因包括：其一，目前市民获取健康信息的重要渠道（各类网站、手机 App、微信公众号等）缺乏专业医务人员对于内容把关审核，加上某些传播主体的谋利动机，传播的健康信息缺乏科学性，甚至传播不准确、错误、虚假信息的情况时有发生。而不具备专业知识的民众无法对这些健康信息进行有效甄别，反而再次传播。其二，现有社区健康教育路径形式较为单一，发展较为滞后，教育效果并不理想。其三，政府部门对此缺乏有效的监管及激励措施。

面对传统社区健康教育路径较为单一，而专业医务人员参与社区健康教育及健康传播的深度和广度不够的社区健康教育困境，催生出一门全新的交叉学科——医学传播，即以专业医务人员为传播主体，应用多种路径，向非医学专业公众传播权威、准确、科学的医学知识，促使居民养成健康习惯、重获或保持健康。另外，近年科学研究表明：电子游戏能够增强老年人的认知能力，且对总体生活满意度、心情愉悦程度、主观幸福感具有重要影响，因此可作为本次创新社区健康教育路径的大胆实验。

因此，基于医学传播，开展社区健康教育创新路径的实验探索，高效提升全民健康认知、优化社区健康传播效果，以医学传播及科普健康游戏为着力点，进行市民（特别是老年人）医学传播路径（如健康科普游戏、医学科普相声、情境体验等课程）的社区健康教育实验，教育对象既包括社区老年人，也可逐渐拓展到社会各年龄段群体的终身教育之中。如何科学地创新教育路径、整合社会资源，使创新路径融入社区健康教育现有路径中，进而推动个人、家庭、社区成为专业健康信息的积极传播者与践行者，既是解决城市社区健康教育问题的有效路径，也是优化健康传播效果、普及健康生活方式、提高全民健康意识、提升全民健康素养、实现"健康中国"战略目标的重要策略。

二、实验目的

上海现有社区健康教育路径多以开辟健康教育专栏、发放健康宣传手册、健康宣教、开展健康讲座等传统路径为主，尚无基于医学传播的创新健康教育路径及传播健康生活方式、健康医学知识与行为的课程。因此，本实验将建设医学传播路径下社区健康教育课程。实验内容包括健康科普游戏、医学科普相声、情境体验等课程建设，丰富社区健康教育的路径，促进社区居民健康知识的普及、倡导健康文明生活方式，提升社区居民健康水平。

本次实验的目的为：

（一）形成一系列社区健康教育创新课程

基于医学传播理论，建设一系列医学传播路径（如"健康科普游戏""医学科普相声""情境体验"等课程）下的社区健康教育课程。以上海市区多个社区市民（特别是老年人）为教学对象，探索一系列适合社区老年人健康教育的医学传播的新路径。

（二）提升社区终身教育的健康教育氛围

通过开展丰富活泼的医学传播新路径课程，使得各年龄段社区居民（青少年、中青年、老年人等）"寓教于玩、寓教于乐、寓教于情境"。打破以往社区健康教育枯燥、沉闷、单向传播的特点，推广"利用碎片化时间""适合身心发展""自主完成"的健康教育新途径与新理念，探索健康中国和医养结合背景下社区健康传播的创新路径，提升终身教育的健康教育氛围，实现寓教于乐的终身教育。

三、实验内容

本实验将开发一系列以医学传播为基础的健康教育课程，并应用于社区市民健康教育的实践及推广，探索高效提升全民健康素养的社区健康教育新路径。

本次实验将分为三部分：

（一）建设医学传播课程教研小组

组建以"达医晓护"专家团队、社区专业健康教育工作者为主的医学传播课程教研小组，结合社区健康教育与居民、医学传播的特点，设计适合社区实施及推广的健康教育课程。

（二）编写医学传播课程方案或教案课件

医学传播课程教研小组将借助专业知识，为社区居民设计医学传播课程方案或教案课件。尤其结合健康科普游戏、医学科普相声、情境体验等课程特点，制作课程方案。

（三）医学传播课程的实施与推广

将医学传播课程在社区实施及推广。课程将以线上"健康科普游戏"、线下"医学科普相声""忘不了餐厅情境体验"等不同路径开展。

四、实验方法

（一）游戏项目法

根据调查结果，由教研小组联合游戏企业，设计开发健康科普电子游戏，并借助社区养老机构的渠道投入社区推广。让市民边玩健康科普电子游戏边学健康知识，把在游戏中看到的、听到的健康知识与生活中的健康问题相结合，在玩健康科普电子游戏过程中做到学知识和实践结合，提高解决自身现实健康问题的能力。

（二）情境体验法

情境体验法 是"体验式"教学的一种。本实验通过在认知症科普餐厅"忘不了餐厅"的情境下，认识到认知障碍症患者可以拥有社会功能，并可服务他人及社会。结合餐厅这一全方位科普场所的科普体验，用亲身经历去感知、理解、感悟、验证认知症相关知识的一种实践健康教育模式。

（三）行动研究法

根据社区居民科普需求，由专业健康教育工作者"度身"创作一系列医学科普相声课件，并在社区进行实践，收集教学效果反馈数据，开展基于医学传播的健康教育课程的讨论、归纳、总结，在实践中拓展社区健康教育新路径。

（四）问卷调查法

通过问卷形式，调查社区居民对于上述多种医学传播的健康教育课程教育效果的评价，为后续实验提供有针对性的实践基础。

五、实施过程

（一）调研期（2021 年 1—2 月）

选择已有传统健康教育课程的徐汇、闵行所辖社区，教研小组调研社区居民（特别是老年人）对健康教育课程的需求和期许，为后续创作健康科普电子游戏、健康科普相声等课件和实施推广做准备。

（二）创作期（2021 年 3—5 月）

在实验创作期，教研小组围绕前期调研结果，创作课程方案或教案课件，如健康科普电子游戏课件《应急闯关显身手，你也可以当专家》，健康科普相声课件《导医志愿者》《急诊指南》《毛病大课堂》《肝饭人》《甲亢就诊记》及"忘不了餐厅"情境体验课程方案。

（三）实施期（2021年6月—2022年6月）

创作健康科普电子游戏课件《应急闯关显身手，你也可以当专家》，健康科普相声课件《导医志愿者》《急诊指南》《毛病大课堂》《肝饭人》《甲亢就诊记》及"忘不了餐厅"情境体验课程，以便于不同群体居民参与，以此实施教学活动。部分实施活动见表7-1。

表7-1　举办的部分健康科普活动

序号	科普活动	活动规模（人）	承担任务	时长（小时）	证明单位
1	"忘不了"赋能失能失智老人重返社会	50	创新科普形式实施、学术化研究	70	"达医晓护"医学传播智库
2	"忘不了"赋能失能失智老人重返社会	50	创新科普形式实施、学术化研究	85	"达医晓护"医学传播智库
3	健康科普游戏助力成功老龄化	50	创新科普形式实施、学术化研究	3	上海市徐汇区宛南三村居民委员会
4	健康科普游戏助力成功老龄化	50	创新科普形式实施、学术化研究	3	上海市徐汇区宛南三村居民委员会
5	疫情下台胞的积极心理调适	50	疫情下心理健康科普的策划、实施	3	上海市台湾同胞联谊会
6	疫情下老年人群的心理调适	40	疫情下心理健康科普的策划、实施	3	上海市徐汇区宛南三村居民委员会
7	绘画疗法用于疫情后老年社工的心理疏导	40	疫情下心理健康科普的策划、实施	2	上海市徐汇区康平居民委员会
合　计		330		> 169	

1. 健康科普电子游戏课程的实施（2021年4—12月）将前期开发的健康科普电子游戏课程进行社区教学，并进行相应问卷调查等。

2. 医学科普相声课程的实施（2021年2月—2022年6月）将前期开发的医学科普相声课程进行社区教学，并进行相应问卷调查等。

3."忘不了餐厅"情境体验课程的实施（2021 年 1 月—2022 年 2 月）将前期开发的"忘不了餐厅"情境体验课程进行社区教学，并进行相应问卷调查等。

（四）反馈总结期（2022 年 7—10 月）

根据课程实施情况与反馈数据，汇总与整理教学成效，撰写实验报告。

六、实际成果

1. 开发健康科普电子游戏教学课件 1 个，另有 2 个开发中；创立健康联盟 1 个；健康科普书籍 1 本；健康科普游戏专刊 1 期（含文章 3 篇）。

2. 创作医学科普相声教学课件 6 个，并在线上线下推广；健康科普相声书籍 1 本；文章 2 篇；获奖 3 次。

3. 围绕情境体验课程，申请"忘不了餐厅"大健康工程管理基地 1 个；文章 1 篇；获奖 1 个。

4. 撰写总结教学成效的实验报告 1 份。

七、社会效益

1. 国内首次进行以医学传播为基础的社区健康教育新路径的探索性教学实践，包括健康科普电子游戏、健康科普相声等线上课程课件的开发与推广、情境体验等线下课程的开发与推广，探索上述新路径的可行性与有效性。

2. 创新城市社区健康教育的形式，提升健康教学效果，普及健康生活方式，提高全民健康意识，提升全民健康素养。

3 开展社区老年人心理健康教育的实验

上海市浦东新区社区学院

一、实验背景

（一）可持续发展教育视角下，国际社会对老年人身心健康的关注

健康是一项基本人权，也是可持续发展的关键指标。世界卫生组织（WHO）认为：健康不仅是没有疾病或虚弱，而且是一种躯体上、精神上和社会适应上的完好状态。身心健康是实现人的可持续发展的基本前提，而心理健康是可以促进人类全面健康发展的重要心理品质，是人的全面发展的基本要求。在当前全球人口快速老龄化以及人口与社会结构变化的情况下，国际社会更加呼吁对老年人身心健康的关爱和帮助。《上海可持续发展教育社区行动计划（2020—2021）》也关注到老年人群的心理健康。老年人的心理健康是老年人自身健康发展的重要指标，同时对于家庭和谐以及社会发展都有着重要意义。在可持续发展教育的视角下，如何形成对老年人心理健康的支持和教育服务，是当前老年教育应该思考的重要话题。

（二）积极老龄化背景下，我国政府对服务老年人心理健康工作的支持

我国政府非常重视老年人心理健康问题，并出台一系列文件积极促进老年心理健康工作的建设和发展。党的十九大报告中明确提出，"加强社会心理服务体系建设，培育自尊自信、理性平和、积极向上的社会心态"。2019年国家卫健委印发《关于实施老年心理关爱项目的通知》，旨在加强社会心理服务体系建设，促进老年人心理健康。2022年，国家卫健委等多部门联合出台的《"十四五"健康老龄化规划》明确提出，"强化健康教育，

提高老年人主动健康能力。拓展老年健康教育内容，形成多元化的老年健康教育服务供给格局，创新老年健康教育服务提供方式"。老年是人生的重要阶段，受年纪、退休、身体机能、疾病、婚姻与收入等综合因素影响，老年人会产生诸多的心理问题。如何为老年人提供适切的心理健康教育服务，帮助老年人调整心理情绪，舒缓心理压力，这是积极老龄化背景下对老年教育提出的新挑战。

（三）常态化疫情防控新阶段，社区心理健康亟须得到关注

2020 年以来，新冠疫情一直在困扰着人们的生活，尤其 2022 年上海新冠疫情的蔓延受到了全国的关注。新冠病毒不仅侵害人们的身体健康，也给人类社会带来日趋沉重的心理痛苦。

二、实验意义

（一）本项目有利于打造社区老年教育资源融合发展新模式

当前，"学习养老"的理念已经被越来越多的老年人接受，老年教育进入快速发展期，已经从最初的唱唱跳跳发展为更加专业、更加科学、更加系统的教育形态。

（二）本项目有利于构建社区老年教育创新发展的新形态

由于心理学专业性强，上海社区老年学校心理专业师资比较短缺，只有一些相关讲座，没有形成比较科学、系统的心理课程体系。本项目与第三方心理专业机构联合，获取心理专业师资力量，以"学校与机构"合作研发的形式，针对老年人心理健康教育需求，聚焦专业性、科学性和适用性，开展社区老年人心理健康教育课程以及教育活动，形成专业化、系列化的老年人心理健康教育学习资源。

三、实验目标

本研究基于对老年人身心特点和实际需求的调查，研发、实施和推广社区老年人心理健康教育课程，搭建社区老年心理教育课程体系，探索社区老年教育融合发展的新模式，从而满足社区老年人的学习需求，提升他们的心理健康素养，构建和谐家庭，助力社区和谐发展。

四、实验内容和方法

（一）实验方法

1. 文献法。通过搜集老年教育、心理健康教育等多个关键词的文献，进行梳理学习，为本研究的开展提供理论基础。

2. 问卷法。在研究初期，通过对老年人心理健康需求进行调研，开展课程主题设置；在研究末期，通过对老年人心理健康状态进行调研，对课程学习效果进行评估。

3. 访谈法。以座谈会的形式对社区老年教育工作者、居委会干部、社区老年人等进行访谈，通过资料搜集，更好地服务老年心理健康教育研究的开展。

（二）实验内容

1. 基于对社区老年人心理健康教育的需求分析，研发系统性、科学性、趣味性的社区老年人心理健康教育课程（微课），初步搭建社区老年心理健康教育内容体系；

2. 通过老年教育心理微课的研发实施，探索社区老年教育融合创新发展的新模式，激发社区老年教育发展的新活力；

3. 通过区级老年大学、街镇老年学校以及社区养老机构等进行课程实施推广，打造以老年人心理健康为基础，家庭、社区和谐的良好心理环境氛围。

本实验一共经历三个阶段，分别是准备分析阶段、研发实施阶段、总结提炼阶段。

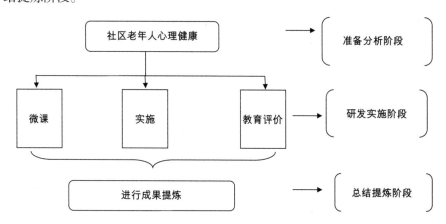

图 7-9 社区老年人心理健康教育实验步骤

五、实验过程

（一）开展社区老年心理健康教育的需求分析

1. 老年人群心理的特殊性分析

（1）从生理角度看老年人心理健康。老年作为人生的一个重要阶段，越来越受到社会的关注。从生理上看，随着年纪增大，老年人感官系统、神经系统、运动系统相较于青年人有所退化，从而导致感知能力降低，反应迟钝，在听力、视觉、嗅觉、触觉等方面都有不同程度功能减退。生理的变化会对老年人产生较大的心理影响。

（2）从社会角度看老年人心理健康。老年人退休后离开职场，减少了大量的职场活动，回归社区和家庭以后，身份从职场人转为社区老人，有些老年人就会出现难以适应周围环境的问题，产生孤独、焦虑等不适心理。因此，由于社会身份的变化，老年人难以保持心理稳定，也会产生心理问题。

（3）从地域角度看老年人心理健康。本研究的对象是浦东社区老年人。浦东新区是全球瞩目的快速城市化发展地区，对浦东社区老年人而言，城市迅速发展给生活、环境、交通等都带来了便利，也营造了良好的晚年生活环境。但是城市的快速发展，也会产生各种社会问题，社区老年人如何理解、适应、融入这样的环境，其心理层面也需要诸多支持与帮助。

2. 社区老年人心理健康学习需求的调研

本研究以浦东社区老年学校学员为研究对象，为了更好地开展学习需求分析，面向老年学员发放《老年心理健康学习需求调研》问卷 500 份，回收 480 份有效问卷，回收率 96%。调研结果如下：

学员性别以女性为主。老年女性学员占比 83.6%。老年男性学员占比 16.4%。当前参与社区老年学校学习主要还是以社区老年女性为主。

学员年龄跨度为 50—70 岁。从各个年龄段学员分布情况来看，年龄跨度在 50 岁到 70 岁以上，这对于心理健康课程研发来说，要关注到不同年龄阶段老年人的需求。

学员对自身心理健康比较关注。有超过 65% 的人关注或非常关注个人心理健康情况，当前老年人对自身健康非常关注，心理健康是其中一部分。

遇到心理问题时，并没有有效途径解决。其中，33.5% 的人选择自我开导，34% 的人通过做其他事情转移注意力，24% 的人选择找身边人沟通。当前老年人没有有效心理舒缓渠道。有超过 80% 的人认为，心理问题只能自己调节，超过 50% 的人会选择找家人或朋友倾诉。这说明没有专门的心理健康知识了解渠道。他们大部分人选择了网络、电视；还有很多人选择与家人交谈；对老年学校开设心理健康课程需求度较高。问卷显示需求率高达 85% 以上；在学习内容方面围绕夫妻家庭生活、身体健康等方面需求比较大。

从问卷分析中可以看出，社区老年人对心理健康教育的需求比较明显，而且老年人群年龄跨度较大，需要关注到不同年龄段老年人。此外，浦东有 36 个街镇，不同街镇老年人的差异性较大，老年人的学习需求有共性，同时也要关注到不同老年人群的个性化学习需求。

3. 开展座谈会，进行访谈调研

社区学校管理者、居委会干部与老年人日常生活接触比较密切，研究也关注到他们对心理健康教育的建议。

社区学校管理者：社区老年学校开展各类课程满足老年人学习、交流、分享等不同需求，还有一些素养比较高的老年人起带头作用，因此学校里老年人的状态都比较好。对于开展心理健康课程，社区老年学校非常需要，希望在形式和内容上比较接近老年人生活实际，这样会更受欢迎。

居委会干部：当前上海许多小区老龄化程度高，与居委会打交道的大部分都是老年居民。在遇到问题时，有一些素质比较好的老年人，经过居委会干部沟通解释后，比较容易理解和接受。但是也有一些老年人，沟通起来比较困难，社区的工作开展有时候会有一些障碍。

从座谈会的访谈内容中，我们更加确定了社区老年心理健康教育不仅可以提升老年人的心理素养，对于社区工作的推动，居委会与居民（尤其是老年居民）关系的构建，也可以发挥到积极作用。

（二）开展社区老年人心理健康教育的实践

1. 明确社区老年心理健康课程的"三有"原则

经过调研分析，发现社区老年心理健康课程除了满足老年人的学习需求外，还需要引领老年人的学习需求。因此，研究确定了有用、有效、有趣的课程研发原则。

原则一：有用。课程要以老年人在生活中遇到的问题为出发点进行课程设计，每次课程解决一个老年人生活中遇到的具体问题，舒缓老年人的情绪，凸显课程的实用性。

原则二：有效。课程以老年人为学习对象，把心理学知识与老年教育相融合，讲授过程中要注意语言浅显易懂，语速适度，重点多次强调，务必使老年人听得懂，有实效。

原则三：有趣。课程的形式要吸引人，要有趣。尤其在数字化时代，人们面临多种学习形式的选择，研究认为要利用当前技术发展，打造吸引人的心理微课，在短时间的讲授中，使学习者集中注意力，取得较好的学习效果。

2. 确立社区老年心理健康教育微课的研发方式

为了保障心理学的专业性，社区学院与第三方专业心理机构沟通，采用合作研发的方式，双方团队把"社区老年教育＋心理"的内容进行融合创新，并明确分工与研发相关制度。此外，课程研发中还邀请老年人实际参与，打造代表老年人的心理课程。

3. 确立社区老年心理健康教育微课的结构形式

社区老年心理健康教育微课的呈现形式与传统老年教育课程有一些不同。本研究确定了"情景剧＋对话式讲授＋课后习题"的微课结构。

（1）情景剧设计。相关研究表明，情景学习更容易使学习者沉浸在学习内容中，进而增强学习效果。而老年人心理健康问题大都有真实的生活情景，所以在微课设计中，增加了情景剧部分。老年心理教育情景剧，是老年心理健康教育创新的一种方式，以戏剧化的形式将老年人在生活中遇到的困惑、冲突、烦恼等各种问题，编辑成剧本表演出来。具有教育性、互动性和趣味性。每个情景剧都是一个故事，表达一个主题，参演人员有老年学员、老年教育管理者、社区小朋友，也有表演演员。戏剧非常真实地表达了老年人生活中的心理状态和遇到的问题，容易引发共鸣，为后面课程讲授打好基础。

（2）对话式教学。相比传统教师讲授形式，微课属于线上课程，本身就形式单一、缺乏课堂互动性，因此在设计社区老年心理健康教育微课中，在讲授部分设计了教师和学员的"对话式"课程教学。在教师和学员一问一答的过程中，教师讲授了知识，学员也提出了很多问题，加深了对课堂教学理解的深度和广度。老年人听课更加有代入感，学习效果更好。

（3）课程目标与总结。课程目标为教学设计指明方向，是衡量课程质量的重要指标。按照布鲁姆学习目标（知识与技能，过程与方法，情感、态度和价值观，融合心理学和社区老年教育知识）的设定，设计每节微课的课程目标，在教学内容中把目标逐步分解讲授。为了增强老年人的学习效果，在每节微课的最后部分，教师对课程内容进行总结，并形成文字版展示在课程页面中。除此之外，微课设计中还会考虑到老年人的生理、心理等特点，设计讲授语言、语速，以及课程节奏等。

（4）设计课后习题。课后复习更加有利于学员对学习内容的掌握和理解。为了增强老年心理微课的学习效果，在每节微课的设计中增加了课后习题部分。学员在视频学习后，可通过完成习题来检测自己的学习情况，对学习知识进行巩固。

4.明确社区老年心理健康教育微课的内容

在课程原则、课程形式都确定的前提下，社区老年心理健康教育微课要讲授哪些内容就成为研究思考的重点。微课研发的目的是解决老年人心理健康困惑，舒缓心理压力，助力构建和谐家庭、和谐社区。基于这样的目的，课程内容既要符合国家和区域对老年人心理健康的要求，又要满足老年人的需求，结合老年人身体机能变化、家庭结构变化、社会角色变化，以及对健康养老、疫情防控的需求，研究确定了课程内容的五个维度，分别是身体机能、家庭生活、社会适应、医疗养老和疫情防控。围绕这些维度，进行逐步分析细化，以"提出问题—分析问题——解决问题"的模式，研发具体的微课程。

（1）身体机能方面：随着年龄的增长，老年人身体机能会变弱，引发老年人身体不适，从而产生负面心理。微课关注了老年人睡眠问题、性误区、身体变老及更年期等方面。

（2）家庭生活方面：家庭是人生的归宿。对于老年人来说，家庭生活的和谐美满非常重要，同时家庭也有很多困惑和矛盾。课程关注了婆媳关系、隔代教育、老年婚姻危机、丧偶、再婚、空巢、子女婚姻和子女啃老等问题。

（3）社会适应方面：当前社会的快速发展，每个人都要终身学习。而对老年人来说，社会的快速发展带来很多生活的不便及心理的不适，老年人需要更多地学习，才能更好地适应社会发展。课程关注了网络诈骗、网络购物、数字化时代、随迁老人、退休综合征、热衷保健品和应对网络谣言等内容。

（4）医疗养老方面：医疗和养老是老年人生活中的重要内容。课程关注了居家养老、社区养老、旅居养老、老年痴呆症的预防及照顾、老年抑郁症等。

（5）疫情防控方面：随着上海疫情的发展，研究内容也及时调整，在2022年6月初推出疫情下心理防护、疫情下扫码生活、老年人疫苗接种、口罩佩戴等内容。

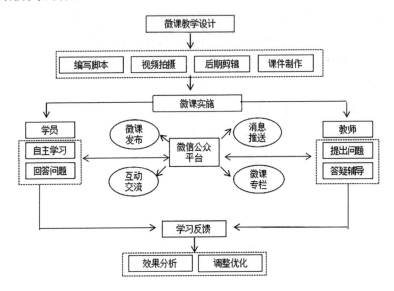

图 7-10　社区老年人心理健康教育微课设计研发路径图

（三）社区老年心理健康教育微课的推进

社区老年心理健康教育微课的实施推进是老年心理健康教育的重要环节，推进的范围、形式和内容，都对老年心理健康教育有着重要的影响。

1. 线上推进：利用互联网传播，通过浦东社区学院微信公众号每周五推送微课。在区级平台推送的基础上，浦东各街镇老年学校通过学校的微信公众号转发，或者通过班级群转发。此外，老年心理情景剧作为一个单独短视频，通过"心灵花苑"视频号推出，获得了众多关注和点赞。

2. 跨部门推进：利用浦东社区老年教育关系网络，浦东社区学院把心理微课推广至南码头养老院、高桥镇老年日托所、花木社区文化活动中心等各类相关单位。尤其在疫情期间，心理微课资源成为这些老年机构中老年人的重要学习内容，舒缓了心理压力。

3. 线上线下相结合推进：除了微课外，线下交流讨论也是心理健康教育的重要形式。因此，研究确定以心理微课为基础，确定讨论主题，邀请老年学员开展老年心理线下主题讨论课，实施线上线下相结合的课程推进。在讨论课中，学员根据学习心得畅谈自己的感受和想法，在交流中往往会碰撞出新的观点和灵感，是一次更深刻的"心理按摩"，老年学员受益匪浅。

4. "音乐＋"新形式推进：在"老年教育＋心理"融合创新基础上，再增加"音乐元素"，打造全新的老年心理健康音乐疗愈课。利用音乐创作专业的师资力量，结合老年心理微课中的心理情绪、心理感受，研发相适应的疗愈音乐。疫情背景下，该课程还处于研发阶段。

5. 配套心理健康教材推进：在研究中，针对微课的内容研发配套教材，线上课程与纸质教材相结合，为老年心理健康教育教学提供了借鉴和参考，为老年人的系统深入学习也提供了保障。

（四）社区老年心理健康教育微课的效果反馈

1. 微课推广情况反馈：社区老年心理健康教育微课，通过浦东社区教育三级网络"社区学院＋37所街镇社区学校＋1081村居委学习点"推广实施，2021年3月推广以来，研发课程60节，根据微信公众号后台数据反馈，学习资源共推送人数达近5万人，学习次数达到2万余次。视频号"心理花苑"小视频阅读次数近2万人次。

2. 学员问卷评价：浦东老年学员对心理微课表示满意及非常满意的超过80%。关注最多的课程还是身体健康方面的课程。对于微课中增加的情景剧，超过85%的学员表示喜欢；更有65%以上的学员表示愿意参加情景剧演出，并留下联系方式。总体而言，老年心理健康教育微课受到了老年人的接受和欢迎。

3. 学员心理画像：研究编制了《幸福感的量表》，由人口统计学信息、总体幸福感量表、家庭功能评定总的功能分量表及心理健康教育需求四部分组成，共43题。发放问卷1800份，回收1780份；通过问卷测试发现老年人的总体幸福感较高。本次参与调研人群总体幸福感得分中位数为97分，即有50%的人高于这个分数，远高于全国常模分数。年龄段在60—64岁，退休前为国家机关事业单位工作人员，没有病痛烦恼的人群总体幸福感最高。

本研究中的老年人，大都出生在 20 世纪 50—60 年代，在 60—80 年代接受了中学（含中专）以及大学教育，退休前在体制内或私企中工作的居多，赶上浦东改革开放的时代大潮，当前与配偶或与配偶和子女一起居住。身体健康状况基本良好，偶感不适。他们比较注重健康养生，关注身心健康类的信息。大都掌握主流手机软件的使用方法，拥有微信、抖音等软件账号，关心时事，生活幸福感比较高。

六、实验成效

（一）本研究丰富和完善了社区老年教育资源

本研究共研发了 4 个学期 60 节社区老年心理健康教育微课，以及 4 本微课配套教材。内容涉及老年人生活的方方面面，把老年人生活中遇到的各种问题和产生的各种心理都进行了详细梳理和分析，分不同板块、提炼各类主题，形成了较为系统、完善的社区老年人心理健康教育内容，对当前上海社区老年心理健康教育类课程建设是有益的拓展，展现了社区老年心理健康教育课程探索的"浦东样本"。

（二）本研究创新了社区老年教育课程的内容与形式

课程内容创新方面：本研究把"老年教育与心理学"融合，实现内容上的融合创新，让老年学习者耳目一新。课程形式创新方面：本研究首创"课前小品剧＋课中师生交流＋课后习题"的微课设计结构，研发有趣、有用、有效的老年教育课程，既符合课程建设的规范性，又结合当下信息化时代的特点，增强学习效果。

（三）本研究探索了社区老年心理健康教育微课建设的经验

社区老年心理健康微课始终"以老年人为本"，做到三个关注：一是关注老年人的学习需求，围绕老年人的生活、社会交往等多个维度打造贴近老年人生活的心理微课。二是关注老年人的学习习惯，确定课程的形式，课程讲授的语言、语速和语气都适合老年人的学习习惯和生理特征。三是关注老年人的学习效果。

（四）本研究探索了社区老年教育跨部门合作的经验

当前社区老年教育的发展主要还是依靠政府推动，各地老年学校是主要载体。老年学员多元化、个性化的学习需求，对老年教育提出更多的挑战。

同时，在信息化时代背景下，科技发展带来了日新月异的变化，老年教育也需要与时代发展同步，研发更加有吸引力、有特色的优质教育产品，切合时代发展，满足老年人的需求。本研究通过学校与社会机构合作研发课程，以全新的思路投入课程建设研发，点燃创新的火花，大大增强了老年教育的活力。因此，社区老年教育的发展，要思考如何实现跨部门、跨机构合作，这是社区老年教育创新发展的动力引擎。

4 "摄影+"项目化学习助推老年人素质提升的实验

彭浦镇社区学校

一、实验背景

（一）彭浦镇 40 年群众摄影文化发展见证了光影的传承

彭浦镇坐落于上海市静安区中北部，行政区划面积 7.88 平方公里，下辖 36 个居民区，常住人口 15 万。

1981 年，公社文化站新添置了一台海鸥 4A 型双镜头反光照相机，成立了公社摄影小组，办起了第一期摄影培训班，20 多位年轻人拿起相机，将镜头对准生养自己的这片土地。

1983 年，彭浦在北京成功举办了全国第一个农民摄影展；2000 年，成为文化部命名的全国第一个摄影类"中国民间文化艺术之乡"；摄影爱好者的 54 幅作品集结成册，出版了全国第一本《农民摄影作品选》；第一次将农民摄影展办到了国外的市政大厅。四个第一，让彭浦镇拥有了特色群众摄影文化的成就。六次荣获文化部授予的"中国民间文化艺术之乡"称号。

1988 年，彭浦摄影协会成立至今，现有会员 198 人，共 800 多幅作品入选全国及各省市影展，200 多幅作品在各种影展、比赛中获奖，300 余幅佳作被选送到欧美等国家和地区展出，数千幅作品被报纸杂志选用。上海电视台拍摄专题片《镜头对准希望的田野》，让彭浦镇这座"摄影之乡"走向全国；国务院新闻办专题拍摄《中国式生活——彭浦影像》，又让彭浦镇走向了海外。

（二）彭浦镇摄影文化发展的新时代意义

积极贯彻市委、市政府关于打响上海"四大品牌"的决策，围绕"建设国际文化大都市核心区"和"国际静安，卓越人文"的发展目标，挖掘、壮大和发扬彭浦镇摄影文化，深化"中国民间文化艺术之乡"建设，助力彭浦"卓越城区，魅力小镇"建设目标，根据《中共上海市静安区委上海市静安区人民政府关于深化文化建设、打造文化强区的实施意见》《上海市静安区国民经济和社会发展第十四个五年规划和二〇三五年远景目标纲要》等要求，全力打造彭浦镇摄影文化品牌，让摄影文化成为彭浦镇的名片，让更多人实现向往的生活。

（三）彭浦镇社区教育在摄影文化传承中深度融合

彭浦镇社区教育致力于传承和发展摄影文化，满足人民群众对美好生活的向往。近年来，社区和学校通过各类影展和主题活动，组织了大量群众参与。为进一步推进摄影文化的推广与传承，彭浦镇政府在文化活动中心创建了"彭浦国际摄影中心"，举办了首届国际摄影艺术节。

二、实验目的

1. 以彭浦镇"中国民间文化艺术之乡"的摄影人文资源为平台，开展项目化的学习活动，包括"光影讲堂""主题展览""采风""享成果"和"专题活动"，以老年群体为主要对象。

2. 通过"摄影会友""光影行走"等活动，搭建交友、交流、交心的平台，凝聚人心、创建和谐社区，提倡文明与美丽共存的理念，提升老年人素质。

3. 寻找"摄影+"项目化学习团队及个人的成功案例。

三、实验过程

（一）实验方法

本项目采用实证研究方法，通过调查彭浦镇摄影文化发展历程和社区居民的"摄影+"课程与活动学习需求，以推进"摄影+"项目化学习。具体研究方法如下：

1. 文献法：学习相关书籍、文献等，准备理论借鉴。

2. 调查法：了解居委学习点摄影资源供给和居民需求。

3. 行动研究法：根据实施方案解决实际问题。

4. 个案研究法：对个别案例进行研究。

（二）实验内容

1. 调研结果与分析

项目组在专家和领导的支持和建议下，先后编制了《彭浦镇光影文化持续发展的问卷调查》《彭浦镇社区学校线上视频课程情况调研问卷》《关于"摄影＋"课程与活动学习需求的问卷调查》《关于居委学习点学习资源情况调查》问卷，并通过文教干部、社区学校师生群、社区居民等运用"问卷星"进行广泛调查，收到有效样本合计 647 份。被调查居民中 50 岁以下为 17.89%，51—60 岁为 13.48%，61—70 岁为 52.73%，71 岁以上为15.9%。调查结果显示：

社区居民对彭浦镇摄影文化的认知：熟悉度较高，领军人物或项目仍不太清楚。

社区居民对彭浦镇摄影文化的情感与认同：兴趣不够高，但理性上认同。

社区居民对彭浦镇摄影文化的行为倾向：参与意识高涨，但投入度不高。

社区居民学习摄影相关知识的需求及摄影器材等：目前，居民主要使用的摄影器材是手机，其次是单反和微单。居民对摄影知识的掌握程度各不相同，他们最关注的是拍摄技巧，其次是后期修图。大部分居民希望参与线下课程学习，并从人文、历史等方面挖掘题材。同时也希望通过小镇云课堂 App 或电脑进行学习。

居委学习点相关摄影学习资源的现状：网络覆盖方面，32 个居委学习点已有网络，4 个正在改建中。在硬件配置上，1 个居委缺少大屏幕电视机或投影仪，11 个没有专用学习电脑。总体来说，学习点的硬件设施建设仍有待加强。

在调查文教干部使用社区摄影教育资源时，困难程度不一。不过可喜的是，35 个居民学习点共组建了 95 个学习团队。

从 36 个居委学习点的摄影课程参与情况来看，摄影课程受到高度重视。在摄影学习资源的普及性方面，工作相对稳定。在提升现有摄影教育质量方面，20 个学习点认为课程需要更加符合居民需求，15 个学习点关注教育活动质量，仅有 1 个学习点认为师资水平需要提高。

2. "摄影＋"项目化学习实施途径

近年来，我们以社区学校为中心，以居民区、白领园区、居委学习点等教育文化活动站为辐射点，吸引摄影爱好者参与各类社区摄影讲堂普及活动。提供多样化的体验课程和活动，包括面授培训课程、网络课程和"线上＋线下"参与评比和展示等模式，吸引了镇域内外的摄影爱好者。同时注重活动的规范、活跃和有趣，推动"摄影＋"宣传更加生动。

（1）开设线上线下"摄影＋"项目化学习课程及讲座

课程及讲座是"摄影＋"项目化学习实施途径之一。疫情期间，较多线下讲座、课程改成了线上。

表 7-2 "摄影＋"项目化学习课程信息表

日期	摄影课程（节）	总时长	点击率	备注
2020 年	32	16 个小时	10104 次	线上
2021 年	50	22 个小时	14236 次	线上
2022 年	39	18 个小时	6800 次	线上

自 2020 年 5 月建立"彭浦小镇文化"微信公众号云课堂以来，共开设了摄影、茶艺、沪剧等 10 门课程，为居民提供优质、丰富、便捷的数字化学习服务。线上课程点击率为 49632 次，满意度达 100%。线下课程进入 36 个居民小区，共计 262 节。组织专业讲师走进社区、学校、园区及营区开展普及培训活动，让居民和职工了解摄影，在摄影中享受生活。总之，"摄影＋"课程及讲座主要是从学摄影、后期修图等切入，形成了"摄影初级入门""数码摄影"等 10 门课程大纲，提高老年居民的学习兴趣，让大家学以致用。

（2）开展满足居民多样化、个性化、体验性需求的主题展活动

开展摄影主题活动是"摄影＋"项目化学习实施途径之二。尽管防疫抗疫工作繁重，但是摄影主题活动仍是我们的重要工作之一。

活动一："'疫'下见真情"静安区市民摄影作品比赛。

2020 年，在静安区学习型城区建设与终身教育促进委员会办公室和彭浦镇人民政府指导下，由联合会、社区学校等联合举办了"'疫'下见真情"主题摄影征集活动，历时 5 个月。作品出自静安区普通市民之手，记录"抗疫"瞬间。如《彻夜守护》等作品，展现基层工作者守护家园；《守望相助》等，展现医务工作者和人民军队的奉献精神；《捐赠物资》等，体现市民社会责任意识；《抗疫情：保障供应 生活有序》等，让人们感受到有序生活带来的安全感。最终有 50 篇作品获奖。

图 7-11　"疫"下见真情主题摄影展

活动二：打响疫情防控战疫，"人民至上"抗疫摄影主题展。

2020 年 6 月 24 日上午，由彭浦镇人民政府主办、彭浦国际摄影中心协办、克罗地亚驻中国大使馆支持，主题展在彭浦镇社区文化活动中心开幕。

"彭浦小镇抗击新冠疫情"摄影主题展为期两个月，除主题展览外，还在彭浦镇党群服务中心设立分会场，通过"守护""朝阳""复苏""同心""责任"五个主题，展示镇域摄影爱好者拍摄的社区疫情防控、产业园区复工复产、居民邻里守望相助的影像图片。

图 7-12　"人民至上"抗疫摄影主题展

活动三：图说人物故事——彭浦镇抗疫摄影主题展。

此次展出的图片以人物形象为主。图片呈现的人物既有医护人员、社区民警、小巷"总理"，也有物业维修工、社区送餐员、小区保洁员等，其中在展厅醒目位置展出的十张巨幅人物形象特写图片的背后，都有一段感人至深的故事。

（3）组织形式多样、丰富多彩的"荟采风"活动

组织形式多样、丰富多彩的采风活动是"摄影＋"项目化学习实施途径之三。通过采风入景，结合"行走"文化活动，让社区居民去发现美、传播美、追求美、呵护美。

活动四："光影中行走"之红色基因文化路活动，旨在庆祝中国共产党成立100周年。

彭浦镇党委与94969部队联合建设了上海少年村纪念馆暨雷达博物馆，为彭浦镇的"国际静安·魅力小镇"建设增添了重要一笔。此活动挖掘镇域内资源，以"光影行走　红色印记　薪火相传"为主题，通过挖掘摄影文化与红色印记内涵，引导青少年寻找、发现、参观、记录、体验、分享，了解少年村场馆背后的故事和雷达博物馆等知识。

图7-13　"光影中行走"之红色基因文化路活动

活动五：彭浦镇举办"光影中行走"蓝色科技文化路活动，将科技与光影艺术结合，助力"智慧绿色宜居新彭浦"发展。

活动主题为"科技点亮梦想　科技让梦想腾飞"，让社区居民和青少年在行走中体验科技文化。

图 7-14　"光影中行走"蓝色科技文化路活动

活动六：采风沪上古镇老街 探寻古镇老街之人文行走活动。

老年学校的陈志群等学员来到沪上古镇老街采风，他们被古镇景色吸引，每个古镇都有独特的魅力，在古镇寻访渔耕文明及人文之根。

图 7-15　探寻古镇老街之人文行走活动

（4）摄影"享成果"活动让价值被看见、被感知

摄影"享成果"活动，让价值被看见、被感知是"摄影＋"项目化学习实施途径之四。在"摄影＋"项目化学习中，以镇"国际摄影中心"的挂牌、摄影艺术节系列活动为基本途径，帮助更多摄影爱好者主动接触社会生活，拥抱伟大的新时代，丰富摄影成长经历。

摄影展花絮：主题摄影展接续彭浦大阪 31 年情缘

为迎接 G20 峰会，上海彭浦镇与大阪 31 年前的摄影情缘展览在大阪开幕，并在 G20 各分会场巡展后回到上海展出。展览以"佛缘"和"花季"为切入点，展示两国友好交往和文化交相辉映。此外，摄影课程、采风、摄影展、讲座和分享会等活动频繁举办，为彭浦镇居民搭建了多层面、多途径的学习和交流平台。这些活动促进了亲子、白领和老年摄影团队的发展，让更多居民了解和热爱摄影。

"摄影＋"项目化学习教师队伍建设

"摄影＋"项目化学习课程是核心，专业队伍（兼职教师）是关键，教学条件是支撑，体制机制建设是保障。因此，加强骨干队伍建设尤为重要。近年来，社区学校坚持以社校联动为途径、资源共享为方法，组织中小幼学校工作者、社区学校教育工作者、志愿者一起参与，开展"合作教研"的体制和机制。

以摄影合作教研团队建设为例，组建了由彭浦镇摄影协会、彭浦国际摄影中心、社区学校摄影教师、中小幼学校摄影团队负责教师等组成的"摄影合作教研团队"。

社区摄影志愿者队伍渐渐壮大，志愿者们在疫情中拍摄了大量的抗疫摄影作品，担任小区志愿者和楼组长等，成为特殊情况下调解居民区矛盾的"中间人"，利于"齐心抗疫"，是当时情况下居民区稳定的"润滑剂"。社区学校合唱、摄影等课程的受益者，进入居民区，成为合唱、摄影等学习带头人，成为社区综合治理的积极分子。

总之，"摄影＋"项目化学习充分运用摄影师资力量，提供多元学习内容，让摄影团队在名师引领下更有兴趣、有发展、有提高、有个性化地发展。

"摄影＋"项目化学习实施策略

激发兴趣、以趣乐学：把学习者的好奇心永远放在第一位。激发老年人学习摄影知识的兴趣，我们追求的不是当下最热的激情，而是学习者带着疑问来学习的心态。积极鼓励学习者尝试，并在实践中面对各种复杂问题，大家才会主动参与互动。

多样手段、个性发展：近年来，我们以社区学校为主阵地，以居民区、白领园区等为辐射点，不断凝聚社区摄影爱好者加入各类社区摄影讲堂普及活动。体验课程和活动的多样化，如"零存整取"的面授培训课程、不受时空限制的网络课程。同时，无论体验互动，还是采风、展示，都力求做到活动规范、活跃和有趣；使摄影体验活动课程实现了覆盖扩大化、体验效果最大化，推动彭浦镇摄影文化宣传更加生动。

多元化、开放性：改变纯文字化的模式，有机地将情境图、演示等引进教学情景中。

互动交流、探究学习：给学习者充分发表自己感想和问题的时间。

（5）"摄影＋"项目化学习评价

老年人同样需要积极鼓励，从发展的角度评价每一位学员。积极鼓励社区居民参加摄影展示、摄影比赛，提高摄影队伍总体水平。

同时，我们也对教学的接受情况进行问卷调查，了解社区居民的满意度。调查中88.72%的学习者认为线上视频课程时长合适；49.62%的学习者认为线上视频课程的教学组织非常规范，50.38%的学习者认为线上视频课程的教学组织比较规范；55.64%的学习者认为线上视频课程整体上来看是非常满意的，44.36%认为比较满意；42.86%的学习者表示线下开学后将积极参与学校课程学习，44.36%的学习者表示会参加学习，但会主动做好个人防护，5.26%的学习者表示很担心，不一定会到校学习，4.51%的学习者表示基本不会去社区学校学习，3.01%的学习者已经决定不去线下学习；73.68%的学习者能接受后续社区学校课程以线下与线上教学相结合的方式，8.27%的学习者对线下与线上教学相结合的方式表示基本接受，15.04%的学习者表示短时间可以接受，3.01%的学习者表示不能接受。

四、实验成效

（一）聚焦"摄影＋自选"，满足终身学习的多样需求

彭浦镇多年来致力于摄影文化的宣传和推广。利用镇社区文化活动中心的"中国民间文化艺术之乡"展示厅，全天候向公众开放并展示彭浦镇的摄影文化发展历程、佳作、档案资料及文化传承。此外，借助摄影艺术节的筹备工作和影响力，开设了多种系列和形式的体验课程和活动，包括专家型、专题型和分享型。邀请了知名摄影师和摄影理论专家组成摄影导师队伍，开发特色摄影课程，每月和每季度组织讲座及沙龙活动，向社区摄影艺术爱好者及静安区居民介绍国内外前沿摄影艺术理念并进行实践指导。

邀请国内外知名摄影艺术家来镇上与社区摄影爱好者进行零距离交流。通过面对面的交流，摄影艺术爱好者的视野得以拓宽，吸引更多摄影艺术爱好者加入。

尤其是老年朋友们，聚焦摄影线上课程的丰富性，自学后都会在学习群内充分交流，学习群带动大家集中收看、专题学习、一起采风等多措并举，满足个性化学习摄影的需求。

一堂堂激情洋溢的以"人物""风景""动物"等为主题摄影讲座，一场场汲取力量的摄影展，一次次激动人心的摄影比赛……我们的公益摄影体验课程及活动不断推动彭浦镇摄影文化活动的持续升温。

（二）聚焦"摄影＋共享"，数字赋能学习者活力满满

自 2020 年 5 月起，每周线上开设一节摄影课程，覆盖 36 个居民区，每年共计 12 节。此外，线下每月有一次名家讲座，每季有一次主题摄影展，每年有一次摄影艺术节等。由于数字技术的支持，这些活动都实现了线上报名、投稿等功能。线上丰富多彩的摄影文化活动吸引了更多居民参与，在社区居民心中种下了摄影艺术的种子，保持了彭浦镇摄影文化的延续性。这些活动也使老年朋友有机会参与到"大单元、主题化、项目式"的学习实践中，实现了线上线下互动，提升了他们的学习能力和自信心。

（三）聚焦"摄影＋N"，助推老年学习者素质提升

"摄影＋"项目化学习吸引了广大摄影爱好者，通过社区、学校和园区的培训活动，提高了人们对摄影文化的价值认同。该项目采用多种方式，包括摄影主题活动、摄影团队的发展和摄影展的举办，传播了发现美、追求美、呵护美的理念。摄影团队不断发展，开设了多元摄影交流平台，借助网络渠道让更多人了解和热爱摄影。彭浦镇摄影艺术节成为中国民间摄影人的盛会，举办了多个主题展览、摄影分享会等活动，促进城市与文化发展。

五、"摄影＋"项目化学习的几点思考

为进一步丰富老年学习者的多元化、个性化学习需求，我们研究设计了 10 门摄影课程，课程的丰富性毋庸置疑，但对老年人的特性同样需要趣味和长期吸引，需要我们思考的是："教"更需要结合教科书与个性化的有机结合；"学"兼备知识性与趣味性的高效联动；"练"知识理解与巩

固效率有效连接；"评"加强沟通与作品鉴赏深度融合。

文化的传承需要物质的载体。带着思考，让我们在实践中能够将采风（景）和"人文行走"（文化）游走游学的活动项目，作为一种新兴的城市活动和学习方式，加以实践，丰富摄影学习的内涵，更好地提升社区文明程度，提高居民素质。项目打破学科、空间、角色、年龄的限制，更好地形成摄影之乡的生动局面，让摄影学习成为终身学习的载体之一，以新型的活动形式吸引更多的居民参与，促进人的全面发展和小镇的可持续发展。

5 以花博会为契机，促进市民生态文明素养提升的实验

崇明区社区学院

一、实验背景

（一）国家战略和区域政策为市民生态文明素养提升提供有力支撑

党的十九大对我国社会主义现代化建设做出新的战略部署，明确以"五位一体"的总体布局推进中国特色社会主义事业，从经济、政治、文化、社会、生态文明五个方面，制定了新时代的战略目标。其中，生态文明建设是基础。而在 2001 年国务院批准的《上海市城市总体规划（1999—2020 年）》和 2016 年《崇明世界级生态岛发展"十三五"规划》中，就已分别提出崇明生态岛和世界级生态岛建设的定位。

（二）现有生态资源为市民生态文明素养提升提供现实基础

在二十余年的生态岛建设过程中，崇明在生态环境、生态经济、生态教育等方面积累了丰富的经验和成果：如生态环境中水环境的改善、森林覆盖率的提高、空气质量的改善、生态廊道一镇一树（花）建设、拆五棚—最美庭院建设、生态教育中的"生态人"的培养等。整合利用现有的丰富生态资源，将有力助推市民生态文明素养的提升。

（三）花博会是提升市民生态文明素养的良好契机

中国花卉博览会是我国花卉园艺领域规模最大、规格最高、影响最广的综合性花事盛会。第十届花博会于 2021 年 5 月 21 日在崇明区举行，但是普通市民对花博会及花卉相关知识了解度不够，对花样社区建设、花般生活品质提升的参与度不够。社区教育要以花博会为契机，充分挖掘崇明区

居民在生态建岛中的主体性、创造性、参与度和贡献度，同时在探索社区教育促进人与自然、人与经济、人与社会、人与文化和谐共生，良性、全面、繁荣发展的社会形态的方式和途径，更好地体现可持续发展的生态文明要求，为上海 ESD 项目（可持续发展教育）提供崇明智慧。

二、实验目标

一是整合相关部门及资源，通过花博会、花卉及相关的课程资源建设、推广、实施来提升市民对花博会及花般生活建设的认知度；

二是在活动开展、成果展示和学习体验中提升市民生态建岛的情感；

三是在花般社区和花样生活的建设中增强市民生态建岛的行动力；

四是探索形成社区教育提升市民生态文明素养、助力区域可持续发展的途径和方法。

三、实验内容

（一）建立花博资源库

开发"二书三本十课百题"花博知识资源库。"二书"即《中国十大花卉》《崇明民宿》；"三本"即《花博基础知识读本》《崇明区政务服务窗口培训读本》《光明花博邨上海市学生综合性劳动实践指导手册》；两门共16节微课："中国十大花卉""瀛洲乡愁——创意海派插花"及百题花博网上知识竞赛题库。

（二）多途径，全方位推进培训活动

以花博知识资源库为载体，通过线上线下实施花博知识进社区培训、相关的教育教学活动及培训。

（三）开展以花博为主题的成果展示、体验学习活动

通过以"花博"为主题的终身学习活动周、学习型乡村成果展示等活动增强市民生态建岛的自豪感。通过"花博＋"主题人文行走、体验基地、学习型乡村的体验学习，增强市民生态建岛的情感。

（四）开展花博社区、花样生活建设活动

引导市民积极加入花博社区、花样生活建设活动，提升市民参与生态建岛的行动力。

四、实验方法

（1）调查研究法：通过和花博组、图书馆、市民的座谈、访问等调查方法，了解市民对花博知识的需求，获取充分的数据和资料。

（2）行动研究法：根据项目设定的实验内容开展实验，在实验过程中不断积累提升市民生态文明素养的经验做法。

（3）文献研究法：查阅花博、花卉、生态文明素养提升相关的文献资料，获取权威的资料，吸取成功的经验做法。

五、实验过程

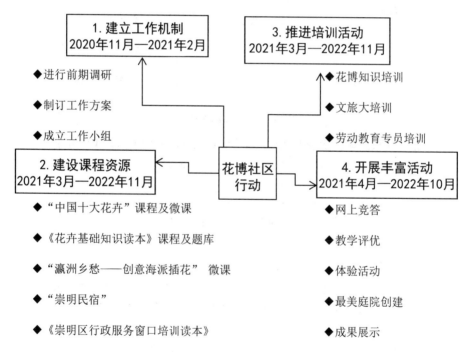

图 7-16 实验过程图

（一）项目申报启动阶段（2020 年 11 月—2021 年 2 月）

1. 2020 年 11 月，对市民就花博的了解和需求做前期调研。老年大学、各成校教师、学习团队负责人通过学习群进行花博知识需求问卷调查。

2. 2020 年 12 月—2021 年 2 月，制订实验项目实施方案。成立多部门参与的工作小组，社区学院基于市民需求，配合教育局和花博组关于花博知识推广工作的要求制订详细的工作计划。

　　3. 2021年2月，成立工作小组。教育局牵头，社区学院与农委、文旅、花博组等相关部门、机构成立实验项目工作小组。

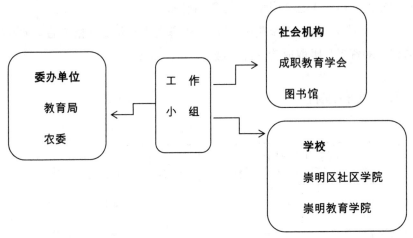

图 7-17　工作小组架构

（二）项目组织实施阶段（2021年3月—2022年11月）

1. 2021年3月—2022年11月，建设课程资源

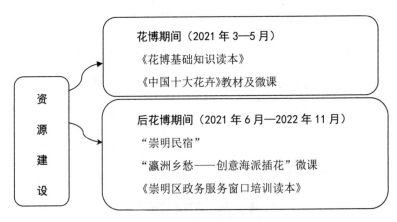

图 7-18　项目组织实施阶段

　　（1）花博期间花博知识课程资源建设（2021年3—5月）

　　要求开展多部门联合开发课程的探索，花博组、农委、教育部门合作开发，教育部门分别聘请花博组专家、花卉专家共同编制《花博基础知识

读本》《"中国十大花卉"课程纲要》。教育部门根据花博组、农委、图书馆提供的相关文献材料编写教材、制作微课"中国十大花卉"、完善花博知识网上答题竞赛活动及培训网上答题测试题库。

（2）后花博期间课程资源建设（2021年6月—2022年11月）

①产业振兴方面。后花博时期，崇明区政府提出要紧抓机遇振兴"五新产业"，"生态新文旅"产业中崇明的民宿受花博会溢出效应影响，受到社会的广泛关注。因此，我们对接文旅、崇明民宿协会等部门及机构，联合城桥镇成人学校、上外贤达崇明校区，走访调研十余家民宿，联合开发"崇明民宿"课程，以民宿为背景开发"瀛洲乡愁——创意海派插花"系列微课。

②社会治理方面。近年来，为了在后花博时期不断增强政务服务能级，持续增强企业和群众体验感、获得感，全区着力推进"一网通办"改革，有效促进线上线下融合。为进一步完善崇明政务服务窗口工作规范，更好地统筹资源、构建高效运行的政务服务体系，推动区域均衡发展，区政务服务办联合区民政局、区行政服务中心和区社区学院，编写《崇明区政务服务窗口培训读本》，为提升崇明政务服务形象品牌积极赋能。

③劳动教育方面。2022年教育部发布《义务教育劳动课程标准（2022年版）》，上海市教委委托崇明区教育局与光明集团旗下光明母港（上海）种业科技有限公司合作，通过基地建设来成立首个上海市学生综合性劳动实践基地。在市教委要求下，崇明区经过摸索，依据《义务教育劳动课程标准（2022年版）》编写《上海市学生综合性劳动实践基地（光明花博邨）活动手册》，其中社区学院和庙镇成人学校是该手册编写的主力军。

2.2021年3月—2022年11月，实施培训活动

图 7-19 系列培训推进流程图

（1）花博知识培训（2021年3—10月）。基于《花博基础知识读本》与"中国十大花卉"课程资源，以社区学院为龙头，联合成职教育学会，构建成人学校—乡镇社区学校—讲师团—学习团队/班级/学习点等负责人

的培训网络，同时由社区学院及成人学校 24 位教师组成区级讲师团。联合成职教育学会建立讲师培训的激励机制，开展以"三进"为核心的百场线上线下培训。

（2）文旅大培训（2022 年 10—11 月）。基于"崇明民宿"课程资源，文旅牵头，以社区学院为主导，联合上外贤达崇明校区、上海市工程技术管理学校构筑三校合一的培训体系，由三个单位 14 位教师组成的讲师团对全区 700 余位旅游、酒店、民宿从业人员开展了共计 200 余课时的行业大培训。社区学院联合文旅建立讲师培训的激励机制。

（3）教育专员培训（2022 年 8—10 月）。基于《上海市学生综合性劳动实践基地（光明花博邨）活动手册》课程，社区学院牵头，联合教育学院、崇明区社区教育名师孵化室相关学员，形成 2 院 1 室 12 人的培训体系，面向光明花博邨及相关劳动教育基地的教育专员、负责人计 40 人开展了 5 次教育教学培训。

3. 2021 年 4 月—2022 年 10 月，开展各类活动

（1）网上竞答（2021 年 4—5 月）。工作小组通过"乐学崇明""崇明教育" 等公众号发送花博知识推文并举办 1 次网上竞答活动。全区共计近 5000 人次参加了有奖竞答活动，400 人次获得奖项。

（2）教学评优（2021 年 5—12 月）。区级层面，开展以花博知识为主题的"三个一"教学评优活动。全区 6 所成人学校、11 个校区共 23 个专兼职老师及近 1000 名学员参加了本次教学评优活动，区级专家组评出一二三等奖及优秀组织奖若干。市级层面，对于获得区级一等奖的教师，社区学院择优推送参加市级教学评优比赛及郊专委三课评比。"悦植多肉植物，共建最美庭院""盛世花开中国梦"两门课参与了郊专委教学评优比赛，并获得一、二等奖的好成绩。

（3）成果展示（2021 年 6 月—2022 年 10 月）。通过 2021 年终身学习活动周、老年教育艺术节、助力乡村振兴成果转化等活动展示市民各类以花博为主题的学习成果。和区文明办联合举办花博主题人文行走修身活动，以活动为平台向本区中小学、职校、兄弟区推广花博学习资源共 1000 本教材及读本。全区共举办 200 余场以花博为主题的全民终身学习活动周学习活动，参与人数达 8 万余人次。参加的市、区级花博相关成果展示中近 200 人获奖，其中市级一等奖有 11 个，区级一等奖有 21 个。

（4）花岛建设（2021年3月—2022年10月）。结合本区海上花岛建设、乡村振兴示范村建设及人居环境整治工程，区学促办和社区学院主动对接农委、妇联，通过341个居村委学习点积极引导4000户8000余人参与"五棚整治""最美庭院"创建工作。同时通过新型农业主体学习联盟成员单位的12家农业专业合作社，以田间课堂等形式向1500余名市民普及花卉及果蔬种植技术。区学促办和社区学院以宣传推广、示范引领等手段促使市民实现了从"要我做"到"我要做"的转变，利用闲置土地和器皿种植花草，装扮庭院，呈现了"处处有花皆是景"的花村花宅效果。

（5）体验学习（2021年6月—2022年10月）。通过区级人文行走线路、镇级体验基地、劳动教育基地、市级学习型乡村试点村，形成一批具有花博特色的可供市民在行走和体验中学习的场所。

（三）项目总结提高阶段（2022年11—12月）

汇总项目实施过程中各阶段的资料，并进行分析、归纳和综合，撰写结项报告，在总结的基础上，提出整改措施，完善项目实施。

六、实验成效

（一）形成多方联动、部门资源融合利用的工作平台

1.纵横联动，获取多方支持。在教育局的牵头下，纵向注重与文旅、政务办、农委、花博组等部门对接，横向注重与成职教育学会、崇明民宿协会等社会机构及体验基地、民宿等相关单位的合作，从而获得了多方支持。

2.项目联动，促进品牌建设。两年来，花博知识培训与科协的"认识花博、心悦花博、乐享花博"科普项目相结合、旅游服务行业培训与文旅大培训相结合、体验基地与人文行走课程化建设和市教委劳动教育基地课程建设相结合、"最美庭院"创建活动与区妇联"美庭院、去五棚"专项行动相结合。

3.行业联动，促进资源利用。注重联合区域内教育学院（如劳动教育课程建设）、职业学校（如旅游服务行业培训）和高等学校（如民宿课程开发），形成系统化的教育资源的整合。

（二）形成多管齐下、区域市民认可满意的工作思路

1.市民培训效果的提高是对社区教育最大的肯定。据统计，30149人次市民参加培训后网上答题，及格率100%，说明市民掌握培训知识的效果非常好。在"最美庭院"创建过程中，留守老人参与创建的比例达到92%以上。

无论是文旅大培训还是教育专员培训，培训参与率都是100%。

2.区域发展的需求是对社区教育最大的认可。《上海市学生综合性劳动实践基地（光明花博邨）活动手册》等教材分别得到市教委和兄弟区教育局领导、文旅和崇明民宿协会、政务办及全区近1000名政务服务窗口人员的充分认可。劳动实践基地资源的梳理有效盘活区域现有存量资源，文旅大培训解决了崇明火热的服务行业人才紧缺、服务能力有待提高的困局，政务服务读本则为崇明政务服务改革、社会治理提升添上浓墨重彩的一笔。

（三）形成多面宣传、成果经验推广辐射的综合效应

花博进社区行动被列为市级重点实验项目和上海市2021年"终身学习品牌项目"；纪实作品《积极引导农村留守老人创建"最美庭院"》《花博社区行动记》分别被选入《上海市学习型社会建设》白皮书；"中国十大花卉"微课获得2021年上海社区教育优秀微课评选一等奖；"瀛洲乡愁——创意海派插花"课程在全市25个申报项目中脱颖而出，成为7个入选项目之一；推出的两个以花博为主题的公开课在第十届上海市郊（松江杯）成人院校教师三课教学展示评比中分别获得一等奖和二等奖的佳绩……我们也十分注重成果的推广和经验的分享，以花博为契机开展的各项活动在"上海崇明""话匣子""周到""上海教育""第一教育""上手乐"等媒体、公众号报道；我区体验基地——布布瀛土布工作室周勤老师为了迎接花博会制作的土布水仙花课程得到上海教育电视台专访；花博进社区项目同时也得到上海教育电视台的充分认可，在该台专题播出。

七、特色创新

（一）服务人群全覆盖

最初建设课程资源、进行培训的对象主要集中在学习团队成员、成人学校学员、老年人这几个群体，后花博期间实现了多人群覆盖。服务对象更多关注到"双减"背景下在校学生、新型职业农民、行业经营者和从业者等其他社会群体。

（二）服务形式多样化

花博期间以知识培训为主。以社区教育四级网络体系为脉络开展了花博基础知识的培训，开发相应课程资源，以知识讲座为主、活动为辅的形式提升市民对花博花卉的认知度和参与度。后花博期间以技能提升为主。

在相应课程资源开发的基础上，我们多方对接、整合资源，以技能培训为主、活动为辅的形式有效提升了市民对花样生活打造的能力。

（三）服务理念巧转变

一是关注人的发展。在花博期间主要是通过教育教学、相关活动来提升市民对花博花卉的认知度和建设海上花岛的行动力。二是关注区域社会的发展。后花博期间，我们意识到作为生态农业大区，崇明在未来很长一段时间内的主要工作是在生态建岛大背景下开展乡村振兴。基于此，社区教育应该承担起相应的责任。如"崇明民宿"课程建设、文旅大培训、田间课堂等就是我们在产业发展中对民宿、酒店行业发展需求的回应；《崇明区政务服务窗口培训读本》课程建设就是在社会治理中对政务改革的回应；《上海市学生综合性劳动实践基地（光明花博邨）活动手册》的编写、教育专员培训就是在生态教育中对劳动教育、"双减"的回应。

八、今后方向

基于该项目获得的成效，我们将主要在两方面持续推进：一是持续加强资源的共建共享及平台的联通融合，如加大与文旅、民宿学会的对接，做好民宿教材的推广和应用，做实文旅大培训，为崇明旅游产业做出贡献；二是突出项目中的特色亮点，加大新的实验项目的挖掘，如在现有劳动教育基地资源的梳理基础上，对接相关基地，持续进行劳动教育课程资源的建设。

6　社区教育视域下"上海之根"文化的新时代传承的实验

松江区社区学院

一、实验背景

（一）政策背景

中共中央办公厅、国务院办公厅印发的《关于实施中华优秀传统文化传承发展工程的意见》（2017 年）指出，"实施中华优秀传统文化传承发展工程，是建设社会主义文化强国的重大战略任务"。

（二）现实基础

"上海之根"文化作为上海历史文化发祥地，已经深入人心。作为"上海之根"文化的源头，广富林文化遗址拥有丰富的考古史料。有着 4600 多年历史的广富林文化遗址，上承良渚，下接马桥，是长江文明和黄河文明融合的见证。

二、实验目标

（一）厘清"上海之根"文化与"海派文化"之间的关系

以广富林文化为代表，厘清松江作为"上海之根"的由来和依据，展示"上海之根"文化与海派文化的联系。

（二）打造社区教育引领"上海之根"文化传承的体系与阵地

形成依托社区教育传承"上海之根"文化的工作机制，打造新时代传承松江地方优秀传统文化的社区教育体系和阵地。提升松江社区居民对"上海之根"松江优秀传统文化的认可度、知晓度以及保护和传承意识。

（三）建立富有特色的"上海之根"文化学习项目与品牌

整合"上海之根"文化资源，形成社区教育传承"上海之根"文化的人力资源、传承方式、课程资源、读本资源、特色项目与品牌。

（四）创建社区教育传承"上海之根"文化的样式

借助社区教育平台，开展"上海之根"文化系列宣传教育活动，同时利用移动网络加强宣传，扩大活动的覆盖面。通过配送资源、组织活动、展示交流等形式，树立典型，以点带面，增强社区教育传承"上海之根"文化的影响力。

三、实验内容

（一）梳理和分析海派文化的根脉

通过查找文献资料、观看考古纪录片等方式，概括广富林文化作为一种移民文化的内涵与特征。梳理和分析海派文化的根脉，了解上海"海纳百川、追求卓越、开明睿智、大气谦和"的城市精神和开放、创新、包容的城市品格。

（二）构建"上海之根"文化多维度传承体系

从传者与受者、传承场域、传承内容、传承方式、保障体系等方面，构建"上海之根"文化的传承体系：组建培育"上海之根"文化的宣传队伍，引领文化传承；打造开放性的教育场域，促进人人、时时、处处的泛在学习；创新方式方法，让"上海之根"文化入脑入心；在文化传承中彰显松江特色，完善传承保障体系。

（三）探索优秀传统文化普及教育形式

从学习资源和特色品牌等方面着手，探索优秀传统文化在社区的普及形式。以"校本课程""区级课程"为抓手，形成系列的"上海之根"文化课程，开发专属读本，形成"上海之根"文化学习资源库，打造新时代满足市民需求的特色教育服务和产品，形成特色的社区教育品牌项目。

（四）探索社区教育引领文化传承新样式

从新时代新技术与优秀传统文化相结合的角度出发，探索社区教育传承"上海之根"文化的新样式。通过课堂学习、团队学习、数字化学习、体验学习、团队学习、人文行走学习等学习方式，以项目为引领、活动为依托、基地为支撑、新媒体为媒介，丰富以社区教育为载体传承传统文化的实现路径与学习范式。

四、实验方法

（一）文献研究法

通过查阅文献，了解"上海之根"文化的内涵及主要内容，奠定理论研究基础。

（二）问卷调查法

在查阅文献资料的基础上，设计"市民对于'上海之根'文化认识的调查问卷"，随机抽样进行调研，为实验项目提供现实依据。

（三）案例分析法

通过具体案例，探寻依托社区教育传承与弘扬"上海之根"文化的具体路径。

（四）随机访谈法

对参加传承活动的居民进行随机访谈，调查项目实施的实际效果如何，了解居民对"上海之根"文化的认可度、知晓度是否有所提高、对社区教育传承"上海之根"文化的意见与建议。

基于前期的问卷调查，访谈的对象主要是从之前参与调查问卷的社区居民中选取，按年龄段共选取 10 名访谈对象。根据所拟访谈提纲进行实施，并且对每个题目的访谈结果进行整理分析。

五、实验过程

（一）探究"上海之根"文化与海派文化的联系

1. "上海之根"的缘起

松江为何被称为"上海之根"？松江是上海历史文化的发祥地，上海的先民最早在松江这一带集聚生存发展。在上海开埠前，松江是上海地区的政治、经济、文化中心。松江是上海这块冲积平原上第一个建立县级政权的地方，唐天宝十年（公元 751 年）就建立了华亭县。

2. "上海之根"文化的界定

松江历史悠久，自古以来人文荟萃，涌现了陆机、陆云、徐阶、董其昌、陈继儒、陈子龙、史量才等历史文化名人，这些风流人物在中国的文化艺术史上留下了不朽的丰碑，为松江乃至上海的文化传承提供了宝贵的遗产。

3. "上海之根"文化与海派文化的关联

"海派文化"是上海文化的代称。"海派文化"为中国地域文化谱系中最具现代性的一种文化形态，是近代中国都市文化的集中反映和典型表现，是中国地域文化中融入异质文化最多的一种文化形态，也是植根于中华传统文化基础上，融汇中国其他地域文化的精华，吸纳消化一些外国文化因素而创立起来的一种文化。

（二）开展现状调研

1. 问卷调查设计

在查阅文献资料的基础上，设计"市民对于'上海之根'文化认识的调查问卷"，进行了小范围的预调查，经过不断修正形成正式问卷。问卷分为三个部分：第一部分是了解社区居民的基本信息，包括性别、年龄、区域划分等；第二部分是了解被调查者对于"上海之根"文化的认识；第三部分是了解被调查者对于"上海之根"文化传承的认识、评价以及感受。

2. 调查对象

本调查采取了随机抽样的方法，对松江区各街道的社区居民进行调查。本研究共发放调查问卷 2000 份，回收 1878 份，其中有效问卷 1878 份，有效问卷回收率是 93.9%。

调查对象基本情况如下：从性别上来看，女性居多，占 71.41%，男性占 28.59%；年龄主要分布在 20—29 岁、30—39 岁、40—49 岁、60—69 岁以及 70—79 岁；同时以松江区的被调查者为主，占 82.69%，上海其他区和其他省市分别占 4.1% 和 12.94%，无外籍友人。

3. 调研结果

（1）居民对"上海之根"的由来虽有了解，但对松江为何是"上海之根"了解和认识得并不够深入，同时，更趋向于把"上海之根"文化等同于广富林遗址、醉白池公园、泗泾古镇等历史建筑，并不知道海派文化的根在松江（考古证实）。访谈中，访谈对象表示"在松江的大街小巷都见过'上海之根 文明松江'的标语，但不知道为什么这么说"；"不是说'先有松江府，后有上海滩'吗，所以松江就是上海的根，'上海之根'文化也就应该就是松江文化吧"；"为什么松江能被称为'上海之根'，还真不知道是什么原因，是不是因为广富林遗址？"

（2）根据问卷调查与访谈，发现虽然社区居民了解和学习"上海之根"松江优秀传统文化的态度与意向各有不同，但总体上是比较积极的。

（3）居民希望学习松江优秀传统文化的形式能够更加丰富多样，其中更倾向于组织主题宣传活动、实地体验活动、人文行走以及课堂教学等线下活动方式。"我觉得那种围绕一个主题，由专家先讲解有关的历史和文化，然后又能自己动手体验，这种'理论＋实践'的活动方式效果最好"；"我觉得无论年龄大小，都想现场体验"。

4. 调研发问

（1）如何传承文脉，涵养"上海之根"？

松江作为"上海之根"，历史悠久、底蕴深厚，在上海五大新城文化定位中被赋予"山水间、上海根、科创廊"的城市意象。

（2）如何多措并举，助力人文松江建设？

"人文松江"的价值高度和松江新城精神品质的高度息息相关，但目前"上海之根"文化渗透的全民感受度还有待提高，在传承、传播、宣传的过程中面临诸多难题。

（3）社区教育如何赋能"上海之根"文化的传承？

社区教育作为实现学习型社会建设的重要组成部分，更是实现文化传承和社会文明和谐的重要抓手。

此次调研结果与我们的预判相吻合，市民对"根文化"了解不多，对与海派文化联系方面认知更少，获取相关知识的途径和方式方法也比较简单，不够丰富多样。

（三）新时代社区教育传承"上海之根"文化的具体做法

1. 蓄足源头活水，"四个一批"配齐配强宣传力量

"用活一批"。善于去发现那些民间艺人、能工巧匠以及各种热心于社区教育且又具有创造力的人，相对于一般人来说，这些人对于文化的理解更为深刻，对文化精髓的把握更加准确，聘请他们成为宣讲松江文化的中坚力量。

"成长一批"。由松江区社区教育指导服务中心和松江区社区学院牵头，整合全区优秀教师资源，组建了松江区社区教育传播者讲师团。

"用好一批"。各街镇社区学校立足辖区实际，分期分批成立了各具自身特色的讲师团与宣传队，他们大多数是各街镇社区的居民，因本职工

作或兴趣爱好而对不同领域有所专长。

"储备一批"。对现有的社区教育专、兼职教师队伍，进行分期分批培训，学习松江本地特色文化，提高地域文化素养，强化终身教育理念。

2. 整合传承内容，彰显地域文化特色

公共文化是一个地方的文化名片，也是实现好、维护好、发展好人民基本文化权益的主要途径。

本实验主要从非物质文化遗产、人文历史、旅游资源这三个方面对"上海之根"文化进行整合和传承。

表 7-3　松江历史文化资源

非物质文化遗产	目前全区共有 33 项入选国家、市和区级非遗名录，69 名非遗传承人	国家级非物质文化遗产名录：顾绣、舞草龙、泗泾十锦细锣鼓 市级：皮影戏、花篮马灯舞、余天成堂传统中药文化、新浜山歌等 区级：松江民间舞蹈（滚灯、水族舞）、松江民间山歌、叶榭竹编工艺、丝网版画、泗泾面塑制作技艺等
人文历史	广富林文化、松江方言、二陆文化、松江书法、云间画派、府城文化等	
旅游资源	松江因其丰富的人文历史、自然资源，几乎占了上海旅游资源的三分之二	九峰：佘山、天马山、横山、小昆山、凤凰山、厍公山、辰山、薛山和机山等 9 座山峰 三泖：在历史上是指今松江、青浦、金山至浙江平湖间相连的大湖荡 其他：醉白池、方塔等 4A、3A 级景区

3. 打造学习空间，营造开放通融的教育场域

布迪厄认为一个场域就是在各种位置之间存在的客观关系的一个网络或一个构型。

（1）"点"的培育。依托民办非学历教育培训机构及其他社会力量，培育学习"点"。

（2）"线"的拓展。由区社区学院策划、各街镇社区学校组织、村居委学习点实施，送书上门，送"教"上门，形成区—街镇—村居委学习点三级课堂。

（3）"面"的展示。组织居民参观博物馆、图书馆、非遗体验馆等场所，通过光影、声色等极具现代感的表现手法和可视化技术，将语言、文字、动画融入其中，打造直观形象的地域文化教育场景。

（4）"圈"的打造。推进社区教育"15分钟学习圈"建设，持续发挥社区（老年）学校市民学习阵地的辐射引领作用，发掘区域内公共教育资源。

4.丰富方式方法，形成文化传承的长效机制

"传承是文化在共同体内的社会成员中做接力棒似的纵向交接的过程。"松江区社区学院主要采取以下方式，传承优秀文化：

（1）课堂教学与传承。课堂学习是学习者在教师指导下以课程为载体参与学习的一种学习方式，包括有组织、有计划的各类课程学习、专门组织的讲座学习等，是当前社区教育的基本学习方式，也是文化传承的主要场所。

（2）活动学习与传承。活动学习是学习者依托社区各种活动载体参与学习，包括开展的文体、科普、艺术、旅游等活动，各种节日大型主题活动，通过活动收获学习的体验。基于活动开展学习也是社区教育有别于学校教育的重要方面。

（3）数字化学习与传承。数字化学习是指学习者在数字化学习环境中，依托数字化学习资源，运用多样化的数字化学习手段对"上海之根"文化进行自主学习、协作学习，包括网络学习、移动学习、远程学习等各种以信息技术为支撑的学习活动。

（4）体验学习与传承。体验学习与传承是指人们在实践活动过程中，通过反复观察、实践、练习，认识与感知"上海之根"文化，从而对"上海之根文化"形成某些情感、态度、观念，进而加以传承与传播。它具有实践性、参与性等特点，强调学习者在"做中学""做中悟"，强调学习者在参与学习中的感受程度。

（5）团队学习与传承。团队学习也被称为群体学习，是学习者依托团队这一载体开展集体性学习的一种学习方式，包括学习圈学习、睦邻点学习、市民读书会学习等。

（6）人文行走与传承。人文行走将教育与实践相结合，打破了传统课堂学习与学科之间的壁垒，在实践中开阔视野、锻炼品格、知行合一，让教学"更立体"，让教育"更鲜活"。

5.激励传承实效，为文化传承提供保障与支持

（1）建章立制。《松江区教育事业发展"十四五"规划》中指出，在规划期内要建成四级社区教育网络，5条市民修身"人文行走"线路，8大市民修身体验基地，60个体验站点。围绕"科创、人文、生态"现代化新

松江建设目标，建设"人文松江"主题终身教育品牌。

（2）课题研究。松江社区教育非常重视科研在文化传承创新工作中发挥的先导作用，以课题研究探索传承"上海之根"文化中的新任务、新课题、新领域、新规律。

六、实验成效

我们认为，社区教育促进传统文化传承的意义主要体现在三个方面：一是可以扩大和辐射不同职业背景、不同年龄阶段的人群，提升传承传统文化的自信心、自豪感；二是可以整合各类资源，吸引多方主体，丰富传统文化传承的形式和方法；三是可以提升居民的文化涵养和能力素质，实现中华优秀传统文化的创新和传承。

（一）传承体系初步形成，提升了文化传承的系统性与科学性

文化传承体系是一个复杂的系统，其构成要素主要有：传者与受者、传承场域、传承内容、传承方式、保障体系等。

（二）传播队伍稳步壮大，提升了文化传承的传播力与影响力

"人文松江"传播者讲师团按照松江文化三年行动计划的总要求，进街镇、下里弄，共开展讲座272场，逐渐把"人文松江"讲坛打造成为传承松江优秀历史文化的品牌，为传播"文化寻根文明修身"的理念，为松江经济发展发挥积极作用。

（三）传承品牌特色凸显，提升了文化传承的引领性和示范性

1.人文行走项目逐渐扩容

（1）区级人文行走项目系列化。自2020年以来，松江区分别以"寻根历史·人文松江""茸城丰碑·人文行走"和"科创松江·人文行走"为主题，共形成了多条人文行走路线，既有历史文化的传承，也有新时代元素的加入，其中与传承松江优秀历史文化有关的共4条。同时，区文旅局推出的松江"秋季寻根18游"系列活动、4条"海派城市考古"线路，让市民切身感受松江几千年的历史与文明。

（2）街镇人文行走路线特色化。每个镇都有其独特的地域文化，形成了其特有的地方资源。通过借助这些地方资源开展学习活动，形成各具特色的人文行走路线，让居民从古看到今，了解历史变迁，感受时代发展，在人文行走中探知松江发展的昨天与今天。其中，新浜的"红色人文之旅"

和车墩的"传承·初心路"路线还被选为松江区 2021 年"茸城丰碑·人文行走"红色修身路线。

2. 品牌基地正逐步形成

以挖掘特色、传播文化为宗旨,努力提高终身教育资源供给能力,更好地满足市民日益增长的学习需求,2020—2022 年新增区级修身立德社区教育社会学习点 24 个、区级修身立德社区教育市民体验基地 27 个。既有能体验松江非遗传承、农耕文化等的叶榭非遗体验馆体验基地、李杨农场体验基地等,也有了解松江历史人文的南村映雪学习点、二陆山房学习点等。

3. 多元课堂成为特色

特色课堂承载着文化传播的使命,有特色才有竞争力。特色课堂具备"独特"且"优质"的本质、追求"科学"且"高效"的价值、凸显"和而不同"且"多元"的个性。目前松江社区教育中打造的多元特色课堂主要有区级的"云间市民课堂"、新桥的"庭院课堂"、新浜的"茶馆课堂"、小昆山的"板凳课堂"等。这些多元特色课堂的建立,赢得了居民的信任和口碑,获得了较高的认可度,有更强的辐射力和更大的吸引力,提升了松江传统文化传承与传播的效果。

(四)丰富学习资源储备,增强了文化传承的多样性和实效性

1. 形成了可共享的课程资源库

随着社区教育的开展,全国社区教育特色课程建设逐步启动,与各地地方文化相融合的课程资源建设进入常态化发展轨道。

(1)校级特色课程。各街镇社区老年学校开发了兼具松江特色历史文化的线上课程 5 门,线下课程 6 门,微课程 5 门。

表 7-4 校级传承松江特色历史文化的课程资源

课程类型	课程内容
线上课程	府城文化漫谈、乡土文化课程、松江方言、板凳课堂"二陆生平事迹"课程、"悦读泗界"
线下课程	府城文化漫谈、松江方言、扁鹊栖情洞泾刮痧、"二陆"服饰与家风、"悦读泗界"
微课程	府城文化、松江老地名的故事、松江布、蓝白记忆、府城廉洁文化

（2）区级精品课程。作为松江社区终身学习的品牌项目和社区教育的公益平台，"云间市民课堂"开设区级课和街镇级课，让广大市民走进了云间市民课堂，推进了松江区日常社区教育。比如，"云间市民课堂"22—24期开讲44次，其中与松江传统文化相挂钩的共23次。

2. 建设了系列读本资源库

（1）开发校级读本。据统计，2020年以来，各街镇共编写了近20本能体现"上海之根人文松江"特色的读本。这些读本和校本教材，内容精、形式活、接地气，深受社区居民的喜爱。

（2）编写区级专属读本。根据前期调查，居民对于松江根文化中的历史渊源、文学艺术、传统建筑、民间风俗、饮食文化等都比较感兴趣。项目组在搜集与梳理松江传统文化相关资料的基础上，从松江地方文化中精选了最具代表性的、适合社区居民学习的内容，分别从文物古迹（实体文化）、名人生涯（名人介绍）、云间星河（非遗文化）、掌故逸事（小故事、民间传说）等四个主题入手，编写了专属口袋书《"上海之根"文化传承与推广》，让居民可随身携带、随时翻阅、随地学习，让"上海之根"松江优秀传统文化"既进口袋又进脑袋"。

表7-5　《"上海之根"文化传承与推广》口袋书内容框架

篇章	篇章内容
概述/前言	编写该读本的背景、意义以及编写过程
松江的地理位置	浦江之首的地理位置简介
松江的历史沿革	简介松江的发展历程
"上海之根"文化	文物古迹（实体文化）、名人生涯（名人介绍）、云间星河（非遗文化）、掌故逸事（一些有趣的小故事、民间传说等）

（五）居民传承意识增强，体现了文化传承的教育性和思想性

传者与受者是二元对立统一的关系。传者传输文化，受者接受文化，它们形成了文化传承的二元。同时，传者本身也是传统文化的受者，受者也可以充当传统文化的传者。

七、实验反思

社区教育以地域为基础，面向全体居民，为居民提供大量的学习资源，是向人民群众开展宣传教育、传播优秀传统文化的重要平台。通过社区教育平台促进文化传承，是新形势下建设文化自觉、坚定文化自信的要求，也是丰富社区教育内涵、建设和谐社会的必然要求。"上海之根"人文松江具有浓厚的优秀传统文化底蕴，是推动社区教育实验在深化发展中提升人文素质的宝贵财富，也是社区教育高质量发展不可多得的资源。新时代，社区教育在文化传播与传承中，大有可为，有许多领域值得进一步探索与研究。

（一）如何推进内容形式和传播方式的创新

新媒体背景下，社区教育如何借助互联网平台，进一步探索新时代传承"上海之根"文化的新路径、新范式，以满足人民日益增长的美好生活需要，赋予"上海之根"松江优秀传统文化新的时代内涵和现代表达形式。

（二）如何在文化传承中兼顾地域特色与时代特色

社区教育如何在保持地域特色基础上，增强时代特色，不断创造文化样式和丰富具有个性的文化题材、品种、载体，继而持续增强"上海之根"文化的吸引力、影响力和感染力。

7　社区健康教育素养提升的实验

上海教育报刊总社

一、实验项目背景

社区教育是我国终身教育体系的重要组成部分，是学习型社会建设的重要着力点。

上海社区教育经过了三十余年的发展，始终坚持以改革创新为引领，以开放、普惠、共享、优质为发展理念，以促进市民终身学习和终身发展为最终目标，不懈探索，在全国社区教育领域确立了重要地位。

健康素养是指个人获取和理解健康信息，并运用这些信息维护、促进自身健康的能力。公民健康素养包括了三方面内容：基本知识和理念、健康生活方式与行为、基本技能。根据《中共中央关于制定国民经济和社会发展第十四个五年规划和二〇三五年远景目标的建议》中"健康中国·健康教育"的相关要求，促使全市居民科学、准确、系统地在社区教育中提升自身的健康素养，是本次"社区健康教育素养提升的实验"项目的根本所在。

二、实验项目意义

（一）探索健康教育的有效形式

健康关乎人民群众的生活品质，可间接减轻社会医疗负担。从预防、诊断、治疗、康复的全阶段进行分析，疾病预防是位于首位的。预防优先的理念已经逐步树立，在预防中，健康教育则是重中之重。健康教育是公众教育的一部分，承袭了教育本身的特点，又具有健康教育自身的独特性。

教育的关键在于"知信行"的逐层递进，让群众知晓理解只是第一步，其后则是要使之形成信念，并转化为自觉主动的行为。因此，健康教育首先要探索将专业晦涩的医学健康知识化为群众容易学习理解的形式，以便完成知识的传达。同时促使群众改变原有不健康的生活方式，主动在日常生活中落实健康的方式，并切实做好疾病的预防。

当然，健康教育的特殊性在于其能给予群众显著的体验和日常生活的改善，即很容易达成由知识到信任的转化，并开始向行为转化。在实验项目中，需要探索一个更适合健康教育开展推进的综合性的形式方法，综合使用多种健康宣教的方式，提高群众对知识的理解和健康水平的提升。

（二）提高居民健康知识水平

通过项目的实施，可以提高居民对健康知识的掌握程度。在实验研究中，通过对健康知识的普及和宣传，让居民更加深入地了解健康的重要性，了解健康的生活方式和行为习惯对身体健康的影响，从而提高居民关于健康方面的知识水平。

（三）提升居民健康生活质量

通过实验，可以帮助居民建立健康的生活方式和行为习惯，从而提高居民的健康生活质量。健康的生活方式和行为习惯不仅可以减少疾病的发生，还可以提高身体的抵抗力，从而保障居民的健康。

（四）推动健康城市建设

健康城市是指通过建设健康环境、提供健康服务、营造健康文化等措施，提高城市居民的健康水平和生活质量的一种城市建设模式。通过社区健康教育素养提升的实验研究，可以推动健康城市建设的进一步发展。提高居民的健康知识水平、提升居民健康生活质量等措施，可以为建设健康城市提供有力的支持和保障。

三、理论依据

社区健康教育素养提升的实验理论依据主要包括认知理论、健康信念模式和行为转变阶段模式等。

（一）认知理论

该理论认为，人们只有了解和掌握健康知识，才能建立正确的健康信念，从而主动采取健康的行为。因此，在社区健康教育素养提升的实验中，需要注重对居民进行健康知识的宣传和教育，以提高他们的认知水平。

（二）健康信念模式

该模式以心理学为基础，由操作性条件反射理论和认知理论综合而成，包括个人认知、修正因素和行动的可能性三部分。其中，核心为感知威胁和知觉益处，前者是对疾病易感性和严重后果的认识，后者是对行为有效性的认识。因此，在实验中需要注重培养居民对健康行为的感知威胁和知觉益处，从而促进他们采取健康的行为。

（三）行为转变阶段模式

该模式强调根据个人或群体的需求确定行为干预的策略，不同阶段采用的转化策略也不尽相同。该模式突破了传统的行为干预方法作用的局限，将一次性行为模式转变为阶段性行为模式，明确不同阶段的不良行为习惯，对健康教育的效果有很大影响。因此，在实验中需要针对不同阶段的居民需求和不良行为习惯，制订相应的提升策略，以促进他们转变行为习惯。

综上所述，这些理论依据可以为实验提供有效的指导和支持，帮助我们更好地开展社区健康教育活动，提高居民的健康素养和生活质量。

四、实验项目目标

（一）总体目标

通过上海市民学习团队有效的健康学习，针对中医保健类、中老年健康预防知识等健康教育的普及和知识的推广，倡导科学生活方式和习惯，提高自我保健能力及水平，提高老年人晚年生活水平，延长老年人健康寿命。同时，要广泛推广健康养生教育，组织社区市民学习团队居民加入实验项目中体验与学习。让社区学习团队居民通过系统学习健康养生自我保健知识，通过同伴教育的培养逐步开展社区健康教育学习活动，广泛吸引更多的社区居民加入健康教育学习中，让热爱健康养生的老年人得到更多健康内容，从而促进自身健康素养的提升，让身边人也能受益。本次"社区健康大学堂——社区健康教育素养"提升实验项目是通过中医的日常居家自我保健和中老年人常见疾病预防与保健的理论和实操作为研究重点，探索健康养生在社区学习的开发，学习内容、模式、策略、原则，运行与管理机制，项目学习的评价等，在实践中形成一套行之有效的学习策略与方法。

（二）具体目标

1. 实现社区健康素养提升的广度

社区健康教育工作要结合上海市居民情况逐步进行健康素养提升的工作。促使社区健康教育工作由量变转向质变，利用引领作用，让社区热爱健康的居民有针对性地先提升起来，以同伴教育去影响身边人，提升社区健康教育素养的广度。

2. 实现社区健康素养提升的深度

针对不同人群开展由浅到深的健康宣教，通过理论联系实践的方式让健康教育工作逐步拓展，激发市民内在学习动力，着力在内容方面进行多元化建设，有针对性地分人群开发与宣教，推动社区市民健康教育向更深维度发展。

五、实验项目主要内容

上海教育报刊总社康复杂志社联合上海市各区市民学习团队，并以市级、区级老年大学为依托，合理开发健康养生教育资源，提高社区对健康养生教育的宏观指导与管理水平。

组建师资培训队伍，通过上海市医学专家的系统教学与实操指导，让参加学习的团队代表达到日常健康养生的专业水准，为本区的健康教育学习提供同伴教育的师资力量。师资队伍可充分利用实验相关成果，大面积地开展社区教育指导，实现健康养生在社区教育的普及与认知。教育内容为"中医养生保健"和"中老年人健康预防与保健"。

针对健康教育的理论和实践，进行初步养生保健实训、实操。整合医教资源，让最好的健康教育专家进入社区为老年人开设健康系列讲座。利用现有的"上海市民健康大学堂"知识读本的健康养生资料，实施健康养生教育评估体系、制订社区健康养生教育发展战略。

六、实验项目方法

（一）行动研究法

通过以往社区健康教育工作的开展与分析，针对居民关心的健康内容，制订科学合理的学习计划和内容，通过方案设计—行动实施—总结反思三个实践环节，总结社区健康教育素养提升的有效经验。

（二）调查研究法

通过调查问卷、活动反馈等方式，获取社区学习团队人员及社区居民关注的健康问题第一手资料，经过整理和分析，为本项目研究方案的制订与实施提供事实依据。

（三）文献研究法

通过对网络、社区教育材料等资料的查阅，了解与本项目相关的社区健康教育素养的信息材料，为本项目提供理论基础。

（四）个案研究法

将以往开展社区健康教育工作的区县工作作为个案加以研究，梳理、归纳和整合。

七、实验项目步骤

实验项目启动：2022 年 1—6 月。

实验项目的实施：2022 年 7 月—2023 年 11 月。

实验项目的总结：2023 年 11 月。

八、主要过程

（一）准备阶段（2022 年 5—9 月）

1. 建立健全组织领导

2022 年 5 月成立了"社区健康教育素养提升"项目小组，小组成员由教育专家、医学专家、媒体专家等共同构成。目前小组组长由上海教育报刊总社康复杂志分社总编担任，小组成员共 6 人。小组成员在项目执行期间对实验项目加强指导与监督，及时对实验项目进行跟踪工作。

2. 开展调查研究

工作小组核心成员 2 年共计召开 3 次座谈会、6 次走访社区、10 次参与活动开展调查研究，制订了有针对性、可操作的项目实施方案，确保实验项目顺利开展。

3. 确定实施方案

在调研基础上，根据工作实际情况，及时进行项目实施方案调整。

（二）实验方案包括 4 方面内容

1. 建立一支"医教结合—社区健康素养提升"的健康宣教服务团队，

截至 2023 年 11 月，健康宣教服务团队共计 50 人，人员由上海市三甲医院科室主任医生 40 人、上海市体育学院运动教师 3 人、中医保健讲师 3 人及健康志愿者 4 人组成，服务于本项目实施的活动。

2. 撰写本次实验项目活动中需要的健康知识读本，为实验项目提供有力的素材保证。

3. 设计多种形式健康内容的展现，划分区域进行不同形式的实验，从而了解最有效的实验方式。

4. 线上形式运用，让更多人能参与到本次活动中，使整个实验项目更有广度。

（三）实施阶段（2022 年 10 月—2023 年 11 月）

1. 内容建设、专业科学

根据调研结果，结合工作内容，制作中医治未病的健康学习资料，资料内容分为 10 个板块，内容包括：合理用药、老年眼健康、老年健康口腔、膳食营养、中医保健、骨骼健康、心脏预防与保健、睡眠与健康、营养健康、节气保健。板块结合日常保健方法，进行专业健康科普撰写，成为"社区健康教育素养提升"有力的抓手。

2. 利用社区团队进行活动，组建师资培训队伍

通过社区健康教育素养提升小组的健康宣教服务团队，在上海市实验项目开展的静安区、松江区、杨浦区、黄浦区以及嘉定区进行活动，活动形式包括健康养生系列宣教，中医互动体验健康课程，线上、线下联动专家知识宣教，知识读本配送，自我学习等。利用社区团队带头人作用深化学习健康内容，并组建社区居民自身的健康培训队伍。在社区中更广泛地为居民传授健康理念与保健实操。

开展试点工作，取得初步成效。2022—2023 年已在静安区、嘉定区、黄浦区、杨浦区、松江区五区开展不同形式的"社区健康教育素养提升"线上科普宣传的试点工作，截至 2023 年 11 月，线上共计有 10 万人直接参与直播讲座。线下小范围试点采取预报名形式进行，活动设定人数分别为 30 人、50 人、80 人。试点目的通过多形式的开展，研究各种方式对"社区健康素养提升"的表现，近万人在本次工作中受益，得到了社区居民的一致认可。

3. 巩固试点成果，深化项目推进

在本次实验基础上，总结经验，查找存在的不足，探讨如何在深度、

广度上做工作，进一步拓展素养提升的教育功能。

运用新媒体，增加居民的活动参与度。随着新媒体方式的运用，让更多的居民足不出户就能学习到专家讲解的健康科普知识，让居民对于自己感兴趣的健康内容进行针对性学习与了解，达到权威科普在身边的作用。同时，排除了物理地点的约束性，让更多的居民参与其中。

内容探索，由浅入深。在健康内容的编排上，以由浅入深的引导进行宣教。让居民感兴趣、爱学习、想深入、去探讨，逐步对日常预防保健内容进行了解与掌握，为家人及身边人起到健康传送者的角色。让更多的人热爱健康教育，从而实现全民健康素养的提升。

建立健康教育平台。利用互联网技术，建立健康教育平台，提供在线健康咨询、健康知识普及、健康管理等服务。同时，引入新技术，利用新兴的科技手段，如人工智能、虚拟现实等，创新健康教育的方式和方法，提高健康教育的趣味性和吸引力。

4. 总结阶段（2023 年 11 月）

通过近 2 年的实验项目开展，将文字材料及活动内容总结提炼。同时，对于开展活动的调查问卷进行分析总结，并撰写实验总结报告。

九、实验项目成果

文字材料：联合医生撰写《合理用药》《膳食营养》《老年眼健康》《老年健康口腔》宣传小册子

活动呈现：提炼出 5 种健康宣教呈现方式。

1. 预防保健系列小班讲座，人数 30 人，共计 10 次，内容为中老年人常见病日常预防与保健，试点区：黄浦区。

2. 中医体验系列小班活动，人数 25—30 人，共计 8 次，内容为中医穴位保健，试点区：松江区。

3. "运动与健康"健康宣教活动，人数 50—80 人，共计 1 次，内容为中老年人保健操（八段锦、五禽戏等），试点区：静安区。

4. 线上、线下联动健康知识讲座，线上全区观看，线下人数 50—100 人，共计 1 次，内容为老年健康口腔、老年眼健康等，试点区：杨浦区。

5. 健康知识自我学习，发放 1 套健康知识读本（共 4 本），100 人学习，试点区：嘉定区。

调查问卷一份：根据不同的学习方式进行试点居民调查问卷填写，共计发放 2000 份。调查结果显示：参与活动的居民都有自身健康知识的提高，并在健康医学方面对家人关注的内容进行同伴宣教。内容设计要贴近居民关注焦点，做到科学预防与保健。

十、实验项目未来设想

本实验项目通过创新教育方式和方法，提高了社区居民的健康教育素养，促进了社区居民的健康水平和生活质量。在未来阶段，我们将继续优化和完善健康教育方式和方法，加强与社区居民的互动和参与，以满足他们多样化的健康需求。同时，我们也将积极引进先进的健康教育理念和技术，加强合作与交流，提高实验项目的影响力和示范作用。相信通过我们的努力和探索，可以为社区健康教育的发展和进步做出积极的贡献。

8 依托传统文化打造"沪谚"特色课程的实验

浦江镇社区学校

一、实验背景

中华优秀传统文化代表了中华民族独特的精神标识，是中华民族生生不息、发展壮大的丰厚滋养。习近平总书记在中共中央政治局第三十九次集体学习时强调："我们坚持把马克思主义基本原理同中国具体实际相结合、同中华优秀传统文化相结合，不断推动马克思主义中国化时代化，推进了中华优秀传统文化创造性转化、创新性发展。要坚持守正创新，推动中华优秀传统文化同社会主义社会相适应，展示中华民族的独特精神标识，更好构筑中国精神、中国价值、中国力量。"新的时代条件下，我们要传承弘扬好中华优秀传统文化，深入挖掘其中的价值内涵，进一步激发中华优秀传统文化的生机与活力，为中华民族伟大复兴筑牢深厚文化根基、提供强大精神力量。

课程建设是社区教育内涵建设和提升的根本要求，社区教育特色课程建设是社区教育深入发展和本质提升的核心，是课程建设发展的必然选择。何雪芬（2019）在一项依托特色项目工作室开发社区教育特色课程的实践研究中指出，社区教育课程建设工作发展到一定阶段之后，需要全面进入优化升级、打造品牌的阶段，而社区教育特色课程开发则为课程的优化升级提供了重要路径。与此同时，实践研究证明，依托特色项目工作室开发社区教育特色课程是行之有效的重要路径。

"沪谚"源于百年前陈行地区流行的谚语民谣，其语言表达方式多样，修辞手段丰富，典型地展示了城市变迁、历史演化、文化理念以及人文价值观的脉络。"沪谚"是上海农村地区老百姓生产、生活经验的提炼，是地区传统文化的典型代表。2011年5月，浦江镇的"沪谚"被列入第三批国家级非物质文化遗产代表性项目名录。浦江镇近年来围绕"沪谚"，开展了一系列的推广、保护和传承工作。2019年，浦江镇成立"文体中心、社区学校联合党支部"，自此，浦江镇社区学校和浦江镇文化与体育事业发展中心（以下简称"文体中心"）开始在各个领域开展深入合作共建。由浦江镇社区学校、浦江镇文体中心、文明办、团委、党群服务中心、各居村委等多个部门通力合作，围绕饱含浦江当地本土文化的"沪谚"开展各项工作。因此，我校在"沪谚"相关的传统文化内容和资源方面已经有了一定的基础。

学校结合本校实际情况和内涵发展要求，将社区教育课程建设作为"十四五"期间的重点工作，致力于打造兼具本土文化和时代特色、既满足居民需求又符合科学规律的精品课程。学校认为，特色项目工作是培养社区教育青年骨干教师、促进社区教育课程开发与实施、发展推动社区教育研究与实践的重要平台。相关研究也证明，通过特色项目的建设，可以充分发挥社区教育特色项目的示范、引领和辐射作用，有效创新社区教育发展平台与机制，培养优秀社区教育师资团队，加强社区教育资源的整合与开发，建立形成社区教育发展的长效机制。社区教育特色课程的建设，应该将从本地区居民的实际需求出发、依托社区教育特色工作的积累和成果、创新课程建设和实施形式等几个方面有机结合起来。因此，结合相关理论研究和实证研究以及我校实际情况，浦江镇社区学校将依托传统文化相关的特色工作——"沪谚"开发社区教育特色课程作为实验探索内容。

二、实验目标

一是将"沪谚"相关工作作为学校特色工作推进，将"沪谚"打造成为浦江镇社区教育品牌或特色项目；

二是形成以特色工作为基础开发社区教育特色课程的工作方式；

三是打造一支优秀的课程开发团队；

四是研发完成三门以"沪谚"为依托的社区教育线上和线下课程。

三、实验方法

（一）文献研究法

通过查阅、研究文献及向观众调查，了解浦江镇的传统文化资料及传承保护情况，着重收集"沪谚"相关内容，形成课程基本素材。

（二）个案研究法

广泛收集有关"沪谚"的资料，并进行详细了解、整理和分析，同时对学校课程建设进行研究和探索，形成以"沪谚"为基础的课程内容。

（三）行动研究法

将课程建设融入日常工作和教学中，制订"沪谚"课程教学计划和实施细则，并在教学实施过程中发现问题、反思问题、解决问题，形成社区教育课程建设的有效路径。

四、实验内容

本实验项目实施过程分为四个方面的主要内容。

（一）组织准备（2022 年 1—3 月）

实验前期，学校由校长牵头，组建特色课程研发小组，落实组织架构和角色分工，将实验项目和特色课程研发工作与日常工作有机结合。与此同时，对社区教育课程研发的理论和实践相关的文献、经验进行研究，确立项目开展思路，探索符合浦江镇社区学校课程开发的工作方式。

（二）"沪谚"相关内容梳理（2022 年 1—12 月）

"沪谚"作为浦江文化的重要代表，是浦江镇社区学校重要的特色工作之一。多年来，围绕"沪谚"在文化、体验、培训、活动等方面积累了非常多的经验，在此基础上，学校以课程研发为立足点，将"沪谚"相关的内容进行重新梳理，同时按照实验项目和课程研发的要求制订新的工作方案，使"沪谚"相关的特色工作内容和成果对于社区教育特色课程的研发有所助益。

（三）课程研发团队打造（2022 年 3 月—2023 年 6 月）

在社区教育特色课程开发的过程中，课程开发的主体力量是决定课程数量和质量的关键因素。开发者的理念、视野、知识结构、学习能力以及对社区教育规律和特点的了解程度等诸多因素都对课程开发工作产生着重要影响。因此，学校选取了一批优秀的骨干教师，制订个人成长计划，组织相关的培训，同时提供成长平台，以此来打造一支优秀的课程研发团队，为课程研发积累重要的人力资源。

（四）线上线下课程研发（2022 年 5 月—2023 年 9 月）

在特色工作开展的基础上，集合工作小组以及社会资源，将"沪谚"系列课程的研发作为重点工作推进。结合疫情常态化和信息技术以及居民学习需求的现实状况，开发校本课程、微课、直播课等多种形式的特色课程，形成浦江镇社区学校"沪谚"特色课程体系，为后续社区教育课程的开发积累经验。

（五）总结（2023 年 9—11 月）

实验过程中，工作小组将根据课程研发进展情况进行实时的梳理和总结，在完成预期目标后及时进行经验总结和报告成文工作，为实验项目结束之后的延续性工作做好准备。

五、实验成效

（一）传统文化中与"沪谚"相关的资源得到有效梳理和整合

目前已经梳理完成的"沪谚"相关资源包括"沪谚沪语的发展历史""沪谚话二十四节气""沪谚话家训家规家风""沪谚儿歌""沪谚与农耕文化""沪谚与经商""沪谚与传统美食""沪谚与社会主义核心价值观"等涵盖日常生产生活方方面面的内容。收集到"沪谚"俗语近 500 句，"沪谚"童谣 120 首，沪语词汇 7000 多个，为后续课程研发和制作积累了丰富的素材。

（二）培养了一支优秀的课程研发团队，为打造社区教育教师成长平台奠定基础

随着实验项目的开展，我校组建起了以两名上海市"沪谚"传承人和 4 名社区学校专职教师为核心，包括 5 名"沪谚"非遗文化保护单位志愿者、4 名课程研发专家顾问以及 6 名社区教育志愿者教师在内的专业课程研发团队，集结了浦江镇社区学校、浦江镇文化与体育事业发展中心、浦江镇党群服务中心、浦江世界外国语学校、浦江镇第三小学、浦江镇青少年社区文化活动中心、苏民村、东风村等多个单位的优秀志愿者师资力量。根据实验项目以及特色课程研发的工作要求，团队定期开展教学研讨、专项培训、听课磨课等，提升团队课程研发和教学方面的工作能力及师德素养。

与此同时，学校以课程研发团队的培养为抓手，初步建立起社区教育志愿者教师培养机制和成长平台，为后续项目的开展和其他教师团队的打造奠定了基础。

（三）完成了3门"沪谚"为依托的社区教育课程

实验项目进行期间，以"沪谚"相关的传统文化资料和教师团队为基础，研发完成3门校本课程——"沪谚·沪语""沪谚云课堂"以及"沪谚＋"，其中"沪谚·沪语"是通识类课程，内容涵盖可考证的大部分沪谚和沪语内容，已经汇编成册形成了校本教材。"沪谚云课堂"主要以视频的形式进行制作，通过互联网线上平台进行授课，内容上主要包括沪谚沪语中一些通俗性和实用性较强的部分，并结合当下热点话题等研发了"沪谚话节气""沪谚小剧场""沪谚话法制""沪谚话童谣""沪谚话家训家规""沪谚讲故事"等多个系列微视频课程。"沪谚＋"则是将沪谚与体验式学习相结合，将相对枯燥的语言类学习与手作、烘焙、行走等相结合，研发了"沪谚老布手作""说沪谚　游浦江""沪谚与百姓食谱"等课程。

（四）初步形成以特色工作为基础开发社区教育特色课程的模式

以本实验项目为引领，学校初步形成了以特色工作为基础开发社区教育特色课程的工作模式。

浦江地区其特有的历史、地理环境和生活方式决定了这个地区的文化资源的厚重，其中包含了丰富的物质文化遗产和非物质文化遗产。在"沪谚"特色课程的开发过程中，学校注重本土历史、文化和民俗特色，将"沪谚"相关工作作为学校特色工作推进，将"沪谚"打造成为浦江镇社区教育品牌，在此基础上，组建团队、学习培训，充分考虑我镇居民的学习需求和能力，制订合理的教学计划、教学目标和教学方式，研发兼具当地特色和实用推广性的社区教育特色课程。

（五）拓宽了居民学习途径，丰富了居民的学习内容，激发了居民的学习兴趣

社区教育特色课程开发设计的目的最终还是要服务于居民的学习需求，经过一年多探索和实践，浦江镇社区教育课程资源得到更加充分挖掘和不断优化，课程成果能够对居民的学习需求起到更好的满足和引领作用。2022年7月至今，我校研发的"沪谚·沪语"线下课程在浦江镇社区学校、浦江镇青少年社区文化活动中心、浦江镇第三小学、世外浦江外国语学校等

均开设了相关课程，共计约 1800 人次的老、中、青、少学员参与了线下课程的学习；"沪谚云课堂"系列微课程通过浦江镇社区学校微信公众号、"幸福浦江"微信公众号、"艺悦东乡"微信公众号进行发布，累计阅读量达20 万；"沪谚云课堂"和"沪谚＋"中的多门课程内容被今日闵行等平台录用；"沪谚话节气""沪谚与百姓食谱"和"沪谚老布手作"被"学习强国"平台录用，辐射至全国人民。

六、实验反思

（一）社区教育课程研发的专业性还有待提高

在社区教育特色课程的研发过程中，素材的搜集、团队的组建和培训、课程框架的搭建和实施等都需要大量专业力量的支持，我校目前专家资源以及具有课程研发能力的志愿者教师力量比较薄弱，需要通过各种渠道招贤纳士，让课程研发的专业师资力量更加壮大。

（二）社区教育传统文化相关课程的参与人群尚需进一步扩大

目前我镇拥有 2 名"沪谚"上海市传承人，参加相关课程学习的人群以社区居民(老年人)和中小学生为主，但中青年学员所占比例较小(约2%)。但随着第一批传承人的老去，传统文化的继承和发扬还需要中青年人作为主要的后继者。因此，如何吸纳热心公益、热爱社区教育、致力于传扬本土文化的优秀青年人加入社区教育志愿者队伍，是我们面临的重要且急迫的问题。

（三）对传统文化的传承和创新还需要更多努力

善于继承才能更好创新，浦江地区拥有丰富的红色文化、历史文化、农耕文化等资源，对于社区教育工作者而言，如何传承和发扬优秀的本土文化，创造性地将传统文化与新时代条件下社区教育相结合，更好地为全民学习、终身学习提供助力，需要我们更多地思考和探索。

（四）将社区教育特色课程融入社区治理尚需更多实践

传承和发扬本土文化，将传统文化融入社区教育、以社区教育服务城市文明和社会治理一直是我校的工作目标。"沪谚"课程的研发为挖掘本土文化资源、拓宽传播渠道、提升社区教育专业质量方面提供了经验，但在现有基础上如何进一步扩大教育覆盖面，以及提升社区教育的质量和有效性，仍然需要我们进行更多的探索和实践。

　　根据以上问题，在后续的工作中，学校将进一步整合区域内教育工作者的资源，在高校、初高中以及退休教师群体中挖掘更多热心公益、有志于社区教育的志愿者，提升社区教育课程研发团队的专业能级；与区域内更多的企事业单位、产业园区加强联系和沟通，将社区教育服务的触角拓宽至镇内更多以年轻人为主的场所，让更多的年轻人接触、了解，进而参与社区教育，逐步组建以青年人为主的社区教育志愿者队伍，为本土文化的传承和社区教育的发展积累后备力量；同时创新授课方式，利用学校流动课堂的平台资源，进一步了解老百姓对社区教育的认识，根据学习者个性化、多样性的学习需求，有针对性地将"沪谚"课程配送到更多企事业单位、邻里中心、社会学习点、村居教学点等，以推动社区教育与社会治理的融合创新发展，为社会治理提供助力。